Martin Hein

Theologie in der Gesellschaft

Aufsätze zur öffentlichen Verantwortung der Kirchen

Herausgegeben von
Frank Hofmann und Karl Waldeck

EVANGELISCHE VERLAGSANSTALT
Leipzig

Martin Hein, Dr. theol. habil., Jahrgang 1954, ist seit 2000 Bischof der Evangelischen Kirche von Kurhessen-Waldeck. 2005 ernannte ihn die Universität Kassel zum Honorarprofessor. Seine Schwerpunkte liegen auf dem Gebiet der Ökumene und des interreligiösen Gesprächs: Er ist Mitglied im Zentralausschuss des Weltkirchenrates in Genf und Evangelischer Leiter des Ökumenischen Arbeitskreises evangelischer und katholischer Theologen. Ebenso gehört er dem »Runden Tisch der Religionen in Deutschland« sowie dem »European Council of Religious Leaders« an.

Bibliographische Information der Deutschen Nationalbibliothek
Die Deutsche Nationalbibliothek verzeichnet diese Publikation in der Deutschen Nationalbibliographie; detaillierte bibliographische Daten sind im Internet über http://dnb.dnb.de abrufbar.

Printed in Germany · H 7815

Das Buch wurde auf alterungsbeständigem Papier gedruckt.

Autorenfoto: medio.tv/Schauderna
Cover: www.constanzehein.com
Satz: Susanne Hensel, Kassel
Druck und Binden: Hubert & Co., Göttingen

ISBN 978-3-374-03904-3
www.eva-leipzig.de

Vorwort

Aufsätze in einem Buch zusammenzuführen, ist von Vorteil: Der Autor begegnet Leserinnen und Lesern auf verschiedene Weise, der Form nach wie thematisch – ein Redemanuskript steht etwa neben dem elaborierten theologischen Essay. Ähnlich vielfältig sind die Inhalte: Mag die Thematik etlicher Beiträge den ureigenen Aufgaben des Amtes des Verfassers geschuldet sein, so zeugen andere von dessen speziellen Interessen. Insofern sind die in diesem Band zusammengestellten Aufsätze Ausdruck einer unverwechselbaren (Berufs-)Biographie.

Die Berufsbiographie von Martin Hein hat eine deutliche wissenschaftlich-theologische Prägung; zu ihr gesellt sich die Verantwortung des kirchenleitenden Amtes. Die Grundordnung der Evangelischen Kirche von Kurhessen-Waldeck, deren Leitender Geistlicher der Verfasser seit nunmehr vierzehn Jahren ist, nennt in Artikel 112 und 113 als zentrale Aufgaben des Bischofs:

1. *darüber zu wachen, dass das Evangelium den Bekenntnissen der Reformation gemäß lauter und rein verkündigt und die Sakramente recht verwaltet werden,*
2. *darüber zu wachen, dass die Einheit der Kirche gewahrt wird,*
3. *dafür zu sorgen, dass die Ordnungen der Kirche eingehalten werden,*
4. *dafür zu sorgen, dass die Kirche ihren Auftrag in der Öffentlichkeit wahrnimmt.*

Der Bischof vertritt die Landeskirche im gesamten kirchlichen und öffentlichen Leben.

Der Band »Theologie in der Gesellschaft – Aufsätze zur öffentlichen Verantwortung der Kirchen« bietet Einblick in die inhaltliche Auseinandersetzung des Verfassers mit den ebenso grundlegenden wie weitgesteckten Aufgaben seines Amtes. Zugleich durchziehen die Texte Erfahrungen aus seinem beruflichen Werdegang: der wissenschaftlichen, vor allem kirchenhistorischen Arbeit, die der Verfasser als Honorarprofessor an der Universität Kassel bis heute regelmäßig ausübt, dem Dienst als Pfarrer im ländlichen Raum wie der Arbeit als Studienleiter am Evangelischen Predigerseminar Hofgeismar in der Ausbildung von angehenden Pfarrerinnen und Pfarrern sowie als Dekan in der Großstadt. In den letzten Jahren sind im Bischofsamt für Martin Hein weitere Schwerpunkte hinzugekommen: die Ökumene, das Verhältnis der Kirchen zueinander auf der Ebene der Evangelischen Kirche in Deutschland, in Europa und im Ökumenischen Rat der Kirchen, dessen Zentralausschuss Martin Hein seit mehr als zehn Jahren angehört, schließlich der interreligiöse Dialog. Die Beiträge in den Kapiteln »Kirche in der Zeit« sowie »Ökumene im Zeitalter religiöser Vielfalt« greifen Aspekte dieser Erfahrungen auf.

Eine Kapitel-Überschrift dieses Aufsatzbandes lautet: »Ethik in der Medizin«. Diesem Thema ist der Verfasser seit langer Zeit in besonderer Weise verpflichtet, ohne es in einem nur engeren berufsethischen Sinne zu verstehen. Der aktuelle ethische Diskurs in der Medizin umfasst die Fragen von Lebensanfang bis zum Lebensende – unter den Bedingungen neuer bio- und medizintechnischer Möglichkeiten bei gleichzeitiger Ressourcenknappheit. Sowohl Entscheidungen (im Berufsalltag) wie auch rechtliche Regelungen sind, so der Verfasser, stets an Voraussetzungen eigenen Denkens gebunden, das heißt – speziell hier – an ein bestimmtes Menschenbild. Martin Hein entfaltet seine Position zur Thematik anhand der christlichen, speziell reformatorischen Sicht auf den Menschen: In den hier veröffentlichten Beiträgen im Dialog mit Wissenschaftlern und Ärzten wird deren Relevanz auch unter heutigen wissenschaftlich-technischen und gesellschaftlichen Bedingungen erkennbar.

Der Aufsatzband schließt mit einem Epilog besonderer Art: einer Re-Lecture von Rudolf Bultmanns »Jesus«-Buch. Dieses frühe opus magnum bedeutete für Martin Hein eine Lebens-Weichenstellung – war es doch, so der Verfasser, »das Buch, das mich zum Theologen machte«. Man kann von hier durchaus die Brücke zu der programmatischen These des großen Erlanger Theologen Johann Christian Konrad von Hofmann schlagen, wonach »ich der Christ mir dem Theologen eigenster Stoff meiner Wissenschaft bin«. Martin Hein hatte 1982 mit einer Arbeit über »Lutherisches Bekenntnis und Erlanger Theologie im 19. Jahrhundert« promoviert.

Die Herausgeber sind dem Verfasser seit langem eng verbunden; sie waren es über Jahre hinweg auch beruflich: als Persönlicher Referent des Bischofs bzw. als Leiter der Öffentlichkeitsarbeit und Sprecher der Landeskirche. Das Denken des Verfassers und seine Interessen sind ihnen durch die gemeinsame Arbeit und viele eingehende Gespräche wohlvertraut.

Unser Dank gilt der Verlagsleitung der Evangelischen Verlagsanstalt Leipzig, namentlich Frau Dr. Annette Weidhas, Pfarrerin Eva Hillebold, die bei den Korrekturen mitgewirkt hat, und Frau Susanne Hensel, dem tatkräftigen ruhenden Pol des Bischofsbüros, der mit der Umsetzung der Redaktions- und Korrekturaufgaben der Löwenanteil der Arbeiten an diesem Buch zugefallen ist. Die Evangelische Kirche von Kurhessen-Waldeck hat die Herausgabe finanziell unterstützt.

Wie heute von Gott zu reden ist, welchen Platz Theologie in der Gesellschaft hat und welche bleibende, dabei stets neu zu bedenkende öffentliche Verantwortung den Kirchen aufgetragen ist, davon geben Martin Heins Beiträge Zeugnis.

Kassel, im Juli 2014 Frank Hofmann und Karl Waldeck

Geleitwort

»Der christliche Glaube nach den Grundsätzen der evangelischen Kirche im Zusammenhange dargestellt« – diesen Titel trägt das Hauptwerk Friedrich Schleiermachers, des vielleicht wichtigsten evangelischen Theologen der Moderne. »Nach den Grundsätzen der evangelischen Kirche«, schreibt Schleiermacher: nicht etwa »im Anschluß an die Bekenntnisse der Reformation«, also nicht als Modernisierung einer zurückliegenden Tradition. Denn Schleiermacher sieht sich nach vorn ausgerichtet, in den offenen Horizont der Wirklichkeit des lebendigen Christus gestellt.

Wie kein anderer hat Schleiermacher gewusst, dass es zur Verantwortung eines nicht traditionellen, sondern in die Zukunft Jesu Christi hineingehenden Christentums nicht nur der den Zusammenhang des Glaubens darstellenden Dogmatiker bedarf, sondern mehr noch der kirchlichen Praktiker. Nämlich solcher, die sich nicht als Verwalter eines Erbes verstehen, sondern als Gestalter einer evangelischen Kirche jenseits der herkömmlichen Konfessionsgrenzen. Dafür bedarf es eines ausgeprägten theologischen Urteilsvermögens und eines sicheren historischen Blicks, also einer gründlichen wissenschaftlich-theologischen Prägung. Die ist Martin Hein gegeben worden – und sie hat er angenommen und in seinem kirchenleitenden Amt zum Einsatz gebracht. Das ist ein Glücksfall, nein: ein Segen für die Kirche.

Sich den Grundsätzen der evangelischen Kirche konfessionskritisch zuwenden, das kann am besten jemand, der über »Lutherisches Bekenntnis und Erlanger Theologie im 19. Jahrhundert« promoviert und an Andreas Osiander, dem markanten Lutheraner im 16. Jahrhundert, geforscht hat. Die Kirche nach evangelischen Grundsätzen gestalten, das geschieht am intensivsten in der Ausbildung künftiger Pfarrerinnen und Pfarrer. Daran hat Martin Hein als Studienleiter am Predigerseminar Hofgeismar und als Sekretär der Gemischten Kommission für die Reform des Theologiestudiums, zusammen mit Eilert Herms und Werner Hassiepen, mitgewirkt. Die theologische Urteilsbildung in der Kirche fördern, dazu tragen die Ausarbeitungen der Theologischen Kammer der Evangelischen Kirche von Kurhessen-Waldeck bei, deren Vorsitz Martin Hein lange Jahre mit brennendem Herzen innehatte – und die in dieser Zeit bis heute nachwirkende Texte veröffentlicht hat. Diese Grundsätze immer wieder wissenschaftlich zu verantworten und in der Lehre an der Universität weiterzugeben, ist sein Geschäft als Honorarprofessor für Kirchengeschichte an der Kasseler Universität.

Die wissenschaftliche Bildung von Pfarrerinnen und Pfarrern in der ihm anvertrauten Kirche weiter zu profilieren und sie damit für die Gestaltung der Kirche noch genauer zu befähigen, steht hinter seiner Initiative zur Gründung des Hans-von-Soden-Instituts für theologische Forschung an der Universität Marburg. Seine Stellung als Mittler zwischen Wissenschaft und Kirchenleitung findet ihren vielleicht schönsten Ausdruck darin, dass er Mitherausgeber der »Zeitschrift für Theologie und Kirche« ist, des bedeutendsten Organs der deutschen evangelischen Theologie.

Von der spezifischen Form einer intellektuellen und geistlichen Kirchenleitung geben auch die Beiträge dieses Bandes ein lebendiges Zeugnis.

Prof. Dr. Dietrich Korsch
Philipps-Universität Marburg

Inhalt

IV. Kirche in der Zeit

V. Epilog

I. Gesellschaftliche Verantwortung

Theologie als Lebenswissenschaft*

Erinnern Sie sich noch? Der Jahreswechsel ins neue Millennium stand bevor – und mit ihm verbanden sich die schrecklichen Visionen eines weltweiten Computercrashs. In Aussicht standen weitreichende Folgen für das Leben der Menschen in den besonders hochentwickelten Regionen der Erde. Der Übergang ins Jahr 2000 vollzog sich bemerkenswert unspektakulär. Das befürchtete Chaos blieb aus. Zwar hatte man mancherorts die Geldautomaten über Silvester stillgelegt, um den Datumswechsel zu bewältigen, aber nirgends musste die Reserveschicht in den Krankenhäusern einspringen, um die um 0.00 Uhr vom Computer abgestellten lebenserhaltenden Apparaturen wieder in Gang zu setzen.

Die britische Regierung hatte durch die besondere geographische Lage Großbritanniens am nullten Längengrad dem Fortgang der Zeit und der Zukunft ein besonderes Denkmal setzen wollen: den Bau des sogenannten Milleniums-Doms. Keine Kirche natürlich, auch wenn der Name das nahelegt. Vielmehr ein überdimensionierter Tempel für den Kult der Ökonomie und der unbegrenzten wissenschaftlich-technischen Möglichkeiten; ein Veranstaltungsort der Megaklasse, wo der Mensch sich selbst und seine Errungenschaften feiert: mehrere Fußballfelder groß, ein Milliardenprojekt direkt an der Themse und ganz nahe bei Greenwich, wo das Jahr und also auch das nächste Jahrtausend als erstes beginnt.

Es war allerdings umstritten, ob das Jahr 2000 überhaupt schon zum dritten Jahrtausend gehörte oder ob es vielleicht erst das Jahr 2001 ist. Im Blick auf das nun begonnene Jahr herrscht Einigkeit: Auch für diejenigen, die kalendarisch-mathematisch nachgewiesen haben, dass der eigentliche Jahrtausendwechsel erst jetzt stattgefunden hat, gilt uneingeschränkt: Das neue Jahrtausend hat begonnen.

Was es alles bringt, vermag niemand zu sagen. Aber gleich zu Beginn stellt es uns schon vor ungeheure Herausforderungen. An zwei Entscheidungen in Europa will ich verdeutlichen, wie ich das verstehe.

1. Das erste wichtige Datum war gegen Ende des vergangenen Jahres die Entscheidung des britischen Unterhauses, das sogenannte »therapeutische Klonen« zuzulassen, um an den »totipotenten« Stammzellen verschiedene Strategien zu erforschen, wie man mit diesen Zellen bestimmte Krankheiten und Behinderungen besiegen bzw. in Zukunft ausschließen kann. Das heißt mit anderen Worten: Menschliche Em-

* Unveröffentlicht.

bryonen werden für diese Forschung durch künstliche Verschmelzung von Eizellen mit Körperzellen erzeugt. Diese Eizellen wiederum gewinnt man beim Vorgang einer künstlichen Befruchtung. Es sind jene frischen Eizellen, die »übrig« waren, die also nicht mehr in die Gebärmutter eingesetzt wurden.

Auch andere Wege, Eizellen zu gewinnen, sind vorstellbar. Für diese Forschung werden jene Embryonen »verbraucht«, d.h. künstlich in ihre Stammzellen aufgespalten und so ihre Existenz beendet.

2. Das zweite wichtige Ereignis folgte nur wenige Tage später: Das Parlament der Niederlande beschloss mehrheitlich, dass die aktive Sterbehilfe zugelassen wird. Im Einzelnen besagt dies: Wenn der Sterbewillige unheilbar krank ist und unter starken Schmerzen leidet, hat er berechtigte Aussicht, dass ein Arzt ihm die »erlösende« Spritze setzt. Die Maßnahme des Arztes wird nachträglich von einer dreiköpfigen Kommission überprüft.

Beide demokratisch legitimierten Parlamentsentscheidungen, die unabhängig voneinander in seltsamer Zeitgleichheit gefällt wurden, haben darin ihre Gemeinsamkeit, dass sie sich elementar auf unser menschliches Leben beziehen: auf seinen Anfang und sein Ende. Dabei handelt es sich jeweils um Eingriffe, die unsere bisherigen Vorstellungen von dem, was den Menschen eigentlich ausmacht und wer im Unterschied dazu Gott ist, deutlich überschreiten.

Für Eingriffe am Beginn und am Ende des menschlichen Lebens werden respektable Begründungen vorgebracht:

Therapeutisches Klonen will Menschen mit schweren Krankheiten und Behinderungen helfen und sie heilen. Das aus den Stammzellen gewonnene Gewebe oder die gezüchteten Zellkulturen sollen im Körper der Kranken heilend eingreifen. Aber auch die Vorstellung, dass ganze Organe auf diesem Wege gewonnen werden könnten, ohne den Empfänger der Gefahr von Abstoßungsreaktionen auszusetzen, ist im Horizont des Möglichen. Von diesen hehren Motiven aus scheint die Erzeugung von Embryonen, um daraus Stammzellen zu gewinnen, von menschlichem Leben zur verbrauchenden Forschung und später zur verbrauchenden Therapie in den Augen der Befürworter gerechtfertigt. Und um gar nicht erst eine ethische Debatte aufkommen zu lassen, die möglicherweise auch – wie sich Bundeskanzler Schröder ausdrückte – mit »ideologischen Scheuklappen« geführt werden könnte, glaubte der designierte Kulturstaatsminister Nida-Rümelin, Embryonen kurzerhand eine menschliche Würde absprechen zu können.

Der Grat zwischen Faszination und Entsetzen ist schmal. Manche Forscher gehen so weit wie Ray Kurzweil: Er glaubt, dass im Zuge der weiteren Entwicklung »auch der Tod in Vergessenheit geraten wird«. Inzwischen ist es erstmals gelungen, einen Affen aus dem Reagenzglas zu erzeugen, der mit dem Gen einer Leuchtqualle versehen ist. Zwar reflektiert der Affe bei ultraviolettem Licht nicht in der erhofften Weise. Bei einer Totgeburt, die im Zusammenhang des gleichen Experiments zur Welt kam, ist dies allerdings gelungen. Dass mit diesem Experiment die Stufe einer neuen Qualität in nächster Nähe zum Menschen erreicht ist, dürfte deutlich sein – auch wenn die Medien auf dieses Ereignis weniger eingegangen sind als auf das Schaf Dolly.

Die Möglichkeiten der Gentechnologie von vornherein abzulehnen, verbietet sich indes. Wer könnte es verantworten wollen, auf gentechnisch erzeugte Medikamente zu verzichten, wenn etwa die bisherigen Antibiotika nicht mehr ausreichen? Wer steht die Debatte durch, wenn Menschen mit Gendefekten auf ihrem Kinderwunsch bestehen und die Gentechnik helfen könnte? Wer hält moralische Bedenken hoch, wenn Krebskranke oder Aidskranke alle Formen der Gentechnik als letzten Strohhalm ergreifen wollen?

Auf der anderen Seite sieht Regine Kollek, Molekularbiologin, Professorin für Technikfolgen-Abschätzung an der Universität Hamburg und Vorsitzende des Ethikbeirates im Bundesgesundheitsministerium, in der Zulassung des therapeutischen Klonens einen »Ungeist« freigesetzt, der – wie sie sagt – einen »kompletten Paradigmenwechsel« einleite.

Es ist darum sicher kein Zufall, dass im britischen Parlament in der Riege der Befürworter des neuen Gesetzes eine Abgeordnete eine führende Rolle spielte, die an einer Stoffwechselkrankheit litt. Die Hoffnungen solcher schwer erkrankter Menschen leichtfertig zu enttäuschen, wäre vermessen. Es müssen schon sehr gewichtige und überzeugende ethische Gründe sein, die man Kranken und Behinderten entgegenhält, wenn der Weg über das therapeutische Klonen die letzte Hoffnung zu sein scheint.

Die Gentechnik ist ein Forschungsbereich, der ungeheure Zukunftsvisionen freisetzt. Da man hier die Schlüsseltechnologie für die Märkte des 21. Jahrhundert zu erkennen meint, wird viel Geld in die Forschung investiert. Manche Forscher sehen sich schließlich auf dem Weg, selbst in die Rolle des Schöpfers von Leben zu treten und so den Religionen wie etwa dem Christentum oder dem Judentum einen angestammten Bereich ihrer Glaubensüberzeugungen durch die wissenschaftliche Forschung zu entreißen. Der amerikanische Sozialphilosoph Ronald Dworkin redet offen von der »falschen Angst, Gott zu spielen«. In den neuen Wissenschaften sieht er eine Herausforderung, der wir uns stellen müssen, »denn die Alternative wäre unverantwortliche Feigheit vor dem Unbekannten«.

Die Bedeutung der Gentechnik und Biowissenschaften wird auch dadurch unterstrichen, dass die Bundesministerin für Bildung und Forschung, Edelgard Bulmahn, nach einer Pressemitteilung ihres Ministeriums vom 8. Dezember 2000 das Jahr 2001 zum »Jahr der Lebenswissenschaften« ausgerufen hat. Über Chancen und Risiken dieses Forschungsbereiches soll ein Dialog zwischen Wissenschaft und einer breiten Öffentlichkeit gefördert werden.

Auch die Befürworter der aktiven Sterbehilfe argumentieren mit hohem moralischem Anspruch. Die aktive Tötung eines Menschen beendet aus deren Sicht eine unheilvolle Krankengeschichte, befreit ihn von unerträglich gewordenen Schmerzen, von einer Existenz des bloßen »Dahinvegetierens«, wie es heißt. Dazu kommt, dass der Sterbewillige ja selbst seinen Willen bekundet hat, seinem Leben ein Ende setzen zu wollen und lediglich in der Durchführung die Assistenz des erfahrenen Arztes wünscht, weil der Sterbewillige nicht über das nötige Wissen, die nötigen Substanzen und die nötige Handlungsfähigkeit verfügt. Hier scheint es im Kern um die Legalisierung einer barmherzigen Tat und um die Chance zu gehen, dem freien Willen eines kranken Menschen Bahn zu brechen.

An dieser Stelle ist aus meiner Sicht eine Positionsbeschreibung notwendig, von der her ich selbst argumentiere. Sie soll die eigenen Denkvoraussetzungen offenlegen – und die werden für mich durch Einsichten des christlichen Glaubens bestimmt. Nach christlicher Überzeugung ist Gott der Schöpfer allen Lebens. Dazu bekennen wir uns in jedem Gottesdienst im ersten Artikel des Glaubensbekenntnisses. Wir verstehen diesen Gedanken nicht als Gegensatz zu dem, was die Biologie in der Nachfolge von Charles Darwin über die Entstehung des Lebens, die Entwicklung der verschiedenen Arten und die Abstammung des Menschen erforscht hat. Aber das Entstehen von Leben bleibt trotz allem ein Wunder, ein Akt der liebenden Zuwendung Gottes zu dieser Welt. Kurz: Wir begreifen gerade auch menschliches Leben als ein Geschenk, das unserer Verfügung weitgehend entzogen ist. Gott ist nach christlicher Überzeugung aber zugleich derjenige, der aus dem Leben abruft. Dazu bekennen wir uns in jedem Gottesdienst anlässlich einer Beerdigung. Hier ist ebenfalls menschlicher Verfügung eine Grenze gesetzt.

Die Bibel nennt in ihrem ersten Kapitel den Menschen »Ebenbild Gottes«. Aus der Ebenbildlichkeit leiten sich Würde und Rechte jedes einzelnen Menschen ab – und damit auch sein Lebensrecht. Weitere Maßstäbe zur Beurteilung des Wertes von menschlichem Leben lehnt der christliche Glaube ab. Eine Unterscheidung von wertvollem und weniger wertvollem, gar unwertem Leben ist da nicht möglich. Weder besondere Leistungen oder Fähigkeiten, weder äußere Merkmale noch

Charaktereigenschaften fügen der mit dem Menschsein gegebenen Menschenwürde etwas hinzu oder nehmen etwas weg. Jeder einzelnen Phase menschlichen Lebens kommt nach unserer Überzeugung diese Würde zu. Es gibt nicht Phasen von höherer oder niedrigerer Würde, auch wenn das volle menschliche Potential im Embryo noch nicht realisiert ist oder im Alter durch Krankheit oder Behinderung nicht mehr realisiert werden kann. Vor dieser Staffelung der menschlichen Würde warnt auch Kollek.

Die Bibel nennt den Menschen aber auch Geschöpf. Wir sind endliche Kreatur, mit Fehlern behaftet, dem Leid und dem Schmerz unterworfen – und sterblich. Genau in dieser Spannung von Ebenbildlichkeit und Geschöpflichkeit liegt die Fruchtbarkeit unseres Lebens. Die beiden Parlamentsentscheidungen in Großbritannien und den Niederlanden berühren daher unser Bild vom Menschen und zugleich unser Gottesverständnis. Im Falle des therapeutischen Klonens greift die Entscheidung in Gottes lebensschaffendes Handeln ein und versucht, ihn in seinem Schöpfersein abzulösen. Im Falle der aktiven Sterbehilfe greift die Entscheidung in das alleinige Recht Gottes ein, Menschen aus dem Leben abzuberufen.

Der jüdisch-christlichen Tradition ist der Gedanke, wie Gott sein zu wollen, keineswegs fremd – dieser Gedanke ist geradezu das Urbild aller Sünde. Nach der alten biblischen Paradieserzählung ist es die Schlange, die mit der Aussicht lockt, den qualitativen Unterschied zwischen Mensch und Gott zu überwinden: »an dem Tage, da ihr davon esset, werden eure Augen aufgetan, und ihr werdet sein wie Gott« (1. Mose 3,5).

Aber reicht es aus, gegen die Eingriffe am Lebensanfang und am Lebensende des Menschen mit einem Bekenntnis zu Gott und seinem Schöpfertum zu reagieren? Sind solche Bekenntnisse nicht einfach nur ideologische Aussagen von »rückständigen Gottesgläubigen«, wie das der Biologe und Mitentdecker der Helixstruktur der DNS, James D. Watson, nennt? Aus seiner Sicht ist es überflüssig, sich mit solchen Einwänden zu befassen, weil sie immer den Geruch rückwärtsgewandter Ideologie ausstrahlen und weil die Vertreter dieser Auffassung sich angeblich hartnäckig der wissenschaftlichen Zukunft verweigern.

Ich denke, wir müssen mehr tun, als mit einem Bekenntnis Grenzen zu markieren, über deren Berechtigung wir dann jedes weitere Gespräch ablehnen. Wir haben es als Christen wie als Kirchen auch gar nicht nötig, uns der Diskussion und der gemeinsamen Urteilsbildung zu verweigern. Nach meiner Überzeugung sind nicht nur die sogenannten naturwissenschaftlich orientierten »Bio-Wissenschaften« wie Biologie, Biochemie oder Biotechnologie für die Frage nach dem Leben zuständig. Sie geben aus sich heraus möglicherweise eine Auskunft darüber, was wir im Blick auf das Leben alles können. Aber sie vermögen keine Antwort darauf zu geben, ob wir auch tun sollten, was wir können. Um das entscheiden zu können, brauchen wir ethische Orientierung. Und darum ist auch die Theologie »Lebenswissenschaft«!

Sie ist eine Lebenswissenschaft, die sich auf biblische Grundlagen und Werte stellt. In einer langen Geschichte haben sich diese Werte und Überzeugungen als lebensdienlich gezeigt. Würden wir sie beherzigen, wären sie eine tragfähige Grundlage für eine menschliche Gemeinschaft – auch wenn sie in der Geschichte, das gestehe ich zu, nicht immer verwirklicht wurden. Aber sie müssen ins Gespräch gebracht werden: nicht über die Köpfe der Leute hinweg, nicht von der Warte einer höheren Erkenntnis aus, sondern in einem offenen Dialog. Ich will die konkreten Anfragen, die sich aus dem christlichen Glauben ergeben, in gebotener Kürze andeuten – zunächst mit einigen Fragen im Blick auf das niederländische Euthanasiegesetz und die damit erneut begonnene Diskussion, die europäisches Ausmaß bis ins Gesetzgebungsanpassungen hinein gewinnen wird:

Was bedeutet es für das besondere Vertrauensverhältnis zwischen Ärzten und Patienten, wenn der Arzt nicht nur heilt, sondern auch Beihilfe zur Tötung leistet? Welchen anderen Einflüssen und Beeinflussungen ist der Arzt ausgesetzt, der einer aktiven Sterbehilfe zustimmen soll? Etwa Einflüsse der zukünftigen Erben, der Betreuer, des gestressten Pflegepersonals, des gesellschaftlichen Klimas und vieles mehr sind durchaus vorstellbar.

Welche Rolle werden wirtschaftliche Überlegungen spielen, eine aufwendige Pflege oder teure Schmerzbehandlung fortzuführen, wenn man durch Entzug dieser Maßnahmen beim Patienten den Wunsch zu sterben wachsen lassen kann?

Welches gesamtgesellschaftliche Klima entwickelt sich, wenn womöglich Kostenfragen den Druck auf alte und kranke Menschen erhöhen, so dass sie ihrer »Entsorgung« zustimmen? Kann da wirklich mit hehrem Pathos von einer freien Entscheidung gesprochen werden?

Die Anfragen richten sich ebenso auf die von den angelsächsischen Staaten kommende Debatte um den Beginn menschlichen Lebens: Welche Auswirkungen hat es auf die Frage nach dem Wert menschlichen Lebens, wenn Embryonen bewusst und ausschließlich zu dem Zweck erzeugt werden, sie in der Forschung zu verbrauchen? Welches menschliche Selbstverständnis verbirgt sich hinter der Möglichkeit, einen »Zwilling« von sich selbst bereit zu halten, um gegebenenfalls rasch an ideal geeignete Spenderorgane zu kommen? Welche Phantasien und Hoffnungen werden geweckt, wenn die Befürworter der möglichst grenzenlosen Anwendung von gentechnischen Verfahren am Menschen mit dem ewigen Leben locken? Welche Folgen hat es für das

Eltern-Kind-Verhältnis, wenn sich Eltern ihre Kinder für teures Geld nach dem Erfolg versprechendsten Design stylen lassen – und das Kind später doch nicht den Erwartungen entspricht? Was bedeutet es für unser Selbstverständnis und das Verständnis einer sozialen Gesellschaft, wenn letztlich alles Unvollkommene radikal ausgeschieden und beseitigt werden soll? Der Traum von einer »heilen Welt« sitzt tief in uns Menschen, auch wenn er lange genug denunziert worden ist. Was allerdings das biblische Zeugnis als Heil nennt, ist damit nicht identisch. Heil zu schaffen, bleibt Gott vorbehalten. Der biblische Realismus weiß von menschlicher Größe und menschlichem Versagen, von Begrenzung, aber auch von Hoffnung, der unsere vorfindliche Wirklichkeit überschreitet. Von ihm her sollten wir selbstbewusst den Austausch, auch – wenn es sein muss – die Kontroverse suchen und mit Geduld und Freundlichkeit einladende und überzeugende Argumente vortragen. Es gibt keinen Grund, dass wir uns verstecken oder aus der gerade erst aufflammenden Debatte verabschieden. Die biblische Botschaft ist ein gutes und bewährtes Fundament für ethische Orientierung – auch im 21. Jahrhundert.

Weil Gott ein Freund des Lebens ist, sollten wir die Unverfügbarkeit des Lebens betonen: an seinem Beginn, seinem Ende, aber auch in seinem Verlauf. Der christliche Glaube setzt nicht an die Stelle menschlicher Planung eine fatalistisch anmutende Haltung des bloßen Empfangens. Aber er hilft, Planen und Empfangen einander zuzuordnen. Wir stellen uns damit gegen den totalen, vielleicht sogar totalitären Machbarkeitswahn mancher ideologisch verbohrter Heilspropheten, die einem bewusstlosen Pragmatismus und ökonomischen Rigorismus das Wort reden. Dabei können wir unsere wunderschönen biblischen Geschichten erzählen, etwa die vom Turmbau zu Babel, und sie zum Milleniums-Dom in London in Beziehung setzen, der vom Tempel menschlicher Errungenschaften schon fast zur Ruine menschlicher Hybris geworden ist. Er musste bereits den Besitzer wechseln, weil er kurz vor der Pleite stand. Oder wir erinnern uns durch die Geschichten, die Jesus erzählt, daran, dass Gott ein Gott der Liebe und Barmherzigkeit ist – ein Gott, der gerade nicht das Vollkommene sucht, sondern dem Verlorenen nachgeht. In diesem Sinne sollten wir uns in offensiver Zeitgenossenschaft der Auseinandersetzung über die Fragen des Lebens im sogenannten »Jahr der Lebenswissenschaften« stellen.

Jugend und Religion

1. Ein Korb für die Kirche

Zu Beginn ein Schlaglicht aus dem Schulalltag: »Im Religionsunterricht aufgefordert, Gedanken zur Kirche aufzuschreiben, fragt ein Schüler: ›Wie wird *ätzend* geschrieben?‹«[1]

Bestätigt diese Episode den in kirchlichen Kreisen verbreiteten Eindruck, dass Jugendliche spätestens vom Beginn der Pubertät an kein Interesse an Religion haben, Pfarrerinnen und Pfarrern den Konfirmandenunterricht zur Hölle machen, in der kirchlichen Jugendarbeit entweder erst gar nicht auftauchen oder nur an Veranstaltungen teilnehmen, die Event-Charakter haben, und dass der Gottesdienst für sie eine fremde Welt bleibt?

Oder verbirgt sich hinter dem Wort »ätzend« als Assoziation zur Kirche zwar die Abwehr gegenüber einer mehr oder weniger vertrauten Institution, dies aber nicht unbedingt mit der Ablehnung von Religion gleichzusetzen ist?

2. Die selbstverständliche Teilnahme und eine Fülle von Fragen

Indes beleuchtet das erwähnte Schlaglicht nur die halbe Wirklichkeit. Es gibt auch eine andere Perspektive[2] – vielleicht überraschend: Woche für Woche erreicht der evangelische bzw. katholische Religionsunterricht Zehntausende junger Menschen. Evangelische Jugendliche nehmen zu bald 95% am Konfirmandenunterricht teil; fast 60% geben – gegen alle landläufige Meinung! – später an, gerne hingegangen zu sein. Und beinahe 60% der Konfirmandinnen und Konfirmanden sagen, dass sie etwas Wichtiges für das Leben gelernt haben. Eine positive Erinnerung an den Pfarrer bzw. die Pfarrerin, die den Konfirmandenunterricht hielten, haben sogar an die 80%. Das ist ein beachtliches Ergebnis!

Die Altersgruppe der 15- bis 20-Jährigen nimmt zu etwa einem Drittel an Angeboten der kirchlichen Jugendarbeit teil, 9% häufig, 25%

---

[1] Waldemar Rink, Der Dienst der Kirche in Beruflichen Schulen. Ein Erfahrungsbericht als Entscheidungshilfe zu einer Standortbestimmung, Fuldatal [1998], 28.

[2] Vgl. Fremde Heimat Kirche. Die dritte EKD-Erhebung über Kirchenmitgliedschaft, hg. v. Klaus Engelhardt / Hermann v. Loewenich / Peter Steinacker, Gütersloh 1997, 95-111.

manchmal. Viele dieser jungen Leute werden später ganz selbstverständlich ihre Kinder taufen lassen, manche lassen sich kirchlich trauen.

Lässt man diese Zahlen auf sich wirken, könnte der Eindruck entstehen, die Kirche sei in ihren verschiedenen Lebensäußerungen im Bereich der Jugend gar nicht schlecht vertreten. Parteien und Verbände, Vereine und Gewerkschaften werden mit gewissem Neid auf die Anzahl der Kontakte, die Vielfalt der Begegnungsformen und die Beständigkeit der Beziehungen schauen.

Eine weitere Beobachtung fügt sich an: Neben der Partizipation Jugendlicher (zu einem hohen Prozentsatz) am Religionsunterricht, am Konfirmandenunterricht und (in geringerer Zahl) an der kirchlichen Jugendarbeit existieren noch ganz andere Möglichkeiten der Teilhabe am kirchlichen Leben. Es sind dies Veranstaltungen, deren Charakter sich von den regelmäßigen Angeboten der Kirchengemeinden stark unterscheidet. Alle zwei Jahre findet beispielsweise der Deutsche Evangelische Kirchentag statt: ein mehrtägiges Fest des Glaubens in einer deutschen Großstadt mit einem großen Angebot möglicher Themen, Veranstaltungsarten und Teilnahmeformen. Das geht vom hoch akademischen Diskurs bis zum seelsorglichen Gespräch, von Räumen der Stille und Meditation bis zum Rockkonzert, vom gemeinsamen Singen, Beten, Spielen und Tanzen bis zum praktisch-kreativen Gestalten. Der Kirchentag ist immer auch ein Fest der Jugend, beeindruckend und begeisternd für solche, die mit dem kirchlichen Leben in den Gemeinden ansonsten wenig zu tun haben. Aber nicht nur der Kirchentag hat seine Attraktivität. Es gibt in der kirchlichen Jugendarbeit über das Jahr verteilt spezielle Angebote in Form von Workshops, Freizeiten, Jugendgottesdiensten, die durchaus von Jugendlichen akzeptiert und besucht werden.

Wenn all diese Wahrnehmungen zutreffen, stellt sich die Frage, warum in kirchlichen Kreisen die Klage über »die Jugend« so häufig angestimmt wird. Ist das ein eingeschliffener Reflex kirchlicher Amtsträger, die gar nicht anders können, als die Gegenwart in düsteren Farben zu malen und einer vermeintlich besseren Vergangenheit nachzutrauern? Oder mag es daran liegen, dass man sich an einem bestimmten Leitbild orientiert, wie christlich engagierte Jugendliche aussehen sollten – um dann feststellen zu müssen, dass diese ganz anders sind und sich den vorgegeben Formen nicht einpassen wollen?

3. Die freischwebende Religiosität Jugendlicher und ihre Rückseite

In den letzten Jahren ist zunehmend die so genannte »frei schwebende Religiosität« in den Blick gekommen. Sie macht sich an allen möglichen (und unmöglichen) Dingen fest, findet sich in Bruchstücken zum Teil auch in christlichen Jugendgruppen oder bei Menschen ohne Religionszugehörigkeit. Gespeist und gefördert wird sie aus unzähligen Artikeln in Jugendzeitschriften wie »BRAVO« oder »BRAVO GIRL«, durch Sendungen wie »Akte X« und ähnliche, in denen Merkwürdiges und Okkultes, Bachblüten und Erdstrahlen, Hexensalben und Astrologie angeboten werden. Ein wesentlicher Zweig des Büchermarktes lebt inzwischen davon.

Interessant an dieser Tendenz ist der Hinweis, der darin verborgen ist: Es gibt offensichtlich ein erhebliches Interesse an esoterischen, spirituellen und übersinnlichen Phänomenen. Hier drückt sich eine tiefe Sehnsucht nach Transzendenzerfahrungen aus: nach umfassenden Erlebnissen und Gefühlen, die über den begrenzten Horizont der Konsumwelt und der berechenbaren Wirklichkeit hinausgehen. Oft ist es eine ziemlich unbeholfene Suchbewegung nach dem Unbeschreiblichen. Aber sie ist ernstzunehmen! Wenn Jugendliche sich von kirchlichen Angeboten fernhalten, ist das zugleich ein Hinweis darauf, was sie hier vermissen. Veranstaltungsformen, die nur den Intellekt ansprechen, und traditionelle Gottesdienste gehören eben nicht zu den Favoriten der Freizeitgestaltung bei Jugendlichen. Sie beklagen vordergründig die Langeweile – und meinen damit, dass ihnen eine sie unmittelbar berührende Vitalität fehlt.

Die Frage, *ob* Jugendliche überhaupt Interesse an Religion haben, scheint falsch gestellt zu sein oder zumindest unter einer gewissen Wahrnehmungstrübung zu leiden. Jugendliche zeigen ihr Interesse an Religion überdeutlich – allerdings (und das ist vielleicht für die Vertreterinnen und Vertreter der etablierten Religionsgemeinschaften etwas enttäuschend) nur in seltenen Fällen genau in der Art und in der Sprache von Religion, die wir selbst gewohnt sind und deshalb von anderen erwarten. Sie zeigen das in ihrem »Kult«, ihren Ausdrucksformen, ihrer Musik.

Um ein Beispiel zu nennen: Wer im Unterricht mit 16- bis 17-Jährigen die Texte des Apostels Paulus über die christliche Auferstehungshoffnung aus 1. Korinther 15 liest und bespricht, wird ein eher müdes Interesse und allenfalls eine matte Diskussion erleben. Vielleicht haben die Schülerinnen und Schüler nicht einmal Lust, diese Gedanken abzulehnen! Spielt man jedoch von dem Gitarristen Eric

Clapton den Song »Tears in Heaven« vor und erzählt, dass er seinen Sohn als Kind verloren hat, kommt etwas völlig anderes zum Vorschein: Die Schülerinnen und Schüler reden aus persönlicher Betroffenheit heraus, berichten von Autounfällen oder plötzlichen schweren Erkrankungen in Familie, Verwandtschaft oder Freundeskreis. Sie lehnen den Gedanken von Auferstehung und ewigem Leben (Clapton redet vom »Wiedersehen im Himmel«) überhaupt nicht ab, obwohl er ihrer manchmal etwas platten Logik widerspricht. Sie entwickeln sogar einen Sinn für die Symbolik der Sprache eines Popsongs. Wenn dann die Übertragung auf die biblischen Texte gelingt, sind wir mitten im Leben: da, wo Religion ihren Ort hat.

4. Ein Blick über den eigenen Zaun

Ändert sich der Gehalt dieser Bestandsaufnahme, sofern ein anderer religiöser Zusammenhang als der christliche in den Blick kommt? Ich vermag dies nicht im Einzelnen zu beantworten. Vielleicht sind zur weiteren Klärung folgende Fragen hilfreich, die bei uns lebende jüdische und muslimische Jugendliche betreffen:

Welche Wirkungen entfalten sich im jüdischen Kontext, wenn zu denen, die ihr religiöses Erbe in Deutschland über den Holocaust hinüber gerettet haben und in bewährten Traditionen leben, plötzlich aus den Gebieten der ehemaligen Sowjetunion viele jüdische Menschen nach Deutschland ziehen? In ihrer alten Heimat konnten sie ihr religiöses Leben kaum öffentlich praktizieren. In Deutschland treffen sie auf eine neue Kultur, auf das öffentliche Bekenntnis zum jüdischen Glauben, auch auf eine gesellschaftlich und politisch aktive Gemeinde. Tauchen die jungen Leute mit Eifer in die religiöse Tradition ein oder reagieren sie eher verhalten? Übernehmen sie von Gleichaltrigen die distanzierte Haltung zur Institution und das eher unausgeprägtes Interesse an den Inhalten in ihrer traditionellen Form – oder kann für sie die Entdeckung der Religion zu einem Kristallisationspunkt jugendlicher Identitätsfindung werden?

Und wie sieht das in einer muslimischen Familie aus? Der Großvater mag Anfang der sechziger Jahre des letzten Jahrhunderts aus der Osttürkei nach Deutschland gekommen sein. Er selbst ist ganz in den überlieferten Lebensformen auf dem Land groß geworden. An viele der für ihn seltsamen Moden und Verhaltensweisen der Deutschen konnte er sich nie gewöhnen. Über dreißig Jahre hat er am Montageband bei VW gestanden. Sein Sohn ist noch in der Türkei geboren, hat aber seine schulische Ausbildung in Deutschland gemacht. Er ist in der religiösen Tradition aufgewachsen, aber er hat auch deutsche Freunde, deren Gedanken und Einstellungen er zu verstehen versucht. Hier und da fühlt er vielleicht einen Zwiespalt zwischen seiner überkommenen Religion und den so ganz anderen Lebensbedingungen und Lebensformen der Menschen in Deutschland. Er wieder hat eine Tochter. Die spricht sehr gut deutsch, hat die mittlere Reife ohne Schwierigkeiten geschafft und macht jetzt das Fachabitur. Sie formuliert so geschliffen und grammatisch so sicher, dass sich mancher ihrer deutschen Mitschüler eine Scheibe abschneiden könnte. Sie hört die gleiche Musik, trägt die gleiche Kleidung, hat den tragbaren CD-Player stets dabei und natürlich das Handy in der Nähe. Und wie ist es mit der Religion? Hat sie sich von den deutschen Jugendlichen anstecken lassen? Ist sie distanziert gegenüber den organisierten oder normierten Formen des religiösen Vollzugs? Empfindet sie ihr religiöses Herkommen eher als Belastung für den Wunsch nach Integration? Oder ist die Religion ein Kernpunkt der eigenen Identität, ein Pfeiler des Selbstbewusstseins und ein gewähltes und bewusstes Unterscheidungsmerkmal gegenüber den deutschen Mitschülerinnen und Freundinnen?

5. Eine grundsätzliche Bemerkung

Jugendliche haben religiöse Bedürfnisse. Das gilt nicht nur für deutsche Jugendliche christlicher Prägung. Wenn Religion mit dem Leben der Menschen zu tun hat und ihre alltäglichen Lebenserfahrungen aufnimmt und bearbeitet – wie wäre eine Jugend überhaupt vorstellbar ohne religiöse Fragen, ohne geheime oder offene Sehnsucht nach Lebensdeutung und Orientierung, Hingabe und Erfüllung, Glück und Geborgenheit, nach Sinn, Vergewisserung und Trost!?

Junge Menschen, ob sie nun einer bestimmten Religion angehören oder ohne offizielle Religionszugehörigkeit sind, erleben täglich das Spiel von Sieg und Niederlage. Sie ringen um schulische Leistungen, um Ausbildungs- und Studienplätze, um Berufschancen, um Anerkennung von Eltern und Geschwistern, um Liebe und Freundschaften, um Achtung in ihrer Clique oder in der Klasse und erleben darin Erfüllung oder Untergang. Sie erfahren sich als Liebende und Geliebte, geborgen und vertraut, sich hingebend und glücklich. Sie leiden an Trennungen und Verlusten, seien es Freunde und Freundinnen, Eltern, Geschwister, Kameraden und Kolleginnen, oder im Blick auf Perspektiven und Zukunftspläne.

All das will in sich selbst aufgenommen und im Inneren zusammengebracht und gedeutet sein. In einer ausschließlich verrechenbaren Welt von Ursache und Wirkung, von Leistung und Gegenleistung ist das nicht zu haben. Junge Menschen spüren dies eigentlich sehr genau, auch wenn sie das Gegenteil behaupten! Und wo Jugendliche sich hartnäckig weigern, ihre eigene religiöse Dimension zur Kenntnis zu nehmen, da betreiben sie, ohne es zu ahnen, seelische Selbstverstümmelung.

Noch einmal: Die Frage ist nicht, *ob* Jugendliche Religion haben, religiös interessiert sind oder für religiöse Fragen ansprechbar sind, sondern die Frage lautet eher, *wie* die religiöse Bedürftigkeit Jugendlicher zum Thema in der Bildungsarbeit, in der Erziehung und in der Begegnung mit ihnen werden kann. Eigentlich wäre noch drastischer zu formulieren: Jugendliche und Kinder haben ein Recht auf Religion! Wir begrenzen sie, wenn wir ihnen Antworten auf ihre kindlichen oder jugendlichen religiösen Fragen und Empfindungen vorenthalten. Darum sollten wir die möglichen Hemmnisse aufspüren, die dazu führen, dieses Grundrecht unserer Kinder und Jugendlichen auf Religion zu missachten. Und wir sollten das Recht auf Religion einfordern – nicht nur bezogen auf den Schulunterricht, aber auch da.

6. Religionsunterricht an öffentlichen Schulen

Religion als Erfahrung aller Menschen, also auch Jugendlicher, ist lehrbar und lernbar. Schülerinnen und Schüler lernen den Sinngehalt der Religion in der Gestalt kennen, wie er sich durch die Gemeinschaft des Glaubens vermittelt. Im Idealfall wird aus der zugeschriebenen Konfession im Unterricht eine eigene angeeignete Konfessionalität. Das ist Ergebnis der Tatsache, dass sich eigene Überzeugungen nicht im Niemandsland der Gleich-Gültigkeit bilden, sondern nur in der Begegnung und im Gespräch mit bestimmten Glaubensüberzeugungen. Allerdings geschieht dies heute selbst bestimmt und frei gewählt. Der Religionsunterricht wird darum einen ehrlichen, offenen Dialog darstellen – jenseits von Zwang und ohne Drängeln. Er sucht zu vermitteln, was die eigene religiöse Tradition in der Vielfalt der Glaubens- und Lebensäußerungen bedeutet und wie dies unter den gegenwärtigen Bedingungen so dargestellt werden kann, dass die Begegnung zwischen Menschen unterschiedlicher religiöser Herkunft von gegenseitiger Achtung und Toleranz geprägt ist.

Gerade der weltanschaulich neutrale Staat kann dies besonders unterstützen.[3] Im Grundgesetz der Bundesrepublik findet sich der lapida-

---

[3] Vgl. MARTIN HEIN, Was erwarten Kirche und Gesellschaft vom Religionsunterricht?, in: forum religion 1/1998, 35-42.

re, aber folgenreiche Satz: »Der Religionsunterricht ist in den öffentlichen Schulen [...] ordentliches Lehrfach« (Art. 7,3).

Inhaltlich macht die Absicherung des Religionsunterrichts Sinn, wenn man davon ausgeht, dass ein demokratischer Staat – nach dem bekannten Diktum von E.-W. Böckenförde – von Voraussetzungen lebt, die er nicht selber erzeugen kann. Der Staat hat sich aus guten Gründen auf die Neutralität hinsichtlich der Weltanschauungen und Religion seiner Bürgerinnen und Bürger festgelegt. Deshalb sind Institutionen nötig, die ihrerseits Werte vermitteln, Normen stützen und Orientierungen anbieten, die das Zusammenleben der Menschen menschlich gestalten. Dass der Staat diese Aufgabe selbst erfüllt, ist aus guten Gründen in der deutschen Verfassung nicht vorgesehen. Das nationalsozialistische Regime oder auch die Staatsideologie der DDR zeigen, wohin es führt, wenn sich der Staat anmaßt, über die Weltanschauung seiner Bürger verfügen zu wollen.

Diesen Bereich aber ganz aus der Hand zu geben und Werte, Normen und Orientierungen den Aktivitäten von Verbänden und ihren Angeboten zu überlassen, birgt freilich umgekehrt die Gefahr, dass die Verständigung darüber auseinanderbricht, was denn in einem Gemeinwesen gelten soll. Hier liegt für den Staat ein Problem. Und deshalb hat er ein legitimes Interesse am Religionsunterricht in öffentlichen Schulen. Es bleibt daher zu betonen: Der Religionsunterricht dient auf grundlegende Weise dem Zusammenleben der Menschen in diesem Staat. Der Vorwurf, er habe die Bestandssicherung einer Religionsgemeinschaft, im konkreten Fall: der evangelischen Kirche, zum Ziel, ist eine eklatante Verkennung.

Die weltanschauliche Neutralität des Staates kommt auch darin zum Ausdruck, dass es in unserer Verfassung nur heißt: »Der Religionsunterricht [...] ist ordentliches Lehrfach« – und nicht: der christliche bzw. katholische oder evangelische. Gegen alle immer wieder vorgetragenen Einwürfe, der Staat bevorzuge die großen christlichen Kirchen, muss darauf hingewiesen werden, dass auch Muslime, Juden, Hindus oder Buddhisten ihren Religionsunterricht an Schulen haben bzw. haben können, wenn die rechtlichen Voraussetzungen erfüllt sind. Aus verfassungsrechtlichen, aber auch aus pädagogischen und religiösen Gründen ist es daher nur konsequent, dass die evangelische Kirche etwa für einen muslimischen und jüdischen Religionsunterricht an staatlichen Schulen eintritt.

7. Begegnung der Kulturen

Unsere gegenwärtige Situation in Deutschland ist von einem religiösen Pluralismus bestimmt. Das wird niemand bestreiten. Dieser religiöse Pluralismus hat aber auch eine mögliche Kehrseite. Er kann Abgrenzungen auslösen: mentale Abschottungen, Verweigerungshaltungen, kulturelle Abwehr und Selbstghettoisierung. Dies liegt wohl wesentlich daran, dass die Menschen auf diese neue Situation nicht genügend vorbereitet sind. Wir wissen zu wenig voneinander! Diese Einsicht ist seit dem 11. September 2001 Allgemeingut geworden.

Was aber wäre zu tun, um Abschottungs- und Abwehrtendenzen zu vermeiden? Ernsthafte Integrationsbemühungen leben von gegenseitiger Offenheit und Ehrlichkeit im Umgang miteinander. Gewiss kann Religion immer dazu missbraucht werden, Integration zu verhindern oder gar Hass zu schüren. Das wird, weil es um innerste Überzeugungen geht, die das Leben tragen, oft zu wenig beachtet! Religion kann aber auch ihr friedensstiftendes Potential freisetzen, um zu Verständigung, Versöhnung und gegenseitiger Wertschätzung zu kommen. Diese Wirkung zur Geltung zu bringen, ist die Aufgabe, der wir uns stellen müssen.

Gerade die Ausbildung von Religionslehrerinnen und -lehrern hat hier eine wichtige Funktion. »Religionspädagogik«[4] muss, recht verstanden, einerseits daran arbeiten, den – in unserem Fall: evangelischen – Glauben in seiner Vielfalt deutlich und verständlich zu machen. Denn Dialoge mit anderen Religionen oder Konfessionen sind nur dann fruchtbar, wenn sie selbstbewusst geführt werden können. Auf der anderen Seite aber hat die Religionspädagogik die Aufgabe, eine Methodik zu entwickeln, wie die Begegnung der Religionen in einer Atmosphäre von gegenseitiger Achtung und Toleranz gelingen kann. Das wäre ein beachtlicher Beitrag für unser Gemeinwesen!

Als Bedingungen für religiöse Begegnungen und Dialoge sollten beachtet werden:

- die Klärung der eigenen Position,
- ein Wissen um die Inhalte der anderen Religion,
- gegenseitiger Respekt und gegenseitiges Interesse,
- der Verzicht auf Maximalforderungen an das Gegenüber.

---

[4] Vgl. dazu: MARTIN HEIN, Identität entwickeln – Toleranz üben. Zehn Thesen für einen unbefangenen Umgang mit religiöser Vielfalt heute, in: forum religion 4/1999, 32-37, hier: 37. [In diesem Band 103-113.]

Hinzu käme wohl ein gutes Stück Nüchternheit in dem Bewusstsein: Große Annäherungen sind in den Glaubensinhalten wohl kaum zu erzielen. Aber die Verständigung kann so weit gehen, dass das Zusammenleben auf vertrauensvoller Basis gelingt.

8. Ein evangelisches Nachwort

Autonomie, Selbstbestimmung, Individualisierung aller Lebensbereiche – so lauten gegenwärtig gesellschaftliche Schlagworte. Obwohl junge Menschen heftig um diese Ziele kämpfen, suchen viele eine religiöse Bindung, wenn auch zum Teil in eigenwilliger Form.

Was bedeutet das für die evangelische Kirche, in deren Tradition diese Schlagworte seit der Reformation durchaus beheimatet sind? Sofern wir einerseits das Streben der jungen Menschen nach Freiheit ernstnehmen und andererseits begreifen, dass Religion zur eigenen Identitätsfindung hinzugehört, muss uns an der Bildung von Individualität im Sinne von Eigenständigkeit und Verantwortlichkeit gelegen sein – und nicht an der gestaltlosen Gleichförmigkeit. Die reformatorische Sprache nennt das Gewissensbildung. Wenn wir für Jugendliche erlebbar machen können, dass Gott sie so liebt, wie sie sind, mitten auf einem turbulenten Weg der Suche nach sich selbst, leisten wir einen unverzichtbaren Beitrag, der sie in die Lage versetzt, ihre Persönlichkeit zu entwickeln. Damit ist zugleich der Selbstanspruch verbunden, daran zu arbeiten, durch Überzeugung (ohne inneren oder äußeren Druck) und glaubhaftes Vorbild eine Identifizierung der persönlichen religiösen Erwartungen und Bedürfnisse mit der konkreten Gestalt kirchlicher Gemeinschaft zu ermöglichen.

Ob dieser Prozess in jedem Fall gelingt, mag dahinstehen. Aber er lohnt sich gleichwohl! Verfehlt wäre es, ein festes Raster zu entwickeln, in das jugendliche Religiosität sich einzupassen hätte. Denn wir müssen uns nicht erst gefunden haben, um zu leben, sondern wir leben, um uns zu finden – und das alles, weil Gott uns längst angenommen hat. Dies mit Verständnis und Geduld zu bezeugen und erfahrbar zu machen, bleibt eine stetige Herausforderung für Verkündigung, Unterricht und Seelsorge in der evangelischen Kirche überhaupt – aber auch gerade gegenüber der jungen Generation.

Die Bedeutung des Gewissens für die evangelische Ethik

Zugleich ein Plädoyer für evangelische Bildungsverantwortung

1. Zwischen Freiheit und Kopie

Unsere heutige Lebenswelt ist durch einen deutlichen Trend zur fortschreitenden Individualisierung charakterisiert. Diese Tendenz zeigt sich darin, dass die Bedeutung fester sozialer Rollen, geprägter Verhaltensmuster und Leitbilder, von Standesethiken und Traditionen abnimmt. Zum Teil geschieht das in einer bewussten Abkehr von diesen tradierten Vorstellungen, zum Teil aber auch aus Desinteresse an deren Weitergabe oder durch eine Fehleinschätzung über die Bedeutung solcher Muster.

Die Vervielfachung der Weltdeutungsangebote und Sinnstiftungsversuche, der weltanschaulichen und religiösen Vorstellungen, die wir gegenwärtig zu verzeichnen haben, unterstützt diese Entwicklung. Durch die mediale Vernetzung ist die Fülle dieser Orientierungsmöglichkeiten prinzipiell an jedem Ort und zu jeder Zeit zumindest elektronisch abrufbar. Aber auch die Migrationsbewegungen im letzten Jahrhundert haben dazu beitragen, unmittelbar mit Menschen unterschiedlichster Wertvorstellungen zusammenzutreffen.

So gewinnen wir als Einzelne eine nie da gewesene Fülle von Rollen- und Verhaltensangeboten aus vielfältigsten Quellen. Das kann man auf der einen Seite als Zugewinn von Freiheit begrüßen. Enge und Last bisheriger Traditionen werden aufgebrochen. Viele bejahen dies und stellen sich ausdrücklich in die Reihen derer, die sich davon eine Erweiterung ihres Lebens versprechen. Sie verstehen ihr Handeln und ihr Verhalten als einen Bereich, der ausschließlich der eigenen Entscheidung untersteht. Aus dem Satz »Ich tue, was ich will, und bin niemandem dafür Rechenschaft schuldig« wird ein alltagsethischer Cocktail gemixt, der dem Mixer das Gefühl persönlicher Freiheit und Ungebundenheit vermittelt.

Allerdings erscheint die allseits behauptete Verwirklichung dieser Freiheit als eine fast flächendeckende Illusion, weil sie sich ihren kopierten Charakter nicht bewusst macht und ihre Wurzeln nicht reflektiert. Viele bemerken überhaupt nicht, wie oft sie selbst in aller Freiheit wiederum Mustern nachleben, die ihnen – meist medial vermittelt – als nachahmenswert suggeriert werden. Manches Verhalten in unserer Gesellschaft ist viel uniformer, als es uns die Propheten individueller Freiheit glauben machen wollen. Und der Gedanke, es könnten ethische Entscheidungen in völliger Freiheit ohne Rückbindung an Lebensgeschichte oder Wertvorstellungen der Gesellschaft getroffen werden, produziert lediglich eine Reihe spontaner, willkürlicher Entschlüsse, die der Dauerhaftigkeit menschlichen Lebens nicht gerecht werden.

Im Unterschied etwa zur Tierwelt folgen wir Menschen – kulturell bedingt – nur wenig unseren Instinkten. Instinktsicherheit, die unser Verhalten bestimmen und lenken würde, gibt es nicht. Wir Menschen leben eben nicht einfach so und von selbst. Die Folge dieser Disposition ist es, dass sich uns die Aufgabe einer bewussten Lebensführung stellt. Wer sein Leben »führt«, benötigt Anhaltspunkte und Orientierungen, wonach er es ausrichten soll. Wenn wir diese nicht wohlüberlegt und aktiv suchen, zugleich aber alles Überkommene abstreifen, wird die gewonnene Freiheit bald auch ihre Kehrseite zeigen. Denn die Beseitigung oder das gänzliche Fehlen von tragenden Mustern und bewährten Traditionen, von lebensdienlichen Leitbildern und definierten sozialen Rollen lädt dem einzelnen Menschen die Last ständiger Entscheidungsfindungen auf, die sich früher zu einem großen Teil aus dem Pool des Tradierten und Vorgegebenen speisten. Traditionen hatten eben nicht immer nur etwas Einschränkendes, sondern stets auch etwas Entlastendes. Die Bürde, das eigene Verhalten und Entscheiden permanent neu zu bedenken, kann für manche schnell – gegen die eigene Absicht – zur Überforderung werden.

Der Hinweis auf die höchst ambivalenten Folgen einer Emanzipation wäre allerdings völlig missverstanden, würde er als Eintreten für eine ausschließliche Anpassung an herrschende Verhaltensmuster gedeutet. Traditionen bedürfen der Überprüfung. Anpassung an Überkommenes kann nicht schon prinzipiell als wünschenswert und moralisch gut bezeichnet werden. Der Grund dafür liegt darin, dass ethische Fragen in jeder Generation je nach Zeitumständen neu und anders aufbrechen können und darum eigenständige Antworten erfordern.

Die Nötigung, sich seiner Lebensführung zu versichern und sich dabei von Werten, Normen und Zielen leiten zu lassen, entsteht also aus der Erfahrung, dass das Leben als Einzelner oder in der Gemeinschaft aus unterschiedlichsten Gründen gelingen, aber auch scheitern kann – von katastrophalen Ereignissen bis hin zum belanglosen Versanden. Was aber zum inneren Kompass wird und unser Verhalten oder Handeln in konkreten Fällen bestimmt, müssen wir uns bewusst machen. Als Theorie einer verantwortungsvollen Lebensführung unterstützt Ethik uns in diesem Bedürfnis nach Selbstvergewisserung und Orientierung.

2. Grenzen der Freiheit

Die Möglichkeit einer eigenverantwortlichen Gestaltung des Lebens hängt nun freilich ganz wesentlich davon ab, welches Maß an Entscheidungsfreiheit dem Menschen zugestanden wird. Ganz grundsätzlich wird die menschliche Freiheit, sich unabhängig entscheiden zu können, aus zwei Richtungen bestritten:

(a) Ein deterministisches Weltbild, wie es sich vor allem im Anschluss an die naturwissenschaftlichen Erkenntnisse des 19. Jahrhunderts herausbildete, sprach dem Menschen jede Freiheit ab, zwischen Handlungsalternativen wählen zu können. Nachdem sich dies unter den damaligen wissenschaftlichen Voraussetzungen als unhaltbar erwies, taucht die Bestreitung der Entscheidungsfreiheit gegenwärtig im Zusammenhang der neuesten Hirnforschung erneut auf. In der »Frankfurter Allgemeinen Zeitung« ist diese Debatte dokumentiert worden: Begriffe wie »Freiheit« und »Verantwortung« könnten sich hiernach als Schall und Rauch entpuppen, als reine Einbildung. Statt dessen, so die Aussagen von renommierten Hirnforschern, würden neurale Prozesse dafür sorgen, dass all unser Denken und Handeln determiniert ist. Welche Konsequenzen dies bis hinein in unser Strafrecht haben könnte, liegt auf der Hand. Es bleibt spannend zu verfolgen, wie sich die Diskussion an diesem Punkt in den nächsten Jahren weiterentwickelt.

(b) Auf der anderen Seite kam die sogenannte Milieutheorie zu der Auffassung, dass der Mensch – kurz gesagt – so sehr durch die Verhältnisse seiner Kindheit geprägt sei, dass von einer Eigenverantwortung zum Teil nur mit erheblichen Einschränkungen gesprochen werden könne.

Demgegenüber bleibt zu betonen, dass freie Entschlüsse wohl auf Bindungen und auch bestimmten Vorgaben beruhen, ohne dadurch in den Verdacht einer Abhängigkeit zu geraten, die von der Verantwortlichkeit für das eigene Handeln dispensiert. Es geht darum, dass wir uns unserer Vorprägungen und Beeinflussungen bewusst sind und diese in unser Handeln einbeziehen. So sind wir in der Lage, eigenständig zu entscheiden, welche Werte wir künftig für uns als bindend anerkennen wollen. Mit dieser Wahl formen wir zugleich unsere Persönlichkeit und stecken den Weg ab, auf dem weiterhin ethische Verhaltensmöglichkeiten realisiert werden. So gestaltet sich ein Lebensweg in wirklicher Selbstbestimmung.

Die Freiheit zur Gestaltung des eigenen Lebens hat daneben weitere Grenzen:

(a) Zunächst ist dies die Endlichkeit des menschlichen Lebens überhaupt: Wir leben nicht ewig! Manche Entscheidung oder Handlung mag über unseren Tod hinaus Bestand und Bedeutung haben. Andererseits ist die Todesgrenze für direkte und persönliche Einflussnahmen absolut. Das Wissen, dass die Dauer unseres Lebens begrenzt ist, wirkt auf unser ethisches Verhalten zurück: entweder in einer illusorischen Abwehr und der Anmaßung, als könnten wir dieses Faktum leugnen, oder in der bewussten Annahme, die dann in den ethischen Entscheidungen und Handlungen den Charakter der Zeitlichkeit stärker zum Ausdruck bringt.

(b) Die Freiheit des gestalterischen Umgangs mit Lebensmöglichkeiten findet eine zusätzliche Begrenzung in der endlichen Einsichtsfähigkeit des einzelnen Menschen: Wir wissen nicht alles! Die Komplexität selbst scheinbar alltäglicher ethischer Herausforderungen bringt es oft mit sich, dass weder ihre Voraussetzungen noch ihre Folgen vollständig abschätzbar sind. Jedes Verhalten oder Tun muss diesen Wagnischarakter aushalten. Wegen der Unübersichtlichkeit das Handeln zu verweigern, wäre jedenfalls unangemessen. Aber das Risiko bleibt.

(c) Die Mittel und Wege, unsere als richtig und notwendig eingesehenen Entscheidungen nun auch umzusetzen, sind ebenfalls begrenzt: Wir können nicht alles! Die Einsicht in die Relativität unserer eigenen Möglichkeiten entspricht weithin unserer Wirklichkeitserfahrung. Solch ein Realismus ist heilsam, denn er bewahrt vor einer unsachgemäßen Ausweitung oder Überfrachtung der eigenen Verantwortung.

(d) Schließlich muss sich ethisches Handeln innerhalb der Schranken der geltenden Gesetzgebung bewegen, solange die Gesetzgebung – einem Rechtsstaat entsprechend – die Menschenrechte respektiert. Wir dürfen nicht alles! Wir erfinden mit unseren ethischen Entscheidungen die gesellschaftliche Ordnung nie neu, sondern finden uns darin vor, um uns in ihr zu verhalten. Das schließt allerdings nicht aus, das es unter bestimmten Umständen zu einer Spannung zwischen dem positivem Recht und der eigenverantwortlich gefällten Entscheidung kommen kann, die sich – im Bewusstsein der damit verbundenen Risiken für die eigene Person – gegebenenfalls allein einem letzten Gehorsam Gott gegenüber verpflichtet weiß: Der Satz »Man muss Gott mehr gehorchen als den Menschen« (Apostelgeschichte 5,29) ist darum kein Freibrief, sondern vielmehr Ausdruck der entscheidenden Bindung und Verantwortlichkeit.

Damit sind wir bei der ausschlaggebenden Größe angelangt, an der sich unser Urteilen, Handeln und Verhalten auszurichten hat: beim Gewissen.

3. Gewissen

Der biblisch-christliche Glaube geht von der Voraussetzung aus, dass der Mensch als Geschöpf Gottes dessen Ebenbild ist. Er ist es, der Gott Antwort gibt und sich ihm gegenüber zu verantworten hat. Mit dem sogenannten »Herrschaftsauftrag«, sich die Erde untertan zu machen

(1. Mose 1,28), wird ihm die Gestaltungsfreiheit des Lebens auf der Erde zugestanden – diese aber nicht in grenzenloser und bedingungsloser Willkür, sondern bleibend in der Verantwortung gegenüber Gott. Weil der Mensch als einziges Wesen in der Lage ist, triebunabhängig die Welt anzuschauen und zu erfassen, kann er überhaupt Verantwortung übernehmen.

Zugleich sind wir mit Fehlern und Schwächen behaftet, die unser Verhältnis zu uns selbst, das Zusammenleben der Menschen untereinander und unser Verhalten gegenüber der Natur belasten. Dies ist trotz aller Optimierungen und Entwicklungsmöglichkeiten durch Erziehung, Bildung und neuerdings gegenüber den Erwartungen an die Gentechnik eine bleibende Voraussetzung allen ethischen Verhaltens. Das mögliche Scheitern, unser Versagen, unsere Schuld und unsere Begrenztheit müssen stets mitbedacht werden, auch die weitverbreitete Unfähigkeit oder Unwilligkeit, sich moralisch zu verhalten, wenn dafür eigene Nachteile in Kauf genommen werden müssen. In der Bibel wird dies mit dem Wort »Sünde« umschrieben.

Aber wir bleiben nicht für alle Zeit auf unser Scheitern und die negativen Auswirkungen dessen festgelegt, was wir vielleicht gar nicht beabsichtigten, was aber dennoch eingetreten ist. Grundlegend für den biblisch-christlichen Glauben ist immer auch der Gedanke, dass wir trotz unseres »sündigen« Tuns durch Christus bei Gott angenommen werden, dass wir Vergebung erfahren können und die Chance zu einem Neuanfang erhalten. Auch dies muss im Bewusstsein verankert bleiben. Wir können uns nicht von uns selbst befreien, aber wir werden von uns frei in der Beziehung zu Gott.

Den Ort, wo das geschieht, stellt nach evangelischem Verständnis das Gewissen dar. Und die Betonung der Bedeutsamkeit einer Gewissensentscheidung ist das eigentliche Erbe, das der Protestantismus in die ethische Diskussion eingebracht hat. Das heißt nicht, als hätte es vorher den Rückgriff auf das Gewissen nicht gegeben. Und es bedeutet ebenso wenig, als wäre eine ethische Argumentation allein von einer evangelischen Auffassung des Gewissens her möglich. Aber nach dem Verständnis evangelischen Glaubens ist ohne das Gewissen kein verantwortliches Leben möglich.

Historisch gesehen kommt dies nirgendwo deutlicher zum Ausdruck als an der Person Martin Luthers. Selbst im Luther-Film, der 2003 Furore machte, wurde der Auftritt 1521 vor dem Reichstag in Worms zu einer Schlüsselszene: Auf die Frage, ob er widerrufe, antwortete Luther damals in lateinischer Sprache: »Wenn ich nicht durch Zeugnisse der Schrift oder klare Vernunftgründe überwunden werde – denn ich glaube weder dem Papst noch den Konzilien allein, zumal es offensichtlich ist, dass sie öfter geirrt und sich selber widersprochen haben –, so bin ich durch die Stellen der Heiligen Schrift, die ich angeführt habe, überwunden in meinem Gewissen und gefangen in dem Worte Gottes. Daher kann und will ich nichts widerrufen, weil gegen das Gewissen etwas zu tun weder sicher noch heilsam ist.« Auf Deutsch fügte er noch hinzu: »Gott helfe mir. Amen.«[1]

Man hat diese Worte in Worms eine »Sternstunde in der Geistesgeschichte der Menschheit«[2] genannt, obwohl die Situation selbst alles andere als dazu angetan war. Es ging um Leben oder Tod! Vor der damaligen abendländischen Welt wurde erstmals der absolute Vorrang des individuellen Gewissens vor allen anderen Autoritäten ausgesprochen. Dass es ein Einzelner um einer als wahr erkannten Einsicht auch mit Kirche, Kaiser und Reich aufnehmen muss – und aufnehmen kann! –, hat seither das protestantische Pathos entscheidend geprägt: im Zweifel für die Gewissensfreiheit, im Zweifel für den Einzelnen!

Freilich ist – um bei der Wormser Szene zu bleiben – zu beachten, dass Luthers Aussage keineswegs auf eine völlig autonome, nur sich selbst rechenschaftspflichtige Gewissensfreiheit abzielt. Das Gegenteil ist der Fall! Die Freiheit, es mit allen anderen Größen aufnehmen zu können, gründete für ihn in der ausschließlichen Bindung des Gewissens an Gott: »gefangen in Gottes Wort«. Insofern ist seine Gewissensfreiheit geradezu höchster Ausdruck seiner Gottesbeziehung, also seines Glaubens. So betrachtet ist »Gewissen« stets ein Beziehungsbegriff: Luthers Gedanken folgend hat der Mensch zu allerletzt nicht ein Gewissen (das er dann unter Umständen auch nicht haben könnte, also »gewissenlos« wäre), sondern er ist Gewissen – in dem unaufgebbaren Bezogensein auf Gott allein, d.h. im Hören auf sein Wort. Wer diese Voraussetzung übersieht, erfasst Luthers bahnbrechende Erkenntnis nur unzutreffend: Bei aller individuellen Unvertretbarkeit eines ethischen Urteils und bei aller unbedingten Treue gegenüber einer im Gewissen als richtig erkannten Entscheidung, die sicher die Bedeutung der Gewissensfreiheit unterstreichen, ist das Entscheidende nicht die Autonomie, sondern – paradox – die Bindung an Gottes Wort. Sie erst ermöglicht die persönliche Entscheidung.

Es ist nach evangelischem Verständnis das in Gott gebundene Gewissen, das uns befähigt, begründet zu entscheiden und zu handeln und damit das Leben verantwortlich zu führen. Hier entwickelt sich

---

[1] Die erweiterte Bekräftigung: »Hier stehe ich, ich kann nicht anders« gehört nicht in den ursprünglichen Wortlaut hinein, aber ist schon bald in den Drucken aufgenommen worden und hat sich als besonders symbolträchtig für die protestantische Hochschätzung der Gewissensentscheidung eines Einzelnen erwiesen.

[2] Walther von Loewenich, Martin Luther. Der Mann und das Werk, München 1982, 185.

unsere eigene Identität. Was den Menschen »im Gewissen bindet, das entscheidet darüber, wie ihn die ganze Wirklichkeit angeht. Wird sein Gewissen befreit, so steht er schlechthin in Freiheit, und keine Macht der Welt kann daran etwas ändern. Man bezeichnet darum das Gewissen besser nicht als Ort im Menschen, sondern – mag es auch befremdend klingen – als Ort des Menschen.«[3]

So kann auch ein Einzelner in einem Konfliktfall aus einer begründeten inneren Entscheidung heraus die Normen einer Gemeinschaft in Frage stellen und das Geltende bewusst abstreifen, weil das, was eine Gemeinschaft – sei sie Kirche, Gesellschaft oder Staat – für verbindlich und verpflichtend erklärt, vor der Instanz seines eigenen, in Gott gebundenen Gewissens keinen Bestand hat. In der Berufung auf eine Überzeugung, die die Geltung des gesellschaftlichen Normensystems überschreitet, kann er die Kraft finden, dem Druck dieser Gemeinschaft, auch bei Gefahr für Leib und Leben, zu widerstehen.

Solche radikalen Infragestellungen eines allgemein bisher als verbindlich betrachteten Systems sind für eine Gemeinschaft nur schwer zu erdulden. Sie wird ihrerseits nach Wegen der Überwindung der Auffassung eines Einzelnen suchen – sei es mit überzeugenden Argumenten, sei es mit der Androhung oder Ausübung von Gewalt –, weil sie sich durch diesen Widerspruch in ihrem Bestand bedroht sieht. Damit ist der Zustand umschrieben, in dem Martin Luther die ganze Last der Situation und ihrer unabsehbaren Folgen mit dem berühmten Bekenntnis auf sich genommen hat. Seither hat sich daran nichts geändert. Das heißt aber auch: So gesehen ist evangelische Lebensführung stets »anstrengend« und aufwendig! In Fragen der Ethik geht es nicht darum, einfach vorgegebene Normen zu befolgen, sondern zu einem eigenverantworteten Verhalten zu kommen. Das setzt im gleichen Maße Persönlichkeit voraus, wie es Persönlichkeit bildet.

4. Gewissensbildung und Gewissensentscheidung

Aufgabe einer evangelischen Ethik kann es also nicht sein, bei allen denkbaren Einzelfragen Entscheidungen vorzuschreiben. Es geht vielmehr darum, auf der Grundlage der Heiligen Schrift von deren Zentrum her, nämlich Jesus Christus, Kriterien zu entwickeln, die ihrerseits Menschen in die Lage versetzen, mit ethischen Fragen und Herausforderungen gewissenhaft umzugehen. Bildung und Schärfung des Gewissens stehen im Vordergrund – und das meint keineswegs individuelle evangelische Beliebigkeit, sondern – nochmals sei es be-

---

[3] Gerhard Ebeling, Glaube und Unglaube im Streit um die Wirklichkeit, in: Ders., Wort und Glaube, Tübingen 1960, 404.

tont – die Orientierung eines in Gott gebundenen Gewissens. Wir sollen dazu befähigt werden, als Ausdruck unserer Freiheit selbst Entscheidungen zu treffen.

Dazu gehört, sich vor jeder Entscheidung gründlich zu informieren, also einen möglichst umfassenden Überblick über die Faktoren zu gewinnen, die in dem betreffenden Fall eine Rolle spielen – einschließlich der möglichen Folgen. Daneben müssen die eigenen ethischen Maßstäbe immer wieder überprüft und in einer persönlichen Beurteilung auf die Lage bezogen werden. Erst dies sichert die »gewissenhafte« Entscheidung und bewahrt davor, sich fremdbestimmt dirigieren zu lassen. Und dazu gehört auch, die eigene Entscheidung umzusetzen, d. h. der klaren Einsicht des Gewissens zu folgen.

Somit resultiert der Ernst eines ethischen Urteils nach evangelischem Verständnis aus dem unbedingten Geltungsanspruch der Gewissensentscheidung und nicht aus dem unbedingten Geltungsanspruch einer ethischen Norm. Das hat zur Folge, dass uns in Gewissensfragen niemand die Entscheidung abnehmen kann.[4]

Um diese Entscheidungsfreiheit in hohem Maße zu gewährleisten, muss es möglich sein, im gesellschaftlichen Diskurs Argumente auszutauschen. Bildung wird damit zu einer wichtigen Voraussetzung für eine eigenständige und verantwortliche Gewissensentscheidung – und zwar im Sinn der Sachkunde und Kenntnis ethischer Werte, aus denen sich Handlungsnormen für das Sachproblem ableiten lassen. Insofern erhöht Bildung das Maß an in Freiheit wahrgenommener Eigenverantwortung.

Dies war offensichtlich schon Landgraf Philipp bei der Reformation in Hessen bewusst. Seine Schulpolitik und seine Universitätsgründung waren »Teil einer bildungspolitischen Gesamtkonzeption des knapp 22-jährigen Fürsten. Aus tiefem religiösen Verantwortungsgefühl bezog der junge Landesherr das gesamte Schulwesen in das große sittliche Erziehungswerk seines evangelischen Obrigkeitsstaates ein.«[5]

---

[4] Diese evangelische Auffassung vom Gewissen und von ethischen Urteilen und Handeln wurde ein wesentlicher Faktor für die Auslösung des Individualisierungsschubs in der Folgezeit. Sie wirkt bis heute fort. Luthers Entdeckung der Freiheit des Gewissens gehört unmittelbar in die Geschichte der Emanzipation hinein – wenn die entscheidende Emanzipation der Neuzeit, nämlich die Trennung von Gott, durch Luther gerade nicht intendiert war.

[5] WALTER HEINEMEYER, Pro studiosis pauperibus – Die Anfänge des reformatorischen Stipendiatenwesens in Hessen, in: DERS., Philipp der Großmütige und die Reformation in Hessen. Gesammelte Aufsätze zur hessischen Reformationsgeschichte, hg. v. HANS PETER LACHMANN / HANS SCHNEIDER / FRITZ WOLFF, Marburg 1997 (Veröffentlichungen der Historischen Kommission für Hessen 24,7: Quellen und Darstellungen zur Geschichte des Landgrafen Philipps des Großmütigen), 117.

Indem er seinen Landeskindern die Möglichkeit gab, lesen und schreiben zu lernen, war eine zentrale Voraussetzung für eigenverantwortliche und gewissenhafte Entscheidung ethischer Fragen gegeben. Wenn nach evangelischem Verständnis die eigene Gewissensentscheidung gefragt ist und verantwortet werden soll, dann muss Bildung als ein allgemeines Gut verstanden werden, das Menschen aller Schichten einbezieht. »Philipps Ideal der religiössittlichen Erziehung der Untertanen gestattete keinen Unterschied zwischen den Ständen, zwischen Stadt- und Dorfbewohnern, zwischen reichen und armen Untertanen.«[6]

Damit aber auch sachgerecht unterrichtet werden konnte und an den Schaltstellen von Verwaltung, Justiz, Wissenschaft und Kirchen gut ausgebildete Menschen saßen, müssten die Bemühungen auch die höheren Bildungsstufen erreichen. Auch hier galt: Das Studium an der neugegründeten Universität sollte nicht zum Privileg der vermögenden Schichten werden. Daher ordnete Landgraf Philipp an, »in Marburg ein für Studien geeignetes Haus einzurichten und mit den nötigen Geldern auszustatten, in dem eine bestimmte Zahl armer Studenten zum mindesten – jeder einzelne – drei Jahre unterhalten werden könnte, wobei die missbräuchliche Aufnahme wohlhabender Studierender unter Strafe gestellt wurde. Die Einrichtung einer ›Stipendiatenanstalt‹ war also von Anfang an Teil des landgräflichen Universitätsplanes und der bildungspolitischen Gesamtkonzeption [...]«[7].

Soll einer ethischen Entscheidung Sachkunde vorausgehen, ist der Dialog mit anderen Wissenschaften unerlässlich. Deswegen schrieb der evangelische Landesherr den Stipendiaten auch nicht vor, sich allein als Theologen ausbilden zu lassen[8]. Für ein gewissenhaftes Handeln in der Welt musste die theologische Selbstbezogenheit überschritten werden.

Was Philipp in seinem Territorium einführte, lag auf der Linie dessen, was Luther 1524 in seiner Schrift »An die Ratsherren aller Städte deutschen Lands, dass sie christliche Schulen aufrichten und halten sollen«[9]. Es war eine Entscheidung von ungeheurer Tragweite »für die Entwicklung der evangelischen Kirche und des deutschen Geisteslebens gewesen, die Luther getroffen hat, indem er die Unentbehrlichkeit der klassischen Studien und überhaupt edler Geistesbildung für die Kirche nicht nur, sondern auch für den Staat und allerlei weltliche

---

[6] Heinemeyer, Die Bildungspolitik Landgraf Philipps des Großmütigen von Hessen, in: a.a.O., 70.

[7] Heinemeyer, Pro studiosis pauperibus, 117f.

[8] A.a.O., 131.

[9] WA 15, 9-53.

Stände mit gewaltiger Beredsamkeit verkündete.«[10] Philipp ließ sich von Luther in die Pflicht nehmen, wenn dieser schrieb: »Nu ligt eyner stad gedeyen nicht alleyne darynn, das man grosse schetze samle, feste mauren, schöne heusser, viele büchsen und harnisch zeuge [...] Sondern das ist einer stad bestes und aller reichest gedeyen, heyl und krafft, das sie viel feyner gelerter, vernünfftiger, erbar, wol gezogener burger hatt [...] Darumb müssen wyr dazu thun und mühe und kost dran wenden, sie selbst erzihen und machen.«[11]

Fehlende Sachkunde und Unkenntnis ethischer Werte machen die eigene Entscheidung in hohem Maße abhängig von der veröffentlichten Meinung oder anderen Einflussfaktoren. Dem wollte das Bildungsprogramm des hessischen Landgrafen abhelfen. Und genau dies ist einer der Gründe dafür, dass die evangelische Kirche heute in besonderem Maß ihre Bildungsverantwortung wiederentdeckt und ernst nimmt. Gewissensbildung ist nicht erst gefragt, wenn ein konkreter Konfliktfall vorliegt, in dem man so oder so entscheiden kann. Vielmehr geht sie der einzelnen Entscheidung voraus und schafft die Voraussetzungen zu einer wirklich gewissenhaften Entscheidung.

Aber es kann ausweglose Situationen geben: Wie man urteilt, welche Entscheidung man fällt – sie ist mit Schuld verbunden. Darum macht es Sinn, dass evangelische Ethik nicht nur mit Begriffen wie »Gewissen«, »Werte« und »Normen« umgeht, sondern etwas von der rechtfertigenden Gnade Gottes zu sagen weiß. Der Zuspruch der Vergebung und die Aussicht, auch in einem Moment, der das Gewissen extrem belastet, weil er eine schwierige Gewissensentscheidung erfordert, durch Gott angenommen zu sein, befähigt uns dazu, solche Konflikte auszuhalten. Das schließt die Möglichkeit des Irrtums und der Schuld keineswegs aus. Aber es befreit aus der Einsamkeit, nur auf sich allein gestellt zu sein und trotz bestem Wissen und Gewissen falsch entschieden zu haben. Da bedarf es des Trostes des Evangeliums, also der Vergebung, die neu zum Leben ermutigt.

Auch dies ist ein legitimer und wesentlicher Aspekt evangelischer Gewissensethik, weil dadurch noch einmal entscheidend in den Blick kommt, worin all unser Entscheiden, Handeln und Verhalten aufgehoben ist: in der Beziehung zu Gott selbst.

---

[10] A.a.O., 9 (Otto Albrecht, Einleitung).

[11] A.a.O., 34f.

Gegen das kalte Herz

Christliche Moral in Zeiten der Globalisierung

1. Geld regiert die Welt

»Geld regiert die Welt.« Dieses geflügelte Wort scheint sich in Zeiten der globalen Vernetzung ökonomischer Interessen mehr denn je zu bewahrheiten, wofür einige Indizien benannt seien: Immer mehr Menschen verdienen ihr Geld nicht mehr mit Arbeit, sondern mit Geldanlagen. Unvorstellbare Summen werden mit wenigen Mausklicks rund um den Globus geschoben, um maximale Renditen zu erzielen. Unternehmen, die auf Fremdfinanzierungen, vielleicht gar auf Risikokapital angewiesen sind, geraten schnell in die Abhängigkeit von Investmentfirmen, deren höchster Wert der vielzitierte »shareholder value« ist. Dass weitgehend anonyme Kapitalgeber auf den globalisierten Märkten mit den Werten und Gepflogenheiten, wie sie in den inhabergeführten Unternehmen unseres Kulturkreises bislang üblich waren, wenig gemein haben, versteht sich fast von selbst. Konflikte sind vorprogrammiert – und zwar Konflikte um die Werte und Einstellungen der Unternehmensführung.

Der internationale Wettbewerb verändert die Märkte rasant. Lohn- und Lohnnebenkosten sind zu entscheidenden Standortfaktoren geworden. Die Schere zwischen Arbeitnehmern mit unterschiedlichen Bildungs- und Qualifizierungsvoraussetzungen öffnet sich immer weiter. Der soziale Sprengstoff, der sich hier allmählich anhäuft, ist in seiner wahren Dimension vermutlich vielen noch gar nicht bewusst.

Das Bild wäre freilich unvollständig, würde man nicht auch einen Blick auf ein Verbraucherverhalten werfen, das offenbar hemmungslos nur auf den billigsten Preis hin ausgerichtet ist. Die Schlagzeilen über die zuweilen minderwertige Qualität chinesischer Importwaren oder auch die »Gammelfleisch-Skandale« sind eine direkte Folge eines »Geiz-ist-geil«-Konsumverhaltens. Denn auch hier gilt: Die Nachfrage bestimmt das Angebot.

Die US-Immobilienkrise und ihre Folgen haben auch dem volkswirtschaftlichen Laien vor Augen geführt: Management-Fehlentscheidungen in einer bestimmten Branche können aufgrund der globalisierten Finanzmärkte Unternehmen in ganz anderen Branchen auf der anderen Seite des Erdballs gefährden. Es drängt sich der Eindruck auf, innerhalb dieser globalen Vernetzung habe der Nationalstaat den Mut und die Fähigkeit verloren, im Sinne einer Ordnungspolitik eingreifen zu können. Die zu beobachtende massive Tendenz, staatliche Einnahmen von direkten auf indirekte Steuern zu verlagern, scheint ein Indiz dafür zu sein, dass der Staat dort nur noch eingeschränkten Zugriff hat, wo das Geld verdient wird, und darum lieber dort kassiert, wo das Geld – aus welchen Quellen auch immer es stammen mag – ausgegeben wird.

Das Vertrauen in die alles ordnende »unsichtbare Hand«– ein Begriff, den 1776 der Ökonom und Moralphilosoph Adam Smith für die Selbstorganisation des freien Marktes prägte – schwindet. Es ist offenbar nicht (mehr) so, dass das eigennützige Streben der wirtschaftenden Menschen und Unternehmen automatisch zum Wohl der gesamten Gesellschaft beiträgt. Ein wesentlicher Grund für diese Entwicklung liegt darin, dass wirtschaftliche Zusammenhänge zunehmend anonymisiert werden. Ein mittelständischer Unternehmer, der im selben Ort lebt wie die meisten seiner Beschäftigten, der die Menschen sieht und persönlich kennt, die in seinem Unternehmen arbeiten, wird in seiner Unternehmensführung Entscheidungen auf der Basis anderer Werte treffen als eine anonyme Investmentgesellschaft.

Die in jüngster Zeit zugenommene Diskussion um Werte ist untrügliches Zeichen einer Verunsicherung, die unsere Gesellschaft erfasst hat. »Geld regiert die Welt«: Offenbar wird diese Erfahrung bei einer nicht geringen Anzahl von Menschen als defizitär empfunden, wenn es um Fragen der Orientierung geht. Die Kirchen spüren inzwischen bei Führungskräften ein wachsendes Bedürfnis nach Klärung letzter Sinnfragen, nach der so genannten »Work-life-balance« und auch nach spirituellen Angeboten.

2. Christlicher Glaube und Weltgestaltung

Zum Phänomen der Globalisierung gehört es, dass sich in einer globalisierten Welt auch unterschiedliche Wertesysteme begegnen, die zu einem nicht geringen Teil durch Religionen repräsentiert werden. Darum ist es notwendig, den eigenen Standpunkt offen und klar zu benennen. Das Christentum ist von seinen Anfängen an eine globale Gemeinschaft und von seinem Anspruch her seit jeher ein »global player«. Dies leitet sich aus dem Missionsbefehl des auferstandenen Christus her, der seine Jünger zu »allen Völkern« aussendet. Damit ist das Christentum entgrenzt von nationalen oder rassischen Beschränkungen. Die Botschaft des Christentums, das Evangelium von der befreienden Gnade Gottes in Jesus Christus, gilt prinzipiell allen Menschen. Christentum und christlicher Glaube haben darum stets die Welt als Ganze im Blick; sie sind von Grund auf weltweit ausgerichtet. Das gilt für die kirchliche, aber auch die gesellschaftliche und die politische Perspektive.

Auch Moralvorstellungen unterliegen einem Wandel. Aber dennoch gibt es aus christlicher Sicht Grundwerte, die nicht dem Wandel geopfert werden dürfen. Im Folgenden geht es darum, verallgemeinerungsfähige Orientierungspunkte herauszuarbeiten, die in einem globalen Diskurs über Werte Gehör verdienen und tragfähige Perspektiven für die Zukunft bieten können.

3. Schöpfung

Nach biblisch-christlicher Überzeugung verdankt sich unsere Welt nicht sich selbst, sondern dem Willen Gottes. Für uns als Menschen bedeutet das: Unser Handeln ist begrenzt. Wir sind Geschöpfe – und damit endliche Wesen. Zugleich aber wird uns eine höchste Würde zugesprochen: Wir sind Ebenbild Gottes. Diese Würde ist elementar und steht niemals zur Disposition. Das Leben bleibt – gerade an seinen Grenzen – unverfügbar. Wer diese unantastbare Würde leugnet und statt dessen eher vom »Wert« menschlichen Lebens spricht, gerät auf eine schiefe Ebene, die letztlich dahin führen kann, menschliches Leben verfügbar zu machen oder darüber urteilen zu wollen, welches Leben wertvoll, weniger wertvoll oder gar »unwert« ist. In dem Gedanken der *Schöpfung* von Welt und Mensch liegt darum eine heilsame Begrenzung gegen jeden Allmachtswahn – auch gegen den Allmachtswahn eines alles beherrschenden freien Marktes!

4. Freiheit

Der zweite Gedanke, den das Christentum in den Diskurs um eine globalisierungsfähige Moral einbringt, ist der Gedanke der *Freiheit*. Gerade Anhängern eines wie auch immer gearteten Wirtschaftsliberalismus ist Freiheit ein hoher Wert. Biblisch-christlich verstandene Freiheit unterscheidet sich davon aber grundlegend. Sie ist kein Freibrief, denn die Gefährdungen sind offensichtlich. Es kommt deshalb nicht von ungefähr, dass das biblische Volk Israel nach seiner Befreiung aus der ägyptischen Sklaverei auf dem Weg durch die Wüste in das verheißene Land etwas erhält, was zunächst dem Gedanken der Freiheit widersprechen könnte, nämlich die Zehn Gebote.

Die Zehn Gebote stellen so etwas wie eine Wegweisung der Freiheit dar, eine Markierung der Rahmenbedingungen auf dem Weg in das »Gelobte Land«. Wer die gewiesene Bahn verlässt, die Schranken übersteigt, entspricht nicht seiner Bestimmung. Er nimmt anderen ihre Freiheit, und letztlich beraubt er sich seiner eigenen. Die Zehn Gebote sind beredtes Zeugnis der nüchternen Anthropologie der Bibel: Wir Menschen sind fehlbar. Wir tun Unrecht – gegen Gott und gegen unsere Mitmenschen, und drohen dadurch unsere ureigenste Bestimmung zu verfehlen. Freiheit muss sich bewähren, will sie nicht zur reinen Ellenbogenfreiheit verkommen, die nur einen »survival of the fittest« zulässt und damit zutiefst unmoralisch würde.

5. Liebe

»Die Wahrheit wird euch frei machen«, sagt Jesus. Aber Freiheit ist auch bei Jesus nicht grenzenlos. Damit sind wir bei der dritten Säule des Christentums: Neben dem Gedanken unserer Geschöpflichkeit und dem unserer Freiheit ist es der Gedanke der *Liebe*. Sie ist nach christlichem Verständnis der Maßstab der Freiheit. »Liebe, und dann tu, was du willst« – so hat es später der große Kirchenvater Augustinus ausgedrückt. Das öffnet ungeahnte Handlungsmöglichkeiten, zeigt aber zugleich: Ohne die Liebe ist die Freiheit kalt, herzlos und oft erbarmungslos. Christlich verstandene Freiheit schließt Solidarität stets ein.

»Zur Freiheit hat uns Christus befreit«, sagt der Apostel Paulus. Die Christenheit ist deshalb eine Gemeinschaft der Befreiten – frei von der Versklavung unter die Mächte des Todes und die Macht der Sünde, die sich immer wieder als Rebellion gegen Gott auflehnt. Weil das so ist, steht die Kirche prinzipiell allen Menschen offen. Es gibt keine Schranke der Zugehörigkeit: keine ethnische, keine rassische, keine des sozialen Status, keine des Geschlechts. Die Kirche ist – global!

Christlich motivierte Freiheit widerspricht einem Konzept von Ökonomie, das den Menschen völlig verzweckt und damit seine Würde hintanstellt – einem Konzept etwa, das auf die Bewahrung der Schöpfung verzichten zu können glaubt, das uns einen 24 Stunden- und 7-Tage-Rhythmus der Produktion und des Konsums aufnötigen will – und die gemeinsam erlebte freie Zeit und den Sonntag als Tag »der Arbeitsruhe und der seelischen Erhebung«, wie es unser Grundgesetz ausdrückt, leichtfertig zur Disposition stellt und ihn im Alltag untergehen lässt.

Der christliche Glaube will den Menschen von derartigen Ansprüchen befreien. Das bedeutet keinesfalls eine Abwendung von der Welt, einen Rückzug des Christentums in die Nische des Privaten. Abgrenzung ist gerade nicht im Sinne Gottes. Vielmehr geht es dem Christentum in seinem Verständnis von Freiheit um Ermutigung zur Mitgestaltung, um Engagement in der Welt. Dies gilt grundsätzlich für alle Christen. Und es ist zugleich der Grund, weshalb die Kirchen Verantwortung für das Ganze übernehmen – im Dienst an den Menschen: in der Bildung, im Dienst der Liebe: in der Sozialarbeit, in Diakonie und Caritas.

6. Gerechtigkeit

Und schließlich ein letzter Begriff, den die Kirchen in die Diskussion um Moral und Ökonomie einbringen: Es ist der Gedanke der *Gerechtigkeit* als Leitziel in einer globalisierten Wirtschaft. Als Adam Smith den Begriff der »unsichtbaren Hand« prägte, ging er davon aus, dass das eigennützige Streben der wirtschaftenden Menschen und Unternehmen automatisch zum Wohl der gesamten Gesellschaft beitrage. Smith formulierte damit freilich kein Naturgesetz, sondern letztlich eine hoffnungsvolle Erfahrung in einer christlich geprägten Kultur.

Dass man dem freien Spiel der Kräfte des Marktes Regeln auferlegen muss, wenn wirtschaftliche Erfolge der Allgemeinheit zugutekommen sollen, kam in Deutschland im Konzept der »sozialen Marktwirtschaft« zum Tragen. Die Phänomene der globalisierten Situation lassen allerdings erkennen, dass das Modell der »sozialen Marktwirtschaft« im globalen Kontext gegenwärtig nicht – oder nicht mehr – konsensfähig ist. Ein Unternehmer, der versucht, sich auf der Basis seiner eigenen Wertvorstellungen den Zwängen einer globalisierten Ökonomie zu entziehen, läuft im schlimmsten Falle Gefahr, vom Markt zu verschwinden.

Aus christlicher Perspektive ergibt sich unter dem Gedanken der Gerechtigkeit die Mindestforderung, dass der Markt sich nicht selbst überlassen bleiben darf, anders formuliert: dass eine Ordnungspolitik stattfinden muss, die die Interessen aller Menschen im Blick behält und den sozialen Frieden sichert. Konkrete Aufgabe der Kirchen in einer globalisierten Welt ist es darum, dies immer wieder beharrlich einzufordern.

Auch die internationale Politik darf sich nicht einfach den Mechanismen des globalen Marktes unterordnen, sondern muss zur Formulierung gemeinsamer Standards kommen. Davon sind wir noch weit entfernt. Auf Dauer aber wird sich zeigen, dass eine Politik, die den Aspekt einer Teilhabe-Gerechtigkeit vernachlässigt, massive politische Eruptionen zur Folge haben wird. Über kurz oder lang werden sich auch Boom-Länder wie China und Indien mit dieser Frage auseinandersetzen müssen, wollen sie nicht das Erreichte aufs Spiel setzen. Hier droht enormer sozialer Sprengstoff, der auch auf uns Rückwirkungen hat.

Gerechtigkeit als Leitziel in einer globalisierten Wirtschaft ist aber auch eine unternehmerische Herausforderung: Wenn die Allmacht des globalen Marktes fragwürdig ist, wird es darauf ankommen, dass Unternehmerinnen und Unternehmer Impulse für eine immaterielle Wertschöpfung in ihren Unternehmen setzen. Bei Unternehmensberatungen ist das Segment der Werteorientierung offenbar ein nicht zu unterschätzender Wachstumssektor.

7. Schluss

Wenn es zum Wesen der Kirche gehört, global zu sein, kann sie dem Globalisierungsdenken ein weiteres Element hinzufügen: Es geht nicht nur um globales Wirtschaften, sondern um globale Verantwortung. Notwendig ist ein grundlegender Wandel in unseren eigenen Anschauungen. Allzu sehr sind wir bestimmt von der Vorstellung, »Moral« und »Globalisierung« hätten nichts miteinander zu tun, ja: Moral sei nur hinderlich im alltäglichen Geschäft ökonomischer Sachzwänge. »Geld regiert die Welt«: Wer sagt das eigentlich? Glauben wir das wirklich? Und vor allem: Wollen wir das? Der christliche Glaube und die ihn prägenden Gedanken von Schöpfung, Freiheit, Liebe und Gerechtigkeit helfen uns dabei, die Augen geöffnet zu bekommen über den Rand der eigenen Interessen hinaus. Eine solidarische Gesellschaft ist auch im Zeitalter der Globalisierung allemal menschlicher und lebenswerter als eine, die nur auf den eigenen Vorteil bedacht ist. Moralisch zu handeln im Sinn der beschriebenen Leitbilder fällt weniger schwer, als wir meinen. Wir müssen nur damit anfangen und es ausprobieren. Es lohnt sich – letztlich auch ökonomisch!

Das Grundrecht der Religionsfreiheit

Die Debatte um die Religionsfreiheit war im Herbst 2009 so spannend und aktuell wie selten zuvor. Um einige Beispiele zu nennen:

- Am 15. Oktober fand sich in der französischen Tageszeitung »Le Figaro« ein Korrespondentenbericht aus Berlin: »Polémique sur les jours feriés islamiques en Allemagne« (»Auseinandersetzung um muslimische Feiertage in Deutschland«). Der Autor berichtete, türkische Verbände würden über die Forderung der Einrichtung muslimischer Feiertage in unserem Land nachdenken.
- Anfang November entschied der Europäische Gerichtshof für Menschenrechte, dass Kruzifixe in öffentlichen italienischen Schulen gegen das Neutralitätsgebot des Staates verstoßen.
- Ende November stimmten die Schweizer mehrheitlich für ein verfassungsmäßiges Verbot von Minaretten und entfachten damit eine europaweite Diskussion um die Religionsfreiheit einerseits und die Sinnhaftigkeit direkter Demokratie im Blick auf Grundrechte andererseits.
- Am 1. Dezember erklärte das Bundesverfassungsgericht die Regelungen des Berliner Ladenöffnungsgesetzes in entscheidenden Teilen für verfassungswidrig. Es untersagte die Öffnung der Geschäfte an den vier Adventssonntagen. Vordergründig ging es zwar nicht um das Thema Religionsfreiheit, aber sehr wohl um eine juristische Einschätzung der Bedeutung der kulturellen Prägung unseres Landes durch das Christentum.
- Und schließlich lehnte die städtische Verkehrsgesellschaft Frankfurt (VGF) einen Antrag der Evangelischen Kirche in Hessen und Nassau ab, auf Bussen und Bahnen den Slogan »Es steckt mehr dahinter« anzubringen. Abgebildet war neben Schokolade und Lebkuchen ein Hinweis auf die Internetseite der Landeskirche. Die Begründung lautete: Es handele sich um unzulässige religiöse Werbung, die seit März 2009 durch Beschluss der Geschäftsführung der VGF untersagt sei. Kritik an dieser Entscheidung äußerte die Frankfurter Staatsrechtlerin Ute Sacksofsky: Das Verbot widerspreche dem Grundsatz der Gleichbehandlung und Religionsfreiheit.

All dies zeigt: Das Thema »Religion und Öffentlichkeit« ist oben auf der Tagesordnung. Darum bedeutet es nicht nur eine historische Reminiszenz, sondern ist ausgesprochen zeitgemäß, dass das Grundgesetz den

Rahmen setzt, innerhalb dessen die religiöse Betätigung der unterschiedlichen Religionsgemeinschaften gewährleistet wird.

1. Das Recht der Religionsfreiheit in der deutschen Rechtstradition

Die Vorstellung der Religionsfreiheit lässt sich bis in die Antike zurückverfolgen. Aufgrund der Multireligiosität des römischen Reiches war die Einstellung der Gesellschaft von Toleranz und Duldung geprägt – auch gegenüber mannigfaltigen religiösen Formen und Riten. Dies änderte sich jedoch, als sich im späten Rom der Niedergang der Herrschaft abzeichnete: Die Implementierung einer Staatsreligion sollte auch dazu dienen, dem weiteren Verfall des Reiches zu begegnen. Andersglaubende wurden verfolgt, ihre Religionsausübung wurde unterdrückt. Als das Christentum im Jahr 380 unter Theodosius I. zur Staatsreligion erhoben wurde, führte dieses nun seinerseits die Unduldsamkeit gegenüber anderen Religionen fort. Das hatte zur Folge, dass über Jahrhunderte hinweg abweichende Lehrmeinungen auch aus Gründen der Staatsräson bekämpft und als Ketzerei verfolgt wurden.

Mit der Reformation vollzog sich – zunächst nur für das damalige deutsche Reich, später aber global – ein tiefgreifender Wandel. Spätestens in den dreißiger Jahren des 16. Jahrhunderts wurde offensichtlich, dass die mittelalterliche Einheit der Christenheit zerbrochen war. Im Jahr 1555 kam es zum Augsburger Religionsfrieden, der den Anhängern der Augsburger Konfession von 1530, also den »Lutherischen«, Rechtsschutz gewährte. Den leitenden Gedanken bildete angesichts der religiösen Zersplitterung die Erneuerung des Friedens im Reich. Es war eine politische Koexistenz zwischen den Altgläubigen und den Anhängern des Augsburger Bekenntnisses vorgesehen. Garantiert wurden die rechtliche Existenzsicherung und die Freiheit der individuellen geistlichen Entfaltung sowie die Möglichkeit, entweder dem alten Glauben oder dem Glauben der Confessio Augustana anzugehören. Durch die sogenannte Landfriedensformel und die Religionsformel wurde der politische Friede im Reich mit dem »religiösen« Frieden zwischen den beiden Lagern verbunden.

Im Augsburger Religionsfrieden liegt eine wichtige Wurzel moderner Religionsfreiheit. Wesentlich ist dabei: Das Reich gewährte beiden religiösen Lagern die freie Entfaltung ihres Glaubens im öffentlichen Bereich. Zwar wurde die Konfession der Menschen durch die des jeweiligen Landesherrn bestimmt, jedoch durfte jeder – unter Beibehaltung seines Vermögens – in ein anderes Territorium auswandern. Aus heutiger Sicht wird dies mit der bekannten Formel »cuius regio, eius religio« gekennzeichnet. Nicht zuletzt dadurch, dass die Religionszugehörigkeit an die Konfession der Landesherren geknüpft wurde, rückte die Religion (erneut) in den staatlichen Kontext.

Natürlich sind die damaligen Regelungen nicht mit der Religionsfreiheit gleichzusetzen, wie wir sie heute in der Verfassung vorfinden. Dennoch sehe ich bereits im 16. Jahrhundert eine der Wurzeln für eine kodifizierte Freiheit, seinen Glauben und seine Religion – auch in der Unterscheidung gegenüber Anderen – öffentlich zu leben. Die heute verbreitet anzutreffende Meinung, Religionsfreiheit sei vor allem mit der individuellen Selbstbestimmung verbunden, war damals nicht im Blickpunkt. Aber schon 1555 wurde ein friedliches Nebeneinander von unterschiedlichen Gestaltungsweisen der Religion, eingebunden in das politische Gemeinwesen, entwickelt.

Der Westfälische Friede 1648 bediente sich nach den Erfahrungen des 30-Jährigen Krieges nicht von ungefähr der Aussagen des Augsburger Religionsfriedens. Er erweiterte ihn um den Schutz religiöser Minderheiten und erkannte das reformierte Bekenntnis als dritte Religionspartei an. Damit wurde das gleichberechtigte Nebeneinander der christlichen Konfessionskirchen in Deutschland weiter gestärkt und konnte prägend für die Entwicklung des heutigen Staatskirchenrechts sein. Andersgläubige mussten nicht mehr, wie es noch im Augsburger Religionsfrieden festgelegt war, auswandern, sondern konnten ihren Glauben im häuslichen Bereich, also privat, leben und durften diesbezüglich nicht diskriminiert werden.

Im ausgehenden 17. Jahrhundert trugen folgende Faktoren entscheidend zur weiteren Ausformung der Religionsfreiheit bei:

- Die Erkenntnis, dass durch militärische Gewalt eine Rückkehr zu einer einzigen christlichen Religion nicht zu erreichen war, führte zu einem gewachsenen Misstrauen gegenüber jedweder religiösen Macht- und Herrschaftsausübung.
- Damit war die Forderung verbunden, allgemeine Toleranz als Voraussetzung für ein sinnvolles soziales Leben anzurechnen.
- Durch diese Entwicklung verlor die öffentliche Religion in der Gesellschaft an Einfluss. Glaube und Religion wurden zunehmend Sache der Einzelnen.

Vor allem die Aufklärung förderte die Entwicklung der individuellen Religionsfreiheit: Dass das Gewissen und die Religion zur natürlichen Äußerung des menschlichen Wesens gehören würden und vom Staat nicht reglementiert werden dürften, fand zunehmend Anklang. Die christlichen Konfessionen mussten hinnehmen, dass sie kritisch auf ihren Wahrheitsgehalt hin befragt wurden.

1791 taucht die Religionsfreiheit erstmals in kodifizierter Form auf: In den Vereinigten Staaten von Amerika wurde neben der Presse-, Rede- und Versammlungsfreiheit auch die Religionsfreiheit verfassungsmäßig anerkannt. Der entsprechende Erste Zusatzartikel (First Amendment) zur Verfassung der Vereinigten Staaten von Amerika lautet:

»Congress shall make no law respecting an establishment of religion, or prohibiting the free exercise thereof; or abridging the freedom of speech, or of the press; or the right of the people peaceably to assemble, and to petition the Government for a redress of grievances.« (»Der Kongress darf kein Gesetz erlassen, das die Einrichtung einer Religion betrifft, die freie Religionsausübung verbietet, die Rede- oder Pressefreiheit oder das Recht des Volkes einschränkt, sich friedlich zu versammeln und die Regierung um die Beseitigung von Missständen zu ersuchen.«)

Dies sollte für Europa – und damit auch für die deutschen Staaten – folgenreich sein: Nachdem die Menschenrechtserklärung der französischen Revolution 1789 die Religionsfreiheit nach amerikanischem Vorbild übernommen hatte, wurde im Jahr 1794 im Allgemeinen Preußischen Landrecht allen »vollkommene Glaubens- und Gewissensfreiheit« zugesichert. Im II. Teil, Titel XI, § 2 heißt es: »Jedem Einwohner im Staate muß eine vollkommene Glaubens- und Gewissenfreyheit gewährt werden.« Der Betonung der individuellen Religionsfreiheit korrespondierte komplementär die religiöse Neutralität des Staates – sozusagen ein der Aufklärung entspringendes institutionelles Desinteresse.

Durch den Reichdeputationshauptschluss von 1803 wurden die kirchlichen Gebiete auf die weltlichen Territorialherren aufgeteilt; diese zogen zudem die kirchlichen Güter ein. Der Staat verstand sich zunehmend säkular und übte Toleranz gegenüber den verschiedenen Glaubensrichtungen. Folge war eine fortschreitende Privatisierung des Glaubens. Die Paulskirchenverfassung von 1849 wie die Preußische Verfassung von 1850 gewährleisteten die freie Ausübung der Religion. Rechtsinstitute wie Ziviltrauung, Ehescheidung und Kirchenaustritt wurden zu staatlichen Angelegenheiten.

Mit dem Schutz der individuellen Religion entwickelte sich auch der Schutz des Einzelnen *vor* der Religion. Anders als in Frankreich kam es in Deutschland aber nie zu einem völligen Bruch zwischen Kirche und Staat. Maßgeblich für die deutsche Entwicklung wurde der sogenannte Kulturkompromiss der Weimarer Reichsverfassung. Die Trennung von Staat und Kirche führte zu einer Selbständigkeit beider Sphären, der staatlichen und der religiösen, ohne dass diese beziehungslos zueinander stünden: Die Weimarer Reichsverfassung drängte die Kirchen nicht aus der Öffentlichkeit heraus, sondern garantierte ihnen institutionelle

Rechte und Verbindungen, die ein öffentliches Wirken der Kirchen und Religionsgemeinschaften ermöglichten. Der Staat selbst aber muss sich dabei religiös neutral und den verschiedenen Gemeinschaften gegenüber paritätisch verhalten.

Seinen Niederschlag fand dieses Verhältnis in den sogenannten Religionsartikeln der Weimarer Verfassung. Dem Selbstbestimmungsbestreben der Kirchen folgend, erhielten die Religionsgemeinschaften den Status von Körperschaften des öffentlichen Rechts zuerkannt, deren Rechte in den Artikeln 136 bis 141 geregelt wurden. Hiermit war neben der individuellen auch die kooperative oder kollektive Religionsfreiheit verankert.

Bezogen auf die Religionsfreiheit des Einzelnen garantierte die Verfassung allen Bewohnern des Reiches volle Glaubens- und Gewissensfreiheit. Weiterhin wurde die ungestörte Religionsausübung unter staatlichem Schutz gewährleistet. Allerdings blieben die allgemeinen Staatsgesetze davon unberührt und bildeten daher die Schranke religiöser Betätigung des Einzelnen.

2. Die Religionsfreiheit im Grundgesetz

Die Verfassung von Weimar nahm die individuellen Rechte des Einzelnen erst ab Artikel 109 in den Blick. Davon unterscheidet sich die Konzeption des Grundgesetzes fundamental. Gleich zu Beginn sind hier die Freiheits-, Teilhabe- und Abwehrrechte kodifiziert, erst danach finden sich die Regelungen über den Staat und sein demokratisch-freiheitliches Gefüge. Das Individuum rückt also in den Fokus der Verfassung.

Dennoch wurden 1949 die Kirchenartikel der Weimarer Verfassung nicht entfernt, sondern über Artikel 140 GG in das Grundgesetz übernommen und sind weiterhin vollgültiges Verfassungsrecht. Dies ist dem Umstand zu verdanken, dass der Parlamentarische Rat sich nicht zu einer Neuregelung des Staatskirchenrechts durchringen konnte. Die Mütter und Väter des Grundgesetzes mochten sicherlich auch angesichts der katastrophalen Erfahrungen des Dritten Reiches diesen besonderen Weg wählen.

Die zentrale Norm der Religionsfreiheit, Art. 4 GG, lautet:

»(1) Die Freiheit des Glaubens, des Gewissens und die Freiheit des religiösen und weltanschaulichen Bekenntnisses sind unverletzlich.

(2) Die ungestörte Religionsausübung wird gewährleistet.

(3) Niemand darf gegen sein Gewissen zum Kriegsdienst mit der Waffe gezwungen werden. Das Nähere regelt ein Bundesgesetz.«

Die Formulierung, die Glaubens- und Gewissensfreiheit sei unverletzlich, nähert sich der Rede von der »Unantastbarkeit« der Menschenwürde in Art. 1 GG an. Damit wird die besondere Stellung der Religionsfreiheit im Kanon der Grundrechte deutlich sichtbar. Der Staatsrechtler Georg Jellinek vermutete vor mehr als hundert Jahren sogar, die Religionsfreiheit sei der eigentliche Quellort der Grundrechte.

Die Zusammenführung von Glaubens- und Gewissensfreiheit im ersten Absatz entspricht evangelischer Grundüberzeugung. Das durch die Ausrichtung am Wort Gottes gebildete eigene Gewissen ist die höchste Autorität in Glaubensdingen – und die Freiheit des Glaubens eine zentrale Forderung protestantischer Theologie. Daher muss die individuelle Glaubensfreiheit gewährleistet sein. Das Gewissen ist aber nicht nur Prämisse der Glaubensfreiheit, sondern stellt selbst eine Form der Freiheit dar, denn die Tätigkeit des Gewissens beruht auf einer subjektiven Leistung und kann nicht von außen befohlen werden.

Die positive Religionsfreiheit umfasst das Recht, eine Religion im Sinne einer persönlichen Überzeugung zu haben (»forum internum«). Sie beinhaltet weiterhin das Recht, seine Religion zu bekennen und nach seiner religiösen Überzeugung zu leben (»forum externum«) sowie sich zu Religionsgemeinschaften zusammenzuschließen.

Strittig ist, wie weit das »forum externum« reicht, das unter Umständen dem Verhalten der Mehrheitsgesellschaft konflikt- und kollisionsreich begegnen kann. Gegenüber einem eher restriktiven Verständnis der Religionsfreiheit erkennt das Bundesverfassungsgericht grundsätzlich das Recht an, das gesamte Verhalten an den Lehren des eigenen Glaubens auszurichten und seiner inneren Glaubensüberzeugung gemäß zu leben.

Geschützt ist in Ergänzung zur positiven Religionsfreiheit auch die Freiheit, keinen Glauben zu haben, zu bekennen und danach zu leben. Dennoch sei betont: Dieser Umstand steht nicht im Vordergrund der Religionsfreiheit – weder historisch noch sachlich.

Die Bestimmungen über die Religionsfreiheit in Artikel 4 GG kennen keinen Gesetzesvorbehalt – anders als die Staatskirchenrechtsartikel der Weimarer Reichsverfassung mit ihrem »Schrankenvorbehalt«. Grenzen findet die Religionsfreiheit deshalb nur dort, wo andere Grundrechte beeinträchtigt sind. Einschränkungen können also nur vorgenommen werden, wenn sie ihre Legitimation in der Verfassung selbst haben.

Die evangelische Kirche erkennt selbstverständlich die Religionsfreiheit jedes einzelnen Menschen und deren positive Ausübung im öffentlichen Raum an. Das bedeutet auch: Wir respektieren, dass Juden und Muslime das Schächten als religiösen Ritus praktizieren. Bedenken, etwa aus Gründen des inzwischen in der Verfassung verankerten Tierschutzes als Staatsziel (Artikel 20a GG), müssen hinter dieser Konsequenz der positiven Religionsfreiheit zurückstehen. Dies hat im Übrigen das Bundesverwaltungsgericht mit einem Urteil vom 23. November 2006 bestätigt. Und zur Religionsfreiheit gehört ebenso, dass eine Muslima in der Öffentlichkeit als Symbol ihres Glaubens ein Kopftuch tragen kann.

Auch ein geordneter Religionsunterricht für Muslime in deutschen Schulen wird auf keinen Widerstand der evangelischen Kirche stoßen. Im Gegenteil: Mit der Einrichtung eines solchen Unterrichts wird gerade die positive Religionsfreiheit gestärkt! Den Versuchen, den konfessionellen Religionsunterricht durch ein Fach »Religionskunde« zu ersetzen, widersetzen wir uns daher. Um es aber in aller Deutlichkeit zu sagen: Religionsunterricht für Muslime muss den gleichen vorgegebenen staatlichen Regeln folgen, denen auch die christlichen Konfessionen zu Recht unterliegen. Deshalb ist es zum einen Bedingung, dass dieser Unterricht von universitär dafür ausgebildeten Lehrerinnen und Lehrern in deutscher Sprache nach anerkannten Lehrplänen erteilt wird. Weiterhin muss klar sein, welche muslimischen Vereinigungen als Ansprechpartner dieses Unterrichts fungieren.

3. Der europäische Kontext

Das Grundrecht der Religionsfreiheit hat historisch und kulturell das Verfassungsgefüge des Grundgesetzes maßgeblich geprägt. Nun scheint aber eine ganz andere Einstellung auf dem Vormarsch zu sein: die aus Frankreich kommende Bewegung der »Laicité«, dort etabliert per Gesetz im Jahr 1905. Um es provokant zu formulieren: Man kann den Eindruck haben, dass die Freiheit von allem Religiösen selbst zur Religion wird. Zwar haben lediglich Frankreich und Portugal in ihren Verfassungen den Laizismus festgeschrieben. Dennoch ist der laizistische Einfluss in der EU stark: Religion sei ausschließlich Privatangelegenheit und dürfe damit keine staatliche und keine öffentliche Funktion mehr besitzen.

Eingangs hatte ich erwähnt, dass der Europäische Gerichtshof für Menschenrechte dazu eine grundlegende Entscheidung gefasst hat. Worum ging es? Soile Lautsi, eine in Italien lebende Frau finnischer Herkunft, wollte nicht, dass ihr Kind in einer staatlichen italienischen Schule dem Anblick eines Kruzifixes ausgesetzt ist. Nachdem sie die Instanzenwege der italienischen Justiz erfolglos beschritten hatte, wandte sie sich an den Europäischen Gerichtshof für Menschenrechte. Dieser entschied am 6. November 2009 einstimmig, dass das christliche Symbol des Kruzifixes nicht mit der gebotenen Unparteilichkeit des Staates zu vereinbaren sei und sprach ihr eine Entschädigung von 5.000 Euro zu.

Bemerkenswert an dieser Entscheidung ist, dass es sich nicht mehr nachweislich um eine Beeinträchtigung der Grundrechte eines Einzelnen handeln muss, bevor religiöse Symbole aus staatlichen Räumen zu entfernen sind. Die bloße Existenz des Kruzifixes als Ausdruck positiver Religionsfreiheit reicht anscheinend bereits aus. Dadurch wird eine Verschiebung hin zu einem Vorrang der negativen Religionsfreiheit sichtbar, die aus meiner Sicht verfassungsrechtlich höchst fraglich ist.

Es sei in diesem Zusammenhang an das so genannte Kruzifix-Urteil des Bundesverfassungsgerichts aus dem Jahre 1995 erinnert. Dort wurde auf Betreiben anthroposophischer Eltern mit ähnlicher Tendenz entschieden. Ein synoptischer Vergleich zeigt, wie viele Elemente das Straßburger Urteil aus dem Kruzifix-Urteil aufgenommen hat. Trotzdem ist man in Deutschland in der Folge des Urteils einen Weg gegangen, der meines Erachtens unserer besonderen Situation eher gerecht wird. Der bayerische Landesgesetzgeber hat mit der so genannten Widerspruchslösung eine Möglichkeit aufgezeigt, wie in Einzelfällen ein schonender Ausgleich zwischen den widerstreitenden Rechtspositionen gefunden werden kann: Kruzifixe dürfen demnach in den Klassen verbleiben, solange sich kein gerechtfertigter Protest dagegen erhebt. Das heißt in der Konsequenz der Religionsfreiheit, dass Schülerinnen und Schüler ihre positive Religionsfreiheit ausüben dürfen, solange nicht-glaubende Schülerinnen und Schüler nicht beeinflusst werden und sie dies auch nicht als Beeinflussung empfinden.

Gegenüber den Versuchen einer konsequenten Privatisierung der Religion sei die grundlegende Norm der europäischen Menschenrechtskonvention erwähnt. Artikel 9 besagt:

»(1) Jede Person hat das Recht auf Gedanken-, Gewissens- und Religionsfreiheit; dieses Recht umfasst die Freiheit, seine Religion oder Weltanschauung zu wechseln, und die Freiheit, seine Religion oder Weltanschauung einzeln oder gemeinsam mit anderen öffentlich oder privat durch Gottesdienst, Unterricht oder Praktizieren von Bräuchen und Riten zu bekennen.

(2) Die Freiheit, seine Religion oder Weltanschauung zu bekennen, darf nur Einschränkungen unterworfen werden, die gesetzlich vorgesehen und in einer demokratischen Gesellschaft notwendig sind für die öffentliche Sicherheit, zum Schutz der öffentlichen Ordnung, Gesundheit oder Moral oder zum Schutz der Rechte und Freiheiten anderer.«

In der Kernaussage entspricht dies dem deutschen Grundgesetz. Ein rechtlicher Vorrang der negativen Religionsfreiheit ist also auch im europäischen Kontext nicht zu behaupten.

Der inzwischen in Kraft getretene Vertrag von Lissabon nimmt bewusst die Kirchen und Religionsgemeinschaften institutionell in den Blick. Ausdrücklich wird bekräftigt, dass religiöse Angelegenheiten solche der Mitgliedsstaaten sind. Die gewachsenen Traditionen – die Staatskirchen Nordeuropas oder Griechenlands und der französische Laizismus gleichermaßen – haben ihren Raum in der Vielfalt Europas. Die Europäische Union geht mit Artikel 17 des Vertrages über die Arbeitsweise der EU die Verpflichtung ein, mit den religiösen Akteuren in einen offenen, regelmäßigen und transparenten Dialog über die Gestaltung Europas einzutreten. Sie erkennt damit ausdrücklich den besonderen Charakter dieser Gemeinschaften an.

4. Ein Fazit

Dem Grundgesetz liegt, anders als anderen Verfassungen, der Gedanke einer positiven Trennung von Staat und Religionsgemeinschaften zugrunde, die zwar Entflechtung voraussetzt, aber freundschaftliche Zusammenarbeit ermöglicht. Die notwendige Neutralität des Staates verbietet nicht die Rücksichtnahme auf die Religionsgemeinschaften. Und die religiöse Neutralität so zu verstehen, als müsse sie implizieren, Religion aus dem öffentlichen und vom staatlichen Recht beherrschten Raum zu verbannen, fordert das Grundgesetz vom Staat gerade nicht.

Die negative Religionsfreiheit bildet nach Wortlaut und Sinn des Artikels 4 GG ein Komplementärrecht zur positiven Religionsfreiheit, ohne dass ihr ein Vorrang einzuräumen wäre. Das bedeutet: Wer nicht oder nicht mehr glaubt, hat kein Recht darauf, dass auch andere nicht mehr glauben oder ihren Glauben verlassen. Demzufolge ist die negative Religionsfreiheit kein »Obergrundrecht«, das die positiven Äußerungen der Religionsfreiheit im Kollisionsfall verdrängen könnte. Der Ausgleich kann nur im Wege der Toleranz von Gläubigen und Nichtgläubigen gefunden werden.

Damit ist unser Staat mitnichten religiös bestimmt, wie es die Vertreter des Atheismus gern behaupten. Er hat aber bei aller gebotenen Neutralität ein sozialethisches Fundament. Tendenzen, die negative Religionsfreiheit mindestens mit der positiven gleichsetzen, wirken sich kontraproduktiv aus. Eher täte es unserer Gesellschaft gut, wenn sie die Faktizität der Religionen ernst nähme und zu integrieren versuchen würde. Denn von einem bin ich zutiefst überzeugt: Religion ist eine eminent öffentliche Angelegenheit!

II. Ethik in der Medizin

Perspektiven der klinischen Sterbehilfe aus Sicht eines evangelischen Theologen

1. Es gibt keinen voraussetzungslosen Diskurs

»Klinische Sterbehilfe und Menschenwürde«: Bei diesem Thema stehen uns Menschen vor Augen, die an einer schweren Krankheit leiden. Barmherzigkeit, Erbarmen – manchmal scheint nichts anderes angesagt. Wenn dann ein Patient um eine »erlösende« Spritze bittet, muss es geradezu schwerfallen, ihm diese zu versagen. Denn wäre die Erfüllung solch eines Wunsches nicht ein Akt der Nächstenliebe?

Freilich kann es nicht Aufgabe einer evangelischen Ethik sein, Einzelschicksale zum generalisierenden Maßstab für alle Entscheidungsfälle zu nehmen! Evangelischer Ethik geht es vielmehr darum, auf der Basis der Heiligen Schrift und unter Heranziehung der reformatorischen Überzeugungen von deren Zentrum, nämlich Jesus Christus, her Kriterien zu entwickeln, die uns in die Lage versetzen, mit schwerer Krankheit oder mit leidenden Menschen *gewissenhaft* umzugehen. Bildung und Schärfung des Gewissens stehen im Mittelpunkt – und das meint keineswegs individuelle Beliebigkeit, sondern Orientierung des in Gott gebundenen Gewissens. Ziel dieser Bemühungen ist es demnach nicht, einfach Normen zu benennen, deren Befolgung eingefordert und durchgesetzt würde, sondern wir sollen in die Lage kommen, verantwortete Entscheidungen zu treffen und unter Umständen lebensdienliche Alternativen zu suchen, die in der Perspektive des Evangeliums grundsätzlich das Leben stärken.

Dabei ist mir bewusst, dass jedes Reden von Gott stets unter einem bestimmten Blickwinkel geschieht: Es ist *menschliches* Reden von Gott. Die Wirklichkeit Gottes kann ich nur vermittels unserer Sprache ausdrücken. Bei aller daraus sich ergebenden Beschränkung betrachte ich dies vorab als Chance: Ich benenne in der notwendigen, möglicherweise auch kontroversen Diskussion deutlich die Voraussetzungen meines Beitrages. Für eine ehrliche Auseinandersetzung ist dies unerlässlich. Positionalität verhindert nicht den Diskurs, sondern eröffnet ihn! Zugleich mache ich damit deutlich, dass ich für meine Auffassung keine höhere Wertigkeit oder gar Letztgültigkeit beanspruche.

Im Unterschied zum römischen Katholizismus haben wir in der evangelischen Kirche kein im Papstamt gebündeltes Lehramt. Allerdings legen die Grundordnungen evangelischer Kirchen Verfahren fest, wie wir zu verbindlichen Lehrentscheidungen gelangen. Dies bedingt eine größere Vielfalt an Meinungen, denen dennoch die Tendenz zum Konsens innewohnt. Nach evangelischem Verständnis ergibt sich die Verbindlichkeit einer ethischen Haltung daraus, dass sie vom Menschen in einer Entscheidungs- oder Konfliktsituation als das Gewissen orientierend und darin als unbedingt geltend erlebt wird.

2. Ebenbild und Kreatur: Das christliche Menschenbild als Voraussetzung evangelischer Ethik

Evangelische Ethik geht vom christlichen Verständnis des Menschen aus. Diesem Verständnis steht als grundlegende Bedingung voran, dass Gott Schöpfer allen Lebens ist. Die naturwissenschaftlichen Forschungsergebnisse der Biologie und Medizin verstehen wir nicht als Widerspruch zu diesem Bekenntnis. Vielmehr sind solche Erkenntnisse ein Verweis auf den Modus, in dem Schöpfung geschah und geschieht. Gerade die enorme Ausweitung unseres Wissens über die Natur verstärkt den Eindruck, dass das Entstehen von Leben ein Wunder ist, ein Akt liebender Zuwendung Gottes zu dieser Welt. Kurz gefasst: Wir begreifen Leben an sich als ein Geschenk, auch das einzelne menschliche Leben, bei dem die liebende Zuwendung ja eine ganz besondere Rolle spielt. Weil es geschenkt ist, bleibt es eigenmächtiger oder fremder Verfügung an seinem Beginn und seinem Ende weitestgehend entzogen. Gott schenkt das Leben und ruft aus diesem Leben ab.

In ihrem ersten Kapitel nennt die Bibel den Menschen »Ebenbild Gottes« (Gen 1,27). Diese Gottebenbildlichkeit des Menschen ist die Basis für Würde und Rechte jedes einzelnen Menschen – auch für sein Lebensrecht. Damit ist der Maßstab zur Beurteilung menschlichen Lebens gegeben. Es ist nicht möglich, zwischen wertvollem und weniger wertvollem, gar unwertem Leben unterscheiden zu wollen. Die Würde des Menschen ist mit seinem Menschsein gegeben. Besondere Leistungen, Fähigkeiten oder Charaktereigenschaften steigern diese Würde nicht, ebenso wie ihr Fehlen sie nicht mindert. Darum ist sie jeder einzelnen Phase menschlichen Lebens zu eigen, auch wenn das volle menschliche Potential – wie etwa die Sozialität – noch nicht vollends ausgebildet ist (wie beim Embryo) oder durch Krankheit oder Behinderung nicht mehr realisiert werden kann. Die Würde des Menschen ergibt sich aus seinem Gegenüber zu Gott, ganz gleich, ob ihm dies bewusst ist oder nicht.

Nach der Bibel ist der Menschen aber auch »Geschöpf«. Er ist endliche Kreatur, mit Fehlern behaftet, dem Leid und dem Schmerz unterworfen – und nicht zuletzt sterblich. Genau in dieser Spannung von Ebenbildlichkeit und Geschöpflichkeit liegt die Fruchtbarkeit seiner Existenz. So nimmt evangelische Ethik auch die Möglichkeit seines Scheiterns und seiner Begrenztheit ernst.

Die Wesensbestimmung des Menschen lässt sich zusammenfassen in dem Begriff »Person«, im Faktum seiner grundlegenden Beziehung zu Gott, in der »vorbehaltlosen Anerkennung durch Gott, die zur wechselseitigen Anerkennung der Menschen untereinander verpflichtet«[1]. Diese Bestimmung als Person bleibt damit jeder biologischen oder medizinischen Verifikation entzogen. Das Personsein kann keinem Menschen genommen werden, wohl aber kann ihm die geschuldete Achtung verwehrt oder abgesprochen werden. Wer seinem Gegenüber diese Wertschätzung als Person allerdings verweigert, verletzt nach christlicher Anschauung auch seine eigene Würde.

Deutlich möchte ich darauf hinweisen, dass diese Vorstellung von »Person« sich erheblich unterscheidet von Auffassungen zum Begriff »Person«, die sich vor allem im angelsächsischen Denken finden. Dort ist das Person-Konzept verbunden mit der Beschreibung bestimmter Qualifikationen: Es werden zum Beispiel Eigenschaften wie Rationalität, Selbstbewusstsein, Beziehungsfähigkeit, Selbstkontrolle, Neugier oder das Vorhandensein von Interessen genannt, die einen Menschen erst zur Person werden ließen. Allein der so aufgefassten Person schulde man Respekt. Wer diese Qualifikationen nicht erreiche, sei lediglich Mitglied der Gattung »Homo sapiens«. Daraus resultiere aber nicht der Respekt, den man einer Person schuldig sei. Ein solches Verständnis des Begriffs »Person« ist mit dem christlichen Glauben kaum zu vereinen.

3. Selbstbestimmung an der Schwelle zum Tod

In der Debatte um die Tötung auf Verlangen, die aktive Sterbehilfe oder die Hilfe zur Selbsttötung, wird immer wieder auf den Wunsch des betreffenden Menschen, auf sein Selbstbestimmungsrecht abgehoben. Die Sorgfaltskriterien, auf die ein Arzt im niederländischen »Gesetz über die Überprüfung von Lebensbeendigung auf Verlangen und Hilfe bei Selbsttötung« verpflichtet wird, sieht vor, dass der Arzt zu der Über-

[1] Kirchenamt der Evangelischen Kirche in Deutschland (Hg.), Im Geist der Liebe mit dem Leben umgehen. Argumentationshilfe für aktuelle medizin- und bioethische Fragen, EKD Texte 71, Hannover 2002, 18.

zeugung gelangt sein muss, dass »der Patient freiwillig und nach reiflicher Überlegung um Sterbehilfe gebeten hat« (Art. 2, Ziffer 1. b).

Nach meiner Auffassung kann allerdings das Verlangen eines Patienten oder sein Selbstbestimmungsrecht keine absolute Geltung haben. Ich erinnere nur an die Situation von Menschen, die sich aus einer akuten Krise heraus zum Selbstmord entscheiden. Manche werden gegen ihren Willen davon abgehalten. Meistens können sie nach ihrer Rettung ihre Situation neu bewerten und sind dankbar für ihre Bewahrung. Dafür wurde ihr Selbstbestimmungsrecht allerdings vorübergehend verletzt.

Zur Selbstbestimmung, wenn sie wirklich ernstgemeint ist, gehört eine echte Wahlmöglichkeit. Ein Patient, dessen Zustand aussichtslos und dessen Leiden unerträglich ist, hat diese kaum. Umso unausweichlicher wird sich ihm das Verlangen nach Lebensbeendigung als einzig gangbarer Weg aufdrängen. Wie würde er sich aber entscheiden, wenn sein Zustand zwar aussichtslos bliebe, sein Leiden aber erträglich wäre?

Schließlich muss gefragt werden, inwiefern das Selbstbestimmungsrecht eines schwer kranken Menschen frei ist von unausgesprochenen Erwartungen und verborgenem Druck, die auf ihn einwirken. Wir wissen alle, wie sehr Erwartungshaltungen aus unserem sozialen Umfeld unsere Entscheidung beeinflussen oder wie stark ein gesellschaftliches Klima auf sie durchschlagen kann. Wie frei ist meine Entscheidung tatsächlich, wenn man die Angehörigen unter der Last meiner Krankheiten leiden sieht, auch wenn sie mir ein anderes Bild zu vermitteln suchen? Es hat Wirkungen, wenn Zuwendung fehlt oder wenn ständig die hohen Sozialversicherungsbeiträge beklagt werden. Hier entsteht ein Druck zur »Selbstentsorgung«, dem man sich nur mit Mühe entziehen kann. Könnte es nicht auch sein, dass das Verlangen nach Lebensbeendigung oder Hilfe bei der Selbsttötung ein heimlicher Hilfeschrei nach Zuwendung und Liebe ist, nach weitgehender Schmerzfreiheit und einer Geborgenheit in tragfähigen sozialen Beziehungen, nach seelischem und spirituellem Beistand auf dem schwersten, dem letzten Weg des Lebens?

Umfrageergebnissen in Deutschland, die eine hohe Zustimmung zu lebensbeendenden Maßnahmen signalisieren, begegne ich skeptisch. Eine deutliche Befürwortung von lebensverkürzenden Handlungen erhält man immer dann, wenn als einzige Alternative allein das Ertragen der »unheilbar qualvolle(n) Krankheit« genannt wird.[2] Solche Befragungen haben darum in meinen Augen nur eine sehr begrenzte Aussagekraft.

Nach niederländischer Gesetzgebung soll der Arzt prüfen, ob dem Verlangen nach Lebensbeendigung eine freiwillige und reifliche Überlegung vorausgegangen ist. Kann er wirklich ermessen, was bei einem Menschen zu diesem Verlangen geführt hat? Müsste nicht die eindeutige Verweigerung, an Lebensbeendigungen beteiligt zu sein, die klare Konsequenz sein? Schnell könnte man (als Kehrseite) auch in den Geruch geraten, Handlanger anderer – und verborgener! – Interessen zu sein. Damit ist die Frage des eigenen Berufsethos angesprochen.

4. Die Kultur der Lebensdienlichkeit stärken: Palliativmedizin und Hospizbewegung

In Deutschland wird gegenwärtig indirekte und passive Sterbehilfe praktiziert. Beide Formen sind nach christlichen Maßstäben ethisch legitim, weil dem christlichen Grundgedanken Rechnung getragen wird, dass der Tod eines Menschen abgewartet werden muss und nicht unmittelbar herbeigeführt werden darf. Ethisch nicht zulässig ist aus dieser Perspektive die gezielte Herbeiführung des Todes, weil sie diesen Grundsatz verletzt und den Geschenkcharakter des Lebens leugnet. Darum darf es aus meiner Sicht keine gesetzliche Regelung geben, die eine Lebensbeendigung auf Verlangen straffrei stellt!

Vielmehr müssen die lebensdienlichen Alternativen entwickelt und gestärkt und in die öffentliche Diskussion eingebracht werden. Damit meine ich konkret die Verbesserung der Möglichkeiten der *Palliativmedizin* und der *Hospizarbeit*.

a) Ein zentraler Auslöser für das Verlangen nach lebensbeendenden Maßnahmen ist der unerträglich gewordene Schmerz. Wenn die medizinischen Möglichkeiten mit dem Ziel einer Heilung erschöpft sind, muss das Therapieziel »Linderung der Schmerzen« als eine lebensdienliche Alternative mit gleicher Intensität verfolgt werden.

Mir ist es unverständlich, warum die medizinische Forschung in unserer hoch entwickelten Gesellschaft nicht besser dafür Sorge tragen kann, dass Menschen ihre Krankheit weitestgehend unter erträglichen Schmerzen erleben können. Vielleicht liegt das weniger an den medizinischen Möglichkeiten als an den gesellschaftlichen Rahmenbedingungen, die einen solchen umfassenden Einsatz der Palliativmedizin aus

---

[2] Umfrage der DEUTSCHEN GESELLSCHAFT FÜR HUMANES STERBEN, www.dghs.de/presse.

Gleichgültigkeit oder Kostengründen nicht nahelegen. Erst an einer einzigen Universität (Bonn) existierte 2002 in Deutschland ein Lehrstuhl für Palliativmedizin. Eine reguläre Weiterbildung zum Palliativmediziner gibt es bei uns nicht. Nach Meinung des Präsidenten der Bundesärztekammer, Professor Jörg-Dietrich Hoppe, ist zu wenig bekannt, dass »die moderne Palliativmedizin schon heute in der Lage ist, Schmerzen und andere Symptome auf ein erträgliches Maß zu reduzieren und damit unnötiges Leiden zu verhindern«[3].

b) Die Stärkung der Hospizarbeit hat eine Reihe wichtiger Konsequenzen. Ich will nur einige andeuten: Sie hebt stärker ins gesellschaftliche Bewusstsein, dass Sterben und Tod als Teil des Lebens aufgefasst werden und mehr bedeuten als das Ende medizinischer Behandlungsmöglichkeiten. In Hospizen steht ein qualifiziertes Team zur Verfügung. Es macht – über Pflege und medizinische Betreuung hinaus – auch spirituelle Angebote, stellt sich den Fragen und Ängsten der Patienten und vermittelt so Geborgenheit und – sofern es sich dem christlichen Glauben verbunden weiß – Hoffnung über den Tod hinaus. Angehörige werden ermutigt, sich dieser Situation eines Sterbenden bewusst zu stellen.

Wenn es gelingt, den Patienten fast schmerzfrei zu stellen und ein soziales Netz aufzubauen, das ihn trägt, stellt sich nach allen Erfahrungen der Wunsch nach lebensbeendenden Maßnahmen in der Regel nicht mehr ein. Demgegenüber schafft ein Gesetzes, das Lebensbeendigungen straffrei stellt, einen gesellschaftlichen Sog in Richtung einer Entsorgungsmentalität, die nach meiner Einschätzung weder mit den Maßstäben der christlichen Ethik noch mit dem hohen Niveau unserer wissenschaftlichen, kulturellen und finanziellen Möglichkeiten zu vereinbaren ist.

Mir ist bewusst, dass wir uns mit den angeschnittenen Problemen in einem wirklichen Grenzbereich ethischer Fragestellungen befinden. Darum möchte ich abschließend betonen, dass die Rechtfertigung des Sünders, die in der liebenden Annahme durch Gott ihren Ausdruck findet, jedem Menschen gilt – auch dann, wenn er nach reiflicher Prüfung der Umstände und seines Gewissens zu einer anderen Auffassung gelangen sollte. Insofern steht jede evangelische Stellungnahme unter einem einschränkenden Vorbehalt. Sie ist ein Beitrag zur Versachlichung, zur Klärung und zur Urteilsbildung – nicht mehr, aber eben auch nicht weniger!

---

[3] Pressemitteilung der BUNDESÄRZTEKAMMER vom 10. April 2001.

Christliche Werte in der Medizin

»Zutrauen« als Grundorientierung für Arzt und Patient

1. Eine biblische Heilungsgeschichte

Den Zugang zu meiner Thematik suche ich auf eine womöglich überraschend erscheinende Weise: über eine der biblischen Erzählungen, die von einer Heilung durch Jesus berichten. In der kunstvoll konzipierten Geschichte vom blinden Bartimäus (Markus 10,46-52) lassen sich Strukturanalogien entdecken, die es trotz aller zeitlichen Distanz zur damaligen Welt ermöglichen, Auskünfte über Grundorientierungen in der Beziehung von Arzt und Patient zu erhalten. Denn biblische Heilungsgeschichten sind immer auch Beziehungsgeschichten.

> 46 *Und sie kamen nach Jericho. Und als er aus Jericho wegging, er und seine Jünger und eine große Menge, da saß ein blinder Bettler am Wege, Bartimäus, der Sohn des Timäus.*
> 47 *Und als er hörte, dass es Jesus von Nazareth war, fing er an, zu schreien und zu sagen: Jesus, du Sohn Davids, erbarme dich meiner!*
> 48 *Und viele fuhren ihn an, er solle stillschweigen. Er aber schrie noch viel mehr: Du Sohn Davids, erbarme dich meiner!*
> 49 *Und Jesus blieb stehen und sprach: Ruft ihn her! Und sie riefen den Blinden und sprachen zu ihm: Sei getrost, steh auf! Er ruft dich!*
> 50 *Da warf er seinen Mantel von sich, sprang auf und kam zu Jesus.*
> 51 *Und Jesus antwortete und sprach zu ihm: Was willst du, dass ich für dich tun soll? Der Blinde sprach zu ihm: Rabbuni, dass ich sehend werde.*
> 52 *Jesus aber sprach zu ihm: Geh hin, dein Glaube hat dir geholfen. Und sogleich wurde er sehend und folgte ihm nach auf dem Wege.*

Blindheit, gar als Blinder geboren zu werden, bedeutete zurzeit Jesu eine persönliche und soziale Stigmatisierung. Eine eigenständige Existenz war ausgeschlossen. Man blieb auf die Solidarität seiner Herkunftsfamilie angewiesen oder musste sich mit Betteln das Überleben sichern. Zudem wurde Krankheit oft als Folge von Verfehlungen gedeutet, derer sich der Kranke oder seine Angehörigen schuldig gemacht haben könnten. Somit trat auch eine religiöse Ausgrenzung hinzu.

Jesus geht der Ruf des Heilers voraus. Die Kunde, dass er in der Nähe vorbeikomme, lässt den Blinden alle Kräfte mobilisieren. Entschieden versucht Bartimäus, aus der Anonymität herauszutreten und auf sein Schicksal aufmerksam zu machen. Und in der Tat: Das gelingt. Jesus bleibt stehen und stellt die – angesichts des offenkundigen Krankheitsbildes – zunächst seltsam anmutende Frage: »Was willst du, dass ich für dich tun soll?« Der Blinde formuliert seinen tiefsten Lebenswunsch, und Jesus schließt die kurze Begegnung mit dem Satz: »Geh hin, dein Glaube hat dir geholfen.« Darauf erlangt Bartimäus seine Sehkraft wieder. Er ist geheilt – nicht nur leiblich, sondern auch seelisch. Die Last der Krankheit ist gewichen: Als Geheilter ist er wieder in die Gemeinschaft integriert.

2. Folgerungen für die Beziehung von Arzt und Patient: »Was willst du, dass ich für dich tun soll?«

Für unser Thema lassen sich aus dieser Geschichte drei unmittelbare Einsichten ableiten:

(a) *Die Beziehung des Patienten zu seiner Krankheit*: Der Kranke muss sich seiner Krankheit *bewusst* sein, wenn er denn Heilung will – ganz gleich, ob wir dieses Kranksein als einen objektiv feststellbaren Zustand oder als eine auch subjektive Beschreibung des Sich-krank-Fühlens auffassen. Er benötigt eine eigene Beziehung zu dem, was ihn einschränkt, schmerzt oder behindert. Erst dies bringt ihn dazu, Patient, also »Leidender«, zu werden und Hilfe zu suchen, damit sein Zustand gelindert oder seine Einschränkung überwunden wird. Die eigene Krankheit zu leugnen – wie nicht selten geschieht – ist demgegenüber Ausdruck einer Beziehungslosigkeit. Wer aber kein Verhältnis zu sich selbst gewinnt, versperrt sich von vornherein die Perspektive, eine Erkrankung anzugehen und zu überwinden.

(b) *Die Beziehung des Patienten zum Arzt*: Der Kranke wendet sich mit seinem Problem an einen Fachkundigen, von dem er sich Heilung verspricht. Ohne den grundsätzlichen Vorschuss an *Zutrauen* in die Möglichkeiten der Heilkunst und des Heilkundigen entsteht die Beziehung von Patient zu Arzt erst gar nicht. Schon vor der ersten Konsultation speist sich dieses Zutrauen auf Seiten des Patienten aus Erwartungen an den Arzt. Das ist ein enormes Kapital, das sich in der weiteren Beziehung ausbauen lässt, aber auch durch eine misslungene Begegnung gestört und vernichtet werden kann.

(c) *Die Beziehung des Arztes zum Patienten*: Die eigentümliche Frage Jesu: »Was willst du, dass ich dir tun soll?« lenkt den Blick auf die *Mitbeteiligung* (und damit die notwendige Eigenverantwortung) des Patienten. Auch ihm wird etwas zugetraut: sein Leiden, das ihn belastet und isoliert, klar anzusprechen, seinen Heilungswunsch offen zu benennen und die Folgen einer möglichen Heilung zu tragen. Er ist nicht bloßes Objekt ärztlichen Handelns. Im Akt des Zutrauens, das vom Arzt ausgeht, drückt sich der Respekt vor dem Gegenüber des Patienten, vor seiner Würde und Individualität aus.

Generalisierend lässt sich demnach sagen: Die Voraussetzungen einer möglichen Heilung sind dort geschaffen, wo die Beziehung zwischen Arzt und Patient durch *gegenseitiges Zutrauen* bestimmt ist. »Zutrauen« meint im Zusammenhang der Beziehung von Arzt und Patient mehr als »Vertrauen«[1]. Während »Vertrauen« hier nur eine einseitige Ausrichtung impliziert (»Der Patient vertraut dem Arzt«), kann »Zutrauen« reziprok im Sinne einer prinzipiellen Gegenseitigkeit verwendet werden (auch wenn sich die inhaltliche Bestimmtheit des Zutrauens unterscheiden mag). In dieser prinzipiellen Reziprozität liegt sein entscheidender semantischer Vorteil, um die Beziehung von Arzt und Patient bzw. Patient und Arzt zu kennzeichnen.

3. Gegenwärtige gesellschaftliche Rahmenbedingungen als Belastung des Zutrauens in der Beziehung von Arzt und Patient

Die charakterisierte spezifische Beziehung zwischen Arzt und Patient ist eingebettet in die Struktur allgemeiner zwischenmenschlicher Beziehungen und verläuft in vielen Fällen eher unspektakulär, solange es sich um relativ harmlose Erkrankungen handelt. Sie wird jedoch hoch komplex, wenn es im ernsteren Fall zwischen beiden Akteuren um Leben und Tod geht. Von dieser Warte aus gesehen ist es alles andere als gleichgültig, wie sich diese Beziehung entwickelt, denn ihre Störung oder ihr Scheitern hat für beide Seiten unmittelbare Folgen.

Sie ist freilich schon dadurch belastet, dass die zunehmende Ökonomisierung vor unserem Gesundheitssystem nicht Halt macht: Vermehrt wirken sich Budgetierung, Rationalisierung und andere Sparmaßnahmen aus, so dass sich für den Patienten der Arzt immer mehr als *Dienstleister* herausstellt, der eine entsprechende Dienstleistung, nämlich Gesundheit, zu erbringen habe. Das Verhältnis gegenseitigen Zutrauens wird durch ein Vertragsverhältnis mit entsprechender Anspruchshaltung abgelöst.

---

[1] Vgl. Deutsches Wörterbuch von Jacob und Wilhelm Grimm, Bd. 32 = Bd. 16, Nachdruck München 1984, 869: Zutrauen ist »gegenüber dem mehr sachlichen Vertrauen überwiegend persönlich gemeint«.

Auch das wachsende *Sekuritätsbedürfnis* belastet die Beziehung zwischen Arzt und Patient. Es führt zu einer immer stärker um sich greifenden Verrechtlichung im Gesundheitsbereich, die bis in die intimsten Gespräche zwischen Patient und Arzt hineinwirkt. In der Vorbereitung einer Operation kommt es zum Einsatz umfangreicher und komplizierter Fragebögen, die die Kenntnisnahme und Zustimmung durch Unterschrift erfordern, ohne die kein Eingriff erfolgen kann. Allerdings verunsichern diese Formulare mit ihren Hinweisen auf Risiken und Nebenwirkungen in ihrer juristischen Sprache und die entsprechenden Informationsgespräche auch – insbesondere, wenn Antworten nicht klar verstanden werden oder Patienten sich nicht in der Lage sehen, mögliche Gefährdungen richtig einzuschätzen. So kann das ursprüngliche und für den Heilungsprozess konstitutive Zutrauen von Zweifeln durchsetzt und ausgehöhlt werden. Manchmal gewinnt man den Eindruck, als begünstige die Verrechtlichung des Gesundheitswesens einen prinzipiellen Argwohn auf beiden Seiten: bei Ärzten wie bei Patienten.

In unserer Gesellschaft hat sich eine Verschiebung ergeben, in der das religiöse Heil als höchstes Gut von der Gesundheit abgelöst wurde. Beigetragen zu dieser Sicht der Dinge hat gewiss auch ein verkürztes Menschenbild, bei dem Krankheit als reine Störung verstanden wird, die der Arzt unter Anwendung der richtigen Mittel wieder zu beseitigen habe – so als sei die Herstellung der Gesundheit ein rein *monokausaler Vorgang*. Allzu oft wird die Eigenverantwortlichkeit des Patienten für seinen Körper zu wenig ernstgenommen. Weil dieses schlichte Menschenbild weit verbreitet ist, gerät nicht nur die Zuständigkeit für den eigenen ungesunden Lebensstil als möglicherweise krankmachender Faktor aus dem Blick. Zugleich geht auch die Schuldzuweisung für ausbleibende Therapieerfolge oder Heilung in Richtung des behandelnden Arztes, der angeblich persönlich versagt habe. Die potentielle Unsicherheit im Erfolg der Therapie muss aber von beiden Seiten einkalkuliert und ausgehalten werden, denn dies bringt Klarheit und Aufrichtigkeit in die Beziehung zwischen Arzt und Patient, wenn diese nicht durch überzogene Heilungserwartungen oder Heilungsversprechen gestört werden soll. Es geht also um ein Zutrauen, das auch das Ausbleiben der Heilung, ja den Tod einschließen muss.

4. Beziehungsarbeit: Zutrauen entwickeln

Wie kann Zutrauen in der Beziehung von Arzt und Patient unter gegenwärtigen Bedingungen konkret werden und sich als Leitwert auswirken?

Im Gespräch mit einem Patienten versucht der Arzt zu klären, was den Kranken beeinträchtigt. Er muss sich darüber innerhalb kürzester Zeit klar werden und bezieht dabei ausdrücklich auch Körpersprache, Gesten und Mimik mit ein. Er prüft, ob der Kranke nonverbal vielleicht noch etwas ganz anderes mitteilt, als was er zur Sprache bringt. Will der Kranke wirklich seine Krankheit überwinden oder schätzt er am Ende doch den subjektiven Krankheitsgewinn in Form von Zuwendung und Aufmerksamkeit, Bequemlichkeit und Sonderstatus höher ein?

Das Gespräch mit dem Patienten zielt jedoch nicht nur auf Informationszuwachs über die Krankheit. Vielmehr versucht der Arzt mit seiner medizinischen und psychosozialen Kompetenz auch, eine stabile Beziehung gegenseitigen Zutrauens entstehen zu lassen, die für den möglichen Heilungsverlauf günstig ist, weil damit Einwilligung (»compliance«) erzielt wird. Gleichzeitig soll der Patient in seiner Individualität mit seiner persönlichen Lebens- und Krankengeschichte wahrgenommen werden – wenn auch unter dem spezifischen Blickwinkel, eine Diagnose zu erstellen. Dies gelingt umso besser, je mehr Arzt und Patient eine gemeinsame Sprache finden. So kann das Zutrauen des Patienten in das medizinische Expertensystem gestärkt werden, dessen Sprache zunächst distanzierend wirkt.

Seinerseits muss der Arzt dem Patienten zutrauen, dass er ein vielleicht bisher diffuses Leiden klar zu Sprache bringt, dass er offen und ehrlich über dessen Facetten spricht, dass er auf die anamnetischen Fragen und therapeutischen Interventionen positiv reagiert, die verständlich – und im Ernstfall behutsam – dargelegte Diagnose erträgt und gegebenenfalls die Therapievorschläge akzeptiert.

Die Beziehung Arzt – Patient steht freilich trotz gegenseitigen Zutrauens in einer unauflöslichen Asymmetrie. Sie ergibt sich aus dem unterschiedlichen Niveau an Wissen, Kompetenz und Information. Daran ändert die Tatsache nichts, dass der Patient »Fachmann« seiner eigenen Erkrankung sein kann und in der Regel nur er wirklich authentisch aus eigener Erfahrung von ihr redet. Gewiss ist jede Erkrankung trotz eines allgemeinen Krankheitsbildes individuell! Aber ein Gespräch auf »gleicher Höhe« zwischen Patient und Arzt bleibt wegen der genannten Unterschiede illusionär.

Dennoch gibt es kein Zurück zu einem paternalistischen Verhältnis, in dem der Arzt allein und ausschließlich den gesamten Prozess steuert. Es entspricht dem Gedanken der Individualität jedes Menschen und seiner besonderen Würde, wenn in der Arzt-Patienten-Beziehung Therapieentscheidungen angestrebt werden, die gemeinsam verantwortet sind. Es kommt darauf an, dass der Arzt dem Patienten zutraut, mitdenken zu wollen und Mitverantwortung für den weiteren Verlauf der Behandlung zu übernehmen. Dies kann den Arzt in gewisser Hinsicht auch entlasten.

Die im gegenseitigen Zutrauen gewachsene und bewährte Beziehung hält es aus, dass der Arzt zu einem abgestuften Umgang mit der Wahrheit gelangt, weil er nach seiner gewissenhaften Entscheidung nicht alles, was er weiß, sofort und unmittelbar dem Kranken und den Angehörigen zumuten kann. Dies setzt voraus, dass Raum und Zeit zur Verfügung stehen, eine solche zutrauensvolle Beziehung zu begründen, auszubauen und zu bestätigen. Die Rahmenbedingungen unseres Gesundheitswesens stehen dem jedoch diametral entgegen!

5. Die religiöse Dimension des Zutrauens: »Dein Glaube hat dir geholfen«

Durch Leiden, Krankheit und Tod werden Menschen in ihrer Existenz in Frage gestellt. Unter dem Eindruck dieser Bedrohung ist die Suche nach Sinn existentiell. Hier kann sich das Deutungsangebot des Glaubens bewähren, das vom liebenden und sich erbarmenden Gott spricht, der in Jesus Christus auch die bezwingende Macht der Krankheit und des Todes überwunden hat. Jede Heilung bleibt aber von Rückschlägen und Leben prinzipiell vom Tod bedroht. Wo Heilung gelingt, ist sie Hinweis auf eine andere Wirklichkeit, die weder Leid noch Schmerz kennt (Offenbarung 21,4).

So zeigt die Kategorie des Zutrauens ihre fundamentale Bedeutung auch für die Beziehung zu Gott, ja ist hier wesenhaft verankert: Dieses Zutrauen realisiert und aktualisiert sich vor allem im *Gebet*, das die eigene menschliche Begrenzung (auch in Gestalt von Krankheit und Behinderung) kennt und um die Souveränität Gottes weiß und ihm deshalb alles anzuvertrauen vermag. Das Gebet kann für Arzt wie Patient der Ort sein, Zutrauen einzuüben. Es macht menschlich, denn es lässt Gott wirklich Gott sein und befreit uns von eigenen Allmachtsfantasien (auch im Blick auf die medizinischen Möglichkeiten). Aber es erschließt zugleich die Erfahrung, dass Gott uns Heilung zukommen lässt, sie uns also »zutraut«.

Letztlich ist also das Zutrauen in Gott die Voraussetzung dafür, einander als Arzt wie als Patient mit Zutrauen zu begegnen. Christlicher Glaube und medizinisches Handeln bleiben – wie so oft – auch an dieser Stelle eng aufeinander bezogen. Christliche Grundorientierungen in der Medizin sind keine hehre oder gar hohle Forderung, sondern können eine ebenso selbstverständliche wie notwendige Basis für die Gestaltung der Beziehung von Arzt und Patient sein.

Kirche und Krankenhaus

1. Krankheit und ihre Folgen

Krankheit stellt für alle Menschen einen tiefen Einschnitt dar. Wenn es dabei um unvorhersehbare und schwerwiegende Gesundheitsstörungen geht, werden sie in mehrfacher Hinsicht an ihre Grenzen geführt. Wir können uns das unschwer an einigen Beobachtungen vergegenwärtigen:

Der Alltag wird unterbrochen, das bisher Selbstverständliche fraglich. Was eben noch wichtig und erstrebenswert war, tritt in den Hintergrund. Demgegenüber rückt der eigene Körper, der bisher scheinbar reibungslos funktionierte, stark ins Bewusstsein. Kranken wird in drastischer Weise deutlich, dass sie nicht einen Körper besitzen, zu dem sie sich irgendwie verhalten, sondern dass sie Körper *sind*, der ihre Person ausmacht.

Krankheit erschwert darüber hinaus die gewohnten Beziehungen zu Angehörigen und Freunden, isoliert von Arbeitskollegen und anderen sozialen Bezügen. Kranke sehen sich herausgerissen aus ihren Interessen und Verantwortlichkeiten, nehmen wahr, dass andere ihre Tätigkeit etwa am Arbeitsplatz oder im Verein fortsetzen – mit anderen Worten: Sie erleben zusätzlich zur Erkrankung, dass sie entbehrlich sind.

Ist mit der Krankheit ein Klinikaufenthalt verbunden, potenzieren sich diese Empfindungen: Im Krankenhaus sehen sich die Patienten einem fremdbestimmten Tagesablauf ausgesetzt. Sie begegnen Personal, das oft in einer unverständlichen Fachsprache mit ihnen und über sie spricht. Gefühle von Ohnmacht und teilweiser Entmündigung tauchen auf. Manche erleben sich als Objekt eines schwer nachvollziehbaren Behandlungsverlaufs, dem sie nur mit Mühe ihre innere Zustimmung geben können. Untersuchungen, Behandlungen und Medikamente wirken auf sie ein. Schmerzen, andere Einschränkungen und Angst werden unter Umständen zu ständigen Begleitern. Medizinisch begründete Eingriffe in die persönliche Sphäre und notwendiges Überschreiten der Intimitätsgrenzen empfinden Patienten gleichwohl als Verletzung der Scham. Sie sind in ihrem Innersten irritiert, weil sie sich plötzlich als beeinträchtigt, hilflos und auf andere angewiesen erleben.

Dass die Angehörigen in diesen Prozess der Verunsicherung einbezogen sind, liegt auf der Hand – gerade bei Klinikaufenthalten. Der Umgang mit Erkrankten ist nur eingeschränkt möglich, und die Unterhaltung mit ihnen wird zusätzlich dadurch belastet, dass im Mehrbettzimmer immer auch Fremde anwesend sind. Nur schwer lassen die Gespräche Intimität und Vertraulichkeit zu. Fragen nach der Zukunft und den Konsequenzen für das eigene Leben belasten Besucher und Kranke in vielfacher Hinsicht. Die Angst vor dem Sterben und dem Tod kommt bei schweren Erkrankungen hinzu. Vielen fällt es sehr schwer, kranke Menschen auf die Dinge anzusprechen, die in dieser offenen Situation eigentlich thematisiert werden müssten. Furcht vor Missverständnissen, aber auch eine gewisse Sprachunfähigkeit gegenüber diesen heiklen Fragen behindert den nötigen Dialog. Soweit die schlaglichtartigen Beobachtungen, die unschwer ergänzt werden können.

2. Der kirchliche Auftrag

In der Geschichte der christlichen Kirche ist die Sorge um die Kranken und für die Kranken seit jeher Ausdruck des Selbstverständnisses. Jesus hatte einen Blick für Kranke und die Ursachen ihrer Krankheit. Seine Heilungswunder an Menschen mit ganz unterschiedlichen Erkrankungen verweisen auf die enge Verbindung von Heilung und Heil in der biblischen Tradition. Die bekannte Gleichniserzählung vom »barmherzigen Samariter« stellt zudem die Sorge für den in Not geratenen Menschen und seine Pflege bis zur Genesung heraus. Helfendes und heilendes Handeln an Leib und Seele gehört zum Auftrag der Kirche wesentlich hinzu. Seelsorge und »Leib-Sorge« bedingen und ergänzen sich.

3. Trägerschaft von Krankenhäusern

Im Mittelalter waren es die Vertreter der christlichen Armutsbewegung, die mit persönlichem Vermögen und eigener Tatkraft Hospitäler für jene Kranken gründeten, für die niemand anderes sorgen konnte oder wollte. Erinnert sei auch an Elisabeth von Thüringen, die sich in der Hingabe an Pflegebedürftige nachgerade verzehrte und nach ihrem frühen Tod und ihrer Bestattung in Marburg zum Idealbild christlich motivierter Zuwendung und Fürsorge wurde.

In den vergangenen zwei Jahrhunderten haben die großen christlichen Kirchen in Deutschland eine erhebliche Anzahl von Krankenhäuser und Einrichtungen für Menschen gegründet, die auf Hilfe anderer angewiesen sind. Dieses diakonisch-caritative Engagement der Kirchen wird in der Öffentlichkeit (weit über die Grenzen der Zugehörigkeit zu ihnen) geschätzt und als wichtiges Tätigkeitsfeld in Umfragen immer wieder erwähnt – und erwartet. Das Thema »Kirche und Krankenhaus« beschreibt von daher einen sehr viel engeren Zusammenhang, als es den Anschein haben könnte. Zugleich aber stellt sich unter den gegenwärtigen Bedingungen des Konkurrenzdrucks und der Bettenbedarfspläne die Frage, worin das Spezifikum, das so genannte »Alleinstellungsmerkmal« eines christlichen Krankenhauses liegt, das es begründet, auch weiterhin in diesen kostenträchtigen Bereich zu investieren. Hier wird in den nächsten Jahren die Profilbildung fortschreiten müssen.

4. Seelsorge an Patienten

Neben der Krankenhausträgerschaft der großen christlichen Kirchen und ihrer Werke kommt ein zweiter Bereich hinzu: In zahlreichen Krankenhäusern stellen die Kirchen Pfarrerinnen und Pfarrer bereit, die durch eine spezielle Ausbildung für die Seelsorge in diesem besonderen Umfeld besonders geeignet sind. Über ihre mit dem Pfarrberuf gegebene seelsorgerliche Kompetenz hinaus verfügt dieser Kreis über Qualifikationen, die sich auf dem Umgang mit Krankheit, Sterben und Tod beziehen. Zuwendung und aktives Zuhören sind hier genauso gefragt wie die Fähigkeit, Hilflosigkeit und Schweigen auszuhalten. Mal wollen Krankenhauspatienten Beziehungen mit ihren Angehörigen klären, die durch eigene oder fremde Schuldvorwürfe belastet sind; mal fehlen ihnen die Worte, um ihre Situation im Gebet vor Gott zu bringen. Angst vor dem Sterben kann oft viel leichter mit Personen thematisiert werden, die nicht zum unmittelbaren familiären Umfeld gehören. Auf solche Fragen, aber natürlich auch auf die der weiteren Lebensperspektiven im Fall einer Genesung sind Seelsorger am Krankenbett ansprechbar. Gesund-Werden nach einer Krankheit verändert Menschen eben auch!

Gut ist, dass Pfarrerinnen und Pfarrer nicht nur anbieten, was etwa Psychologen oder andere leisten, die für Gespräche in Grenzsituationen geschult sind. Pfarrerinnen und Pfarrer sind befähigt, von einer Dimension zu reden, deren Realität manche Menschen zwar verspüren, für die sie aber nur schwer Worte finden: vom christlichen Glauben, von der Hoffnung, die über den Tod hinausgeht, und davon, dass wir uns im Leben und im Sterben von Gott gehalten wissen können. Sie greifen dabei auch auf einen Schatz von Bibelworten, Liedern und Gebeten zurück, die schon Generationen vor uns in schweren Situationen getröstet haben. Dadurch verweisen sie auf die umfassende Gemeinschaft der Kirche, die sich nicht nur für die Sonnenseiten des Lebens verantwortlich weiß.

5. Gesprächsangebote für Mitarbeiterinnen und Mitarbeiter

Der Dienst der Kirchen im Krankenhaus hat aber auch für das ärztliche und pflegende Personal eine wichtige Bedeutung: Menschen, die in Kliniken arbeiten, geraten in den alltäglichen Erfahrungen an ihrem jeweiligen Arbeitsplatz immer wieder in emotionale Grenzsituationen. Trotz ihrer hoch qualifizierten Ausbildung und einer professionellen Einstellung bleiben sie von dem Schicksal einzelner Kranker keineswegs unberührt. Besonders tragische Situationen und überraschende Wendungen tangieren sie vielmehr. Und zu berücksichtigen bleibt stets: Das Ende medizinischer Möglichkeiten zeigt auch die Grenzen ärztlicher Hilfeleistungen auf. Der Tod von Patienten wird manchmal sehr bewusst als Scheitern der diagnostischen und therapeutischen Möglichkeiten erlebt.

Auch dem Klinikpersonal tut es gut und entlastet, mit jemandem, der nicht unmittelbar in die Krankenhaushierarchie eingebunden ist, über die eigenen Empfindungen reden zu können. Krankenhausseelsorger sind bereit, die Situationen im Krankenhaus nachzuvollziehen und Ohnmacht, Trauer und Wut auszuhalten. Für die Arbeit von Ärztinnen und Ärzten, von Pflegepersonal und anderen Mitarbeitenden ist es aus meiner Sicht ganz unerlässlich, dass solche Gesprächsmöglichkeiten mit Menschen gegeben sind, die einerseits mit den jeweiligen Verhältnissen vertraut sind, aber andererseits ein Stück außerhalb der Organisationsabläufe stehen. Es ist Fürsorge für das medizinische Personal, wenn solche Angebote bestehen, um eigene Konfliktlagen zu klären. Das wirkt sich unmittelbar auf die Zufriedenheit mit der eigenen Arbeit und auf längere Sicht darauf aus, den verantwortungsvollen und anstrengenden Beruf dauerhaft ausfüllen zu können.

6. Ethikberatung

Schließlich entsteht im modernen medizinischen Betrieb durch den hohen Standard eine Reihe von ethischen Konfliktsituationen. Die Grenzen zwischen Leben und Tod verschwimmen. Ärzte etwa müssen sich mit Patientenverfügungen auseinandersetzen und zwischen Verlängerung des Lebens und Verlängerung des Leidens differenzieren. Ökonomische Zwänge und nötige Hilfe wollen in ein angemessenes Verhältnis gebracht werden.

Pfarrerinnen und Pfarrer sind kompetente Berater für solche ethische Fragen. In ihrer Ausbildung wurden sie geschult, sich diesen Herausforderungen auf der Grundlage der biblischen Orientierung, ihres Wissens um die Bearbeitung ethischer Konflikte und ihrer Lebenserfahrung zu stellen. Dadurch können sie gemeinsam mit anderen dazu beitragen, dass die Maßstäbe erkennbar werden, die das Krankenhaus zu einem Ort der Menschlichkeit machen.

7. Finanzierungsfragen

Gegenwärtig lastet ein erheblicher finanzieller Druck auf Krankenhäusern und Kliniken. Nach neuen Untersuchungen ist jedes dritte von der Schließung bedroht. Angesichts dieser Situation leisten die Kirchen einen wichtigen Dienst. Denn ihre personale Präsenz in den Krankenhäusern in Gestalt von Seelsorgerinnen und Seelsorgern trägt dazu bei, angesichts der Übermacht ökonomischer Fragen die Menschen im Blick zu halten, um derentwillen es Krankenhäuser gibt. Die Kirchen sträuben sich gewiss nicht gegen einen effektiven und betriebswirtschaftlich sinnvollen Einsatz der begrenzten Mittel. Einer Ökonomisierung aller Bedingungen müssen sie aber deutlich widersprechen.

Auch Krankenhausseelsorge kostet Geld. Denn dafür werden Pfarrstellen eingerichtet – allein im Bereich der Evangelischen Kirche von Kurhessen-Waldeck sind es 27 Klinikpfarrstellen (sowie einige weitere Gemeindepfarrstellen mit so genannten »Zusatzaufträgen« für Krankenhausseelsorge). Die Personalkosten belaufen sich – einschließlich der Versorgungsleistungen – jährlich auf rund 1,25 Mio. Euro! Wir haben im vergangenen Jahr alle Krankenhäuser angeschrieben, in denen Pfarrerinnen und Pfarrer der Landeskirche als Klinikseelsorger tätig sind, und darauf hingewiesen, dass uns angesichts zurückgehender Kirchensteuereinnahmen die Finanzierung dieser Stellen zunehmend schwerfällt.

Die Reaktionen auf unseren Brief waren überwältigend. Sicher, wir hätten uns gefreut, wären mehr Krankenhausträger bereit, in eine Co-Finanzierung dieser Arbeit einzusteigen – als Beitrag zur verlässlichen Qualitätssicherung der eigenen Einrichtung. Denn Klinikseelsorge kann als Qualitätsmerkmal gelten! Aber fast alle Krankenhausträger betonten, wie wichtig die Klinikseelsorge für ihr jeweiliges Haus sei und wie sehr sie das Klima auf den Stationen und das Befinden der Kranken positiv beeinflusse. Deshalb solle die Kirchenleitung dafür sorgen, dass diese wichtige Arbeit nicht eingeschränkt oder gar eingestellt werde.

Die Antworten auf unser Schreiben haben uns in unserer Einschätzung bestätigt, dass die Kirchen mit dem eher verborgenen Dienst, der wenig in die Öffentlichkeit drängt, etwas Wichtiges, vielleicht sogar

Unverzichtbares für Menschen im Krankenhaus leisten – seien es Kranke oder Gesunde. Insofern bleibt das Krankenhaus der gegebene und gebotene Ort der Kirche!

Ethik in der Pharmaindustrie

1.

Wenn in Deutschland über Fragen der Gesundheitspolitik diskutiert wird, dann geschieht dies in der Regel unter ökonomischen Gesichtspunkten. Die Finanzierung des Gesundheitswesens ist seit langem ein Problem. Die politisch Verantwortlichen haben in den vergangenen Jahren zahlreiche Stellschrauben in dem komplizierten Regelungswerk bewegt, ohne dass eine grundlegende Konsolidierung der Finanzlage des Gesundheitssystems absehbar ist.

Ein weiterer Aspekt in der gegenwärtigen Diskussion ist die Frage nach der ethischen Verantwortbarkeit bestimmter Forschungsansätze. Als markantestes Beispiel wäre der heftige Streit um die Zulässigkeit der Forschung mit embryonalen Stammzellen zu nennen, über die der Bundestag zu entscheiden hatte. Welche ethischen Fragen, spezieller: welche Fragen einer theologischen Ethik – ergeben sich in diesem Zusammenhang?

Vorab: Ethik fragt nach einem moralisch verantwortbaren Handeln. Ethik im christlichen Sinne bedenkt und entscheidet ihre Themen in der »Verantwortung vor Gott und den Menschen« – um es mit der Formulierung der Präambel des Grundgesetzes zu umschreiben. Christliche Ethik versteht sich indes nicht nur als Ethik für Christen, sondern als allgemeine Befähigung zu einem gewissenhaften Handeln.

Dabei ist zwischen ethischen und juristischen Fragen durchaus zu unterscheiden. Natürlich spielen die rechtlichen Rahmenbedingungen gerade in Europa eine immer größere Rolle, wenn es darum geht, unternehmerische Entscheidungen zu treffen. Über diese rechtlichen Rahmenbedingungen hinaus gibt es aber auch ethische Erwägungen, die sich nicht einfach juristisch regeln lassen.

Im Zusammenhang der Thematik will ich in gebotener Kürze auf drei Aspekte eingehen:

- auf die Abwägung ökonomischer und ethischer Gesichtspunkte in Pharmaforschung und -vertrieb,
- auf die Frage nach der ethischen Verantwortbarkeit bestimmter Forschungsmethoden
- und auf die Frage nach dem Stellenwert von Gesundheit in unserem gesellschaftlichen Wertesystem.

2.

Forschung, gerade auch Pharma-Forschung, kostet viel Geld. Anfang März beklagte Bundesforschungsministerin Annette Schavan in einem Interview in der »Süddeutschen Zeitung«, die pharmazeutische Grundlagenforschung in Deutschland sei exzellent, aber bei der Umsetzung und Anwendung der Forschungsergebnisse gebe es deutliche Schwächen. Sie ermutigte zu vermehrten Ausgründungen aus großen Firmen und Universitäten.[1]

Es ist unstrittig, dass Pharmaforschung – sowohl im Bereich der Grundlagenforschung als auch im Sektor der Entwicklung und Erprobung von Medikamenten – finanziert werden muss. Entwicklungs- und Erprobungsphase von Medikamenten müssen sich in der Phase der Nutzung und Vermarktung »rechnen«: Es gilt, die Refinanzierung der Forschungsinvestitionen und den Unternehmensgewinn zu erwirtschaften, bevor die Patentrechte abgelaufen sind. So klar dieser Mechanismus des Marktes erscheint, so deutlich wird doch auch, dass der Markt eben nicht alles regelt.

Zum einen lässt sich beobachten, dass die Forschung für sogenannte »Nischenkrankheiten« häufig nicht lukrativ genug ist, damit Firmen sich dafür interessieren und sich hier engagieren. In dem erwähnten Interview unterstreicht die Bundesforschungsministerin deutlich, dass an dieser Stelle eine »öffentliche Verantwortung« besteht und daher »die Erforschung von Arzneien für seltene Erkrankungen finanziell« gefördert werden sollte. Über diesen finanziellen Anreiz durch die öffentliche Hand hinaus besteht aus meiner Perspektive jedoch auch eine ethische Verpflichtung für Unternehmen, im Blick auf ihre Produktpalette eine Mischkalkulation von hochlukrativen Produkten und Nischenprodukten mit niedrigeren Gewinnmargen vorzusehen.

Ein anderer Aspekt, der vor allem in entwicklungspolitischen Zusammenhängen diskutiert wird, betrifft die globale Preisgestaltung. Die sehr emotional geführte Debatte zielt meist auf die Preise für HIV/AIDS-Medikamente in Entwicklungsländern ab, die für die meisten der dort Betroffenen unerschwinglich sind. Ohne die sehr komplexe Debatte hier angemessen erörtern zu können, verweise ich auf eine ethische Grundkategorie, die zumindest im Bereich der Evangelischen

---

[1] »Wir wollen wieder die Apotheke der Welt werden.« Bundesforschungsministerin Annette Schavan zu fehlenden Arzneien aus deutschen Labors und dem Exodus der Wissenschaftler, Süddeutsche Zeitung Nr. 53 vom 3. März 2008, 19.

Kirche in Deutschland konsensfähig ist: den Gedanken der »gerechten Teilhabe«.

Unter diesen Titel (»Gerechte Teilhabe. Befähigung zu Eigenverantwortung und Solidarität«) hat der Rat der Evangelischen Kirche seine 2006 erschienene Denkschrift zur Armut in Deutschland gestellt. Damit wird der häufig auf materielle Aspekte gerichtete Blick auf die Armutsproblematik um einen entscheidenden Aspekt erweitert, wenn es in dieser Denkschrift heißt: »Der Begriff der ›gerechten Teilhabe‹ meint [...]: umfassende Beteiligung aller an Bildung und Ausbildung sowie an den wirtschaftlichen, sozialen und solidarischen Prozessen der Gesellschaft.«[2]

Diese ethische Forderung lässt sich – zumal im globalen Kontext – gewiss nicht kurzfristig umsetzen. Gleichwohl kann sie als Leitbild eines ethisch verantwortbaren politischen Handelns fungieren – warum nicht auch im Kontext einer globalen Unternehmenspolitik? Aus meiner Perspektive jedenfalls ergeben sich von diesen Überlegungen relativ zwanglos Linien hin zu dem, was in der Präambel zum Kodex der Mitglieder des Bundesverbandes der Pharmazeutischen Industrie zu lesen ist: »Forschung und Entwicklung sowie Herstellung und Vertrieb von Arzneimitteln bringen für die pharmazeutischen Unternehmen besondere Verpflichtungen mit sich, die nicht zuletzt auch für das Verhalten im Wettbewerb von Bedeutung sind.«[3] Bedeutet das nicht auch, bei der Festsetzung von Preisen für Medikamente die Kaufkraft in den jeweiligen Ländern zu berücksichtigen, selbst wenn dadurch die Gefahr von Re-Importen besteht?

3.

In diesen Wochen ist in unserem Land wieder heftig über die Frage der Forschung mit embryonalen Stammzellen diskutiert worden. Diese Debatte zeigt exemplarisch ein grundsätzliches ethisches Dilemma auf: Ist alles erlaubt, ist alles ethisch vertretbar, was möglich ist? Verträgt sich jede Art der Forschung und Therapie mit der Menschenwürde? Oder gibt es Methoden, die zwar möglich, aber ethisch nicht verantwortbar sind?

---

[2] Gerechte Teilhabe. Befähigung zu Eigenverantwortung und Solidarität. Eine Denkschrift des Rates der EKD zur Armut in Deutschland, Gütersloh 2006, 12.

[3] Kodex der Mitglieder des Bundesverbandes der Pharmazeutischen Industrie e.V. in der Fassung vom 28. Juni 1995, 4; www.bpi.de.

Es wird deutlich: Im gesamten Bereich medizinischer und auch pharmazeutischer Forschung geht es immer auch um die Frage nach dem Bild vom Menschen. Weder die Forschung noch die Produktion noch der Vertrieb von Produkten auf diesem Sektor kann ohne eine Verständigung über die zugrundeliegenden Werte reibungslos funktionieren. Diese Werte-Diskussion lässt sich vielleicht nicht so einfach in betriebswirtschaftlichen Kennzahlen erfassen wie viele andere Faktoren. Aber – davon bin ich überzeugt – sie gehört dennoch mit zu den Kriterien, die zu Erfolg oder Misserfolg eines Unternehmens beitragen. Nicht ohne Grund schreibt der Präsident des Deutschen Industrie- und Handelskammertages (DIHK), Ludwig Georg Braun, im Vorwort zum »Code of Conduct« der B. Braun Melsungen AG: Wir wollen »nachhaltig Werte schaffen und unserer Verantwortung gegenüber Kunden, Mitarbeitern und Gesellschaft gerecht werden. Der partnerschaftliche Umgang mit allen Beteiligten ist daher eine entscheidende Leitlinie unserer täglichen Arbeit.«[4]

Ähnliche Problemkonstellationen wie der Forschung mit embryonalen Stammzellen stellen sich – wenn vielleicht nicht in derselben Schärfe und Deutlichkeit – im Blick auf die Risikoabschätzung bei der klassischen Medikamentenentwicklung. Wenn vor einigen Wochen die Meldung durch die Agenturen ging, dass kritische Ergebnisse von Medikamentenstudien nur selten veröffentlicht würden, Erfolgsmeldungen dagegen gezielt publiziert werden, so hat das jedenfalls nicht als vertrauensbildende Maßnahme gewirkt, vielmehr gerade auch irrationalen Ängsten Vorschub geleistet.

Und wenn darüber hinaus der Vorsitzende der Kassenärztlichen Bundesvereinigung, Andreas Köhler, »die wachsende Abhängigkeit deutscher Arzneimittelforscher von der Pharmaindustrie beklagt«, wenn gar der Vorwurf erhoben wird, die Pharmaindustrie setze kritische Wissenschaftler unter Druck[5], dann zeigt das deutlichen Handlungsbedarf im Blick auf das Image einer wichtigen Branche. Es ist notwendig, Vertrauensverluste auszugleichen. Dazu wird ein offensiver Umgang der Unternehmen der Pharmaindustrie mit den skizzierten Problembereichen hilfreich sein.

---

[4] Verantwortliches Handeln im Gesundheitswesen. Code of Conduct B. BRAUN für die Zusammenarbeit mit Kunden, B. BRAUN Melsungen AG 2007.

[5] GUIDO BOHSEM, Arzneimittelforscher ohne Freiheit. Pharmaindustrie setzt kritische Wissenschaftler unter Druck, Süddeutsche Zeitung Nr. 37 vom 13. Februar 2008, 21.

Schließlich ist unter den ethischen Herausforderungen der Pharmaindustrie noch das hoch emotional besetzte Thema der Tierversuche zu nennen. Auch hier geht es um eine ethische Abwägung zwischen den Kategorien der Mitgeschöpflichkeit einerseits und den Notwendigkeiten der Forschung andererseits. Einstweilen sind Tierversuche nötig, was aber nicht bedeuten kann, sie unbeschränkt und hemmungslos durchzuführen. Darum sind auch bei Tierversuchen die gesetzlichen Bestimmungen sorgfältig zu beachten, die darauf abzielen, dass keinem Wirbeltier »ohne vernünftigen Grund« Leiden oder Schaden zugefügt werden darf.[6]

4.

Zum Themenkomplex »Ethik in der Pharmaindustrie« gehört abschließend noch ein Blick auf eine in unserer Gesellschaft zunehmend zu beobachtende übersteigerte Erwartungshaltung, wonach Gesundheit ein Produkt sei, das wir erzeugen könnten. Dagegen spricht eine sehr banale Beobachtung: Wir alle sind sterblich. Und keiner stirbt – es sei denn durch Unfall – gesund. Krankheit und Tod gehören zu unserem Leben, zu unserem Menschsein dazu. Ich bin der festen Überzeugung, dass wir einen angemessenen Umgang mit Krankheit und Leiden nur dann erreichen werden, wenn wir nicht versuchen, Einschränkungen unserer Gesundheit und die Endlichkeit unseres Lebens grundsätzlich zu verdrängen.

Manchmal wird geradezu ein »Recht auf Heilung« eingefordert. Als sei ein wirkliches Menschsein nur gegeben, wenn wir gesund sind! Als christlicher Theologe halte ich dagegen: Krankheit und Sterben können uns nichts von unserem Menschsein und von unserer Würde nehmen. Wenn Gott allein (und nicht etwa die Gesundheit) unser »höchstes Gut« bleibt, dann sehe ich darin eine heilsame Beschränkung: Ärzte und pharmazeutisch-medizinische Forschung werden vor überzogenen Erwartungen der Patienten geschützt, weil nicht sie die letzte Verantwortung über Leben und Tod zu tragen haben. Selbst bei den vielen medizinischen Heilungserfolgen bewahrt das vor einer überbordenden Selbstüberschätzung, die eine vertrauensvolle Beziehung zu den Patienten stören oder gar zerstören kann.

---

[6] Vgl. § 1 des Tierschutzgesetzes: »Zweck dieses Gesetzes ist es, aus der Verantwortung des Menschen für das Tier als Mitgeschöpf dessen Leben und Wohlbefinden zu schützen. Niemand darf einem Tier ohne vernünftigen Grund Schmerzen, Leiden oder Schäden zufügen.«

Neben naturwissenschaftlichen, ökonomischen und juristischen Fragen gehören Erwägungen zu den Werten in der Pharma-Branche mit zum Kernbestand dessen, womit sich Führungspersönlichkeiten in diesem Bereich befassen müssen. Ethik ist kein schmückendes Beiwerk, sondern integraler Bestandteil der Unternehmensphilosophie.

Nicht zuletzt um des Images eines zentralen Industriezweiges willen muss diese Frage gestellt und beantwortet werden: Welche Werte gelten in der Pharma-Industrie – und welche Ziele ergeben sich daraus? Hier stehen wir meiner Einschätzung nach erst am Anfang einer notwendigen Klärung.

Für eine Kultur des Lebens und des Sterbens

1.

»Wenn das Leid, das wir tragen, den Weg uns weist / und der Tod, den wir sterben, vom Leben singt, / dann hat Gott unter uns schon sein Haus gebaut, / dann wohnt er schon in unserer Welt. / Ja, dann schauen wir heut schon sein Angesicht / in der Liebe, die alles umfängt« (EG 632,5).

So heißt es in einem der Lieder des Evangelischen Gesangbuchs. Kann der Tod »vom Leben singen«? Gewiss dürfen wir das nicht wörtlich von Sterbenden erwarten. Sterben kann äußerst schmerzvoll und dramatisch und fern aller Leichtigkeit sein. Aber es gibt die Beobachtung, dass sich im Sterben eines Menschen viel von dem wiederfindet, was sein Leben ausgemacht hat, wie er es gelebt und für sich gedeutet hat. Und darum gibt es im guten Fall die Erfahrung, dass Menschen getröstet und in Frieden ihr Leben beschließen und es aus der Hand geben können.

Leben und Tod, Tod und Leben gehören zusammen. Und es ist, wollen wir uns nicht völlig abgebrüht und emotionsfrei gebärden, für unsere Einstellung zum Leben unentbehrlich, dass wir uns der Frage nach dem Sterben und nach dem Tod stellen. Ars vivendi und ars moriendi, Lebenskunst und Sterbekunst sind die zwei Seiten derselben Medaille. Die Auseinandersetzung mit der Endlichkeit unseres Lebens müssen wir allerdings so führen, dass sie dem Leben dient!

Dazu möchte ich einige Anregungen aus dem Blickwinkel evangelischer Theologie geben. Ich gehe dabei – als Grundvoraussetzung – von der uns Christen bestimmender Gewissheit aus, dass unser Leben von seinem Anfang bis an sein Ende in Gottes Hand liegt und dass uns die Auferstehung Jesu Christi die alles entscheidende Hoffnung angesichts des Todes und über den Tod hinaus schenkt.

Wer in die Kulturgeschichte zurückschaut, entdeckt leicht, dass die Fragen nach der ars vivendi beziehungsweise der ars moriendi keine neuen Fragen sind. Vielmehr sind sie so alt wie die Menschheit selbst. Gleichwohl gibt es keine unwandelbaren Antworten darauf, sondern diese haben zu jeder Zeit ihre eigene Dringlichkeit und Färbung. Den Wandel in den Voraussetzungen, die zu den Fragen nach Leben und Tod führen, will ich kurz andeuten: Waren es für die Menschen des Mittelalters und der frühen Neuzeit die Todesgefahren, die mit Seuchen oder Kriegen einher gingen, oft einen unvorhergesehen, unzeitigen, »jähen Tod« mit sich brachten und deshalb die Angst vor dem Tod und der unvorbereiteten Begegnung mit Gott als dem strafenden Richter nährten, so sind es heute vor allem Fragen der menschlichen Eingriffsmöglichkeiten am Anfang und Ende des Lebens, also Fragen der »Machbarkeit«, die uns zur ethischen Reflexion und zu einer eigenen Position herausfordern. Und je nachdem, ob wir über unser eigenes Leben und Sterben nachdenken oder ob wir als Menschen mit ärztlicher, pflegender oder seelsorglicher Profession mit dem Leben und Sterben anderer Menschen zu tun haben, können die Antworten nochmals unterschiedlich akzentuiert sein.

»Was ist dein einziger Trost im Leben und im Sterben?« So lautet die vielleicht bekannteste Frage des Heidelberger Katechismus. Es ist, denke ich, die entscheidende existenzielle Frage: Worauf verlasse ich mich, wenn es »drauf ankommt«? Die vom Heidelberger Katechismus vorgegebene Antwort lautet: »Dass ich mit Leib und Seele, sowohl im Leben als auch im Sterben, nicht mir, sondern meinem getreuen Heiland Jesus Christus gehöre [...].« (EG 807). Es ist eine altertümliche und sich nicht auf Anhieb erschließende Sprache, die der alte Katechismus spricht. Das will ich nicht in Abrede stellen. Doch mich beeindruckt, wie es hier gelingt, in wenigen Worten die umfassende Gewissheit des Glaubens prägnant zu formulieren. Die Frage nach dem tragenden Grund im Leben *und* im Sterben bindet beides untrennbar zusammen: Leben und Tod.

Darum möchte ich für eine »Kultur des Lebens *und* des Sterbens« werben, die deutlich werden lässt: Es sind – so gegensätzlich Leben und Sterben auch scheinen mögen – eben doch keine Gegensätze, sondern es ist *ein* einziger großer Zusammenhang, der uns in unserer menschlichen Existenz bestimmt und sie ausmacht.

2.

Anhand einer klassischen Schrift zur ars moriendi, also zur so genannten »Sterbekunst«, will ich näher erläutern, wie sich aus evangelischer Sicht diese Beziehung von Leben und Sterben darstellt. Auf Bitten des kurfürstlichen Rates Markus Schart schrieb Martin Luther im Jahre 1519 seinen »Sermon von der Bereitung zum Sterben«[1] – eine Schrift,

---

[1] Quelle: Martin Luther. Studienausgabe, hg. v. Hans-Ulrich Delius [StA], Bd. 1, Berlin [Ost], [3]1987 [=[1]1979], (230) 232-243 = WA 2 (680) 685-697. Die Zitate wurden sprachlich modernisiert.

deren verlegerischer Erfolg (21 Nachdrucke in deutscher Sprache und zwei lateinische Übersetzungen) die Annahme zulässt, dass die Menschen im Deutschland des 16. Jahrhunderts Luthers Ausführungen als ungemein hilfreich und tröstend empfanden.

Luther beschreibt den Tod als einen Abschied, und zwar in doppelter Hinsicht:

Der Tod ist ein Abschied aus dieser Welt und von dem, was zu dieser Welt gehört. Darum, so Luther, »ist es notwendig, dass der Mensch über sein zeitliches Gut ordentlich verfügt: wie es geordnet werden soll oder wie er es zu ordnen gedenkt, damit nicht nach seinem Tode Ursache zum Zank, Hader oder einem sonstigem Irrtum unter seinen Hinterbliebenen bleibt. Dies ist ein leiblicher oder äußerlicher Abschied von dieser Welt.« (StA 1,232,4-8). Luther rät ganz schlicht dazu, ein Testament zu machen und die wirtschaftlichen Angelegenheiten im Vorhinein zu regeln.

Zum anderen geht es darum, »auch geistlich einen Abschied nehmen«. Das bedeutet, die zwischenmenschlichen Dinge zu bereinigen, die man noch bereinigen kann, »das ist: man vergebe freundlich, rein um Gottes Willen allen Menschen, die uns beleidigt haben. Umgekehrt begehre man Vergebung rein um Gottes Willen von allen Menschen, die wir ohne Zweifel beleidigt haben [...], damit die Seele nicht mit irgend einem Streit auf Erden behaftet bleibe.« (StA 1,232,10-16). Auch dieser zweite Aspekt ist psychologisch und seelsorgerlich gut nachvollziehbar und bleibt aktuell: Das bewusste Abschiednehmen kann für alle Beteiligten hilfreich sein, so schwer es in der konkreten Situation auch sein mag.

Aber Luther weiß sehr wohl, dass ein Mensch, der in der Gewissheit des Glaubens stirbt, darum nicht einfach ohne Angst stirbt. Um mit der Angst angesichts des Todes umgehen zu lernen, sucht Luther einen Vergleich und findet ihn im Bild der Geburt: »Es geht hier zu, gleich wie ein Kind aus der kleinen Wohnung im Leib seiner Mutter mit Gefahr und Ängsten geboren wird unter diesen weiten Himmel und auf diese weite Erde, das ist: auf diese Welt. So geht der Mensch durch die enge Pforte des Todes aus diesem Leben. Und obwohl der Himmel und die Welt, in der wir jetzt leben, [als] groß und weit angesehen wird, so ist doch alles gegenüber dem zukünftigen Himmel viel enger und kleiner, so wie der Mutterleib gegenüber diesem Himmel ist. [...] Also: im Sterben muss man sich auch auf die Angst gefasst machen und wissen, dass danach ein großer Raum und Freude sein wird.« (StA 1,232,20-34) Enge und Angst – am Ende des Lebens wie am Anfang: Die beiden Wörter gehören auch sprachlich zusammen.

Was mich an dem von Luther verwendeten Vergleich vom Tod als Geburt überzeugt, ist der Perspektivwechsel, den er beabsichtigt: Der Fokus richtet sich auf das Kommende, auf das, was sich *nach* der Erfahrung von Enge und Angst ereignet. Luther schreibt: »Also musst du dich um den Tod Christi allein kümmern, so wirst du das Leben finden. Aber wo du den Tod anderswo ansiehst, so tötet er dich mit großer Unruhe und Pein.« (StA 1,235, 236,8-10) Es geht um Grundfragen des Glaubens, um die alles tragende Gewissheit: Was erwarte und erhoffe ich angesichts des Todes? Kann ich die Hoffnung des christlichen Glaubens für mich gelten lassen, dass der Tod nicht das letzte Wort über uns behält, sondern dass ich jenseits des Todes in Gott geborgen bin?

Niemand wird bestreiten wollen, dass der Tod Beziehungen abbricht. Er beendet die Beziehungen, in die hinein unser Leben verwoben war. Solch einen Abbruch erleben wir als zutiefst schmerzhaft. Die Hoffnung des Glaubens richtet sich darauf, dass der Tod, so stark er auch ist, zumindest *eine* Beziehung nicht berührt und beeinträchtigt – nämlich die liebende Zuwendung Gottes zu uns. Luther beschreibt das folgendermaßen: »Es soll kein Christenmensch an seinem Ende zweifeln, dass er [...] alleine in seinem Sterben ist, sondern gewiss sein, dass [...] viele Augen auf ihn sehen. Zum ersten [die Augen] Gottes selber und Christi [...]. Danach die lieben Engel, die Heiligen und alle Christen.« (StA 241,32-36) In der Perspektive des christlichen Glaubens stirbt niemand je allein oder gar einsam! Die ganze unsichtbare himmlische Gemeinde ist versammelt, wo ein Christ sich anschickt, in sie einzutreten.

In der Beziehungslosigkeit, die der Tod in dieser Welt hinterlässt, bleibt die Zuwendung Gottes zu uns bestehen. Darauf soll sich nach Luther die Hoffnung der Christen im Leben und im Sterben richten. Ars vivendi und ars moriendi, Lebenskunst und Sterbekunst bestehen letztlich in nichts anderem als darin: zu *glauben*. Das Gebet um den Glauben vermag das Leben zu tragen und am Ende des Lebens den entscheidenden Trost zu schenken. Noch einmal in der Sprache Luthers: »Es soll aber niemand sich vermessen, solche Dinge aus seinen [eigenen] Kräften heraus zu tun. Sondern man soll Gott demütig bitten, dass er solchen Glauben [...] in uns erschafft und erhält.« (StA 1,242,27-29).

Ich gestehe gern: Der »Sermon von der Bereitung zum Sterben« ist eine meiner Lieblingsschriften aus Luthers Feder und auch nach fast fünfhundert Jahren immer noch der Lektüre wert. Denn hier kommt zusammen, was für mich evangelischen Glauben kennzeichnet: eine große Realitätsnähe im Blick auf die Einstellung zum Tod und ein mindestens ebenso großes, wenn nicht größeres Gottvertrauen.

3.

Was bedeutet das alles für die Fragen, mit denen wir uns auf diesem Fachforum beschäftigen? Wer sich – sei es beruflich oder ehrenamtlich – mit dem Sterben und dem Tod anderer Menschen konfrontiert sieht, wer sich in der Begleitung Sterbender engagiert, der muss sich auf eine sehr persönliche und unvertretbare Weise den Fragen nach der Bedeutung des Todes und einer Hoffnung angesichts des Todes aussetzen und sich mit ihnen auseinandersetzen. Das ist nicht immer einfach, denn wir neigen dazu, den Tod aus dem Leben zu verdrängen.

Ich halte dieses Sich-Stellen für einen notwendigen Prozess in der eigenen Persönlichkeitsentwicklung, denn ich bin überzeugt, dass die Antworten, die wir – und sei es nur ansatzweise – geben, unsere Lebenseinstellung und damit auch unseren Umgang mit anderen Menschen prägen.

Nicht ohne Grund wird in der aktuellen Zeitmanagementliteratur die Frage nach der Endlichkeit des eigenen Lebens thematisiert. Unabhängig davon, ob einen die jeweiligen Rezepte der Ratgeber überzeugen oder nicht: Wer die Perspektive der Begrenztheit seines Lebens ernst nimmt, für den wird das auch Konsequenzen für die Gestaltung des alltäglichen Lebens haben.

Wir sprechen über die Kultur des Lebens und des Sterbens im Kontext der Palliativversorgung. Darum ist mir noch ein weiterer Aspekt wichtig: Wenn ich dafür eintrete, sich sowohl professionell als auch persönlich »mitten im Leben« mit der Frage nach dem Sterben und dem Tod auseinanderzusetzen, so heißt das jedoch nicht, dass wir uns permanent damit befassen und auseinandersetzen sollen. Das kann uns die Freude am Leben nehmen und im schlimmsten Fall depressiv machen. Die Auseinandersetzung ist deshalb unerlässlich, weil sie uns in der Führung unseres alltäglichen Lebens entlasten kann: Wer sich von Zeit zu Zeit gründlich mit Leben und Tod befasst, wer sich Rechenschaft über die eigenen Erwartungen und Hoffnungen angesichts des Todes gibt, der braucht sich nicht Tag für Tag damit herumplagen. Die Sterbekunst steht also zu allererst im Dienst der Lebenskunst. Sie dient dem Leben – und hilft, wenn es so weit ist, zum Sterben.

4.

Zum Schluss sei mir noch eine Bemerkung zu unserem Umgang mit Todkranken und Sterbenden gestattet. In der Diskussion um Sterbebegleitung ist unbestritten, dass die Werte und Einstellungen sowie die Bedürfnisse eines Menschen am Lebensende eine sehr hohe Priorität haben und bei allen ärztlichen und pflegerischen Maßnahmen zu berücksichtigen sind. Ebenso wie die physischen und psychischen Bedürfnisse eines Menschen sind daher auch seine spirituellen Bedürfnisse ernst zu nehmen. Seelsorgliche Angebote dürfen nicht vorenthalten werden, sollten jedoch behutsam und mit hoher Sensibilität für die Situation des Sterbenden eingebracht werden.

Seelsorge ist eine zentrale Aufgabe von Pfarrerinnen und Pfarrern, aber auch eine Gabe, die allen Christen zugetraut ist. Hören auf das, was einen Menschen in seiner letzten Lebensphase bewegt, das Gehörte – sofern das gewünscht ist – im Gebet vor Gott bringen, ein Bibelwort als Trost zusprechen, einen Menschen im Namen des dreieinigen Gottes segnen – dazu sind alle Christenmenschen befähigt. Wie Sie als Hauptberufliche und Ehrenamtliche in angemessener Weise ärztlich, pflegerisch und begleitend einzuschätzen wissen, was dieser Mensch als ein unverwechselbares und unaustauschbares Individuum in seiner letzten Lebensphase braucht, so können Sie das auch in geistlichen Dingen! Das gehört zu einer umfassenden Kompetenz hinzu!

Noch einmal: Es beginnt bei uns selbst, bei der Klärung unseres Verhältnisses zum Leben und zum Sterben. Und diese Klärung kann nicht früh genug beginnen. Sie wird vielleicht nie endgültig abgeschlossen sein. Aber sie vermag uns dann zu tragen, wenn es »drauf ankommt«. Manchmal erleben wir es dann tatsächlich: »Wenn das Leid, das wir tragen, den Weg uns weist / und der Tod, den wir sterben, vom Leben singt, / dann hat Gott unter uns schon sein Haus gebaut, / dann wohnt er schon in unserer Welt. / Ja, dann schauen wir heut schon sein Angesicht / in der Liebe, die alles umfängt« (EG 632,5).

Intensivmedizin bei begrenzten Ressourcen

Eine ethische Herausforderung

1. Vorbemerkung: Christliche Ethik als Entscheidungshilfe

Welche Orientierung können Medizinerinnen und Mediziner angesichts einer komplexen ethischen Fragestellung von den Kirchen erwarten? Sofern Ethik die Frage nach dem »guten«, d.h. sachgemäßen menschlichen Handeln und Verhalten zu beantworten sucht, kann es bei »christlicher Ethik« nicht um den (gruppenbezogenen) Spezialfall einer Ethik ausschließlich für Christen gehen. Die Bestimmung »christlich« benennt vielmehr die eigenen Voraussetzungen und Rahmenbedingungen ethischer Reflexion, hält aber den Anspruch auf Verallgemeinerbarkeit gleichwohl aufrecht.

Eine christlich begründete Ethik geht in den Fragen, die das Leben betreffen, vom Gedanken der Schöpfung aus: Gott ist der *Schöpfer* des Lebens. Dieser Gedanke steht nicht im Gegensatz zu dem, was etwa die Biologie über die Entstehung des Lebens, die Entwicklung der verschiedenen Arten und hier besonders des Menschen erforscht hat. Aber Leben bleibt trotz allem ein Wunder – christlich gedeutet: Es ist ein Akt der liebenden Zuwendung Gottes zu dieser Welt. Menschliches Leben ist ein Geschenk, das unserer Verfügung entzogen ist. Als »Geschöpfe Gottes« sind wir stets endlich! Das Sterben gehört von Anfang an zu unserem Leben dazu.

Zugleich eröffnet der Gedanke der Geschöpflichkeit der Menschen einen weiten Horizont, der in der Sprache der Bibel mit »Ebenbild Gottes« ausgedrückt wird. Daraus leiten sich zwei für eine christlich begründete Ethik fundamentale Aspekte ab:

- Zum einen folgt aus der »Ebenbildlichkeit Gottes« die prinzipielle *Würde* jedes einzelnen Menschen – und damit auch sein Lebensrecht. Weitere Maßstäbe zur Beurteilung eines »Wertes« von menschlichem Leben lehnt der christliche Glaube ab. Die Unterscheidung von wertvollem und weniger wertvollem, gar unwertem Leben verbietet sich. Nichts kann der mit dem Menschsein gegebenen Menschenwürde etwas hinzufügen oder ihr etwas wegnehmen, auch keine Behinderung oder sonstige gesundheitliche Einschränkung. Jeder einzelnen Phase menschlichen Lebens kommt diese Würde zu.

- Zum anderen ergibt sich aus der Vorstellung der Ebenbildlichkeit der Gedanke der *Verantwortlichkeit* des Menschen gegenüber Gott, die seine Freiheit stets begrenzt – auch die Freiheit gegenüber sich selbst. Unbegrenzte menschliche Autonomie gibt es nach christlichem Verständnis nicht.

Beide Bestimmungen, Geschöpflichkeit wie Ebenbildlichkeit, sind also Relationsbestimmungen: Sie bezeichnen unsere Beziehung auf Gott hin.

Trotz dieser hohen Auszeichnung der Menschen hat eine christlich begründete Ethik ein sehr realistisches Menschenverständnis: Sie geht davon aus, dass wir Menschen mit Fehlern und Schwächen behaftet sind, die unser Verhältnis zu uns selbst, das Zusammenleben der Menschen untereinander und unser Verhalten gegenüber der Natur belasten. Das ist trotz aller Optimierungen und Entwicklungsmöglichkeiten durch Erziehung und Bildung eine bleibende Voraussetzung. Unser mögliches Scheitern, Versagen und unsere Begrenztheit müssen stets mit bedacht werden. Theologisch wird dies sachgemäß mit dem Begriff »Sünde« umschrieben. Deshalb ist für eine christlich begründete Ethik der Gedanke fundamental, dass wir von Gott angenommen sind, dass uns »vergeben« wird und wir die Chance zu einem Neuanfang erhalten. Auch diese Perspektive muss im Zusammenhang ethischer Überlegungen stets verankert sein.

Charakteristisch für den Ansatz einer spezifisch *evangelischen* Ethik ist die Hochschätzung der Gewissensentscheidung als Kern einer ethischen Beurteilung. Dafür hat Martin Luther bahnbrechende Einsichten bereitgestellt: Für ihn ist das Gewissen nicht autonom, sondern – verstanden als Hören auf das Wort Gottes – Inbegriff der Gottesbeziehung selbst. Der Mensch *hat* nicht, sondern *ist* Gewissen! Gewissensbildung beschreibt einen Wechselprozess von Vorgabe aus dem Wort Gottes und individueller, eigenverantworteter Aneignung. So wird das in Gottes Wort gebundene Gewissen befähigt, verantwortlich zu handeln. »Typisch evangelisch« ist die Voraussetzung, dass uns niemand ein ethisches Urteil abnehmen kann und dass wir der Entscheidung, die wir im Gewissen für recht erkannt haben, unbedingt treu bleiben müssen. Gewissensentscheidungen können also sehr einsam machen!

2. Die Ambivalenz des medizinischen Fortschritts

Der Segen der modernen Intensivmedizin ist völlig unbestritten. Zahlreiche Erkrankungen und Verletzungen, die noch vor einer Generation unweigerlich zum Tode geführt hätten, können heute so behandelt werden, dass Menschen nicht nur eine Chance auf ein längeres Leben, sondern auf eine weitgehende oder gar vollständige Wiederherstellung ihrer Gesundheit haben.

Gleichwohl bringt eben dieser medizinische Fortschritt auch ganz neue ethische Probleme mit sich. Denn es ergeben sich Situationen, in denen sich die Frage stellt, ob eine lebensverlängernde Maßnahme noch sinnvoll und angemessen ist. Ich will das an einem Beispiel verdeutlichen, das mehr Fragen aufwirft als beantwortet: Ich besuche regelmäßig die Kirchenkreise und Einrichtungen unserer Kirche. Beim Besuch in einer Schule für behinderte Kinder und Jugendliche wurde uns vor einigen Jahren als besondere Herausforderung geschildert, dass immer häufiger Schülerinnen und Schüler dieser Schule sterben und die Schule die notwendigen Trauerprozesse gestalten muss. Der Grund dafür – so der Schulleiter – lag in den Fortschritten der perinatalen und neonatalen Intensivmedizin. Es handelte sich dabei um Kinder, die nur dank intensivmedizinischer Bemühungen überhaupt überlebten und trotz ihrer schweren Behinderung das Schulalter erreicht hatten – gleichwohl aber keine Chance hatten, dieses Alter zu überleben.

Angesichts dieser Ambivalenz des medizinischen Fortschritts sind ganz unterschiedliche Aspekte zu berücksichtigen, die ich hier nur stichwortartig anreißen will:

- Birgt eine intensivmedizinische Versorgung wirkliche Heilungschancen? Oder wird das Sterben nur verlängert, ohne dass die Lebensqualität noch gesteigert werden kann?
- Wie verhält es sich mit den Wünschen und Wertvorstellungen des Patienten? Kennen ärztliches und pflegendes Personal diese Wünsche und Wertvorstellungen? Und wie verhalten sie sich zu den eigenen Wertvorstellungen? Welche Konsequenzen ergeben sich daraus für die Behandlung?
- Welche Rolle spielen die Angehörigen von schwer kranken Patientinnen und Patienten? Versuchen sie Druck auszuüben, damit »alles Mögliche gemacht« wird, auch wenn dieses aus ärztlicher Sicht nicht mehr sinnvoll ist? Oder wollen sie verhindern, dass ihre Angehörigen »an Schläuche und Maschinen angeschlossen« werden, obwohl dies aus ärztlicher Perspektive eine notwendige Maßnahme ist, die nicht nur Lebensverlängerung, sondern Genesung ermöglichen kann?

Die Kernfrage ist: Können wir zwischen dem medizinisch Machbaren einerseits und dem Sinnvollen andererseits klar unterscheiden?

Und: Können wir diese Entscheidung den Betroffenen gegenüber vertreten und kommunizieren?

3. Rationierung in der Intensivmedizin: Zwischen ethisch-politischem Diskurs und Zwängen des Alltags

Die bislang genannten Fragen würden sich auch dann stellen, wenn es unbegrenzte finanzielle und personelle Ressourcen für intensivmedizinische Behandlungen gäbe. Dem ist aber nicht so. Unsere Gesellschaft drückt sich seit langer Zeit vor der offenen Debatte um Priorisierung und Rationierung im Gesundheitswesen, was dazu führt, dass mancher inzwischen von »heimlicher« Rationierung spricht. Schon im Jahr 2006 hat die Theologische Kammer der Evangelischen Kirche von Kurhessen-Waldeck auf den drohenden Konflikt hingewiesen: »Dieser Konflikt, der sich angesichts neuer Therapien und Heilsversprechen einerseits, angesichts steigender Kosten andererseits vermutlich zukünftig verschärfen wird, bedarf der öffentlichen, politisch verantworteten Diskussion und Regelung.«[1]

Intensivmedizin ist in der Regel »Apparatemedizin«. Die teure Infrastruktur aber muss auch genutzt werden, um sich zu amortisieren. So entsteht die für Außenstehende kurios wirkende Tatsache, dass Intensivmedizin sich ökonomisch lohnt. Hier besteht Diskussionsbedarf mit den Trägern von Gesundheitseinrichtungen, um möglichen ökonomischen Zwängen zu intensivmedizinischen Behandlungen vorzubeugen.

Die Frage der Kosten des Gesundheitswesens ist unbestritten einer der großen gesellschaftlichen Streitpunkte unserer Zeit. Die Fakten sind offensichtlich:

- Die neuen Möglichkeiten der Diagnostik und Therapie, die der medizinische Fortschritt mit sich bringt, kosten vielfach mehr Geld als bisherige Behandlungsmethoden oder aber die schlichte Tatsache, dass bislang für bestimmte Krankheitsbilder gar keine Behandlungsmethoden zur Verfügung standen.
- Gleichzeitig führt die steigende Lebenserwartung zu häufigeren und längeren Krankheitsphasen im Leben eines Menschen. Dies trägt dazu bei, dass – wie die Statistiker uns immer wieder vorrechnen – das letzte Lebensjahr eines Menschen auch sein teuerstes Lebensjahr ist.

---

[1] Hilfe im Sterben – Hilfe zum Leben. Menschenwürde am Lebensende, Votum der Theologischen Kammer der Evangelischen Kirche von Kurhessen-Waldeck, Kassel 2006, 27.

- Schließlich ist der vielzitierte demographische Wandel ein wesentlicher Grund dafür, dass unser Sozialsystem an seine Grenzen gerät: Der Anteil der Beitragszahler am Gesamtanteil der Bevölkerung sinkt deutlich.
- Gleichzeitig ist die Bereitschaft der Bevölkerung, den größer werdenden finanziellen Bedarf des Gesundheitswesens durch weiter steigende Krankenkassenbeiträge zu finanzieren, durchaus begrenzt.

Da ist es eigentlich naheliegend, die Frage nach der Rationierung medizinischer und pflegerischer Leistungen zu stellen. In anderen Ländern gibt es solche Rationierungssysteme bereits. Die politische Diskussion – wenn sie denn ehrlich geführt wird – muss die Alternativen klar aufzeigen:

Entweder steigen die Kosten unseres Gesundheitssystems an, weil wir uns mehr leisten wollen. Schritte dazu hat es in der Vergangenheit bereits gegeben, wie die Einführung des Eigenanteils der Rentnerinnen und Rentner an der Kranken- und Pflegeversicherung zeigt.

Oder aber wir entscheiden uns dafür, unsere Gesundheitskosten auf ein bestimmtes Niveau zu begrenzen und nehmen dafür in Kauf, dass in irgendeiner Art und Weise rationiert werden muss. Auch dazu hat es in der Vergangenheit Schritte gegeben, beispielsweise die Ausgliederung bestimmter Medikamente und Behandlungen aus den Kassenleistungen.

Über alle diese Dinge können und müssen wir angesichts der gegenwärtigen und künftigen Herausforderungen offen diskutieren. Unhaltbar aber ist ein Zustand, in dem Entscheidungen getroffen werden, die intransparent sind. Wenn darüber spekuliert wird, wer aus welchem Grund diese oder jene Behandlung bekommt und wer nicht, dann hat das einen Vertrauensverlust zur Folge, der das Arzt-Patienten-Verhältnis nachhaltig schädigen wird. Darum halte ich es für ethisch unabdingbar, dass in einer Klinik offen darüber kommuniziert wird, wie in Situationen entschieden wird, in denen – in einem durchaus weiten Sinne des Begriffes – »rationiert« werden muss. Nach welchen Kriterien wird beispielsweise entschieden, wenn dringend ein Intensivbett für einen neuen Patienten gebraucht wird, aber dafür ein anderer Patient früher als geplant von der Intensivstation auf eine Normalstation verlegen werden muss?

4. Zwischen dem Ruf nach aktiver Sterbehilfe und »Leben um jeden Preis«

Bei der Frage nach den begrenzten Ressourcen im Gesundheitswesen im Allgemeinen und in der Intensivmedizin im Besonderen geht es stets auch um unser Grundverständnis von Leben und Tod. Dieses Grundverständnis des Patienten, dessen Einwilligung jede Behandlung voraussetzt, oder seiner Angehörigen steht im Hintergrund, wenn Ärztinnen und Ärzte mit den unterschiedlichen Forderungen konfrontiert werden, entweder »alles, was irgend möglich ist, zu tun« – oder aber Sterbehilfe zu leisten, mit anderen Worten: einen Patienten zu töten.

Es kann hier nicht darum gehen, diese ethisch schwierigen und kontrovers diskutierten Fragen unter ökonomischen Gesichtspunkten zu diskutieren. Dennoch will ich sie wenigstens anschneiden, da sie nach meinem Kenntnisstand in der Intensivmedizin eine Rolle spielen. Für die christlichen Kirchen ist es alternativlos, die von bestimmten gesellschaftlichen Gruppen geforderte und in einigen unserer Nachbarländer praktizierte aktive Sterbehilfe abzulehnen. Die aktive Tötung eines Menschen oder den assistierten Suizid halte ich für ethisch auch dann nicht gerechtfertigt, wenn es keine Hoffnung auf Heilung mehr gibt. Und nach allem, was ich über Palliativmedizin gelernt habe, kann auch das Argument unerträglichen Leidens kein Argument sein, das die Tötung eines Menschen rechtfertigt.

Theologisch formuliert: Unser Leben bleibt eine Gabe Gottes, die unserer Verfügung entzogen ist. Dieses Argument gegen die aktive Sterbehilfe muss aber auch von der anderen Seite her bedacht werden: Wenn das Leben eine unverfügbare Gabe Gottes ist, welche ethischen Grenzen gibt es dann im Blick auf das hinauszögernde Eingreifen in den Sterbeprozess eines todkranken Menschen?

Hier gilt es, das »Sterben lassen« als eine ärztliche und pflegerische Handlungsoption in den Blick zu nehmen, den Fokus also auf das zu richten, was wir als »passive Sterbehilfe« bezeichnen. Noch einmal: Ich argumentiere nicht in diese Richtung, weil ich hier Einsparpotentiale sehe. Aber ich plädiere dafür, diesen Aspekt gründlich zu bedenken, weil er unter Umständen dazu verhelfen kann, unnötige und überflüssige intensivmedizinische Behandlungen zu vermeiden, die letztlich nur noch Leiden verlängern, aber die Lebensqualität nicht mehr steigern. »Sterben lassen« kann die Würde eines Menschen unter Umständen eher respektieren als eine weitere intensivmedizinische Behandlung.

Das »Sterben lassen« als eine ärztliche und pflegerische Alternative einem Patienten anbieten zu können, setzt voraus, dass es ein Vertrauensverhältnis zwischen dem Patienten einerseits und den Behandelnden und Pflegenden andererseits gibt. Es setzt also idealerweise eine längere Patientenbeziehung voraus. Weil diese aber im klinischen Alltag häufig nicht gegeben ist, kann der Kontakt zum Hausarzt hilfreich sein. Das gilt insbesondere dann, wenn Patientinnen und Patienten nach Hause entlassen werden, von denen anzunehmen ist, dass sie im Lauf ihrer Erkrankung erneut in eine lebensbedrohliche Situation kommen, in der sich die Frage nach einer wiederholten Krankenhauseinweisung oder gar Reanimation stellt.

Die Situation ist komplex, das gestehe ich unumwunden zu. Jeder Pfarrer und jede Pfarrerin kennt die Bitte alter und kranker Menschen, am Ende zu Hause bleiben zu dürfen und nicht mehr in die Klinik zu kommen. Dabei spielen – auch das sei zugestanden – manchmal irrationale Ängste vor »Schläuchen und Maschinen« eine Rolle. Aber wenn es dann zu einer Akutsituation kommt, rufen viele Angehörige eben doch den Notarzt, der im Zweifelsfall den Versuch einer Reanimation unternimmt – und handeln damit dem erklärten Patientenwillen zuwider.

Noch einen letzten Aspekt will ich benennen: Offensichtlich ist es so, dass es für alle Beteiligten – Patienten, Angehörige, ärztliches und pflegendes Personal – deutlich schwieriger ist, eine begonnene intensivmedizinische Maßnahme wie die Beatmung wegen Aussichtslosigkeit zu beenden, als diese erst gar nicht einzuleiten. Auch dort, wo es rechtlich möglich und ethisch verantwortbar wäre, bestimmte lebenserhaltende Maßnahmen zu beenden, wird dies zum Problem, sofern die Maßnahmen erst einmal eingeleitet wurden. Aus ethischer und rechtlicher Perspektive sind jedoch der Verzicht auf eine Maßnahme und die Beendigung einer bereits begonnenen Maßnahme nicht grundsätzlich zu unterscheiden.[2] Auch hier bedarf es nach meiner Einschätzung ausführlicher Erörterungen im Vorfeld einer möglichen Intensivbehandlung, um in solchen Fällen dem Willen des Patienten folgen zu können.

Ich betone es noch einmal: Meine Überlegungen, das »Sterben lassen« als Handlungsoption stärker in den Blick zu nehmen, haben keine

[2] Vgl. Grundsätze der Bundesärztekammer zu ärztlichen Sterbebegleitung vom 21. Januar 2011 (Deutsches Ärzteblatt 108 (2011), A346-A348; www.bundesaerztekammer.de/downloads/Sterbebegleitung_17022011.pdf): »Ein offensichtlicher Sterbevorgang soll nicht durch lebenserhaltende Therapien künstlich in die Länge gezogen werden. Darüber hinaus darf das Sterben durch Unterlassen, Begrenzen oder Beenden einer begonnenen medizinischen Behandlung ermöglicht werden, wenn dies dem Willen des Patienten entspricht.« (346).

ökonomischen Überlegungen zum Ausgangspunkt. Gerade die von mir geforderten Gespräche zwischen Ärzten, Pflegenden, Patienten und Angehörigen erfordern viel Zeit und kosten damit Geld.

Vielleicht lässt sich manche ethische Konfliktsituation in der Intensivmedizin dadurch vermeiden, wenn nicht immer stillschweigend vorausgesetzt wird, dass jeder Patient mit einer lebensbedrohlichen Erkrankung auch alle Möglichkeiten nutzen will, die die moderne Intensivmedizin bietet.

Präimplantationsdiagnostik

Überlegungen zur Begründung ihrer Ablehnung aus evangelischer Perspektive

1. Vorbemerkungen

Christliche Ethik hat eine deskriptive und eine normative Funktion: Sie sucht zu beschreiben, was Menschsein im Horizont des christlichen Glaubens bedeutet, und Antworten zu geben auf die Frage, wie sich dieses Menschsein unter aktuellen gesellschaftlichen Herausforderungen gestalten und ausprägen kann. Sie tut dies – ihrem Ansatz entsprechend – öffentlich und mit dem Anspruch auf Verallgemeinerungsfähigkeit. Erfahrungsgemäß sind ihre Beiträge gerade dann gefragt, wenn es um solche Aspekte der Lebensthematik geht, die in der öffentlichen Diskussion umstritten sind. Damit bietet christliche Ethik Bausteine für weitere moralische Entwicklungen innerhalb der Gesellschaft, leistet also ihrerseits einen Beitrag zu der Frage, wie wir nicht nur jetzt, sondern künftig leben wollen.

Insbesondere der Protestantismus mit seinem Ideal der Freiheit und Gewissensentscheidung ist hier gefordert, jeweils neu – und des Wandels moralischer Einstellung eingedenk – auf den Punkt zu bringen, worin der Kern seiner Botschaft liegt: Evangelische Ethik vollzieht sich daher in einem Spannungsfeld zwischen Prägnanz und Diversität.

Prägnanz bedeutet, klare, überzeugungsfähige Positionen zu beziehen. Diese beruhen auf bestimmten Prämissen. Sie haben aus theologischer Perspektive die Rede von Gott zur Bedingung, sie argumentieren auf der Grundlage des biblischen Zeugnisses und setzen sich zum Ziel, dieses in die Gegenwart hinein aktualisierend zu deuten. Zu beachten ist dabei, dass alles Reden von Gott stets *menschliches* Reden ist. Die Wirklichkeit Gottes kann nur mittels unserer Sprache ausgedrückt werden. Bei aller sich daraus ergebenden Beschränkung betrachte ich dies vorab als eine notwendige Offenlegung: In der kontroversen Debatte werden die theologischen Bedingungen der eigenen Position klar benannt. Für eine ernsthafte, von gegenseitigem Verstehen-Wollen geprägte Auseinandersetzung ist das unerlässlich. Gleiches ist allerdings auch von allen anderen zu erwarten, die sich an der Diskussion über Chancen und Risiken, über Verbot oder (begrenzte) Zulassung bestimmter medizinischer Diagnosemöglichkeiten oder Verfahren beteiligen. Es ist – kommunikationstheoretisch gesehen – eine triviale Einsicht, dass niemand voraussetzungslos argumentiert. Anders gesagt: Positionalität verhindert nicht den Diskurs, sondern eröffnet ihn.

Diversität impliziert, dass der in Frage stehende Sachverhalt komplex ist und unterschiedliche Wertungen zulässt. Möglichst viele davon müssen aufgenommen und abgewogen werden. Gerade bei Themen von hoher gesellschaftlicher Relevanz ist nicht nur der Austausch vorhandener konträrer theologischer Positionen wichtig, sondern ebenso unerlässlich ist der interdisziplinäre Diskurs mit anderen Wissenschaften. Nur dann kann die eigene Auffassung überhaupt damit rechnen, wahrgenommen und womöglich berücksichtigt zu werden. Insofern in dieser Offenheit die eigenen Voraussetzungen reflektiert in den Prozess der allgemeinen Meinungsbildung und ethischen Urteilsfindung eingebracht werden, kommt zugleich zum Ausdruck, dass für die eigene Position keine höhere Wertigkeit oder gar Letztgültigkeit beansprucht wird. Die diskursive, d.h. ernsthafte Auseinandersetzung mit anderen Ansichten und Auffassungen muss prinzipiell stets auch Revisionen der eigenen Argumente evozieren können – und zwar, weil die Argumente anderer *überzeugen*. Nach evangelischem Verständnis ergibt sich die Verbindlichkeit einer ethischen Haltung, indem sie von Menschen in einer konflikthaltigen Situation als – für das eigene Gewissen und Urteilen – orientierend und damit als unbedingt geltend erlebt wird. Es gilt auch hier der reformatorische Grundsatz: Non vi, sed verbo!

Gerade am Problemfeld der umstrittenen Präimplantationsdiagnostik (PID) wird diese Diversität exemplarisch deutlich: Nicht nur zwischen verschiedenen Wissenschaften und politischen oder zivilgesellschaftlichen Gruppen, sondern auch innerhalb der christlichen Theologie und nochmals innerhalb der evangelischen Theologie und Kirche selbst können sehr gegensätzliche Stimmen und Positionen laut werden. Die Stellungnahme des Rates der Evangelischen Kirche in Deutschland (EKD) vom 15. Februar 2011[1] räumt denn auch ehrlicherweise ein, es gebe unterschiedliche evangelische Auffassungen zu der Frage, ob PID in bestimmten Konstellationen zur Identifizierung lebensfähiger Embryonen erlaubt werden könne oder nicht. Die Mehrheit des Rates sprach sich vor einem Jahr für ein striktes Verbot der PID

---

[1] Vgl. Rat der EKD, »Deine Augen sahen mich, als ich noch nicht bereitet war ... (Psalm 139,16)«, Stellungnahme des Rates der EKD zur PID vom 15.02.2011, www.ekd.de/download/pm40_2011_stellungnahme.pdf.

aus, die Minderheit war für eine in ihrem Umfang genau geregelte, also bedingte Zulassung.

Zur diskursiven Offenlegung der eigenen Position gehört der Hinweis, dass ich im vergangenen Jahrzehnt als Bischof einer evangelischen Landeskirche in verschiedenen Verlautbarungen deutlich zu machen versucht habe, dass und aus welchen Gründen ich der PID reserviert gegenüber stehe.[2] Mir ist dabei bewusst, dass ›episkopales Reden‹ möglicherweise einen höheren Aufmerksamkeitsgrad in der Öffentlichkeit besitzt als Äußerungen aus dem Kreis der engeren theologischen Wissenschaft. Hinsichtlich der Valenz und Überzeugungskraft der Gedankenführung unterliegt eine bischöfliche Äußerung allerdings – das sei nochmals betont – den gleichen Rezeptionsbedingungen wie andere Stellungnahmen. Nicht weil »die« Kirche in Gestalt einzelner Amtsträger es so sagt oder will, ist die Zurückhaltung gegenüber der PID begründet, sondern weil die Äußerungen im Meinungsstreit möglicherweise überzeugen. Besserwisserei und Attitüden der Unanfechtbarkeit sind vollkommen fehl am Platz. Jede Stellungnahme zu einer Thematik, die sich im Grenzbereich ethischer Fragestellungen bewegt, steht grundsätzlich unter dem einschränkenden Vorbehalt der Begrenztheit menschlicher Einsichtsfähigkeit.

Um die eigene Ablehnung der Präimplantationsdiagnostik nachvollziehbar zu machen, ist in einem nächsten Schritt eine Verständigung darüber notwendig, worum es bei diesem Verfahren konkret geht und wie sich die Rechtslage in den vergangenen Jahren gewandelt hat (2.). Anschließend erfolgt ein Rekurs auf biblische Aussagen und deren theologische Adaption (3.), um auf dieser Grundlage Argumente zur Diskussion zu stellen, die es erlauben, begründet und verallgemeinerungsfähig die Nutzung der PID zu begrenzen bzw. für ihr Verbot einzutreten (4.). Meine Ausführungen schließen mit der Einordnung dieser »Contra«-Position in den gegenwärtigen gesellschaftlichen Zusammenhang (5.).

---

[2] Vgl. MARTIN HEIN, Gefährdetes Leben. Bericht des Bischofs zur Herbsttagung der Landessynode 2001, Kassel 2001, 18-22; DERS., Biotechnologie – ein kritischer Blick aus Kirchensicht, in: Biotechnologie im Dialog. Perspektiven und Zukunftsgestaltung. Öffentlicher Kongress & Markt der Möglichkeiten. 11./12. April 2002, Wiesbaden. Dokumentation, hg. v. der Hessischen Staatskanzlei, Wiesbaden [2002], 74f.; DERS., Menschen nach Maß verhindern, in: Der Kirchentag. Das Magazin, Ausgabe 04/2010, 21.

2. Worum es geht[3]

»Die Präimplantationsdiagnostik (PID) ermöglicht eine Beurteilung der Entwicklungsfähigkeit und genetischen Ausstattung von künstlich befruchteten Embryonen, noch bevor sie in den Körper der Frau übertragen werden.«[4] Unerlässliche Voraussetzung dafür ist eine medizinisch unterstützte extrakorporale Befruchtung (In-vitro-Fertilisation bzw. Intrazytoplasmatische Spermieninjektion[5]). In ihrer Konsequenz kann und soll die PID dazu führen, im Fall der Bestätigung des Verdachtes genetischer Schädigung bzw. der Feststellung unerwünschter Merkmale einen untersuchten Embryo nicht in die Gebärmutter einzupflanzen, sondern zu verwerfen.

Erstmals wurde die PID 1989 in Großbritannien durchgeführt.[6] Die damit eröffneten Möglichkeiten wurden seit Mitte der 1990er Jahre in Deutschland in Politik und Gesellschaft hinsichtlich ihrer ethischen Verantwortbarkeit wie der rechtlichen Rahmenbedingungen mit äußerst gegensätzlichen Argumenten diskutiert. Die deutsche Debatte ist auch beeinflusst durch die zum Teil deutlich liberaleren Bestimmungen bezüglich PID in anderen europäischen Ländern und den USA.

Das Embryonenschutzgesetz (ESchG) vom 13. Dezember 1990[7] gab auf die Frage, ab wann von einem Embryo gesprochen werden könne, eine klare Auskunft, indem es definierte: »Als Embryo im Sinne dieses Gesetzes gilt bereits die befruchtete, entwicklungsfähige menschliche Eizelle vom Zeitpunkt der Kernverschmelzung an [...].«[8] Obwohl das Gesetz die PID nicht explizit nennt, ging man in der medizinischen wie in der juristischen Wissenschaft und Praxis bis vor kurzem überwiegend davon aus, die PID sei mit diesem Gesetz unvereinbar und ihre Durchführung daher strafbar.[9]

---

[3] Vgl. dazu insgesamt: Deutscher Ethikrat (Hg.), Präimplantationsdiagnostik. Stellungnahme, Berlin 2011, www.ethikrat.org/dateien/pdf/stellungnahme-praeimplantationsdiagnostik.pdf.

[4] A.a.O., 10.

[5] Vgl. a.a.O., 23.

[6] Vgl. www.thelancet.com/journals/lancet/article/PIIS0140-6736(89)91723-6/ab stract.

[7] Gesetz vom 13.12.1990, BGBl I, 2746, www.gesetze-im-internet.de/bundesrecht/eschg/gesamt.pdf.

[8] § 8 Ab 1 ESchG.

[9] Verwiesen wird hier insbesondere auf ESchG »§ 1 Missbräuchliche Anwendung von Fortpflanzungstechniken (1) Mit Freiheitsstrafe bis zu drei Jahren oder Geldstrafe wird bestraft, wer [...] 2. es unternimmt, eine Eizelle zu einem anderen Zweck künstlich zu befruchten, als eine Schwangerschaft der Frau herbeizuführen, von der die Eizelle stammt.« Und »§ 2 Missbräuchliche Verwendung menschlicher Embryonen (1) Wer

Inzwischen war es 1998 einer amerikanisch-israelischen Wissenschaftlergruppe erstmals gelungen, aus überzähligen menschlichen Embryonen embryonale Stammzellen zu gewinnen.[10] Seitdem ist die Stammzellforschung weltweit rasant expandiert und stellt eines der dynamischsten Forschungsgebiete dar. Die erneut kontrovers geführten medizinischen, wissenschaftspolitischen und ethischen Debatten in Deutschland[11] zwangen den Gesetzgeber zu einer genaueren rechtlichen Regelung der Stammzellenforschung. Am 30. Januar 2002 sprach sich die Mehrheit des Bundestags für die Möglichkeit des Imports und der Nutzung embryonaler Stammzellen unter bestimmten Auflagen aus.[12] Das dann im Juni des gleichen Jahres verabschiedete Stammzell-

---

einem extrakorporal erzeugten oder einer Frau vor Abschluss seiner Einnistung in die Gebärmutter entnommenen menschlichen Embryo veräußert oder zu einem nicht seiner Erhaltung dienenden Zweck abgibt, erwirbt oder verwendet, wird mit Freiheitsstrafe bis zu drei Jahren oder Geldstrafe bestraft.«

[10] JAMES A. THOMSON u. a., Embryonic Stem Cell Lines Derived from Human Blastocysts, in: Science 1998: 282; 1145–1147, www.sciencemag.org/content/282/5391/1145.full.pdf.

[11] Vgl. dazu auch die »Erklärung des Rates der EKD zur aktuellen bioethischen Debatte« vom 22. Mai 2001 unter dem Titel »Der Schutz menschlicher Embryonen darf nicht eingeschränkt werden«, www.ekd.de/bioethik/presse/5220.html

[12] Der Antrag der Abgeordneten Maria Böhmer und anderer, der in der Abstimmung die Mehrheit fand, trug den Titel: »Keine verbrauchende Embryonenforschung – Import humaner embryonaler Stammzellen grundsätzlich verbieten und nur unter engen Voraussetzungen zulassen«; vgl. www.dipbt.bundestag.de/dip21/btp/14/14214.pdf. Vor der anstehenden Entscheidung des Deutschen Bundestages über den Import und die Verwendung menschlicher embryonaler Stammzellen hatten sich beide großen Kirchen in Deutschland am 17. Januar 2002 in einem gemeinsamen offenen Brief des Vorsitzenden des Rates der EKD, Präses Manfred Kock, und des Vorsitzenden der katholischen Deutschen Bischofskonferenz, Karl Kardinal Lehmann, an die Abgeordneten des Bundestags gewandt. Kock und Lehmann verwiesen darauf, auch dem künstlich erzeugten menschlichen Embryo seien »Lebensrecht und uneingeschränkter Lebensschutz vom Zeitpunkt der Befruchtung an geschuldet«. Wer den Beginn des Lebens auf einen späteren Zeitpunkt festlege oder »dem frühen Embryo Lebensschutz nur in abgestufter Weise« zugestehe, befinde sich »unter ethischem Gesichtspunkt auf schwankendem Boden«. Eine solche Auffassung werde »dem Bild vom Menschen und der Würde des Menschen, auf denen das Grundgesetz aufbaut, nicht gerecht«. Die »Vernichtung embryonaler Menschen« mit dem Ziel ihrer therapeutischen Nutzung könne aus diesem Grund nicht akzeptiert werden. Stattdessen sei die Forschung an adulten Stammzellen zu fördern. Beide Kirchenvertreter schlossen ihr Schreiben mit der eindringlichen Bitte, »in der Abstimmung zu einem klaren Votum für die Würde und den Schutz des Menschen von Anfang an beizutragen«: www.ekd.de/bioethik/presse/pm6.202.kirchenbrief.mdbs.menschenschutz.html

gesetz (StZG) setzt in § 4 Abs. 2 Nr. 1 b)[13] die PID voraus, äußert sich aber nicht zu deren Zulässigkeit in Deutschland.

Diese bestehende Rechtsunsicherheit veranlasste den Berliner Gynäkologen Matthias Bloechle 2006 dazu, die PID durchzuführen und sich selbst anzuzeigen, um eine gerichtliche Klärung der Sachlage herbeizuführen.[14] Überraschenderweise urteilte der 5. Strafsenat des Bundesgerichtshofs (BGH) am 6. Juli 2010 unter Bestätigung eines Urteils des Landgerichtes Berlin, dass PID in bestimmten Fällen nicht gegen das Embryonenschutzgesetz verstoße und dementsprechend auch nicht strafbar sei.[15] Es entschied dabei über zwei konkrete Fälle, bei denen bei zwei bzw. drei etwa fünf Tage alten Embryonen eine Blastozystenbiopsie durchgeführt worden war. Das sei in Deutschland nach Auffassung des BGH rechtlich erlaubt, weil die einzelnen untersuchten Zellen in diesem Stadium nicht mehr das durch das Embryonenschutzgesetz abgesicherte Kriterium der Totipotenz erfüllten, sondern ihnen lediglich Pluripotenz zukomme, d.h. sie nicht mehr in der Lage seien, sich zu einem gesamten Organismus zu entwickeln.

Die Urteilsbegründung des BGH hielt jedoch fest, dass eine unbegrenzte Selektion genetischer Merkmale mittels PID nicht zulässig sei, sondern nur eine Untersuchung auf mutmaßliche schwerwiegende genetische Schäden in Frage komme. So sei PID beispielsweise zur Auswahl des Geschlechts des Kindes weiterhin strafbar.

---

[13] Gesetz vom 28.06.2002, BGBl I, 2277, www.bmbf.de/pubRD/stammzellgesetz.pdf. § 4 Ab 2 Nr. 1 b) lautet: »Abweichend von Absatz 1 sind die »Einfuhr und die Verwendung embryonaler Stammzellen zu Forschungszwecken unter den in § 6 genannten Voraussetzungen zulässig, wenn 1. zur Überzeugung der Genehmigungsbehörde feststeht, dass [...] b) die Embryonen, aus denen sie gewonnen wurden, im Wege der medizinisch unterstützten extrakorporalen Befruchtung zum Zwecke der Herbeiführung einer Schwangerschaft erzeugt worden sind, sie endgültig nicht mehr für diesen Zweck verwendet wurden und keine Anhaltspunkte dafür vorliegen, dass dies aus Gründen erfolgte, die an den Embryonen selbst liegen«. – Die Novellierung des Stammzellgesetzes erfolgte 2008 unter dem Eindruck, die bisherige Stichtagsregelung für die Gewinnung von Stammzellen (1. Januar 2002; § 4 Ab 2 Nr. 1 a StZG) biete nicht mehr die Gewähr dafür, in Deutschland tätigen Forschern quantitativ wie qualitativ geeignete Zelllinien zur Verfügung zu stellen. Der Stichtag wurde nun gesetzlich auf den 1. Mai 2007 verlegt.

[14] Zu Bloechles Position und zum Rechtsstreit vgl. Matthias Bloechle, Vom Recht auf ein gesundes Kind. Ein Plädoyer für die Präimplantationsdiagnostik – PID, München 2011.

[15] Vgl. den Wortlaut des Urteils und dessen Begründung (5 StR 386/09) unter www.juris.bundesgerichtshof.de/cgi-bin/rechtsprechung/document.py?Gericht=bgh&Art=en&Datum=2010-7&Seite=9&nr=52897&pos=279&anz=332.

Zwar wurde mit dem BGH-Urteil 2010 kein Grundsatzurteil für eine Zulassung der PID gefällt, jedoch musste man davon ausgehen, dass sich Mediziner und Gerichte künftig an diesem Urteil orientieren und ihren Handlungsrahmen ausdehnen würden. Wenigstens war die Annahme, PID sei grundsätzlich mit dem Embryonenschutzgesetz unvereinbar, praktisch in Frage gestellt – und somit eine rechtliche Regelung der PID in Deutschland zwingend erforderlich.

Im Vorfeld des Gesetzgebungsverfahrens, das im Juli 2011 abgeschlossen wurde, gab es von neuem heftige Diskussionen über Partei- und Konfessionsgrenzen hinweg. Die Tatsache, dass sich auch der Deutsche Ethikrat – wie schon der Nationale Ethikrat 2003 in seiner Stellungnahme »Genetische Diagnostik vor und während der Schwangerschaft«[16] – nicht zu einem kongruenten Votum[17] durchringen konnte, sondern stattdessen eine differenzierte Stellungnahme von immerhin 170 Seiten abgab, machte die Brisanz der Thematik noch einmal deutlich. Die unterschiedlichen Zugehensweisen, Denkvoraussetzungen und Interessenslagen führten zu divergenten, miteinander nicht zu vereinbarenden Konsequenzen hinsichtlich der Anwendung der PID.

Schließlich erfolgte am 7. Juli 2011 unter Aufhebung des »Fraktionszwangs« im Deutschen Bundestag eine Abstimmung über drei unterschiedliche Gesetzentwürfe, deren Inhalte von einem strikten Verbot bis zu einer eingeschränkten Zulassung der PID reichten.[18] Die Entscheidung fiel zugunsten des weitestgehenden Gesetzentwurfes aus (eingebracht von der FDP-Bundestagsabgeordneten Ulrike Flach und anderen). Die Durchführung von PID ist nun in Ausnahmefällen und unter bestimmten Auflagen erlaubt, wenn Paare eine Veranlagung für eine schwerwiegende Erbkrankheit haben oder bei ihnen mit einer Tot- oder Fehlgeburt bzw. mit dem Tod des Kindes im ersten Lebensjahr zu

---

[16] www.ethikrat.org/dateien/pdf/Stellungnahme_Genetische-Diagnostik.pdf.

[17] 13 Mitglieder des Deutschen Ethikrates halten PID unter bestimmten Einschränkungen für ethisch gerechtfertigt (vgl. Ethikrat, Präimplantationsdiagnostik, 80-110, darunter der ehemalige Präses der EKD-Synode, Bundesminister a.D. Jürgen Schmude), elf Mitglieder sprechen sich für ein striktes Verbot der PID aus (vgl. a.a.O., 111-151, darunter der ehemalige Vorsitzende des Rates der EKD, Bischof Wolfgang Huber, sowie sein damaliger Stellvertreter, Landesbischof Christoph Kähler). Darüber hinaus gibt es ein Sondervotum von Eckhard Nagel, evangelischer Präsident für den 2. Ökumenischen Kirchentag 2010 in München; vgl. a.a.O., 151f.

[18] Vgl. den Wortlaut der Gesetzentwürfe, www.dipbt.bundestag.de/dip21/btd/17/054/1705450.pdf; www.dipbt.bundestag.de/dip21/btd/17/054/1705451.pdf; www.dipbt.bundestag.de/dip21/btd/17/054/1705452.pdf.

rechnen ist. Vor der Durchführung der PID sind eine umfassende Beratung sowie das positive Votum einer Ethik-Kommission obligatorisch.

3. Aspekte des biblisch-christlichen Menschenverständnisses und seine Konsequenzen für den Umgang mit Embryonen

Es ist ein fundamentalistischer Irrtum zu glauben, aus der Bibel unmittelbare Anweisungen für das Verhalten oder das Urteilen in einer bestimmten gegenwärtigen Entscheidungssituation zu erhalten. Gleichwohl gibt es Grundeinsichten, an denen sich bestimmte Argumentationen fest machen können. Ziel des Rückgriffs auf biblische Aussagen ist es also, aus ihnen gegenwartsrelevante Gesichtspunkte abzuleiten und sie jenseits ihrer traditionell geprägten religiösen Sprache auch für diejenigen nachvollziehbar zu machen, die die Voraussetzungen des – evangelisch gebotenen! – Rekurses nicht teilen.

Die biblische Überlieferung bezeugt, dass Gott *Schöpfer* der Welt und also auch der Menschen sei. Beide ansonsten sehr divergenten Schöpfungsberichte in 1. Mose 1,1-2,4a und 1. Mose 2,4b-25 drücken diesen Glauben gemeinsam, wenn auch mit unterschiedlicher Pointierung aus.

In der theologischen Tradition sind daraus zwei Grundbestimmungen des Menschseins abgeleitet worden: Der Mensch ist »*Ebenbild Gottes*« (1. Mose 1,27) und insofern zur »Weltbeherrschung« (1. Mose 1,28) beauftragt. Das macht seine Besonderheit vor allen anderen Geschöpfen aus. Aber wir sind dennoch stets »*Geschöpfe*« und insofern begrenzt und einem bleibenden qualitativen *Abstand* gegenüber Gott unterworfen.

Es sei zugestanden, dass die Rede von der »Gottebenbildlichkeit des Menschen« das, was ursprünglich in 1. Mose 1,27[19] gemeint ist, im Lauf der Rezeptionsgeschichte über Gebühr aufgeladen und überhöht hat. Dennoch kann sie bedeutsam sein, sofern sie zunächst und in allererster Linie als eine Aussage über Gott verstanden wird, dessen Bild wir als Menschen entsprechen.

Wenn Gott als *unbedingtes Selbstsein* in Verantwortung für andere in ihrem unbedingten Selbstsein zu verstehen ist, folgt daraus mit innerer Sachlogik, dass auch wir als Menschen uns als unbedingtes Selbstsein in Verantwortung für andere in ihrem unbedingten Selbstsein zu verstehen haben. Damit ist m. E. die argumentative Voraussetzung geschaffen, die menschliche Würde aufs engste mit dem unbedingten Selbstsein des

---

[19] Vgl. Jacob Jervell, Art. Bild Gottes I. Biblische, frühjüdische und gnostische Auffassungen, in: Theologische Realenzyklopädie 6 (1980), 491-498, hier: 491f.

Menschen gedanklich zu verbinden. »Würde« ist nicht etwas, das zur Gottebenbildlichkeit hinzukommt, sondern mit ihr identisch, also unaufgebbar mit dem Menschsein gegeben und verbunden.

Das bedeutet auch: Da sich der Begriff der »Würde« – im Unterschied zu dem des Wertes – einer Skalierung versagt, ist es unmöglich, zwischen wertvollem und weniger wertvollem oder gar »unwertem« Leben unterscheiden zu wollen. Besondere Leistungen, Fähigkeiten oder Charaktereigenschaften steigern diese Würde nicht, wie deren Fehlen sie nicht mindert.

»Gottebenbildlichkeit« wie »Geschöpflichkeit« sind theologische *Relationsbestimmungen*: Sie bezeichnen unsere Beziehung auf Gott hin. Ethisch bedeutsam wird diese Einsicht als Grund der Möglichkeit, aber auch als Zielpunkt menschlicher Verantwortung und letzter Verantwortlichkeit – nämlich gegenüber Gott. Wir sind nach biblischem Verständnis nie nur uns selbst verantwortlich! So wird verhindert, dass wir uns selbst und ausschließlich zum Maßstab machen.

Verantwortung – und zwar gegenüber Gott und daraus abgeleitet gegenüber den Menschen – wird damit zu einem Grundbegriff einer in der biblisch-christlichen Anthropologie verankerten Ethik.

In der Diskussion um die biblisch-christliche Sicht wird oft zu wenig beachtet, dass eine weitere wesentliche Charakteristik hinzukommen muss: Die biblische Überlieferung weiß nämlich ebenso davon, dass wir Menschen mit Fehlern und Schwächen behaftet sind, die das Verhältnis zu uns selbst, das Zusammenleben untereinander und unser Verhalten gegenüber der Natur belasten. Unser mögliches Scheitern, unser Versagen muss stets mit bedacht werden. Das drückt in theologischer Anthropologie der Begriff »Sünde« sachgemäß aus. Die Welt, perfekt geschaffen, ist »imperfekt«!

Doch das biblische Zeugnis geht – geradezu mit Notwendigkeit – davon aus, dass wir nicht auf dieses Sünder-Sein festgelegt werden, sondern dennoch von Gott angenommen sind, dass uns vergeben wird und wir die Möglichkeit zu neuen Anfängen erhalten. Anders wäre ein moralisches Verhalten und Handeln gar nicht möglich.

Was tragen diese knappen, aber für eine theologisch begründete Argumentation konstitutiven Gesichtspunkte aus? Zunächst bedeuten sie ja nur die Bestimmung dessen, was sich als biblischer Befund im Blick auf das Verständnis von uns Menschen entwickeln lässt.

Alle Menschen sind – weil jeweils Gottes Geschöpf – einzigartig und unverwechselbar. Und das bedeutet auch: Wenn jedes menschliche Leben eine unbedingte und nicht abstufbare Würde besitzt, dann korrespondiert dem ein ebenso unbedingter und nicht abstufbarer Schutz.

Sofern in einer sich immer weiter perfektionieren wollenden Gesellschaft nur noch die Maßstäbe »gesund«, »schön« oder »leistungsfähig« gelten, macht sie sich abhängig von kaum einzuholenden Idealvorstellungen und verliert zugleich den Blick für diejenigen, die diesen Ansprüchen – aus welchen Gründen auch immer – nicht genügen können. Die biblisch-christliche Anthropologie ist demgegenüber eine realistische! Sie hält das Bewusstsein von der Begrenztheit und Verletzlichkeit menschlichen Lebens wach.

Die entscheidende Frage ist nun, ob die genannten Bedingungen, die menschliches Leben aus biblischer Perspektive charakterisieren, auch bereits dem Embryo zukommen – und wenn ja, in welchem Stadium. Darüber herrscht Streit, denn mit der Beantwortung dieser grundsätzlichen Frage verbindet sich die logische Konsequenz, PID entweder zu bejahen oder abzulehnen.

Es wundert nicht und ist nur konsequent, dass die Befürworter der PID argumentativ bemüht sind, den Zeitpunkt des Beginns menschlichen Lebens nach hinten zu verschieben und dem Embryo im frühesten Stadium nur eingeschränkte Schutzrechte zuzusprechen.[20] Grundlage dieser Argumentationen ist die Bestimmung des Menschseins durch die *Personalität* eines individuellen Lebewesens: Demnach komme erst individualspezifischem Leben ein eigener Wert und somit der Anspruch auf Schutz menschlicher Würde zu. Alle Entwicklungsprozesse, die sich vorab – also etwa bei der Befruchtung bzw. Kernverschmelzung – vollziehen, könnten demgegenüber eher als »Konstitutionsphase« angesehen werden, in der »die mit der Zeugung entstandene organische Einheit noch nicht auf die Ausbildung eines einzigen Individuums festgelegt«[21] sei. Der Prozess der Bildung des neuen Individuums ende mit dem Ausschluss einer möglichen Zwillingsbildung. Dies sei nach rund vierzehn Tagen der Fall. Erst von diesem Zeitpunkt an könne »man von der Entwicklung eines bestimmten Embryos sprechen«[22].

Unbestritten ist, dass es sich bei der Festlegung, wann menschliches Leben beginnt und unbedingt schutzwürdig ist, um einen definitorischen Akt handelt. Die Unterscheidung zwischen gattungsspezifischem und individualspezifischem Leben ist prinzipiell zwar nachzuvollziehen, aber gleichwohl nicht überzeugend. Auch jenseits der

---

[20] Vgl. dazu Ethikrat, Präimplantationsdiagnostik, 51-56.

[21] A.a.O., 54.

[22] A.a.O., 54.

Geburt werden Menschen nicht unter den unbedingten Schutz der Rechtsordnung gestellt, weil sie ein bestimmtes Individuum sind, sondern weil sie zur Gattung »Mensch« gehören.[23] Das bedeutet: Nur der allerfrüheste Zeitpunkt, also die Konstitution eines eigenen Genoms bei der Kernverschmelzung, bietet die Gewähr, seinerseits keinen Begehrlichkeiten hinsichtlich einer möglichen Verschiebung zu unterliegen. Deshalb muss die Folgerung lauten, dass die biblischen Aussagen potentiell auch dem menschlichen Embryo gelten.

4. Was weiterhin gegen die (auch bedingte) Zulassung der PID spricht

Im Zusammenhang der Diskussion um die Neuregelung der PID 2011 äußerte sich – wie erwähnt[24] – am 15. Februar zunächst der Rat der EKD; am 17. März veröffentlichte die katholische Deutsche Bischofskonferenz ihre ablehnende Erklärung.[25] Im Anschluss daran kam es zu einer ganzen Anzahl von Stellungnahmen Leitender Geistlicher bzw. Bischöfe, die als offene Briefe an die Bundestagsabgeordneten im Bereich der jeweiligen Landeskirchen bzw. Bistümer gesandt wurden – ein nicht geringer Teil davon in ökumenischer Gemeinschaft der beiden großen Kirchen. Das Faktum dieser Konvergenz in einer grundlegenden ethischen Frage mochte all jene überraschen, die in der Ethik zuvor den Dissens zwischen evangelischer und römisch-katholischer Kirche hatten sich ausweiten sehen.[26]

Die Reihe der gemeinsamen Briefe wurde mit einem Schreiben eröffnet, das Bischof Heinz-Josef Algermissen (Fulda) und ich verfasst

---

[23] Vgl. schon: Gott ist ein Freund des Lebens. Herausforderungen und Aufgaben beim Schutz des Lebens. Gemeinsame Erklärung des Rates der Evangelischen Kirche in Deutschland und der Deutschen Bischofskonferenz in Verbindung mit den übrigen Mitglieds- und Gastkirchen der Arbeitsgemeinschaft Christlicher Kirchen in der Bundesrepublik Deutschland und Berlin (West), 3. Aufl. Gütersloh 1990, 64: »Der Embryo ist individuelles Leben, das als menschliches Leben immer ein sich entwickelndes ist; die Anlage zur uneingeschränkten Ausübung des Menschseins ist in ihm von Anfang an enthalten; das ungeborene Leben hat ebenso wie das geborene Anspruch auf Schutz.«

[24] Vgl. Anm. 1.

[25] www.dbk.de/fileadmin/redaktion/diverse_downloads/presse/2011-044_Anl_2-PID.pdf.

[26] Etwa der Kölner Kardinal Joachim Meisner am 17.01.2011; www.erzbistum-koeln.de/modules/news/news_1977.html.

und unterzeichnet hatten und das bereits am 4. März 2011 an alle hessischen Bundestagsabgeordneten versandt wurde.[27]

Insgesamt wurden drei Argumente in diesem Schreiben gegen die Zulassung der PID angeführt – keines davon bezeichnenderweise mit ausdrücklicher Berufung auf das (in römisch-katholischen Verlautbarungen ansonsten favorisierte) Naturrecht.

Zur Einordnung und Gewichtung dieser drei Argumente sei vorab gesagt: »Das erste bezieht sich auf unsere menschliche Identität, die unsere ganze Lebensgeschichte umfasst, das zweite auf unseren Begriff der Menschenwürde und das dritte auf mögliche gesellschaftliche Auswirkungen einer PID-Zulassung.

1. Alle Urteilsbildung über menschliches Leben kann nur bei lebenden Menschen ihren Anfang nehmen. Jeder Gedanke über menschliches Wesen überhaupt muss daher vom eigenen Leben ausgehen. Wer sich aber selbst verstehen will, muss das eigene Dasein anerkennend voraussetzen. Unser eigenes Leben zu haben – mit allen Stärken und Schwächen, Begabungen und Beschränkungen – heißt: Es lässt sich kein Zeitpunkt unseres Lebens denken, in dem wir noch nicht *wir selber* waren, und es wird, solange wir leben, auch keinen Zeitpunkt geben, an dem wir nicht mehr *wir selber* sind. Wir alle nehmen für unser eigenes Leben diese Würde, ein eigener Mensch zu sein, in Anspruch; niemand anderes darf sie uns nehmen. Was aber für uns unumstößlich gewiss gilt, können wir auch anderen nicht absprechen. Denn das hieße ja, ihnen das Menschsein absprechen. Darum können wir selbst nur wollen, dass anderes menschliches Leben von Anfang an anerkennenswert ist. Wer sich selbst von Anfang an achtet, anderen dagegen diese Anerkennung von Anfang an abspricht, errichtet eine moralisch nicht zu begründende Herrschaft der Geborenen über die Ungeborenen. Die PID versagt dem zu untersuchenden menschlichen Leben diese unbedingte Anerkennung vom Beginn des Lebens an, weil sie sie von einer Gesundheitsprognose abhängig macht.

2. Mit der Konstitution eines eigenen Genoms entwickelt sich der Embryo nicht mehr zum Menschen, sondern als Mensch. Wer immer Entscheidungen über das Leben eines Embryos trifft, muss wissen: Biologisch unzweideutig geht es hier um einen – anfanghaften, zerbrechlichen – *Menschen.* In der öffentlichen Debatte gibt es durchaus

---

[27] www.ekkw.de/media_ekkw/downloads/aktuell_110304_offener_brief_pid.pdf. Eine ganze Anzahl weiterer Bischofsschreiben in den Folgemonaten bezog sich auf diesen Text.

Versuche, dem Menschen je nach Entwicklungstand und Kompetenzen unterschiedliche Schutzrechte und Achtungsgrade zuzuschreiben. Demnach dürften Embryonen, denen die Eigenschaften der Empfindungs-, Denk- und Selbstreflexionsfähigkeit fehlen, Abwägungsurteilen unterzogen werden, die sich bei empfindungsfähigen, denkenden und selbstbewussten Menschen grundsätzlich verböten. Aber ein solcherart abgestufter Lebensschutz bedeutet: Menschen können nicht mehr kategorisch mit Achtung und Schutz rechnen, sondern nur nach Maßgabe beobachtbarer Eigenschaften. Menschenwürde besäßen wir dann nicht mehr grundsätzlich, sondern nur unter gewissen Bedingungen. Die Zulassung der PID würde unserer Ansicht nach bedeuten, Menschen nur unter dem Vorbehalt ihrer künftigen Gesundheit für schützenswert zu erachten. Dieser Logik *bedingter* Menschenwürde widersprechen wir.

3. Das von Erbkrankheiten verursachte Leid müssen wir ernst nehmen. Dieses Leid durch PID zu vermindern oder zu umgehen, erzeugt freilich Leid bei anderen, wenn nämlich Betroffene mit der Vermutung leben sollen, eigentlich nicht lebenswert zu sein. Diese Diskriminierung ergibt sich ganz unmittelbar mit der PID-Zulassung. Mittelfristig kann sich zudem das Bild vom Menschen in unserer Gesellschaft nachteilig verändern. Es wächst ein Selbstverständnis, nach dem gelingendes Leben von gelingender Technik abhängig wird. Es wachsen gesellschaftliche Erwartungen, dass Krankheit nicht sein darf, wenn man sie prognostisch vermeiden könnte. Es wächst eine Haltung, die behinderte Menschen abschätzig zu beurteilen nahelegt. Auch um dieser Konsequenzen willen, die noch nicht sofort eintreten, sich aber mittelfristig einstellen werden, sprechen wir uns gegen die Zulassung der PID aus.«

Bischof Algermissen und mir war mit dieser Argumentationsreihe daran gelegen, auch in jenen Kreisen politisch Verantwortlicher Gehör zu finden, die nicht mit der religiösen Sprache vertraut sind oder ihr prinzipiell fern stehen. Dass aber theologische Grundentscheidungen im Hintergrund standen, dürfte manifest sein.

Und noch eine zweite Bemerkung sei angefügt: Die Ablehnung der PID oder zumindest die Vorbehalte ihr gegenüber können schon aus dem Nachvollzug eines einzigen der drei genannten Argumente folgen. Dass sich aus unserer Sicht mindestens drei finden, deren Prüfung sorgfältig erfolgen soll und die nicht einfach mit dem Hinweis auf kirchliche Voreingenommenheit beiseitegeschoben werden können, zeigt nochmals die Komplexität des Problems auf. Die einfachen Antworten, die etwa mit der freien Entscheidung der betroffenen Paare argumentieren, sind eben zu einfach!

5. Lebensdienliche Rahmenbedingungen bieten

PID stellt also nicht nur eine individualethische, sondern auch ein sozialethische Herausforderung dar, der gegenüber sich die Zivilgesellschaft verhalten muss. Wer in der Öffentlichkeit zur Restriktion rät, tut gut daran, zugleich gesellschaftliche Bedingungen zu beschreiben, die einen Verzicht auf PID zu unterstützen in der Lage sind. Je offener eine Gesellschaft für die Diversität des Lebens ist, umso weniger drängt sich die PID auf! Dazu abschließend vier Gedanken, die bei der Ausgestaltung einer humanen Gesellschaft berücksichtigt werden sollten.

1. Menschsein heißt: Geschaffen sein

Menschliches Leben ist in seiner Gottebenbildlichkeit stets eine Gabe – theologisch gesprochen: eine Gabe Gottes – und somit verdankte Existenz, die dazu herausfordert, in eigener Selbstverantwortung umzugehen gilt. Wir sind nicht gefragt worden, ob wir leben wollen. Der Ursprung unseres Lebens liegt außerhalb unserer selbst. Kein Mensch ist für seine Beschaffenheit, mit der er auf die Welt kommt, verantwortlich. So sind weder Eltern verantwortlich für die physische Konstitution ihrer Kinder noch kinderlose Paare für ihre Unfruchtbarkeit. Dies gilt es gerade dann zu beachten, wenn die medizinischen und technischen Handlungsspielräume größer und mögliche Begrenzungen immer weiter hinausgeschoben werden. Es entlastet von dem Druck, um jeden Preis und unter allen Umständen Leben selber schaffen zu wollen.

2. Menschsein heißt: In Beziehung sein

Menschen sind niemals auf sich allein gestellt. Unser ganzes Leben vollzieht sich in Beziehungen. Drückt sich mit der Vorstellung des Geschaffen-Seins theologisch die Beziehung zu Gott aus, so umfasst der Begriff der Gemeinschaft das zwischenmenschliche Miteinander. Zur menschlichen Gemeinschaft gehört es auch, Stärken und Schwächen, Glück und Trauer, Geborenwerden und Tod miteinander zu teilen. In dieser Gemeinschaft haben alle Menschen ihren Platz: alte wie junge, gesunde wie kranke. Gemeinsame Aufgabe ist es, das Miteinander zu gestalten. Dabei zeigt sich als notwendige Konsequenz zwischenmenschlicher Rücksichtnahme, dass es eine unbeschränkte Entscheidungsautonomie des Individuums nicht geben kann. Denn der eigene Entscheidungsspielraum findet jeweils dort seine Begrenzung, wo Freiheitsrechte anderer Menschen zur Geltung kommen. Dies gilt es insbesondere im Hinblick auf reproduktionsmedizinische Fragen zu beachten.

3. Menschsein heißt: Angewiesen sein

Menschen sind auf die Hilfe durch andere Menschen angewiesen – ganz gleich, in welchem Lebensalter und in welchem körperlichen oder geistigen Zustand sie sich befinden. Deshalb wird sich unsere Gesellschaft in Zukunft daran messen lassen müssen, wie sie mit eingeschränkten Lebensmöglichkeiten, mit Krankheit und Behinderung umgeht. Hier darf es keine Vermeidungsstrategien geben. Daher ist es höchst problematisch, menschliches Leben durch die Reproduktionsmedizin bereits zu verhindern, bevor es zur Entfaltung kommen kann. Vielmehr gilt es, in einer humanen Gesellschaft Beschränkungen als Teil des menschlichen Lebens zu akzeptieren und – theologisch: im Vertrauen auf die Hilfe Gottes, auf die wir alle gleichermaßen angewiesen sind – unbegrenzte, durch nichts konditionierte Annahme zu praktizieren.

4. Menschsein heißt: Verantwortlich sein

Der uns Menschen gemeinsam gegebene Lebensraum ist in Freiheit und Verantwortung zu gestalten. Gesellschaftlich folgt daraus, sich für eine Kultur der gegenseitigen Rücksichtnahme und Solidarität einzusetzen, die das Spannungsfeld von Gelingen und Versagen ernstnimmt und nicht vorschnell aufzulösen versucht. Aufgabe der Kirche ist es in diesem Zusammenhang, Menschen in ihren unterschiedlichen Lebenslagen zu begleiten und mit ihren jeweiligen Bedürfnissen ernst zu nehmen. Das gilt für Paare mit unerfülltem Kinderwunsch gleichermaßen wie für Familien, die Kinder mit Behinderungen betreuen. Im Kontext der Reproduktionsmedizin sind viele Entscheidungen Gewissensentscheidungen, die nur individuell und unter Berücksichtigung der konkreten Umstände getroffen werden können – beispielsweise auch die Frage, ob auf ein eigenes Kind verzichtet werden kann. Dabei gilt es aber das Beziehungsgeflecht nicht aus dem Blick zu verlieren: Es geht nie nur um das eigene Ich, sondern ebenso um Partner, um Familienangehörige und Freunde, um ungeborenes Leben – und nicht zuletzt um Gott. Aufgabe von evangelischer Ethik, aber auch von sich daran orientierender Seelsorge und kirchlicher Beratung ist es, einen Beitrag zu leisten, dass Menschen zum gewissenhaften und selbstverantwortlichen Entscheiden und Handeln befähigt werden.

III. Ökumene im Zeitalter religiöser Vielfalt

Identität entwickeln – Toleranz üben

Zehn Thesen für einen unbefangenen Umgang mit religiöser Vielfalt heute

1. Ein Blick zurück: Von »Religion« zu reden, war lange Zeit obsolet

Dazu drei Beobachtungen, die zueinander in Beziehung stehen:

Die Aufklärung hat die Religion nicht abschaffen, wohl aber läutern wollen. Auch die radikale Religionskritik, die im 19. Jahrhundert zur Blüte kam, hat der Religion keinen Abbruch tun können. Erst mit der Ausbildung und Fortentwicklung eines von Zweckrationalität gekennzeichneten naturwissenschaftlich-technischen Denkens und entsprechender Arbeitsformen schien alles, was mit Religion zu tun hat, zunehmend bedeutungslos zu werden. Hier brauchte es keine Bestreitungen der Voraussetzungen mehr, um die sich die Religionskritiker in ihren Theorien über die innerweltlichen Entstehungsbedingungen von Religion bemühten; Religion wurde auch nicht mehr als Gegenüber betrachtet, das in seiner individuellen wie gesellschaftlichen Auswirkung zu bekämpfen sei, sondern sie galt schlichtweg als überholt und für den Fortschrift hinderlich. Die Welt war »entzaubert«. Dies hatte eine erhebliche Breitenwirkung im öffentlichen Meinungsbild zur Folge: Religion wurde allenfalls den Rückständigen, Weltfremden und Träumenden zugestanden und damit zu einem Minderheitenphänomen. In der Welt der harten Fakten, von Ursache und Wirkung, von Kosten und Nutzen hatte sie keinen Platz. Religion war in dieser Perspektive restlos überholt.

Die Religionskritik ging besonders an der evangelischen Theologie nicht spurlos vorüber, sondern wurde von ihr in der ersten Hälfte unseres Jahrhunderts des Öfteren als Partnerin geradezu gesucht. Dies aber nicht, um der Vorstellung einer Offenbarung Gottes den Garaus zu machen, sondern um sie abzugrenzen und unbeeinflusst zu lassen von allem, was auch nur den Anschein von Religion erwecken könnte. Es war besonders Karl Barth, der mit fulminantem Pathos das Hohelied der Religionskritik sang. Der 17. Paragraph seiner voluminösen »Kirchlichen Dogmatik« trägt denn auch die Überschrift: »Gottes Offenbarung als Aufhebung der Religion«, wobei Offenbarung und Religion hier dezidiert als »Entweder-Oder« verstanden werden. »Religion ist Unglaube« führte Barth aus, »Religion ist eine Angelegenheit, man muß geradezu sagen: die Angelegenheit des gottlosen Menschen.« Durch Religion suche sich der Mensch dem Urteil Gottes zu entziehen, um am Glauben an sich selbst festhalten zu können. Theologie, die es wert sei, so genannt zu werden, habe sich als konsequente Religionskritik zu begreifen. Im Grunde gab es also nichts Schlimmeres als Religion. In das gleiche Horn stieß Dietrich Bonhoeffer, der 1944 prognostizierte, wir gingen »einer völlig religionslosen Zeit entgegen«, und der zugleich das Christentum durch den Bezug auf die Offenbarung Gottes in Christus »religionslos« erneuert wissen wollte. Diese Auffassungen bildeten lange Zeit den Mainstream und haben ganze Generationen von Theologinnen und Theologen gegenüber dem Phänomen »Religion« kopflos, herzlos und sprachlos gemacht. Religion war in dieser Perspektive zutiefst verdächtig.

Ein dritter Gesichtspunkt entstammt der Wahrnehmung unserer Alltagskultur und hängt eng mit meiner ersten Beobachtung zusammen. Solange Religion im öffentlichen Raum mit Selbstverständlichkeit inszeniert und gelebt wurde, war sie immer auch Gegenstand der Konversation. Tabuisiert wurden andere Themen, vor allem Sexualität. Mit der sogenannten sexuellen Revolution änderte sich dies. Es vollzog sich, will mir scheinen, nahezu ein Paradigmenwechsel: Zunehmend wurde Religion zum Tabuthema, mit dem viele nur eigentümlich verklemmt umzugehen wussten. Ich glaube, dass ich es richtig sehe, wenn ich sage: Religion war in dieser Perspektive peinlich.

Überholt, verdächtig, peinlich – damit war »Religion« lange Zeit stigmatisiert. Aber: Das war einmal.

2. Heute: Alle reden von Religion!

Weder die Selbsterübrigung noch die Überwindung der Religion sind eingetreten. Eher ist das Gegenteil der Fall! Deshalb bin ich gegenüber der Verwendung des Begriffs der Säkularisierung zur allgemeinen Kennzeichnung der gesellschaftlichen Situation recht zurückhaltend. Er trifft die vielschichtige Lage nicht, in der wir uns befinden. Mag sich unsere Gesellschaft auch öffentlich als säkular verstehen, so lassen sich auf der anderen Seite doch zunehmend Tendenzen ausmachen, die unter dem Schlagwort zusammengefasst werden können: »Religion boomt!«

Nicht wenig hat dazu die Begegnung mit Menschen beigetragen, die aus anderen Kulturkreisen stammen, aber inzwischen bei uns beheimatet sind und ganz fraglos ihrer Religion auch in der Öffentlichkeit Ausdruck geben. Während vor nicht allzu vielen Jahren darüber sinniert wurde, ob ein Religionsunterricht, der »in Übereinstimmung mit den Grundsätzen der Religionsgemeinschaften erteilt« wird (Art. 7,3 GG), noch eine Berechtigung innerhalb des öffentlichen Schulsystems besitze, hat sich die Diskussionslage inzwischen erheblich verschoben: Jetzt steht der Religionsunterricht als solcher nicht zur Debatte, sondern in Frage steht vielmehr, wie den berechtigten Anliegen von Angehörigen anderer Religionen, besonders des Judentums und des Islam, durch die Einrichtung eines ihnen gemäßen Religionsunterrichts entsprochen werden könne. Inzwischen gilt es als Zeichen aufgeklärter Toleranz, Religion ernst zu nehmen. Und die Auseinandersetzung mit Religion ist – auch in sich intellektuell gebärdenden Kreisen – wieder gesellschaftsfähig geworden.

Aber nicht nur hinsichtlich der Wahrnehmung herkömmlicher, formierter Religionskulturen ist ein Wandel festzustellen. Man nehme sich einmal Zeit und flaniere mit offenen Augen durch die Hauptstraßen oder durch die Buchläden einer Großstadt. Eine ganze Angebotspalette tut sich auf: Verheißungen von Glück, Erfüllung, Selbstfindung und Sinn werden uns begegnen – und dies alles in Vorstellungsweisen, Gestaltungen und Sprachen, die religiös sind. Die gleichen Menschen etwa, die im Berufsleben sehr strikt nach den Gesetzen einer zweckrationalen Arbeitswelt agieren, stehen vor den Regalen mit der Rubrik »Esoterik und Lebenshilfe« oder suchen in unterschiedlichsten Gruppen nach Erfahrungen, die die vorfindliche Welt transzendieren. Sie beanspruchen für sich: Ich kann dies sein und jenes auch, rational und religiös – und zwar beides zugleich.

Um schließlich einen Bereich in den Blick zu nehmen, dessen tiefgreifende Auswirkungen auf unser allgemeines Bewusstsein sich erst andeuten, sei auf eine Studie des Instituts für Soziologie an der Universität Köln vom 2. März 1999 verwiesen, der zufolge es im Internet immer mehr religiöse Angebote gibt: »Unter dem Stichwort Religion seien im weltweiten Datennetz mehr als 1,3 Millionen Eintragungen vorhanden [...] Neben dem Angebot der traditionellen religiösen Organisationen wachse die Zahl der ausschließlich im Internet präsenten Gruppen. So besuchten jährlich rund 5.000 Menschen die nur im Internet existierende Diözese ›Partenia‹ des Bischofs Jacques Gaillot. Der Erfolg der virtuellen Diözese zeige, dass sich über das Internet Menschen für religiöse Belange motivieren ließen.« (epd-Wochenspiegel 10/1999)

3. »Religion« erscheint im Plural

Wir haben es bei uns und anderenorts inzwischen mit einer Fülle unterschiedlicher Religionskulturen zu tun, sei es in Gestalt formierter Religionsgemeinschaften oder als frei floatende Religiosität. Solange wir auf der rein deskriptiven Ebene bleiben, ist die Pluralität der Religionen oder der Art und Weise eigener Religionsgestaltung inzwischen zum Faktum geworden, das niemand mehr bestreiten wird.

Zugleich aber ist damit auf der normativen Ebene ein Problem indiziert: das Problem des Pluralismus. Es betrifft in erster Linie das Selbstverständnis der Religionsgemeinschaften, weniger die persönlichen Ausprägungen eigener Religiosität. Denn während letztere keinen überindividuellen Anspruch erheben, sondern sich selbst genügen, besitzen Religionen sozialisierende, d. h. gemeinschaftsbildende Kraft und fordern darin Verbindlichkeit von ihren Anhängern. Formierte Religionsgemeinschaften werden sich in unserem gesellschaftlichen Umfeld zunehmend schon im Blick auf sich selbst damit befassen müssen, wie sie damit umgehen, dass das, was sie als Wahrheit verkünden, mit anderen Wahrheiten in Konkurrenz steht. Welche Rückwirkungen hat dann die Pluralisierung der Religion, die im Übrigen durch die Globalisierung fortschreiten wird?

Die manchen vielleicht trivial erscheinende Behauptung, Religion begegne uns nur im Plural, ist, wenn sie aus dem Inneren einer Religionsgemeinschaft heraus erfolgt, schon Folge einer weitgehenden Wandlung: Anderes, das sich vom Eigenen unterscheidet, wird immerhin als Religion und nicht mehr als Unglaube wahrgenommen! Darin liegen die Chancen, dass sich Menschen verschiedener Religionen begegnen und nach Gemeinsamkeiten fragen können, aber es stellt sich auch das Erfordernis, den faktischen Verlust des Sinndeutungsmonopols zu verarbeiten.

Abwegig wäre es allerdings, aus der Pluralität von Religionen darauf zu schließen, dass sich dadurch alles Religiöse im Sinn der Gleich-Gültigkeit relativiere. Eher potenziert der Plural die Religionen.

4. Religionen – nicht definieren, sondern wahrnehmen und beschreiben

Leicht ungeduldig mag man sich inzwischen die Frage stellen, was ich eigentlich unter »Religion« verstehe. Die terminologische Schwierigkeit liegt darin, dass aus meiner Sicht Religion »an sich« nicht existiert. Jeder Versuch einer Definition hat insofern Schwächen, als er der Bandbreite unterschiedlicher Religionen und religiöser Haltungen nur sehr ungenügend gerecht wird.

Dies lässt sich am besten anhand der traditionellen Begriffsbestimmung verdeutlichen, die vom lateinischen Wort »religio« ausgeht. Schon im damaligen sprachlichen Umfeld war seine Herleitung nicht eindeutig.

Nach Cicero stammt es von »religere«, was zunächst »genau beobachten« bedeutet und im kultischen Zusammenhang den Vollzug der pietas, also der kultischen Verehrung, meint. Hier liegt das Gewicht auf dem objektiven, ritualisierten Geschehen. Laktanz leitet demgegenüber »religio« von »religare« ab, was mit »verbunden sein« zu übersetzen ist. Bei ihm steht also die subjektive, individuelle Beziehung im Vordergrund.

Auch wenn wir aus dieser herkömmlichen doppelten Begriffsdeutung einzelne inhaltliche Bestimmungselemente festhalten können, erweisen sie darin doch ihre Begrenztheit, als sie immer noch zu sehr von abendländischen Vorstellungsmustern ausgehen, wie sich Religion ausdrücke. Zudem gibt es ganze Lebensbereiche, die ursprünglich außerhalb des Blickfeldes angestammter Religion lagen, in denen sich aber vielfältige religiöse Elemente widerspiegeln.

Es ist beispielsweise noch gar nicht lange her und erscheint doch als tiefste Vergangenheit, dass wir im Bereich der damaligen DDR an Werkshallen folgende Sätze lesen konnten: »Die Lehre von Karl Marx ist allmächtig, weil sie wahr ist.« Hier bediente sich, durchaus gewollt, eine sich a-religiös verstehende Weltanschauung der religiösen Sprache, und es stellt sich mir durchaus die Frage, ob das marxistische System nicht die herkömmliche, bekämpfte Religion geradezu durch eine neue ersetzen wollte. Man erinnere sich nur an die öffentlichen Rituale der Jugendweihe oder der »Demonstrationen« anlässlich des Maifeiertages.

Dies wird man freilich nur behaupten können, sofern sich der Blick in erster Linie auf die Phänomene bezieht und diese zu traditionellen Formen der Religionsausübung in Beziehung setzt. Für solch eine Zugangsweise möchte ich ausdrücklich plädieren: Sie erweist sich dann auch als fruchtbar bei der Analyse anderer Lebensbereiche wie etwa Popmusik, Kommerz oder Sport. Hier werden höchst wirkungsvoll religiöse Gefühlswelten unter ausdrücklicher oder unausdrücklicher Zuhilfenahme traditioneller religiöser Versatzstücke inszeniert – und diese Inszenierung gelingt! Ein Beispiel unter vielen – aus der Stadionhymne von Borussia Dortmund (sie wurde 1994 gesungen): »Borussia, du bist Leidenschaft, die verbindet und Freunde schafft. Borussia, du verkörperst die Region, für manche von uns sogar Religion. An dir schauen viele Menschen auf, du findest immer einen Weg und stehst immer wieder auf. Borussia, du bist meisterlich, und gerade deswegen lieben wir dich.«

Wer wollte da begrifflich darum streiten, ob wir es mit Religion zu tun haben? Definitionen können nicht nur zur Wirklichkeitserfassung beitragen, sondern die Wirklichkeitswahrnehmung auch einengen. Mir scheint ein phänomenologischer Ansatz vielversprechender: Überall da, wo Menschen Hingabe, Beglückung und Sinn, Geborgenheit und Erfüllung erfahren, wo sie wissen, wofür sie leben und sterben – hat das mit Religion zu tun.

5. Die Unterscheidung von »Religion« und »Pseudo-Religion« trägt nichts aus

Aus dem, was ich bisher ausgeführt habe, ergibt sich diese These geradezu mit Notwendigkeit. Wer von den religiösen Phänomenen ausgeht und sie in ihrer Bedeutung für einzelne Menschen oder für Gemeinschaften zu beschreiben sucht, kann die immer noch gängige Unterscheidung zwischen »Religion« und »Pseudo-Religion« nicht vornehmen, denn für das Moment der Wertung, die diese Gegenüberstellung enthält, fehlen auf der deskriptiven Ebene die Kriterien. Dass Religion missbraucht werden könne und dadurch zur »Pseudo-Religion« werde, ist jedenfalls kein differenzierender Maßstab. Gerade den formierten Religionsgemeinschaften, wie sich in ihrer Geschichte zeigt, wohnt stets, wer wollte das leugnen, auch die Gefahr des Missbrauchs inne. Sie bleiben aber dennoch Religionen.

Außerdem ist es religionsphänomenologisch betrachtet keineswegs erforderlich (man denke etwa an den Buddhismus), dass sich Religion immer auf Transzendenz oder gar auf einen personalen Gott als Gegenüber bezieht. Damit fällt eine weitere Unterscheidungsmöglichkeit fort, um zu einer Etikettierung bestimmter Phänomene als »pseudoreligiös« zu gelangen. Im Ergebnis »funktioniert« die sogenannte »Pseudo-Religion« genauso wie Religion!

Das wusste übrigens schon Martin Luther, der in der Auslegung des 1. Gebotes im Großen Katechismus implizit ein sehr weites Religionsverständnis einführt, wenn er schreibt: »Worauf du nun (sage ich) dein Herz hängst und verlässt, das ist eigentlich Gott.« In dieser Nüchternheit betrachtet kann vieles zur Religion werden. Das würde Luther zugestehen. Für ihn war es nur die Frage, wie er die innere Abhängigkeit von etwas, das einen Menschen durch und durch bestimmt, wertet. Hier erst kommen die Prämissen ins Spiel, die Luther von »Gott und Abgott«, mit anderen Worten von »wahrer« und »falscher« Religion reden lassen. Das aber ist nicht dieselbe Unterscheidung wie die von Religion und »Pseudo-Religion«!

Was aus alledem folgt, möchte ich mit dem Stichwort der »unbefangenen Neugier« umschreiben. Sie erscheint mir derzeit immer noch als der sachgemäßeste Zugang zu allem, was Religionen und Religiosität umfasst.

6. Individuell gelebte Religion ist Ausdruck von Freiheit und Selbstbestimmung

Eingangs sagte ich bereits, dass zu einem wesentlichen Erbe der Aufklärung die Forderung nach menschlicher Autonomie gehöre. Dies wirkt sich auch im Blick auf das Feld des Religiösen aus. Mochte man sich früher fast schicksalhaft in einem zumindest institutionell geregelten religiösen Zusammenhang wiederfinden und meist auch lebenslang darin verbleiben – unabhängig von der Frage nach der persönlichen Religiosität –, hat inzwischen in unserem gesellschaftlichen Kontext sowohl die äußere als auch die innere Bindewirkung der traditionellen (christlichen) Religionsgemeinschaften nachgelassen: Mitgliedschaft in einer Kirche ist heutzutage weder als selbstverständlich vorauszusetzen noch sind aufgrund der Nichtzugehörigkeit zu einer Religionsgemeinschaft irgendwelche Nachteile zu erwarten. Was ich bin – so lautet das unterschwellige Credo –, bin ich auch in religiöser Hinsicht (wie in anderen Lebenszusammenhängen) aufgrund eigener Wahlfreiheit und eigener Entscheidung. Sagt mir eine bestimmte Ausprägung einer religiösen Gemeinschaft nicht mehr zu, kann ich sie verlassen und mich einer anderen anschließen, ja ich kann mich sogar als »religiös« bezeichnen, ohne an den rituellen Vollzügen einer solchen Gemeinschaft zu partizipieren oder ihr überhaupt anzugehören. Das kann sich dann so anhören: »Um an Gott zu glauben, brauche ich keine Kirche. Ich habe meine eigene Religion.« Die Betonung liegt hierbei auf »eigene«: Eigenständigkeit und Individualität sind die bestimmenden Werte geworden. Wenn, dann *will* man Religion!

Das führt in konkreten Fällen meist zu einer – wie die Religionssoziologie sagt – »Patchwork-Religiosität««, die ihre einzelnen Bestandteile aus dem großen Arsenal religiöser Vorstellungsgehalte und Rituale bezieht, ganz unabhängig von deren Herkunft, und sie zu einem individuellen Ganzen verbindet. Diese Verbindung aber ist nicht für alle Zeit festgezurrt, sondern kann sich wieder öffnen, bestimmte Elemente abstoßen und neue integrieren. »Patchwork-Religiosität« ist – und dies spricht gegen diese Metapher – immer auch fließend: Was gilt, gilt jetzt für mich. Ob es in Zukunft auch Geltung und damit orientierende Kraft für mein Leben hat, sei dahingestellt. Die Freiheit, mir alle Möglichkeiten offenzulassen, nehme ich mir. Das heißt Selbstverwirklichung.

Mit Recht wird man allerdings fragen: Steht die individuelle und bewusst gewollte Religiosität nicht im Grunde im Widerspruch zur eigenen Autonomie? Anders ausgedrückt: Warum streben Menschen, die auf der Suche nach der Verwirklichung ihres Selbst sind und dies als Akt der Befreiung verstehen, nach religiöser Bindung?

Der Theologe Friedrich Daniel Schleiermacher hätte darauf geantwortet: Weil es die Religion ist, die den Menschen wahrhaft zu sich selbst bringt.

In seinen fünf Reden »Über die Religion an die Gebildeten unter ihren Verächtern«, vor genau zwei Jahrhunderten 1799 veröffentlicht, suchte er diese Einsicht auf den Punkt zu bringen: Für ihn besaß Religion, scharf abgegrenzt von Moral und Metaphysik, eine »eigene Provinz im Gemüte« und gehörte »notwendig« zum Menschen hinzu, denn sie entspringe »aus dem Inneren jeder besseren Seele notwendig von selbst«. So wird sie ein selbständiges Bewusstseinsphänomen, nämlich »Sinn und Geschmack fürs Unendliche«. Oder in anderem Zusammenhang: »Ihr Wesen ist weder Denken noch Handeln, sondern Anschauung [des Universums] und Gefühl.« Nach Schleiermacher hat jeder Mensch Religion und die Frage, ob er sie überhaupt wolle und ob sie im Widerspruch zu seinem Autonomiestreben stehe, stellt sich dann nicht. Religion ist Ausdruck seiner Selbstwerdung, modern gesagt: seiner Identitätsfindung.

7. Formierte Religionen werden oft als bevormundend empfunden

Religiöse Verwirklichung wird gewollt. Aber formierte Religionsgemeinschaften können gegenüber diesem Programm individueller Religiosität als bevormundend erlebt werden, weil hier die Freiheit der Auswahl durch verbindliche und verpflichtende Glaubens- und Lebensregeln eingeschränkt erscheint. Deshalb unterliegen Worte wie »Dogma« oder »Bekenntnis« bei vielen Menschen, die sich durchaus als »religiös« bezeichnen würden, sogleich dem Verdacht, hier wolle eine Religionsgemeinschaft das Individuum eingrenzen und entmündigen.

Kennzeichen formierter Religionen ist es allerdings, dass sie gerade durch ihre Verbindlichkeit verbindend wirken wollen. Es handelt sich bei ihnen um soziale Gebilde, die sich jeweils einem gemeinsamen Ursprung, aber auch dem verdanken, was als gemeinsame Wahrheit gilt. Die Frage, wie die Integration Einzelner in die religiöse Gemeinschaft gelingen kann – und sie gelingt ja faktisch, sonst gäbe es gar keine formierten Religionen! –, ist weniger ein Problem des Ausgleichs von Autonomie und Heteronomie, sondern der Zuordnung von Individualität und Sozialität: Sofern ich als Einzelner in dem, was eine Gemeinschaft als Wahrheit glaubt und lebt, die eigenen religiösen Bedürfnisse oder Erwartungen erfüllt und befriedigt sehe, also in ihnen das »wiederentdecke«, was mir selbst wichtig ist, geht es nicht mehr um den Antagonismus von Selbst- oder Fremdbestimmung, sondern dann erlebe ich deren Identität.

Für formierte Religionsgemeinschaften bedeutet das dann: Sofern ihnen an der Individualität ihrer Mitglieder und nicht an deren Gleichförmigkeit gelegen ist, werden sie darum bemüht sein, dass diese Identifizierung auf dem Weg der Überzeugung und ohne jeden inneren oder äußeren Druck gelingt. Die Zugehörigkeit zu einem bestimmten religiösen Sozialgefüge, zu einer formierten Gemeinschaft ist dann Ausdruck eigener Entscheidung und steht an Freiheit derjenigen in nichts nach, die für sich einen individuellen religiösen Bezugsrahmen schafft.

8. Das Christentum muss seine »Religionsfähigkeit« neu entdecken

Aus alledem wird deutlich, dass aus meiner Sicht der einige Jahrzehnte andauernde Kampf der Theologie gegen ein Selbstverständnis des Christentums als Religion inzwischen veraltet ist. Stattdessen wäre nachzuholen und zu realisieren, dass auch das Christentum Religion ist!

Die Forderung nach Neuentdeckung der »Religionsfähigkeit« bezieht sich freilich in erster Linie auf die protestantische Gestalt des Christentums, sehr viel weniger auf seine katholische oder orthodoxe Ausprägung. Während hier Ritus und Spiritualität wesentliche Bedeutung hatten, zeigte sich das protestantische Christentum allzu oft in einer die Vielfalt religiöser Ausdrucksweisen reduzierten Intellektualität. Das hatte durchaus beachtliche Konsequenzen, war es darin doch am nächsten verwandt mit der gesellschaftlich vorherrschenden Vernunftorientierung. Protestantisches Christentum schien am allerwenigsten das »sacrificium intellectus« zu fordern.

Es wäre verfehlt, dieser spezifisch konfessionellen Prägekraft der protestantischen »Spielart« des Christentums angesichts der geschilderten Veränderungen der religiösen Landschaft einfach den Abschied geben zu wollen. Das ist wohl auch gar nicht möglich. Aber der gegebene Kontext des Zusammentreffens verschiedener Religionen und Religiositäten fordert zu einer kritischen Selbstbesinnung gerade der protestantischen Religionskultur heraus.

Dies könnte zweierlei zur Folge haben:

Die Neuentdeckung der Tatsache, Religion zu sein, bringt das Christentum in Beziehung! Es wird dann nicht mehr völlig erfahrungs- und hilflos all jenen Entwicklungen gegenüberstehen, die ich in These 2 und 3 beschrieben habe, sondern kann einen Referenzrahmen entwickeln, innerhalb dessen sich auch die Besonderheit der eigenen Religion bestimmen lässt – und zwar in Abgrenzung wie in Übereinstimmung zu anderen Erscheinungsformen. Das bedeutet keine Nivellierung des Selbstanspruchs, macht aber zur Begegnung und zum Dialog mit Andersglaubenden offen.

»Religionsfähigkeit« bedeutet aber auch, sich auf die Bedeutung religiöser Praxis zu besinnen. Gerade im protestantischen Bereich hat sich hier einiges getan: Nicht nur, dass (vermittelt über den unscharfen Begriff »Spiritualität«) wieder der eigene frömmigkeitliche Vollzug in den Blick rückt – es wird auch nach ritualisierten Formen und Orten gefragt, in denen und an denen sich Religiosität ausdrückt: Gebet, Meditation, Liturgie, Feier, Körperlichkeit und Sinnenhaftigkeit, Räume und Zeiten. Die Reihe der Stichworte ließe sich ohne Schwierigkeiten verlängern. Die christliche Tradition bietet genügend in ihrem Erbe, um sich als religionsfähig erweisen zu können. Dass dies alles mit der Rehabilitation des religiösen Gefühls einhergehen wird, bin ich mir ziemlich sicher. Aber auch das hatte schon Schleiermacher gesagt.

9. Begegnung der Religionen braucht Identität und Toleranz

Begegnen sich Religionen, ist dies nicht prinzipiell eine Quelle der Friedfertigkeit, sondern potentiell des Gegenteils. Es sind ja keine abstrakten Ideen, die sich begegnen, sondern Menschen, die von der Wahrheit und vom Sinn der eigenen Religion überzeugt sind. Toleranz ist da, wo es um Entscheidendes im Leben geht, nicht von vornherein vorauszusetzen!

Wenn wir es uns angewöhnt haben, vom Dialog der Religionen zu sprechen, ist dies also keineswegs eine unbestrittene Selbstverständlichkeit, die sich etwa naturwüchsig aus dem Wesen von Religionen ergibt, sondern es ist eine Zielvorstellung, die bereits ein gehöriges Maß an Reflexion über die eigene Religion voraussetzt. In diesem Zusammenhang gewinnt für mich »Religionspädagogik« – und zwar in einer neuen, erheblich erweiterten Bedeutung verstanden – einen besonderen Stellenwert! Ihre Aufgabe wäre eine doppelte:

Sie müsste einerseits die Identität der eigenen Religion in der Vielfalt ihrer Glaubens- und Lebensäußerungen herausarbeiten und verständlich machen. Dialoge sind nur dann fruchtbar, wenn sie selbstbewusst geführt werden. Diese Teilaufgabe wäre mit dem Stichwort »Theologie« zu umschreiben.

Andererseits aber hätte sie die Rahmenbedingungen zu bedenken und eine Methodik zu entwickeln, unter denen sich die Begegnung der Religionen als vom Gedanken der gegenseitigen Achtung und Toleranz bestimmter Dialog und eben nicht als »Clash of Civilisation« (Huntington) ereignen kann. Diese zweite Ausrichtung ließe sich mit dem Stichwort »Kommunikationstheorie« erfassen.

Beides für sich ernstgenommen und aufeinander bezogen ist für mich unabdingbar, um zukunftsträchtige Perspektiven im Umgang der Religionen miteinander zu eröffnen.

10. Eine multireligiöse Gesellschaft erfordert einen säkularen Staat

Angesichts der Relevanz, die Religion für Menschen besitzt, und der faktisch multireligiösen Situation in unserer Gesellschaft ist ein sich ausdrücklich säkular verstehender Staat die Voraussetzung dafür, den Religionen im öffentlichen Leben gerecht zu werden. »Säkularität« verliert damit den Charakter eines polemischen Gegenbegriffs zu »Religiosität«, so als solle mit ihm Religion ausgeschlossen oder gar negiert werden. Im Gegenteil: Erst die »Säkularität« des Staates ermöglicht für den Einzelnen Freiheit – und damit auch die Freiheit zu einer ungehinderten Ausübung der eigenen Religion. Der säkulare Staat ist freilich nicht wertfrei. Politische Gestaltungsaufgabe wird es sein müssen, im Rahmen des in der Verfassung zum Ausdruck kommenden Wertekonsenses dem Vorhandensein formierter Religionen Rechnung zu tragen, ohne dabei eine bestimmte Religionsgemeinschaft und Religionskultur zu bevorzugen bzw. zu bevormunden. Dabei bleibt es immer auch eine spannende Frage, ob der Wertekonsens des säkularen Staates seinerseits nicht auch religiöse Wertvorstellungen impliziert und was für ihn umgekehrt die Vielfalt der Religionen und ihres Zusammenlebens bedeutet. Er könnte sich bei der Klärung dieses Problems durchaus jener neuen Weise von »Religionspädagogik« bedienen.

Evangelische Identität heute

Oder: Warum es Sinn macht, evangelisch zu sein

1. Luthers eigene Bilanz

Martin Luther hat im Rückblick auf die bewegten Ereignisse zu Beginn der Reformation eingestanden, er hätte dies alles wohl kaum auf sich genommen, wäre ihm damals bewusst gewesen, was auf ihn zukommt. »Den Mose musste unser Herr Gott schier sechsmal dazu bitten. Und wahrlich hat er mich auch so hingeführt. Hätte ich's zuvor gewusst, es hätte Mühe bedurft, dass er mich dazu gebracht hätte. Wohlan, habe ich's denn angefangen, so will ich's auch mit ihm hinausführen. Ich wollte nicht die ganze Welt dafür nehmen, wenn ich's jetzt anfangen sollte, wegen der überaus großen, schweren Sorge und Angst.«

Was ihn letztlich dennoch ermutigte, den eingeschlagenen Weg weiterzugehen, hat er in der gleichen Tischrede offengelegt: »Dagegen wenn ich den sehe, der mich berufen hat, so wollte ich's mir auch nicht nehmen lassen.«

Beides betont Luther in diesem Selbstzeugnis: die Last, Verzagtheit und Angst angesichts der weit reichenden Folgen seiner reformatorischen Impulse auf der einen und das Wissen um die eigene Berufung durch Gott auf der anderen Seite. Nur in diesem Vertrauen glaubt er die Bürde auf sich nehmen zu können und – zaudernd und zuversichtlich zugleich – in die Auseinandersetzungen zu gehen, deren Ende für ihn und seine Mitstreiter völlig offen war.

Sein Erschrecken ist nachvollziehbar, nicht nur in der historischen Perspektive! Was der bis dahin unbekannte Augustinermönch Martin Luther 1517 mit der Veröffentlichung seiner Thesen zum Ablass an Wirkungen initiierte, war von ihm weder geplant noch konnten er oder andere Zeitgenossen die Konsequenzen überblicken. Luther hatte kein Programm konkreter Reformschritte. Schon gar nicht vermochte er ein Gesamtkonzept für eine evangelische Kirche vorzulegen. Kirchentheoretiker war er nie! Vielmehr reagierte er jeweils in der gegebenen Situation und entwickelte den nächsten Schritt – allerdings stets von den gleichen Grundvoraussetzungen aus. Für weit reichende gestalterische Überlegungen blieb ihm wenigstens in der Anfangszeit der Reformation kaum Zeit. Aber am Ende stand, obwohl Luther dies ursprünglich gar nicht beabsichtigt hatte, ein neues Kirchengebilde: die »evangelische« Kirche.

Sein Kampf um die eine Wahrheit des Evangeliums spaltete die Christenheit im Abendland in unterschiedliche Konfessionen.

Die Folgen der damals beharrlich und verbissen geführten Auseinandersetzung reichen bis in unsere Gegenwart und sind noch immer nicht zum Ende gekommen. Was bedeuten sie für uns?

2. Protestantische Ernüchterung

Bei einer Bilanz aus der gegenwärtigen Perspektive heraus sollen wir uns vor allzu viel evangelischem Pathos hüten. Der Blick in die Christentumsgeschichte der vergangenen fünf Jahrhunderte kann durchaus protestantische Ernüchterung provozieren. Dazu nur drei Beispiele:

1. Charakteristisch für die Ausbildung eines evangelischen Selbstverständnisses war lange Zeit die Verbindung eines besonderen Sendungsbewusstseins mit einem neuen *Berufsethos*. Luther entwickelte die Hochschätzung der Berufsarbeit aus dem Gedanken, es sei ein »lebendig, geschäftig, tätig, mächtig Ding um den Glauben, dass es unmöglich ist, dass er nicht ohne Unterlass sollte Gutes wirken.« Der Glaube ist darum praktisch. Diesen Ansatz verfolgte er so konsequent, dass er den gesamten Alltag unter dem Blickwinkel des Gottesdienstes sehen konnte: »Wenn ein jeder seinen Nächsten diente, dann wäre die ganze Welt voll Gottesdienst. Ein Knecht im Stall wie der Knabe in der Schule dienen Gott. Wenn die Magd und die Herrin fromm sind, so heißt das Gott gedient. So wären alle Häuser voll Gottesdienst und aus unseren Kirchen würden eitel Kirchen, weil Gott dort gedient wurde.« Für Luther war selbstverständlich, dass sich der Gottesdienst nicht allein auf den Sonntagmorgen bezieht. Damit war eine neue Qualifizierung des Verhältnisses von heiligem und profanem Bereich erreicht, denn die Grenze zwischen beiden, ehedem getrennten Bereichen wurde hinfällig. Das ganze Leben ist ein Gottesdienst, ist Dienst für Gott – und es ist zugleich Tätigkeit.

Aus dieser besonderen Wertschätzung, die Luther der Berufsarbeit im Alltag entgegenbrachte, entwickelte sich – sozialgeschichtlich gesehen – in den evangelisch gewordenen Gebieten eine eindrucksvolle wirtschaftliche, wissenschaftliche und technologische Dynamik. Allerdings nehmen wir heute auch immer deutlicher die Kehrseiten dieser Akzentsetzung wahr: Wie steht es, wenn die Arbeit ausgeht, mit dem Berufsethos des Protestantismus? Darauf haben wir keine ähnlich überzeugende Antwort, wie sie Luther seinerzeit im Blick auf die Bedeutung der Arbeit gab.

2. Der Protestantismus hatte von Anfang an eine große Affinität zur *Kultur*. Luthers – gegen alle Übermacht durchgehaltene – Berufung

auf das eigene, allein in Gott gebundene Gewissen »Hier stehe ich. Ich kann nicht anders, Gott helfe mir. Amen« geriet zu einem wesentlichen Faktor für die Ausbildung eines Individualismus, dem sich auch kulturelles Wirken verdankt. Bedeutsam wurde vor allem die evangelische Kirchenmusik. Und unbestritten ist zudem, dass gerade das evangelische Pfarrhaus im Lauf seiner Geschichte ein Ort starker kultureller Prägung war.

Der Protestantismus konnte seine kulturelle Bedeutung lange wahren, weil die politischen und gesellschaftlichen Eliten bis in den Beginn des 20. Jahrhunderts protestantisch dominiert waren. Hier hat die katholische Kirche inzwischen deutlich aufgeholt und die Verhältnisse zum Teil umgekehrt.

3. Auch in anderer Beziehung ist ein Wandel zu beobachten: Die *Medialisierung* unserer Gesellschaft bringt es mit sich, dass Themen und Positionen zunehmend an Einzelpersonen festgemacht werden. Das gilt für alle Institutionen des öffentlichen Lebens – und offenbart bei den synodal organisierten evangelischen Kirchen strukturelle Aporien. Die veröffentlichte Meinung braucht ein wiedererkennbares Gesicht. Hier ist die katholische Kirche unstrittig überlegen und hat in Papst Johannes Paul II. einen echten Medienstar. Die längeren Entscheidungswege und die Vielfalt der beteiligten Entscheidungsgremien in den evangelischen Kirchen sind für die Öffentlichkeit kaum durchschaubar und sprechen eher gegen eine besondere mediale Wirksamkeit. Ausgefeilte Zeremonien, farbenprächtige Gewänder und ein sicheres Gefühl für die Ästhetik von Kirchen, Räumen und Veranstaltungsorten sind demgegenüber mediale Leckerbissen und lassen die etwas nüchterne, zum Teil spartanisch wirkende evangelische Kirche schnell grau aussehen.

Wir mögen das evangelischerseits beklagen, sollten uns freilich nicht der Illusion hingeben, die Kriterien der Medienberichterstattung ändern zu können. Und ob eine Anpassung um jeden Preis angesagt ist, erscheint mir durchaus zweifelhaft. Trotzdem sind sicher Verbesserungen im Blick auf die Professionalität von öffentlichen Darstellungen oder die Transparenz evangelischer Entscheidungswege vorstellbar.

3. Evangelisches Profil im ökumenischen Dialog

Angesichts solch ernüchternder Einschätzung könnte die Frage naheliegen, ob es überhaupt sinnvoll ist, in einer Zeit ökumenischer Verständigungsbemühungen (noch) evangelisch zu sein? Sollten wir uns nicht vielmehr auf das »Christliche« konzentrieren? Die Mediengesellschaft differenziert hier bekanntermaßen nur wenig – abgesehen vom unterschiedlichen äußeren Erscheinungsbild der Konfessionen. Die Wahrnehmung unserer Kirchen ist ansonsten weitgehend »ökumenisch«. Das heißt aber auch: Für die Stärken wie für die »Fehler« der einen Konfession werden immer auch die anderen haftbar gemacht! Die Medien egalisieren – und das nicht ohne Wirkung.

Allzu schnell möchte ich dieser gängigen Forderung nicht nachgeben. Denn wenn es wirklich um »Sinn« geht, betrifft das die ganze Existenz des Menschen, eine Dimension, die tiefer geht als pragmatische Entscheidungen und bloße Nützlichkeitserwägungen. Es geht um Grundlagen meiner Identität, die ihrerseits eine tragende Bedeutung für meine Lebensbewältigung haben. Im Mittelpunkt steht, woran ich mein Herz hänge, worauf ich im Leben und im Sterben vertraue und woraus ich zu einem verantwortungsvollen Leben ermutigt werde. Dies bestimmt den »Sinn« meines Lebens. Und hier gibt es Prägungen, die offenkundig oder doch unterschwellig fortbestehen und die sich nicht mit einer leichten Handbewegung beiseiteschaffen lassen.

Nur wer dies verstanden hat, kann nachvollziehen, warum seit einiger Zeit eine gewisse konfessionelle Profilierung zu beobachten ist, die zur Folge hat, dass es etwa in den Beziehungen zur römisch-katholischen Kirche durchaus »anregende« Wechselbäder gab.

Zwar konnte sich der Lutherische Weltbund 1999 mit dem Vatikan auf eine Gemeinsame Erklärung zur Rechtfertigungslehre einigen. Aber auf Seiten der deutschen evangelischen Theologie gab es daran zum Teil heftige Kritik. Und seither scheuen wir uns, den Dialog fortzusetzen und nach den inhaltlichen Konsequenzen zu fragen, die ein gemeinsames Verständnis der Rechtfertigung für das Verständnis von Kirche und ihren Ämtern, also für die Ekklesiologie, haben könnte. Die Römische Verlautbarung »Dominus Iesus« hat zum Zeitpunkt ihrer Veröffentlichung im Jahr 2000 viele Evangelische verstört. Dies lag gar nicht so sehr an ihrem Inhalt, der viele Positionen wiederholte, die schon im II. Vatikanischen Konzil vertreten wurden. Irritierend war vielmehr, dass nach Jahrzehnten des Dialogs aus evangelischer Perspektive keine Entwicklung der katholischen Position wahrgenommen wurde und offensichtlich ungebrochen weiter galt, was das II. Vaticanum feststellte.

Der unglückliche Streit um das Abendmahl beim Frankfurter Kirchentag im Jahr 2001 ließ erneut Differenzen deutlich werden. Und die Hoffnungen auf ein gemeinsames Abendmahl beim ersten Ökumenischen Kirchentag in Berlin stellten sich bald als gut gemeint, aber realitätsfern dar.

Auch die Beziehung zur Orthodoxie ist in den letzten Monaten auf eine nüchterne Basis gestellt worden und hat uns einiger Illusionen beraubt. Im Ökumenischen Rat der Kirchen, der Kirchen der Reformation und orthodoxe Kirchen umschließt, ist es zu den bekannten Auseinandersetzungen um die Möglichkeit oder Unmöglichkeit gemeinsamer Gottesdienste gekommen. Der Bericht, den eine Sonderkommission vorlegte, konnte den Eindruck aufkommen lassen, was gemeinsam gefeiert werde, seien zumindest keine *Gottesdienste*. Das hat besonders im evangelischen Deutschland zu Irritationen geführt, die keineswegs ausgeräumt sind.

Unumwunden wird man daraus das Fazit ziehen müssen: Dogmatisch gesehen gelten wir Evangelischen weiterhin nicht als ebenbürtig. Wir sind keine »Kirchen« im vollen Sinn des Wortes – wenigstens nach dem Verständnis, das uns die anderen beilegen, seien es nun Katholiken oder Orthodoxe. Man betrachtet uns als defizitär, und zwar in jeder Hinsicht: ob im Kirchenbegriff, in der Amtslehre oder im Gottesdienstverständnis. Innersystematisch gesehen gehören diese Aspekte tatsächlich zusammen. An dieser Tatsache ändert auch nichts, dass der diffizilen ökumenischen »Großwetterlage« gute ökumenische Beziehungen unserer Kirchengemeinden gegenüberstehen, die fast überall als unproblematisch und freundschaftlich beschrieben werden können.

Was lässt sich aus diesen Beobachtungen folgern? Ehrliche ökumenische Begegnungen und schließlich auch die Gespräche zur Erzielung von Übereinstimmungen werden nach meiner Einschätzung nur dann gelingen, wenn wir auf beiden Seiten uns unserer eigenen Überzeugungen bewusst sind und sie ohne Scheu vertreten. Dazu gehören eine Haltung des Respekts vor dem Glauben der anderen und zugleich die Erwartung, dass unsere Glaubenserkenntnis ebenso respektiert wird. Gerade bei ökumenischen Dialogen ist es wichtig, sich seine Wurzeln zu vergegenwärtigen und sie nicht in der Euphorie der guten Atmosphäre zu vernachlässigen. Das bewahrt uns vor Illusionen und späteren Enttäuschungen. Positionalität verhindert also nicht das Gespräch, sondern ermöglicht erst einen ehrlichen Austausch! Andererseits gilt: Alleinvertretungsansprüche jedweder Art nutzten sich, auf Dauer gesehen, argumentativ ab.

4. Das Herzstück evangelischer Identität

Ich bin nun freilich zutiefst davon überzeugt, dass der evangelische Glaube – in Umkehrung der Eingangsfrage des vorangegangenen Abschnitts – sehr wohl dazu beiträgt, Menschen eine bewusste Identität in einer immer unübersichtlicher werdenden Welt zu vermitteln. Die

Antwort auf den zunehmenden Sog zur Egalisierung kann ja nicht Anpassung an eine vermeintliche Einheitskultur sein, weil sich hier keine echte Identität mehr ausbildet.

Kehren wir nochmals zu Luther zurück! Im Zentrum stand für ihn die Erfahrung der Rechtfertigung des Sünders allein aus Gnade durch den Glauben. Was in theologischer Fachsprache so sperrig daherkommt, aber gleichwohl zum protestantischen Grundbestand zählt, muss in evangelischen Kreisen immer wieder neu erläutert und durchbuchstabiert werden: Es geht nicht um einen dogmatischen Topos neben anderen, auch nicht um eine quantité négligiable, sondern um die entscheidende Wirklichkeit, die unser Leben bestimmt: um Gottes Gottsein, und damit um Erlösung, Heil und ewiges Leben. Radikal war Luthers Einsicht darin, dass sie die Wege, wie wir als Menschen dieses Heil erlangen, auf einen einzigen reduzierte, nämlich auf den Glauben an Christus, und alle menschliche Mitwirkung an diesem Heilsgeschehen verneinte.

Für die kirchenhistorische Forschung ist bis heute ungeklärt, ob sich Luthers reformatorische Einsicht in die Rechtfertigung eher als allmählicher Prozess oder als pointiertes Ereignis darstellt. In Luthers Erinnerung, die sich in der Vorrede zum ersten Band seiner lateinischen Schriften aus dem Jahr 1545 findet, scheint es sich eher um einen einzelnen, aus der Situation heraus geborenen Erkenntnisakt gehandelt zu haben — aber späte Erinnerungen können auch trügen.

In diesem Rückblick – ein Jahr vor seinem Tod – beschreibt Luther, er sei an dem Begriff der Gerechtigkeit Gottes, wie ihn seine Kirche verwendete, gescheitert und habe allen Mut fahren lassen, weil er darin nur den Gott des Zorns und der Strafe habe erkennen können. Trotz seines untadeligen Lebenswandels als Mönch habe er keine Hoffnung gehabt, dass Gott ihm gnädig sei. Darum fürchtete er Gottes Verdammnis und fragte verzweifelt: »Muss denn Gott noch durch das Evangelium Leid an Leid fügen und uns auch durch das Evangelium mit seiner Gerechtigkeit und seinem Grimm drohen?«

Doch dann – nach eingehendem Studium der Bibel – begann er die Gerechtigkeit Gottes so zu verstehen, dass sie Gottes Geschenk und nicht seine Forderung an uns ist. Gott ist gerecht – und zwar, weil er uns gerecht macht. Gott straft uns nicht, sondern vergibt uns unsere Schuld um Christi willen. Seine Gerechtigkeit ist seine Barmherzigkeit.

Wie tiefgreifend dieser Perspektivwechsel in Luthers Leben einschlug und welche grundsätzliche Wandlung seines Lebensgefühls damit einherging, zeigt seine eigene Reaktion auf diese Einsicht. »Nun fühlte ich mich ganz und gar neu geboren: die Tore hatten sich mir aufgetan; ich war in das Paradies selber eingegangen.« Damit ist das neue Fundament evangelischer Existenz beschrieben: Evangelisch-Sein als unverdienter Eintritt ins »Paradies«! Und das, weil von Gott wirklich groß gedacht wird: Er ist kein Gott, den man mit frommen Vorleistungen beeindrucken kann. Stattdessen ist alles davon bestimmt, sich Gott ganz und gar hinzugeben, ihn zu fürchten, zu lieben und ihm zu vertrauen, wie es in Luthers Kleinem Katechismus heißt. Das scheint wenig zu sein und ist doch zugleich sehr viel: Es erfordert menschlicherseits den Mut, auf alle gängigen Weisen der Selbstrechtfertigung und Selbstdarstellung zu verzichten. Das gelingt beileibe nicht immer – und auch nicht allen.

Die befreiende Kraft dieser reformatorischen Erkenntnis besteht darin, dass wir von den Anstrengungen und Bemühungen, uns selbst in dieser Welt Sinn und Heil zu schaffen, entlastet sind. Beides wird uns geschenkt: Wir sind durch Christus gerechtfertigt. Der Trost und die Hoffnung, die aus dieser Verheißung erwachsen, liegen in der Gewissheit, dass uns nichts von der Liebe Gottes scheiden kann. Das macht evangelische Identität aus.

Die Gemeinsame Erklärung der römisch-katholischen Kirche und des Lutherischen Weltbundes zur Rechtfertigungslehre kann daher nur ein erster Schritt der Verständigung sein. Denn immer noch gibt es Unterschiede bei der Bewertung, welchen Stellenwert die Rechtfertigungslehre im Zusammenhang der christlichen Dogmatik besitzt: Ist sie ein Lehrstück neben anderen – oder wirklich *der* Artikel, »mit dem die Kirche steht und fällt«? Die Radikalität der Rechtfertigungslehre bleibt wie die Glut unter der Asche verborgen, wenn sie nur *ein* Baustein neben anderen im christlichen Lehrgebäude ist. Verstehen wir sie hingegen als das *Herzstück* evangelischer Lehre, als die Wurzel, aus der alles weitere entspringt, entfaltet sie umfassende Wirkungen.

Warum das so ist? Weil es nun allein um den *Glauben* geht! Und damit finden wir uns geradewegs vor Gott gestellt. Ausschließlich auf *diese* Beziehung kommt es nach evangelischem Verständnis an. Ist sie von dem Vertrauen in die göttliche Verheißung geprägt, dann ist alles da, was nötig ist. Sie allein bestimmt unsere Identität. Um es pointiert zu formulieren:

Wir sind unvertretbar! Das macht die Besonderheit theologisch begründeter evangelischer Anthropologie aus. Der uns bisweilen vorgeworfene Individualismus hat – positiv verstanden – eine zutiefst geistliche Begründung!

Dies möchte ich an einigen Beispielen verdeutlichen.

5. Kirchenverfassung, Amt, Gemeinde, Lehre – die Folgen der Rechtfertigungslehre

Wenn das bisher Ausgeführte prinzipiell zutrifft, gerät die *Kirche* in eine ganz neue Rolle. Sie ist in einem ernsten Sinn des Wortes »Kirche für andere«, weil ihr die Aufgabe anvertraut ist, das Evangelium zu bezeugen und die Sakramente dem Evangelium gemäß darzureichen. Für das Heil hat die Kirche eine unterstützende Bedeutung.

Darum muss ihre *Gestalt* unter den jeweils gegebenen gesellschaftlichen Bedingungen diejenige Form annehmen, die für ihren Auftrag die angemessenste ist. Ihre äußere Erscheinungsweise ist nicht göttlichen Rechts. Menschlichem Ermessen und menschlicher Vernunft gemäß ist sie so einzurichten, dass sie mit dem Evangelium den Menschen dienen kann. Unter den gegebenen Bedingungen bedeutet das für mich, für eine volkskirchliche Orientierung einzutreten, weil sie am ehesten die Gewähr bietet, die christliche Botschaft in die verschiedenen gesellschaftlichen Beziehungen und Verflechtungen einzubringen.

Es bedeutet aber nicht, dass die Landkarte der evangelischen Landeskirchen unveränderlich wäre! Nach evangelischer Überzeugung gilt für die Kirche vielmehr: »ecclesia semper reformanda«, sie ist prinzipiell in ihrer weltlichen Erscheinungsform verbesserlich. Damit wird keine institutionalisierte Dauerreflexion über Strukturfragen gemeint sein! Aber trotz dieser Gefahr, der wir im evangelischen Bereich derzeit arg erliegen, wäre für ein evangelisches Verständnis der Kirche nichts lähmender, wollten wir versuchen, sie in ihrer historisch gewordenen konkreten Sozialgehalt zu konservieren.

Wir haben in unseren evangelischen Kirchen die große Freiheit, die Strukturen den jeweiligen Gegebenheiten und Notwendigkeiten anzupassen, ohne uns freilich dem sogenannten »Zeitgeist« hingeben zu müssen. Hier bleibt die Warnung der Barmer Theologischen Erklärung von 1934 maßgeblich, die ausdrücklich den Irrglauben ablehnt, »als dürfe die Kirche die Gestalt ihrer Botschaft *und ihrer Ordnung* [Hervorhebung durch Verf.] ihrem Belieben oder dem Wechsel der jeweils herrschenden weltanschaulichen und politischen Überzeugung überlassen« (These 3).

Die evangelische Kirche hat im vergangenen Jahrhundert in Deutschland den Wandel von einer Staatskirche zur Volkskirche vollzogen. Welche Gestalt unsere Kirche in der kommenden Zeit annehmen wird, ist noch keineswegs ausgemacht. Grundsätzlich gilt aber, dass wir diese Veränderungen nicht als bedrohlich empfinden müssen. Die Zusage Jesu Christi, dass er zu seiner Kirche steht, ist die beste Voraussetzung für jede Reformation der Kirche in der Sozial- und Rechtsgestalt. Es ermöglicht eine große Lebendigkeit in der Mitwirkung, ohne dass wir jeweils in grundsätzliche Diskussionen zurückfallen müssten.

Auch das *Amt* der ordinierten Geistlichen rückt durch die Rechtfertigungslehre in ein neues Licht. Sie bezeugen nach evangelischem Verständnis aufgrund ihrer Ordination in besonderer Weise das Evangelium. Darum ist eine Weihe durch einen Bischof – streng genommen – für uns ohne Belang. Kein Eintreten in eine apostolische Sukzession macht rechte Pfarrerinnen und Pfarrer, sondern die Verkündigung des Evangeliums. Allerdings sollen – unter dem Gesichtspunkt der Ordnung – nur diejenigen in der Kirche *öffentlich* lehren und predigen oder die Sakramente reichen, die dazu ordnungsgemäß berufen wurden. Voraussetzung dafür sind eine entsprechende Ausbildung und die Bestätigung der Eignung durch die Gemeinden.

Ihre sorgfältige Ausbildung und der weitergehende Umfang ihrer Beauftragung unterscheidet künftige Pfarrerinnen und Pfarrer von anderen Gemeindemitgliedern, nicht ein herausgehobener Weihecharakter. Der Segen im Rahmen der Ordination, an der auch Vertreter der Gemeinde beteiligt sind, ist Ausdruck der Überzeugung, dass die Ordinierten in diesem schönen wie schweren Amt unter Gottes Zusage stehen und von ihm geleitet werden. Bis weit in die sechziger Jahre des letzten Jahrhunderts gab es Widerstände bei männlichen Kollegen und in den Gemeinden gegen die Ordination von Frauen, aber kein wirklich schlagendes Gegenargument. Gottlob wurden durch beharrliche Überzeugungsbemühungen und die hervorragende Arbeit der ersten Frauen im Pfarrdienst solche Bedenken überwunden. Hinter diese – ökumenisch umstrittene! – Entscheidung, dass Frauen Pfarrerinnen sein können, gehen wir nicht mehr zurück. Im Gegenteil: Wir fragen unsere römisch-katholischen und orthodoxen Schwesterkirchen, aber auch manche lutherischen Kirche in der Welt, welche geistlichen Impulse sie sich selbst vorenthalten, wenn sie die Frauenordination ablehnen.

Eine wesentliche Folge der Rechtfertigungslehre ist aber nicht zuletzt das sogenannte *Priestertum aller Gläubigen.* »Was aus der Taufe gekrochen ist, das kann sich rühmen, schon zum Priester, Bischof und Papst geweiht zu sein, obwohl es nicht einen jeden ziemt, solch ein Amt zu üben«, sagt Luther. Hier wird eine prinzipielle Gleichheit unter den Gliedern der Gemeinde hergestellt. Alle Hierarchien sind eingeebnet. Es geht nicht um Über- und Unterordnung, sondern um sachgemäße Zuordnung. Dies ist in der evangelischen Kirche keine Leerformel: Die Gemeindeglieder leiten, vertreten durch den Kirchenvorstand, in gemeinsamer Verantwortung mit der Pfarrerin oder dem Pfarrer die Kirchengemeinde. Die Gemeinde entscheidet über die liturgische Gestalt des Gottesdienstes. So weit reicht tatsächlich die Befugnis von Gemeindegliedern, denn nach evangelischer Auffassung ist für die Einheit der Kirche die Uniformität des Gottesdienstes nicht erforderlich (Confessio Augustana VII). Schließlich resultieren aus dem Gedanken des allgemeinen Priestertums das Recht und die Kompetenz der Gemeinde, die Verkündigung ihrer Pfarrerinnen und Pfarrer zu prüfen und diese ein- bzw. abzusetzen.

Und das bezieht sich nicht nur auf den Kirchenvorstand, sondern ebenso auf die Landessynode! Das Bischofsamt in den deutschen evangelischen Landeskirchen ist daher synodal verankert. Von der Landessynode wird der Bischof gewählt und gegebenenfalls auch wieder abgesetzt. Ihr ist er rechenschaftspflichtig. Sie stellt nach evangelischem Verständnis das höchste kirchenleitende Organ dar.

Diese synodale Verfassung der Kirche ist kein historischer Zufall. Sie beruht durchaus auf biblischem Vorbild: Durch das Apostelkonzil, wie es in Apostelgeschichte 15 geschildert ist, wurde die Beratung aller maßgeblich Verantwortlichen über die anstehenden Streitfragen zum Exempel theologischer Meinungsbildung und Urteilsfindung. Dieses Vorbilds bediente sich etwa in Hessen Landgraf Philipp, um 1526 in Homberg mittels einer Synode, an der Geistliche wie weltliche Stände teilnahmen, die evangelische Reformation einzuführen.

Auch an der Formulierung der *Lehre* der Kirche sind die Gemeindeglieder über die Landessynode beteiligt. Es geht um synodale Beschlüsse, die sich an der regulativen Idee des »magnus consensus«, der größtmöglichen Übereinstimmung, orientieren. Dies wird allerdings nicht immer erreicht – gerade in den heftig umstrittenen gesellschaftlichen Themen gibt es höchst unterschiedliche Positionen. Das entbindet aber nicht von der geduldigen Nachfrage nach dem Zeugnis der Heiligen Schrift und der überlieferten Bekenntnisse als Richtschnur für heutiges Urteilen und Handeln. Alleiniger Maßstab für die Beurteilung der Lehre, der verantwortlichen Lebensführung oder der Entscheidung der Kirche ist nach Luthers Maßgabe die Heilige Schrift. Darum stellt jede innerkirchliche Auseinandersetzung immer auch ein Ringen um das angemessene Verständnis des Wortes Gottes dar. Die Bibel darf nicht zu einem Gesetzbuch degradiert werden, aus dem sich unmittelbare Anweisungen für jede gegebene Situation ableiten ließen. »Ein bloßes Schriftzitat ist niemals schriftgemäß« (Eberhard Jüngel). Es bleibt uns evangelischen Christen aufgegeben, in der Bibel stets erst das zu suchen und zu entdecken, was Gottes Wort und sein Wille in einer konkreten Entscheidungssituation ist.

In der Öffentlichkeit entsteht dadurch manchmal der Anschein einer gewissen Beliebigkeit und Unverbindlichkeit dessen, was in der evangelischen Kirche gilt. Und in der Tat ist zuzugestehen: Der Weg einer Entscheidungsfindung ist bei gravierenden umstrittenen Fragen ohne Zweifel mühsam. Aber im Vertrauen auf den notwendigen Veränderungsprozess über Gottes Wort, der ja auf den »magnus consensus« zielt, müssen wir diesen Eindruck aushalten – um der Wahrheit willen. Evangelische Lehrorientierung zielt eben auf die Überzeugung – reformatorisch gesagt: *sine vi, sed verbo.*

6. Macht es Sinn, evangelisch zu sein?

In seiner Konsequenz hat sich der evangelische Glaube als eminent welttauglich erwiesen – und zwar in der Weise, dass er sich gestaltend in die Belange des Gemeinwesens einmischt und zugleich ein kritisches Gegenüber bleibt. Die Rechtfertigungslehre als Herzstück protestantischen Glaubens und evangelischer Identität ist also nicht nur ein Korrektiv gegen jede institutionelle Verkrustung innerhalb der Kirche, sondern grundsätzlich gegen jede Macht, die in unserer Welt Letztgültigkeit beansprucht. Das gilt für politische und staatliche Optionen genauso wie für das ökonomische Diktat oder den naturwissenschaftlichen Allmachtswahn.

Die Reformation hat uns Christen nicht nur ein großes Erbe hinterlassen, sondern aufgetragen. Evangelisches Christsein bleibt so gesehen keine leichte Angelegenheit, sondern stellt Anforderungen. Es ist – im Bild gesprochen – nach vorne hin offen und darum stets ein Wagnis, dem wir uns stellen müssen. Man könnte dies in unserer gegenwärtigen gesellschaftlichen Situation, die davon geprägt ist, eher vorgegebene Verhaltensmuster zu übernehmen als Eigenständigkeit zu verantworten, als Nachteil ansehen. Ich glaube dennoch, dass der Kirche Jesu Christi in der Welt etwas Entscheidendes fehlen würde, gäbe es nicht dieses kritische, selbstreflexive und zugleich kreative Potential des evangelischen Christseins.

Darum macht es für mich bei aller ökumenischen Gesinnung weiter Sinn, evangelisch zu sein und dies selbstbewusst und werbend zugleich zu kommunizieren.

Der Protestantismus und die Weltreligionen

1. Protestantismus und Weltreligionen – eine Wiederentdeckung

Gemeinhin werden zu den Weltreligionen der Buddhismus, der Hinduismus, das Judentum, der Islam und das Christentum gezählt. Einer Statistik von 1998 zufolge sind ca. 19,8 Prozent der Weltbevölkerung Muslime, 12,9 Prozent Hindus, 6,0 Prozent Buddhisten und 0,3 Prozent Juden; der Anteil der Christen macht 33,2 Prozent aus. Nicht berücksichtigt sind dabei Angehörige chinesischer Volksreligionen und Shintoisten. Es gibt 4,1 Prozent Anhänger von Stammesreligionen und 15,4 Prozent Menschen ohne Religionszugehörigkeit.

Traut man Prognosen, so wird sich der Anteil der Muslime im Jahr 2025 auf 24,4 Prozent erhöhen, auch Hindus werden zunehmen und dann einen Anteil von 13,4 Prozent erreichen, während die Zahl der Buddhisten und Juden auf 5,4 Prozent bzw. 0,2 Prozent zurückgehen wird. Interessant ist zudem, dass aller Voraussicht nach die Anzahl der Nicht-Religiösen abnimmt. Sie werden dann noch 13,1 Prozent ausmachen. Und ebenso bemerkenswert ist, weil es unserer Einschätzung im deutschen Kontext widerspricht: Die Christen werden auf einen Anteil von 34,8 Prozent wachsen.[1] Eine andere Quelle spricht für das Jahr 1998 von 1.965.993.000 Christen, 1.179.326.000 Muslimen, 767.424.000 Hindus, 356.875.000 Buddhisten und 15.050.000 Juden.[2]

Innerhalb der christlichen Religion unterscheidet man gewöhnlich drei Hauptrichtungen: die römisch-katholische, die etwa 1,26 Milliarden Mitglieder umfasst, die protestantische, der rund 600 Millionen Menschen angehören, und die orthodoxe, bei denen man von ca. 150 Millionen Gläubigen auszugehen hat.[3] Gemessen an der Gesamtzahl der Angehörigen der Weltreligionen stellt der Protestantismus, der in sich ja sehr ausgefächert ist, einen Anteil von rund 8 Prozent.

Aber bei der in Frage stehenden Thematik geht es um mehr als um religionsstatistische Einsichten, so sehr diese auch geeignet sein mögen, unserer Wahrnehmung Realitätsnähe zu verleihen. Es geht um das Verhältnis, das der Protestantismus gegenüber dem Phänomen entwi-

---

[1] Vgl. Art. Weltreligionen, in: Brockhaus, Die Enzyklopädie in vierundzwanzig Bänden, 20. Aufl., Bd. 24, Leipzig / Mannheim 1999, 58.

[2] Vgl. Ninian Smart (Hg.), Atlas der Weltreligionen, Köln 2000, 12f.

[3] www.members.fortunecity.de/kostinek/grafiken.htm.

ckeln kann, dass es Religion im Plural der Weltreligionen gibt – und dass er selbst ein Teil davon ist.

Um zu dieser eigentlich wenig überraschenden Einsicht zu gelangen, hat es im vergangenen Jahrhundert einige Zeit gebraucht. So wurde etwa die Religionskritik von Teilen des Protestantismus freudig begrüßt, glaubte man doch mit ihrer Hilfe zwischen der Offenbarung Gottes in Jesus Christus und aller Religion einen scharfen Trennungsstrich ziehen zu können, indem man die Erste als radikale Kritik, ja als die Aufhebung der Zweiten verstand.[4] So deutete der evangelische Theologe Karl Barth die Religion geradezu als Götzendienst und damit als Unglauben[5], als den untauglichen Versuch des Menschen, sich selbst Gottes zu bemächtigen, während Dietrich Bonhoeffer Barths Lösung zwar als einen im Wesentlichen restaurativen »Offenbarungspositivismus« ohne Zukunftspotential ansah, dafür seinerseits aber in einer angeblich aufziehenden »religionslosen Zeit« händeringend nach einer nicht-religiösen Interpretation des Christentums suchte.[6] In solch einer Perspektive war jede Form von »Religion« höchst verdächtig. Dies hatte zur Folge, dass im evangelischen Bereich das Gespräch über Religionen oder gar zwischen den Religionen weitgehend tabuisiert wurde.

Mittlerweile zeigt sich eine veränderte Tendenz. Es wächst das Bewusstsein dafür, dass wir mit der fortschreitenden Globalisierung immer stärker in einer Situation religiöser Pluralität leben. Religionen begegnen uns im Alltag in Gestalt von Menschen, die ihre Zugehörigkeit zu einer bestimmten Religion wie selbstverständlich zeigen. Das stellt den Protestantismus vor die Frage, wie wir angesichts der konkurrierenden Angebote mit dem Verlust des christlichen Sinndeutungsmonopols umgehen sollen, aber auch vor das Problem, wie der eigene Wahrheitsanspruch mit dem der anderen vermittelbar ist.

Jenseits der scharfen Trennlinie zwischen dem Christentum als dem Ende aller Religion und den faktisch bestehenden Religionen gibt es inzwischen beachtliche Versuche, den ausgehobenen Graben zu überbrücken. In diese Richtung geht etwa der Marburger evangelische Theologe Hans-Martin Barth, der 2001 ein Werk publiziert hat, das den bezeichnenden Titel trägt: *»Dogmatik. Evangelischer Glaube im Kontext*

---

[4] Vgl. Karl Barth, Die Kirchliche Dogmatik, Bd. 1: Die Lehre vom Wort Gottes. Prolegomena zur Kirchlichen Dogmatik. 2. Halbband. 3. Aufl. Zollikon / Zürich 1945, 304ff.

[5] Vgl. a.a.O., 324ff.

[6] Vgl. Dietrich Bonhoeffer, Widerstand und Ergebung. Briefe und Aufzeichnungen aus der Haft, Werke Bd. 8, hg. v. Christian Gremmels / Eberhard Bethge / Ruth Bethge in Zusammenarbeit mit Ilse Tödt, Gütersloh 1998, 401-408.

der Weltreligionen.«[7] Die Christenheit – so Barth – müsse »sich zwar dessen bewusst bleiben, dass der christliche Glaube die Alternative von Religion und Religionslosigkeit transzendiert, gleichwohl aber ihre Partner-Religionen nicht als bloße Objekte ihres Denkens und Handelns einschätzen, sondern sie als eigene Subjekte erkennen und würdigen«. Dies könne die Christenheit »gesprächsfähiger machen, ihren Glauben einerseits bereichern, andererseits schärfer profilieren und ihm im interreligiösen Kontext insgesamt eine stärkere Kommunikabilität verleihen«[8].

Viel unbefangener stand in der Vergangenheit die römisch-katholische Kirche zum Phänomen »Religion und Religionen«: Das Zweite Vatikanische Konzil formuliert, alle Menschen würden von ihrem »eigenen Wesen gedrängt und zugleich durch eine moralische Pflicht gehalten, die Wahrheit zu suchen, vor allem jene Wahrheit, welche die Religion betrifft«[9]. Dem Gedanken eines »religionslosen Christentums« oder einer Verwerfung der Religion wird im katholischen Denken zwar analytische Bedeutung für zeitbedingte Fehlentwicklungen zugestanden, die Zukunftsfähigkeit solch einem Ansatz dagegen abgesprochen, weil der »reine Glaube« in seiner Abstraktion handlungsunfähig bliebe.[10] Religion ist der Weg zu Gott hin, der seinerseits auf den Menschen zukommt, um ihn hilfreich zu sich zu ziehen.[11]

Dieser Ansatz führt, bezogen auf die Weltreligionen, zu Aussagen von beeindruckender Offenheit. In der vergleichsweise kurzen, aber umso inhaltsreicheren Erklärung des Zweiten Vatikanischen Konzils »über das Verhältnis zu den nichtchristlichen Religionen« heißt es beispielsweise: »Die katholische Kirche lehnt nichts von alledem ab, was in diesen Religionen wahr und heilig ist. Mit aufrichtigem Ernst betrachtet sie jene Handlungs- und Lebensweisen, jene Vorschriften und Lehren, die zwar in manchem vom dem abweichen, was sie selber für

---

[7] Hans-Martin Barth, Dogmatik. Evangelischer Glaube im Kontext der Weltreligionen. Ein Lehrbuch, Gütersloh 2001.

[8] A.a.O., 64f.

[9] II. Vatikanisches Konzil: Erklärung über die Religionsfreiheit (»Dignitatis humanae«), Nr. 2. Zitiert nach: Karl Rahner / Herbert Vorgrimler (Hg.), Kleines Konzilskompendium. Alle Konstitutionen, Dekrete und Erklärungen des Zweiten Vaticanums in der bischöflich genehmigten Übersetzung, 4. Aufl. Freiburg / Basel / Wien 1968, 663.

[10] Vgl. dazu auch Karl Rahner / Herbert Vorgrimler (Hg.), Kleines Theologisches Wörterbuch. 13. Aufl. Freiburg / Basel / Wien 1981, 360f.

[11] Vgl. Norbert Schiffers, Art. Religion, in: Herders Theologisches Taschenlexikon. Bd. 6, Freiburg 1973, 203-212.

wahr hält und lehrt, doch nicht selten einen Strahl jener Wahrheit erkennen lassen, die alle Menschen erleuchtet.«[12]

2. Das besondere Profil des Protestantismus

Geht es also nicht um die Aufhebung aller Religion, so wäre demgegenüber aus protestantischer Sicht zu formulieren: Der evangelische Glaube ist geradezu die *Radikalisierung* der Religion! Dies drückt sich fundamental in den vier sogenannten »Ausschließlichkeitssätzen« aus: *Allein* der Glaube, nichts anderes, rechtfertigt den sündigen Menschen vor Gott. *Allein* durch Gnade wird uns das Heil geschenkt. Diese Gnade zeigt sich *allein* in Christus. Und *allein* die Heilige Schrift ist Richtschnur für ein Leben aus dem Glauben. Solche Ausschließlichkeiten erlauben keinen Kompromiss. Deshalb wohnte dem Protestantismus wenigstens zu Beginn ein gewisser Rigorismus inne.

Die Ursprungssituation des Protestantismus verdeutlicht eine Ambivalenz, die sich im Blick auf die Religionen verallgemeinern lässt:

Jede Religion begründet und perpetuiert ein Wertesystem, das sowohl das religiöse Verhalten ihrer Anhänger regelt als auch den profanen Bereich des täglichen Zusammenlebens normiert. Unter diesem Blickwinkel wirkt sie *einerseits* stabilisierend und pazifizierend. Konstitutiv für diese Fähigkeit der Religion ist eine maßgebende Autorität, die die Gültigkeit und Respektierung des Systems einfordern kann. Diese Autorität ist aber in engster Weise mit dem Wahrheitsanspruch der Religion verbunden, mit der tiefen, inneren Überzeugung also, keiner zufälligen Anschauung anzuhängen, sondern derjenigen, die mit Blick auf die Wirklichkeit und ihre religiöse Deutung allein ausschlaggebend und somit alternativlos ist. In dieser Perspektive ist Religion *andererseits* durchaus konfliktträchtig

Die Ernsthaftigkeit und Schärfe des Streits in der Zeit der Reformation machen deutlich: Es geht hier nicht um eine akademische Diskussion, welche Auffassung von einer Sache die wahrscheinlichere oder angemessenere ist, sondern um die Frage, was wahr und darum anzunehmen und was falsch und darum zu verwerfen sei. Die Grundüberzeugung, der man – aus der Sicht ihrer Anhänger – im Leben und Sterben vertraut, steht auf dem Spiel. Darum kann sich der Streit um die Wahrheit auch zu zerstörerischen Konflikten ausweiten, die noch zu-

---

[12] II. Vatikanisches Konzil, Erklärung über das Verhältnis der Kirche zu den nichtchristlichen Religionen (»Nostra aetate«), Nr. 2. Zitiert nach Karl Rahner / Herbert Vorgrimler (Hg.), Kleines Konzilskompendium (Anm. 9), 356.

sätzliche Schärfe gewinnen, wo sie sich mit anderen Differenzen, zum Beispiel der sozialen Schichtung oder der Volkszugehörigkeit, verbinden. Die gewaltsamen Auseinandersetzungen und Kriege in Europa, in denen Religion und Konfession eine Rolle spielten, belegen dies in bedrückender Weise.

Gleichwohl hat sich wie keine andere Weltreligion das Christentum in seiner protestantischen Gestalt den Ansprüchen der aufgeklärten Moderne zu stellen gewusst. Um nur wenige Beispiele zu nennen:

- Die wissenschaftliche Entschlüsselung der biblischen Grundlage, die kritische Bearbeitung des Textes mit Methoden, die auch in der Philologie, der Geschichtswissenschaft, der Psychologie und Soziologie zum Tragen kommen, oder die reflektierte Auseinandersetzung mit der eigenen Christentumsgeschichte verhalfen der evangelischen Theologie zu einer lange Zeit akzeptierten Einbindung in den Gesamtzusammenhang der modernen Wissenschaften.
- Auf der Ebene der Selbstorganisation der Religion als Kirche hat der Protestantismus Strukturen und Beteiligungsformen ausgebildet, die den jeweils gegebenen gesellschaftlichen Bedingungen entsprachen. Was die äußere Erscheinungsweise angeht, kam darin seine Anpassungsfähigkeit und Zeitgemäßheit zum Ausdruck.
- Die Betonung der in Gottes Wort gebundenen Gewissensentscheidung als letzter Instanz gegen alle anderen Autoritäten war ein wesentlicher Faktor des mit der Moderne eng verbundenen Individualisierungsschubs, wenn nicht gar sein eigentlicher Auslöser.

Diese *Weltförmigkeit* des Protestantismus befähigte die ihn tragenden Gesellschaften zu einer bemerkenswerten wirtschaftlichen, naturwissenschaftlich-technischen und kulturellen Dynamik.

Die Kehrseite dieser Entwicklung ist allerdings ein auf die Spitze getriebener Individualismus: In den westlichen Ländern wird Religion heute bewusst ausgewählt – oder auch abgelehnt – und nicht einfach traditionell vermittelt und adaptiert. Selbstbestimmung und Freiheit sind die entscheidenden Schlagworte. Am Auswahlverhalten etwa junger Menschen[13] für ihren persönlichen »Religionscocktail« ist aber erkennbar, dass auch die selektive Übernahme unterschiedlichster Elemente religiöser Vorstellungen letztlich im Dienst der Identitätsfindung steht. Religion bringt den Menschen eben wahrhaft zu sich selbst. Sie

---

[13] Vgl. Martin Hein, Jugend und Religion in: Reiner Marquardt (Hg.), Mitten im Leben. Bischöfinnen und Bischöfe zur Zukunft des Protestantismus, Stuttgart 2003, 90-100. [In diesem Band 10-18.]

ist Ausdruck seiner Selbstwerdung. Das hatte der evangelische Theologe Friedrich Schleiermacher schon vor mehr als zwei Jahrhunderten in seinen berühmten Reden »Über die Religion« erkannt.[14]

Darum sucht der Protestantismus die Einzelnen in der Entwicklung ihrer Identität und Individualität zu stützen und zielt nicht auf eine prinzipielle Gleichförmigkeit. Er arbeitet daran, durch Überzeugung eine Identifizierung der persönlichen religiösen Erwartungen und Bedürfnisse mit der Sozialität der verfassten Religion dieser Gemeinschaft zu erreichen, die man deutlich unterscheiden muss von der Unterwerfung unter die angebliche heteronome Struktur der Religion. Es geht darum, dass die Einzelnen in der verfassten Religion ihre eigenen Wünsche und Erwartungen erfüllt sehen, sie also »wiedererkennen«. Dann kann die Zugehörigkeit zu der verbindlichen Gemeinschaft als ein Akt der Autonomie verstanden werden.

3. Der ökumenische Dialog als Paradigma

Sind damit einige protestantische Charakteristika genannt, so wird rasch deutlich, wie schwierig sich schon die Begegnung mit anderen christlichen Konfessionen gestaltet. Bei der Bezeugung des Evangeliums von Jesus Christus durch Angehörige verschiedener Konfessionen zeigt sich nicht nur freundlicher Wettbewerb, sondern unter Umständen auch harte Konkurrenz um die Herzen der Menschen, denen man das *Heil* nahe bringen möchte. Um nichts Geringeres geht es bei der Religion!

Wie lassen sich mittelfristig wirkliche Fortschritte in der Begegnung der Konfessionen erzielen? Ich versuche, Merkmale eines gelingenden Dialogs zu skizzieren, die sich in ökumenischen Gesprächen bewährt haben. Dazu gehören für mich:

a) Differenzen erkennen und gelten lassen

Im Kontakt mit Vertretern anderer christlicher Konfessionen wird es für Evangelische immer wieder auch zu Erfahrungen der Fremdheit und zu Irritationen kommen. Katholischen oder orthodoxen Christen geht es mit uns kaum anders. Miteinander in Wahrheit *und* Liebe (Epheser 4,2.15) umzugehen, stellt eine wirkliche Herausforderung dar, denn die unterschiedliche Entwicklung der Lehre in den verschiedenen Konfessionen hat Hürden und Abgrenzungen aufgerichtet. Allen ist

---

[14] Vgl. dazu Kurt Nowak, Schleiermacher. Leben, Werk und Wirkung, Göttingen 2001, 97-122; auch Hermann Fischer, Friedrich Daniel Ernst Schleiermacher, München 2001, 51-61.

bewusst, wie sehr diese Tatsache den universalen Anspruch des christlichen Glaubens und seinen zentralen Gehalt verdunkelt. Dennoch sind die Kräfte der Beharrung beträchtlich, weil sie eng mit der Frage nach der persönlichen und institutionellen Identität und Integrität verbunden sind.

b) Ängste wahr- und ernstnehmen

Bewegung entsteht durch Begegnungen. Will man solche Begegnungen wirklich? Allen ist mehr oder weniger deutlich, dass sie gefährlich sein können – nicht nur, weil in »Begegnung« auch die Worte »gegen« und »Gegner« enthalten sind, sondern vor allem, weil sie uns verändern können, indem sie durch neue Erfahrungen unsere persönliche und institutionelle Identität in Frage stellen. Für eine Begegnung muss man das eigene Haus verlassen oder aber das potentiell Fremde in die vertraute Sphäre einlassen. Es verbietet sich, solche Befürchtungen einfach beiseite zu schieben. Sich darüber Rechenschaft zu geben, ist nicht nur ehrlicher, sondern lässt sich auf Dauer gesehen konstruktiv bearbeiten.

c) Existentielle Wahrheit riskieren

Bei ökumenischen Begegnungen muss man sich vor Augen halten, dass man keine Gespräche oder gar Verhandlungen *über* Konfessionen führt, sondern einen Dialog *zwischen* Konfessionen, in die die Gesprächsteilnehmer verwachsen sind. Hier begegnen sich Menschen, die ihre Wahrheit existentiell leben und im ernsthaften Gespräch zumindest potentiell zur Disposition stellen.

d) Voraussetzungen klären, Ziele offen benennen und Motive reflektieren

Das gelingt nur, wenn man die eigene Position geklärt und verdeutlicht hat: Was ist unaufgebbar und welches sind Aussagen, über die sich gegebenenfalls verhandeln lässt? Diese Klärung dient der Selbstvergewisserung, indem sie ein gemeinsames Verständnis der eigenen Auffassungen herstellt, und dazu hilft, den Gesprächspartnern eindeutig erkennbar gegenüberzutreten.

Zum anderen muss das Ziel benannt werden, das angestrebt werden soll. Die Einschätzung, was vom Dialog erwartet werden kann und was nicht, bewahrt vor überzogenen Erwartungen, die wiederum die Begegnung beeinflussen könnten.

Schließlich wird man sich über die Motive Rechenschaft geben müssen, warum man zu diesem Zeitpunkt das Gespräch sucht, und ob äußerer Druck, fremde Erwartungen oder eigene Interessen dazu geführt haben. Denn diese Umstände haben erheblichen Einfluss auf den Verlauf der Begegnungen.[15]

e) Der Dynamik des Dialogs Raum geben

Allerdings entfaltet die konkrete Begegnung trotz aller Vorüberlegungen eine eigene Dynamik. Solch ein Austausch setzt uns der Erfahrung eigener Beschränktheit aus, der Begrenztheit unserer Auffassungen und Verhaltensweisen und konfrontiert uns mit Ungewohntem und Fremdem.

Im gegenseitigen Bemühen um Verstehen und Verständigung kann dies aber dazu helfen, den eigenen Glauben überzeugender zu formulieren und authentischer zu vertreten. Das Zusammentreffen mit denen, die auf eine andere Weise glauben, hinterfragt die eigene Identität also nicht nur, sondern führt auch dazu, diese neu zu gewinnen.

f) Toleranz in Wechselseitigkeit einüben

Ein letztes Strukturelement für den gelingenden Dialog ist Toleranz in Wechselseitigkeit. Sie ergibt sich nicht von selbst, sondern muss gelernt werden. Umso leichter fällt sie, je stärker wir erkennen, dass auch eine von unserer Auffassung abweichende Meinung sich mit guten Gründen, die wir nicht teilen müssen, auf das biblische Zeugnis zu beziehen sucht.

So paradox es klingt: Nur im Ernstnehmen und Bewusstwerden der eigenen Überzeugungen können Fortschritte im ökumenischen Dialog erreicht werden. Die beflissen vorschnelle Einebnung der Differenzen, vom großen Ziel her scheinbar gerechtfertigt, bringt Ergebnisse, die sich im Alltag nicht bewähren, weil die Probleme nicht bis auf ihren Grund zurückgeführt wurden. Zerplatzende Illusionen aber rufen Enttäuschungen und Verletzungen hervor, die sich aufs Ganze gesehen als gravierender erweisen als ein beharrliches Durcharbeiten all jener Fragen, die sich als trennend auswirken. Mit oberflächlichen Lösungen ist niemandem gedient.

In der ökumenischen Bewegung hat sich der Gedanke herausgebildet, nicht nur eine formale Tolerierung zu meinen, sondern theologisch begründet zu einer inhaltlichen Toleranz durchzudringen. Ausgehend von der strengen Unterscheidung zwischen dem Absolutheitsanspruch Gottes und dem Autoritätsanspruch einer einzelnen Kirche wird letzterer immer nur partikular gedeutet. So setzt der Glaube an Gott nach

---

[15] Vgl. Wilfried Härle, Wahrheitsgewissheit als Bedingung von Toleranz, in: Christoph Schwöbel / Dorothee von Tippelskirch (Hg.), Die religiösen Wurzeln der Toleranz, Freiburg 2002, 91f.

christlichem Verständnis die Annahme einer letzten Wahrheit voraus, aber keine partikulare Kirche kann beanspruchen, im Vollbesitz dieser letzten Wahrheit zu sein. Die Zersplitterung der christlichen Kirchen kann dann als »Vielfalt des von Gottes Geist gewirkten Lebens aus Glauben«[16] beschrieben werden. Aber das heißt auch: Aus der Spannung von absoluter Wahrheit und der stets geschichtlich partikularen Wahrheitserkenntnis kommen wir nicht heraus.[17]

Was folgt aus alledem im Blick auf die Ökumene der Christenheit? Es kann bei den Bemühungen um Verständigung als Ziel nur um eine »Einheit in versöhnter Verschiedenheit« gehen, also um Anerkennung der bestehenden Unterschiede bei Übereinstimmung im Grundbekenntnis.[18] Insofern ist aus protestantischer Sicht nicht Uniformität das Ziel, sondern eine theologisch verantwortete und verantwortbare Pluralität.

Lassen sich die im ökumenischen Dialog bewährten Merkmale – als Voraussetzungen seines Gelingens – auch auf das Gespräch zwischen den Religionen übertragen? Bevor das überprüft werden kann, ist ein kurzer Blick auf die gegenwärtige religiöse Situation in Deutschland sinnvoll.

4. Zur Situation in Deutschland

Neu ist, dass es bei uns noch nie eine so große religiöse Minderheit gegeben hat wie heute, die sich vom Christentum unterscheidet. Dass sich diese Minorität zudem zum Islam bekennt,[19] ist einzigartig in unserer Geschichte. Zwar lebte bis in das erste Drittel des letzten Jahrhunderts eine bedeutende jüdische Minderheit unter uns, die auf eine lange Geschichte in Deutschland zurückschauen konnte, bis 1933 zunächst ihre staatliche Drangsalierung und schließlich ihre systematische Vernichtung beschlossen wurde. Aber die Mitbürger jüdischen Glaubens waren weitgehend gesellschaftlich assimiliert, in der deut-

---

[16] Ulrich H. J. Körtner, Versöhnte Verschiedenheit. Ökumenische Theologie im Zeichen des Kreuzes, Bielefeld 1996, 111.

[17] Das Aufkommen des Toleranzgedankens im Bereich des evangelischen Denkens folgte der unwiderlegbaren Einsicht, dass es aussichtslos sei, den wahren Glauben durch weltlichen Zwang zu wecken oder zu fördern. Daneben hat auch die »tolerantia Dei« gegenüber dem Sünder im reformatorischen Denken eine Rolle gespielt; vgl. dazu Wilfried Härle, a.a.O., 77-97.

[18] Vgl. Ulrich H. J. Körtner, a.a.O., 17.

[19] Der Religionswissenschaftliche Medien- und Informationsdienst (REMID) e.V. beziffert den Anteil der Muslime an der Bevölkerung in Deutschland (Stand 2001) auf 3,2 Millionen Gläubige. Vgl. www.remid.de/remid_info_zahlen.htm.

schen Kultur beheimatet, ja gehörten in vielen Bereichen zu den führenden Vertretern in Wirtschaft, Wissenschaft und Kunst.[20]

Die Begegnungen und Gespräche mit dem Judentum nehmen innerhalb des Dialogs mit den anderen Weltreligionen eine Sonderrolle ein – nicht wegen der besonderen Dignität der Beziehung zwischen Deutschen und Juden, die keinesfalls zu leugnen ist, sondern vielmehr wegen der besonderen Beziehung zwischen Juden und Christen im religiösen Sinn, weil Christen im Juden Jesus den von den Propheten verheißenen Messias erkennen und bekennen. Aber der Anteil von Juden an der Gesamtbevölkerung in Deutschland ist aufgrund unserer furchtbaren Vergangenheit gering geworden – und trotz aller Zuwanderung aus den Staaten der ehemaligen Sowjetunion sind die Möglichkeiten, jüdischen Mitbürgern zu begegnen, meiner Erfahrung nach eher gering. Manche christliche Jugendliche haben noch nie Gleichaltrige jüdischen Glaubens kennengelernt.

Anders verhält es sich mit Muslimen. Die rasche Einwanderung einer großen Zahl von Menschen, die dem Islam angehören, und die offenkundigen Schwierigkeiten ihrer Integration lösen bei den Vertretern der christlichen Kirchen wie bei den führenden Köpfen des etablierten Säkularismus und den Meinungsmachern in Staat und Gesellschaft ebenso Unruhe wie Verunsicherung aus. Gegenwärtig schlägt sich dies exemplarisch in der vielstimmigen »Kopftuch-Debatte« nieder. Nicht nur dadurch spielen Muslime in unserer Gesellschaft die wesentlich auffallendere Rolle als Angehörige anderer Weltreligionen.

Die Irritationen resultieren aus der Tatsache, dass wir auf die Begegnung mit einer Menschengruppe fremder Religion, Sprache und Kultur nicht wirklich vorbereitet sind. Darum droht das Faktum der religiösen Pluralisierung auch eine gewisse gesellschaftliche Segmentierung zu bewirken: eine mentale Abschottung, die Verweigerung des Dialogs, die Selbstghettoisierung und die kulturelle Abwehr.[21] Alle wissen zu wenig voneinander, was zu Vorbehalten und Ängsten führt. Das

---

[20] Vgl. dazu Ruth Gay, Geschichte der Juden in Deutschland. Von der Römerzeit bis zum Zweiten Weltkrieg, München 1993; auch Marion Kaplan, Geschichte des jüdischen Alltags in Deutschland. Vom 17. Jahrhundert bis 1945, München 2003, und Leo Sievers, Juden in Deutschland. Die Geschichte einer 2000jährigen Tragödie, München 1979.

[21] Der Frage nach dem möglichen Beitrag der Weltreligionen Judentum, Christentum und Islam zur Integration Europas geht der von Otto Kallscheuer herausgegebene Band »Das Europa der Religionen. Ein Kontinent zwischen Säkularisierung und Fundamentalismus« (Frankfurt a. M. 1996) nach.

ist eines der großen Probleme, die die momentane Situation bei uns kennzeichnen.

5. Der Dialog zwischen den Weltreligionen – eine Perspektive

Der mittelalterlichen Theologie war zu Teilen immer bewusst, dass Gewalt in Glaubens- und Gewissensfragen von Übel ist. Die Reformation hat diesen Gedanken wieder ins allgemeine Bewusstsein gerückt. Allerdings muss man einräumen, dass die Reformatoren sich weder als Theologen noch als Kirchenpolitiker zu Vorreitern des Rechts auf Religionsfreiheit machten. Sie waren mit anderen Fragen befasst.

Wie alles Menschliche lässt sich auch Religion missbrauchen. In der Geschichte wurden soziale, gesellschaftliche und politische Konflikte durch den Bezug auf Religion verschleiert und überhöht. So fiel die Rekrutierung von ergebenen Mitstreitern und gehorsamen Mitkämpfern leichter. Die Aussicht auf himmlische Entlohnung ließ auch vor dem größten Opfer nicht zurückschrecken. Religion wurde benutzt, um Menschen zu begeistern und zu enthemmen.

Dass die Weltreligionen zu auslösenden Faktoren eines weltweiten Konflikts werden,[22] halte ich dennoch für eher unwahrscheinlich, wenn auch nicht grundsätzlich ausgeschlossen. Wir sollten den Blick jedoch in eine andere Richtung lenken: auf ein erhebliches friedenstiftendes Potential, das den Religionen ebenfalls innewohnt. Wie kann es gelingen, dass dies seine Wirkungen entfaltet und zu Verständigung, Versöhnung und gegenseitigem Respekt und Wertschätzung beiträgt? Darin sehe ich die uns gestellte Aufgabe, der wir nicht ausweichen können.

Das bringt mich zu der Überlegung, ob sich die aus der innerchristlichen Ökumene gewonnenen Merkmale auch für die Begegnung zwischen den Religionen nutzbar machen lassen.

Um es gleich einschränkend zu sagen: Eine »Ökumene der Religionen« zu fordern, erscheint mir in zweifacher Hinsicht als problematisch. Zum einen besteht die Gefahr, dass mit dem vom christlichen Denken geprägten Begriff auch eine bestimmte inhaltliche Konzeption verbunden wird, die das mögliche Gegenüber abschreckt. Zum anderen kann man der Heiligen Schrift zwar die Aufforderung zur Einheit unter den Christen entnehmen, eine entsprechende Aufforderung gibt es mit

---

[22] Vgl. SAMUEL P. HUNTINGTON, Kampf der Kulturen. Neugestaltung der Weltpolitik im 20. Jahrhundert, aus dem Amerikanischen von HOLGER FLIESSBACH, 6. Aufl. München / Wien 1998.

Blick auf Angehörige anderer Religionen gerade nicht. Darum ist es sicher besser, Begriffe und Konzepte nicht vorschnell zu übertragen.

Es ist offensichtlich, dass das Gespräch zwischen den Weltreligionen einen erheblich längeren Hinweg verlangt als die Begegnung zwischen den christlichen Konfessionen. Denn hier ist ein deutlich höheres Maß an wechselseitiger Fremdheit zu bewältigen. Es muss eine Phase des schlichten Kennenlernens vorgeschaltet werden, weil der alltägliche Umgang fehlt, um gegenseitige Vorurteile abzubauen, die aus Unkenntnis und Trägheit immer noch bestehen.

Beim Dialog der Weltreligionen ist die Grundvoraussetzung anzuerkennen, dass diese sich in ihrem Selbstanspruch unterscheiden, darum in einer Konkurrenzsituation stehen und kein Ziel es rechtfertigt, diese Differenzen schlichtweg zu negieren. Der Einwurf: »Wir beten doch zu demselben Gott«, ist eine völlige Problemunterschreitung, die allenfalls einem momentanen Harmoniebedürfnis nachgibt, aber inhaltlich nicht angemessen ist. Die Andersartigkeit etwa der fernöstlichen Religionen ist so offensichtlich und das jeweilige kulturelle Umfeld so andersartig, dass ein Dialog schon in seinen Ansätzen eine erhebliche intellektuelle Herausforderung darstellt. Von »versöhnter Verschiedenheit« der Religionen reden zu können, verbietet sich unter diesem Gesichtspunkt, da dieses – in der innerchristlichen Ökumene bewährte – Leitbild hier mehr verunklart als erhellt.

Die Angst vor Infragestellungen und Veränderungen, unter Umständen auch vor der Erfahrung, unverstanden zu bleiben und mit der eigenen Argumentation überhaupt nicht anzukommen, muss ernstgenommen werden. Zu berücksichtigen sind ebenso die Befürchtungen derer, die in den christlichen Gesprächsteilnehmern möglicherweise Menschen sehen, die den reichen, militärisch mächtigen und kulturell ausgreifenden Westen vertreten, während Christen wiederum Sorge bereiten mag, dass Angehörige von Religionen, die nie durch eine geistige Bewegung wie die Aufklärung hindurchgegangen sind, nur fanatisch und fundamentalistisch agieren könnten.

Dass im Gespräch zwischen den Religionen existentielle Wahrheiten riskiert werden, macht es außerordentlich schwierig. Grundfragen der eigenen Identität werden berührt, man wird mit anderen religiösen Gedanken konfrontiert, deren gemeinsame Basis – im Unterschied zum innerchristlichen Dialog – ausgesprochen schmal ist.

Um die eigene Einstellung profiliert vertreten zu können, muss sie geklärt sein. Nur aus der Position der Wahrheitsgewissheit für die eigene Auffassung heraus kann ein Dialog der Religionen überhaupt gesucht werden. Positionalität verhindert nicht das Gespräch, sondern eröffnet es erst! Unsere Gesprächspartner aus anderen Religionen haben ein Anrecht darauf zu hören, was es bedeutet, dass sich Christen zu Jesus Christus als Heil der Welt bekennen. Sie werden dieses Bekenntnis tolerieren und respektieren, auch wenn sie es für sich nicht gelten lassen.

Im Rahmen der Vorverständigung ist es für alle Beteiligten sinnvoll, die eigene Motivation für solche Gespräche genau zu prüfen, um sich vor Instrumentalisierungen zu schützen und ihren Verlauf nicht von vornherein zu belasten. Es sollte ein echtes Interesse am anderen vorhanden sein. Am 3. Oktober eines jeden Jahres öffnen die Moscheen bei uns ihre Türen für Besucher. Viele Menschen bekommen dadurch überhaupt zum ersten Mal mit, wo es in ihrem Wohnort eine Moschee gibt. Für eine dauerhafte Beziehung aber sind solche Besuche – übrigens auch von Muslimen in christlichen Kirchen – allenfalls ein erster Schritt auf einem langen Weg.

Zudem muss im Vorfeld eine realistische Zielvorstellung beschrieben werden, was nach den eigenen Vorstellungen im Dialog möglichst erreicht werden soll: Kann eine gemeinsame Verlautbarung mehr enthalten, als zu beschreiben, dass man sich in gegenseitigem Respekt ausgetauscht hat? Oder ist denkbar, dass einige bekenntnishafte Sätze gemeinsam verfasst und verkündet werden? Etwa, es verbinde uns, dass wir als Menschen nicht aus uns selbst heraus leben, sondern auf eine uns transzendierende Beziehung angewiesen sind, die unsere Herkunft und unsere Zukunft bestimmt – und dass wir gemeinsam Verantwortung übernehmen, ein friedliches Zusammenleben zu fördern?

Selbstverständlich können solche gemeinschaftlich erarbeiteten Texte keinen Rang gemeinsamer religiöser Bekenntnisse haben. Aber sie sind doch imstande, das Miteinander, das Zusammenleben, die »Konvivenz« der Religionen zu ermöglichen.

Erst das ernsthafte Gespräch klärt durch seine eigene Dynamik – wie in einer Feuerprobe – die in den Dialog eingebrachten Vorstellungen. Gelingt es, sich den Einsichten und Überzeugungen der anderen ein Stück weit zu öffnen? Können eigene Anschauungen in den Bildern und Symbolen der anderen ausgedrückt oder bereichert werden? Oder spulen alle Gesprächsteilnehmer nur Formeln ab, die das eigene Denken beschreiben, ohne eine Perspektive nach vorne zu entwickeln?

Zwar können die drei monotheistischen Religionen Judentum, Christentum und Islam auf Gemeinsamkeiten zurückgreifen: Alle drei entstammen dem gleichen Kulturraum, alle drei beziehen sich auf Heilige Schriften, alle drei orientieren sich an Gestalten, die sich durch eine besondere Nähe zu Gott auszeichneten. In Abraham, dem Freund Gottes, ist eine Figur gegeben, die allen drei Religionen vertraut ist: Er verbindet die drei – aber der Streit um ihn trennt sie auch. Denn wer interpretiert Abrahams Glaubensgeschichte und seine Erfahrungen mit Gott authentisch?

Weiterführend könnte es sich auswirken, statt bei den Lehraussagen zunächst bei den eigenen Glaubenserfahrungen anzusetzen. Juden, Christen und Muslime bezeugen solche Erfahrungen mit Gott, dem Retter und Bewahrer des Lebens, auf unterschiedliche und doch auch gemeinsame Weise. Was wäre, würden wir uns gegenseitig diese Geschichten unseres eigenen Lebens erzählen und sie mit Gott in Verbindung bringen? Eine der Grunderfahrungen Abrahams, nämlich in einem fremden Land unter fremden Menschen zu leben, die ihm nicht vertraut sind, können Muslime, Juden und auch ein Teil der Christen in Deutschland vor dem Hintergrund ihrer eigenen Biographie thematisieren. Ich bin überzeugt, unsere Gespräche in Kirchen, Synagogen und Moscheen würden an Tiefgang, Glaubwürdigkeit und Verständnis füreinander gewinnen.

Das alles kann sich nur in wechselseitiger Toleranz ereignen. Sie ist einerseits Bedingung des Dialogs, jedenfalls in Ansätzen, und andererseits ein mögliches Ziel. Denn die eigene Überzeugung gilt für den Betroffenen absolut, aber sie kann nicht absolut zur Geltung gebracht werden. Wird dies von allen Seiten akzeptiert, ist bereits ein hohes Maß an Toleranz verwirklicht. Es zeigt sich also, dass die aus dem ökumenischen Gespräch gewonnen Kennzeichen auch im Dialog zwischen den Religionen ihre Plausibilität und Kraft haben.

Die bloße Addition der Standpunkte kann keine Einheit und die Quersumme keine neue Wahrheit ergeben. Insofern bleibt uns nichts anderes übrig, als – »typisch« protestantisch – geduldig und beharrlich nach Gemeinsamkeiten zu suchen und diese begrifflich so zu formulieren, dass sie für alle akzeptabel sind.

Es wird auch hier meiner Auffassung nach nicht um eine neue Einheit in Gleichförmigkeit gehen, etwa um eine abstrakte »Weltreligion«, sondern allenfalls um die Herausarbeitung der kleinen Schnittmenge dessen, was den Religionen gemeinsam ist, um einen *zivilen Umgang* miteinander zu fördern. Diese Gemeinsamkeiten zu entdecken und zu leben, stellt schon ein enormes, aber lohnendes Unterfangen dar.

Was ist zu tun, um Abschottungs- und Abwehrtendenzen wenigstens in unserer Gesellschaft zu vermeiden, die unter Umständen auch zu gewalttätigen Konflikten führen, und die Suche nach gemeinsamen Überzeugungen und Grundlagen einer Zivilgesellschaft unter den Bedingungen einer religiösen Vielfalt ernsthaft in Angriff zu nehmen? Hier stellt sich die Aufgabe für eine neu verstandene »Religionspädagogik«[23]: Sie muss einerseits daran arbeiten, den evangelischen Glauben in seiner Vielfalt profiliert verständlich zu machen. Denn Dialoge mit anderen Konfessionen oder Religionen sind nur dann fruchtbar, wenn sie selbstbewusst, also auch aus einem profunden Wissen um die eigene wie die fremde Religion heraus geführt werden können.

Auf der anderen Seite aber hat diese Religionspädagogik die Aufgabe, eine Methodik zu reflektieren und Strukturen zu entwickeln, wie die Begegnung der Religionen in einer Atmosphäre von gegenseitiger Wertschätzung und Bereitschaft zur Toleranz gelingen kann. Der Religionsunterricht im öffentlichen Schulsystem könnte der Ort sein, an dem ein solcher Dialog eingeübt wird. Dazu gibt es inzwischen zahlreiche Erfahrungen aus Schulen und Schulformen, in denen Schülerinnen und Schüler unterschiedlicher Religionen im Klassenverband unterrichtet werden.

Aus verfassungsrechtlichen wie aus religiösen und pädagogischen Gründen trete ich dafür ein, dass es – neben christlichem und jüdischem – unter gleichen Rahmenbedingungen auch islamischen Religionsunterricht an öffentlichen Schulen gibt – in der Hoffnung, dass das vermehrte Wissen und die Einübung in einen von Respekt und Achtung bestimmten Dialog die friedensfördernden Kräfte der Religionen um unser aller Zukunft willen stärken können. Ein islamischer Religionsunterricht böte die Chance, dass junge Muslime in einem an den gemeinsamen Werten unseres Grundgesetzes orientierten, von pädagogisch geschulten Fachkräften vertretenen Unterricht mehr und Wahrhaftigeres über Christentum und Judentum erfahren als in den von Vereinen getragenen islamischen Religionsschulen.

Was an dieser Beschreibung einer strukturierten Beziehung der Religionen »protestantisch« ist? Es ist das Insistieren darauf, den *Einzelnen* zu befähigen, durch Einsicht ein eigenes, selbstbestimmtes und damit freies Verhältnis zu seiner Religion und zur Religion anderer zu gewinnen – und gerade darin eine eigenständige Persönlichkeit zu sein.

---

[23] Vgl. dazu Martin Hein, Identität entwickeln – Toleranz üben. Zehn Thesen für einen unbefangenen Umgang mit religiöser Vielfalt heute, in: forum religion 4/1999, 32-37. [In diesem Band 103-113.]

Mehr als Brot und Rosen

Elisabeth von Thüringen hat von sich kein schriftliches Zeugnis hinterlassen. Es ist zwar anzunehmen, dass sie als ungarische Königstochter am thüringischen Hof eine Ausbildung genossen und Lesen und Schreiben gelernt hat. Aber es gibt von ihr kein literarisches Dokument, das uns einen Eindruck davon geben könnte, wer sie wirklich war. Alles, was wir von Elisabeth wissen, stammt aus Quellen, die aus einer bestimmten Perspektive und Absicht geschrieben sind.

Bereits kurz nach ihrem Tod verfasste Konrad von Marburg den ersten Lebensbericht über Elisabeth.[1] Mit den Wunderheilungen, die sich an ihrem Grab ereignet haben sollen, ergaben sich gute Aussichten, das Heiligsprechungsverfahren in Gang zu setzen. Man kann davon ausgehen, dass Konrad mit dem Lebensabriss die Absicht verfolgte, bei Papst Gregor IX. die Kanonisierung Elisabeths zu erwirken.

Im Rahmen dieses Verfahrens wurden vier Frauen befragt, die Elisabeth als Dienerinnen besonders nahe standen. Sie gaben Auskunft über Elisabeths Lebenswandel in der Kindheit, in der Ehe, in der Zeit ihres Wechsels von der Wartburg nach Marburg und als Schwester der Welt bis zu ihrem Tod. Die Aussagen wurden zu Protokoll gegeben und sind im so genannten »Büchlein über die Aussagen der vier Mägde«[2] festgehalten. Die Historizität dieser Quelle wird unterschiedlich eingeschätzt. Unverkennbar ist, dass typische Wesensmerkmale einer Heiligen bei den Aussagen leitend waren, so dass nicht leicht auszumachen ist, wo tatsächlich individuelle Züge der Person Elisabeth hervortreten. Der Kirchenhistoriker Johannes Schilling ist dennoch der Auffassung, dass die Auskünfte von Elisabeths Dienerinnen, weil unter Eid ausgesagt, der Erfindungs- und Fabulierlust Grenzen zogen, »auch wenn es vielleicht nicht leicht möglich war, das außerordentliche Leben der Verstorbenen ohne Bezüge auf hagiographische Muster zu beschreiben.

---

[1] »Summa vitae« des Konrad von Marburg wird zitiert nach: Walter Nigg (Hg.), Elisabeth von Thüringen, Düsseldorf 1963, 61-67.

[2] »Libellus de dictis quatuor ancillarum Elisabeth confectus«, zitiert nach: a.a.O., 67-109.

Aber der Grad an Authentizität dieser Aussagen ist doch ausgesprochen hoch und die Verlässlichkeit als ungewöhnlich zu beurteilen«[3].

1289, rund sechzig Jahre nach Elisabeths Tod, verfasste der Dominikanerpriester Dietrich von Apolda eine Beschreibung ihres Lebens[4], die sich auf die Quelle des »Libellus« gründet. Auch hier täte man dem Text Gewalt an, läse man ihn als einen verbürgten Tatsachenbericht. Vielmehr führte Dietrich von Apolda die Legendenbildung um Elisabeth fort. Ihm ging es nicht darum, ein historisches Abbild ihrer Person zu liefern, sondern seinen Lesern die besondere Begnadung Elisabeths zu einem tugendhaften und christusförmigen Leben vorzustellen und sie zu ermuntern, dem Vorbild Elisabeths nachzueifern.

Schon in den ältesten Quellen zeichnet sich also ab, dass ein bestimmtes Bild von Elisabeth kreiert wird, das sie als Heilige legitimieren soll. Sie stellen uns in Elisabeth den Mythos eines in Christus gegründeten Lebens vor, das sich in Übereinstimmung mit dem biblischen Zeugnis gestaltet hat.

In vier Perspektiven will ich versuchen, mich der Gestalt der Elisabeth und ihrer Nachwirkung anzunähern:

Zunächst: Das wirkliche Leben Elisabeths ist in den genannten Zeugnissen untrennbar verwoben mit Deutungen und Idealisierungen. Bei ihrer Lektüre erfahren wir deshalb genauso etwas über die Interessen der Autoren, die – gerade was die alten Quellen betrifft – eindeutig kirchlich motiviert waren.

Sodann: Dem ist gegenüberzustellen, was Menschen heute an Elisabeth interessiert. Man sollte sich bewusst sein, dass bei allem Bemühen, die Quellen kritisch zu lesen, der Mythos Elisabeth fortgeschrieben wird. Da uns die wirkliche Elisabeth entzogen ist, erhält ihr Leben Kontur und Farbe erst durch das, was wir in diesem Leben sehen und als für uns bedeutend entdecken. Solch eine Fortschreibung der Bilder ist dann legitim, wenn diese gegenüber den vorliegenden Quellen plausibel bleiben, die Umstände ihrer Entstehung betrachtet werden und darüber Rechenschaft abgelegt wird.

Weiter: Ein Gesichtspunkt in Elisabeths Leben soll besonders hervorgehoben werden, dem der »Zeitgeist« erst in jüngster Zeit wieder

---

[3] Johannes Schilling, Elisabeth von Thüringen – eine Mystikerin?, in: Ders. (Hg.), Mystik. Religion der Zukunft – Zukunft der Religion?, Leipzig 2003, 9-25, hier: 19.

[4] Leben und Legende der heiligen Elisabeth, nach Dietrich von Apolda, übersetzt von Rainer Kössing, Frankfurt am Main / Leipzig 1997 (Nachdruck 2002).

mehr Verständnis entgegen bringt. Es ist der Aspekt der dienenden Hingabe.

Und schließlich: Bei aller Mythenbildung ist Elisabeth eine Frau, die wirklich gelebt hat. Das macht die Faszination ihrer Erinnerung aus. Elisabeth ist eine Persönlichkeit, die Geschichte gemacht hat. Sie wird sichtbar in den vielen diakonischen und caritativen Einrichtungen, die ihren Namen tragen. Man tritt mit ihr in Berührung, wenn man die Orte aufsucht, an denen sie gelebt und gewirkt hat. Wie aber feiern Evangelische »ihre« Elisabeth? Und welchen Bezug haben sie überhaupt zu »Heiligen«?

1. Was Elisabeth ihren Zeitgenossen bedeutete

Elisabeths Verehrung setzte unmittelbar mit ihrem Tod ein. Die Menschen strömten zu ihrem Grab, denn schon bald verbreitete sich die Kunde, dass dort Wunderheilungen geschehen seien. Eine Heilige war sie für das Volk längst zuvor schon. Das Entscheidungsrecht über die Kanonisation Elisabeths aber besaßen die höchsten Amtsträger der Kirche – in Elisabeths Fall war es sogar erstmalig der Papst allein, dem das Kanonisationsrecht vorbehalten war.[5] Um die Echtheit der Wunder zu prüfen, leitete man eine aufwendige Zeugenvernehmung ein. Mit den Protokollen erhielt der Papst auch die Berichte über den Lebenswandel der Elisabeth.

Im Zuge der Verrechtlichung der Heiligsprechung wurden die Kriterien festgeschrieben, die für die Kanonisation einer Toten erfüllt sein mussten: Unerlässliche Voraussetzung im Mittelalter war der Nachweis von Wundern am Grab. Ebenfalls wesentlich war die Aufopferung des Lebens für Gott. Während der Christenverfolgung waren die Märtyrer zu Heiligen geworden, weil sie selbst im gewaltsamen Tod von ihrem Bekenntnis zu Christus nicht abließen. Auch nach der Christenverfolgung zeichnete sich ein heiliges Leben durch sein Leiden aus – nur dass nun das Martyrium umgedeutet wurde in die Form der täglich zu übenden Abtötung des natürlichen Begehrens. Es entstand ein neuer Heiligkeitstyp, der den monastischen Idealen von Armut, Keuschheit und Gehorsam folgte. Auch dieser sonderte sich aufgrund seines Be-

[5] Vgl. Josef Leinweber, Das kirchliche Heiligsprechungsverfahren bis zum Jahre 1234. Der Kanonisationsprozeß der hl. Elisabeth von Thüringen, in: Sankt Elisabeth. Fürstin – Dienerin – Heilige. Aufsätze, Dokumentationen, Katalog, hg. von der Philipps-Universität Marburg in Verbindung mit dem Hessischen Landesamt für geschichtliche Landeskunde, Sigmaringen 1981, 135.

kenntnisses zu Christus von weltlichen Belangen ab und entsagte irdischen Bindungen.[6]

Auf der Grundlage dieser Kriterien musste sich die Heiligsprechung Elisabeths schwierig gestalten. Elisabeth lebte im Glanz des fürstlichen Standes und legte ihren Adelsstand trotz eines Lebens in Armut nie ab. Sie war verheiratet und Mutter von drei Kindern. Sie war eigensinnig und hatte einen starken Willen. Die Quellen sind deshalb bemüht, bei Elisabeth die typischen Merkmale einer Heiligen bereits für die Zeit herauszustellen, als sie noch in weltlichen Bezügen lebte.

Die Kindheit

Schon dem Mädchen Elisabeth wird im »Libellus« das Verlangen zugeschrieben, für Gott und die Armen da zu sein, das sie aus dem Kreis ihrer Gespielinnen heraushob. Elisabeth habe »von Jugend auf frommen Eifer gezeigt und ihr Sinnen und Trachten in Spiel und Ernst auf Gott gerichtet«[7]. Während sie mit anderen Mädchen spielte, stand ihr eigentlich der Sinn danach, Andacht in der Kapelle zu halten. Dienerinnen sollen beobachtet haben, wie Elisabeth sich den Anschein gab, beim Spiel ein Mädchen fangen zu wollen, tatsächlich aber das Fangspiel nutzte, um auf diesem Weg zur Kapelle zu gelangen. Mit solchen und anderen »Tricks« gelang es Elisabeth, sich mitten im Spiel Gelegenheit zu Gebet und Andacht zu verschaffen. Ebenfalls wird berichtet, dass sie – auch dies ungewöhnlich für ein Kind – bewusst darauf verzichtete, Erste zu sein, oder dass sie ihren Gewinn armen Kindern gab. Das spätere Leben als Heilige ist also bereits in der frühesten Kindheit angelegt: Das Mädchen Elisabeth lebt im Zwiespalt zwischen weltlichen und geistlichen Belangen und kann dem Verlangen nach einem frommen Leben wegen der irdischen Bindungen nur ungenügend nachkommen.

Die Ehe

Elisabeth wurde als Vierzehnjährige mit dem Thüringer Landgrafen Ludwig verheiratet. Zusammen aufgewachsen, empfanden sie schon als Kinder Zuneigung füreinander und geschwisterliche Verbundenheit. Der zärtliche, respektvolle und ebenbürtige Umgang beider miteinan-

---

[6] Vgl. Karl Hausberger, Art. Heilige/Heiligenverehrung, III. Anfänge der christlichen Heiligenverehrung, IV. Abendländisches Mittelalter, V. Die römisch-katholische Kirche, in: Theologische Realenzyklopädie 14 (1985), 646-660, hier: 650.

[7] Libellus, a.a.O., 70.

der wird vielfach erwähnt. Dies ist umso beachtenswerter, als das Empfinden und Äußern von Liebe in einer ehelichen Verbindung für diese Zeit äußerst ungewöhnlich war.

Die Zeugnisse widmen dem Eheleben Elisabeths breiten Raum. Es wird berichtet, dass sie sich nachts von ihrer Dienerin wecken ließ, damit sie das Gebet nicht verschliefe. Sie entzog sich ihrem Mann, kniete vor dem Bett und kasteite ihren Leib, indem sie manchmal auf dem Boden weiter schlief. Auf Vorwürfe, dass sie nicht gern bei ihrem Mann liege, soll sie geantwortet haben: »Wenn ich auch nicht immer beten kann, so möchte ich meinem Fleisch doch diese Gewalt antun, dass ich mich von meinem heißgeliebten Gemahl losreiße.«[8] Auch verließ sie nachts ihren Mann, um sich von ihren Dienerinnen auspeitschen zu lassen und dann fröhlich zu ihm zurück zu kehren.

Für die Heiligsprechung stellte es ein Problem dar, dass Elisabeth ihren Mann liebte und begehrte, und nicht, wie es unter den Beginen zum Teil üblich war[9], mit ihrem Mann in Keuschheit lebte: Man ging davon aus, dass sexuelles Begehren zur Sünde verlocke und dem tugendhaften Leben einer Heiligen widerspreche. In der religiösen Unterweisung ihres Beichtvaters Konrad stand im dritten Artikel: »Du sollst dich vor leiblicher Freude und Lust hüten, denn sie bereiten der Seele ewige Qual.«[10]

Elisabeth musste also, um als heilige Frau gelten zu können, in ihrer Ehe Gewissensnot empfinden, dass die Liebe zu ihrem Mann sie hinderte, Christus allein ihre ganze Liebe zu schenken und sich ihm hinzugeben. Die Zeugnisse schildern ihr Bedauern, nicht Jungfrau geblieben zu sein, um in Keuschheit leben zu können. So suchte sie die Verleugnung Christi im leiblichen Begehren mit Bußübungen auszugleichen und erlangte dadurch für gewisse Zeit ihren inneren Frieden zurück.[11]

Das Drama dieser Gewissensnot hat Reinhold Schneider brillant beschrieben: »Elisabeth stand zwischen dem himmlischen und dem irdi-

---

[8] Libellus, a.a.O., 76.

[9] So beschrieben in der Vita des Jakob von Vitry über die Begine Maria von Oignies in Flandern. Jakob kommentiert das Verhalten der Eheleute als »einer um so größeren Krone würdig, als sie, im Feuer liegend, doch nicht brannten« (zitiert nach MARTIN OHST, Elisabeth von Thüringen in ihrem kirchengeschichtlichen Kontext, in: Zeitschrift für Theologie und Kirche 91 (1994), 424-444, hier: 434).

[10] Zitiert nach DIETRICH VON APOLDA, a.a.O., 22. Konrad hatte für Elisabeth zwölf Regeln zur Vervollkommnung ihrer Lebensführung aufgestellt.

[11] Vgl. Libellus, a.a.O., 77.

schen Bräutigam; sie konnte diesen nicht lassen und die Liebe zu jenem sich nicht aus dem Herzen reißen. In ihren Ohren, in ihrem Gemüt lag das furchtbare Wort: Folge mir nach! Wie sollte sie es verstehen? Und wenn sie nun folgte, wo war die Grenze? Wo führt dieses Wort hin?«[12]

Es ist durchaus möglich, dass Elisabeths erotisches Temperament sie tatsächlich in eine innere Zerrissenheit trieb und diese nicht nur in Hinblick auf ihre Heiligsprechung in den Quellen so bezeugt und unterstrichen wird. Schließlich war sie ein Kind ihrer Zeit und den Maßgaben eines frommen Lebens unterworfen, das sie gewiss erstrebte.

Uns mag die Verwerfung der Sexualität als Sünde wie eine neurotische Verzerrung der Christusliebe und als Ausdruck einer tiefen Leibfeindlichkeit erscheinen. Bei allem Befremden hat Reinhold Schneider in Elisabeths Gewissensnot jedoch etwas Richtiges herausgespürt. Die Forderung zur Nachfolge Christi kann für einen Menschen, der sich ihr ernsthaft verpflichtet und hingegeben fühlt, eine Ausschließlichkeit gewinnen, die familiäre Bindungen nicht mehr zulässt.[13]

Elisabeths Weg in die Armut

1225 siedelten die ersten Franziskaner in Eisenach. Über sie kam die 17- oder 18-jährige Elisabeth in Berührung mit der kirchlich integrierten Armutsbewegung der Minoritenbrüder. Eine besondere Nähe entwickelte sie zu ihrem »Magister disciplinae spiritualis« Rodeger. Ein Jahr später schon unterstellte sich Elisabeth auf eigenen Wunsch und über die Vermittlung von Papst Gregor IX. der geistlichen Anleitung von Konrad. Ihm gegenüber legte sie zur Zeit ihrer Ehe ein Gehorsamsgelübde ab, in dem sie sich auf ein Leben in Armut, und im Fall des Todes ihres Mannes, auf ein Leben in Keuschheit verpflichtete.[14]

Elisabeth distanzierte sich zunehmend vom glanzvollen Leben des Fürstenhofes. Sie legte Schmuck und fürstliche Kleidung ab und begann, sich der persönlichen Fürsorge und Pflege der Armen und Kranken zu widmen. Als 1226 die Ernte ausblieb, öffnete sie die Kornspeicher der Wartburg und gab der hungernden Bevölkerung Anteil an den Nahrungsvorräten des Hofes.

---

[12] Reinhold Schneider, Elisabeth von Thüringen, Frankfurt am Main / Leipzig 1997, 34.
[13] Vgl. das Wort Jesu über den Ernst der Nachfolge, die selbst die Aufgabe von familiären Verpflichtungen und Bindungen verlangt (Lukas 9,57-62).
[14] Vgl. Libellus, a.a.O., 74.

Leitbild für Elisabeths Weg in die Hingabe zu den Armen und Kranken war sicher das Gleichnis vom Weltgericht (Matthäus 25,31-46): Am Ende der Zeit kommt der Menschensohn, um die Gerechten von den Ungerechten zu scheiden. Die Gerechten gehen ein ins ewige Leben, die Ungerechten erwartet ewige Strafe. Der Maßstab zur Scheidung ist die Art und Weise des Umgangs mit den Bedürftigen. Zu den Gerechten sagt Christus: »Denn ich bin hungrig gewesen und ihr habt mir zu essen gegeben. Ich bin durstig gewesen und ihr habt mir zu trinken gegeben. Ich bin ein Fremder gewesen und ihr habt mich aufgenommen. Ich bin nackt gewesen und ihr habt mich gekleidet. Ich bin krank gewesen und ihr habt mich besucht. Ich bin im Gefängnis gewesen und ihr seid zu mir gekommen.« (Matthäus 25,35f.) Die Gerechten allerdings wissen nicht, wovon der Weltenrichter spricht. Sie sind sich nicht bewusst, in ihrem Leben Christus begegnet zu sein. Christus muss es ihnen sagen: »Was ihr getan habt einem von diesen meinen geringsten Brüdern, das habt ihr mir getan.« (Matthäus 25,40)

Nach den Zeugnissen richtete sich Elisabeths Aufmerksamkeit im Wesentlichen auf die im Matthäusevangelium genannten Werke der Barmherzigkeit, zu denen die christliche Tradition noch die Bestattung der Toten hinzugefügt hatte. So zeigen es auch die bildlichen Darstellungen und Skulpturen von Elisabeth. In den Hungernden und Kranken, in den Ärmsten der Armen offenbarte sich für Elisabeth – dem biblischen Zeugnis entsprechend – Christus selbst. Im Unterschied aber zu den Gerechten im Gleichnis vom Weltgericht suchte Elisabeth bewusst und mit Absicht hier Christus zu begegnen.

Nach dem Tod ihres Mannes, der 1227 auf dem Kreuzzug starb, brach Elisabeth konsequent alle Beziehungen ab, die sie daran hinderten, ihre umfassende Aufmerksamkeit den im Evangelium genannten Personengruppen zu widmen. Sie trennte sich – unverständlich für uns heute – mit ihrem Wechsel nach Marburg auch von ihren drei Kindern. Für ihre Zeit war dieses Verhalten nicht ganz ungewöhnlich. Eine Fürstin überließ die Erziehung der Kinder ohnehin anderen Personen. Man sollte also nicht den Maßstab einer heutigen Familie anlegen, in der die Beziehung zwischen Eltern und Kindern einen anderen Stellenwert besitzt. Gleichwohl darf die Frage erlaubt sein, warum für Elisabeth nicht auch die nächsten Angehörigen, ihre Familie, zu Christus werden konnten.

Nun ist es freilich nicht völlig auszumachen, ob Elisabeth sich auf eigene Entscheidung von ihren Kindern löste oder hierin einer Anordnung Konrads folgte. Die Schilderungen im »Libellus« lassen jedenfalls darauf schließen, dass sich Elisabeth mit der Trennung von ihren Kindern erneut selbst Gewalt antat.

Aber genau diese schmerzvolle Lösung von allen irdischen Gütern und Bindungen betrachtete sie als Voraussetzung für eine ernsthafte Nachfolge Christi. Elisabeth selbst wertete die Liebe zu ihren Kindern als übertrieben ab und bat Gott um Geringschätzung aller weltlichen Beziehungen und ihrer eigenen Person, um ihm allein zu gehören.[15] Vermutlich hat sie sich tatsächlich mit dem Leidensweg der Selbstverachtung identifiziert. Diese gewaltsame und leidvolle Loslösung von allem, was sie liebte und schätzte, ließ sie für ihre Zeitgenossen zur Heiligen werden.

In ihrer Zuwendung zu Armen und Kranken war Elisabeth nicht auf eigene Schonung bedacht. Sie aß wenig und gönnte sich kaum Schlaf. Sie hielt sich nicht an Konrads Weisung, auf ihre Gesundheit zu achten und sich vor ansteckenden Krankheiten zu schützen. Im Gegenteil: Menschen mit Aussatz erfuhren ihre besondere Zuwendung und Aufmerksamkeit. Auch wollte sie bewusst mit ihrem Vermögen nicht sorgsam umgehen und für sich behalten, was zu ihrem eigenen Unterhalt nötig gewesen wäre. Wäre Konrad nicht eingeschritten, hätte sie ihr ganzes Witwengut weggegeben.[16]

Zugleich war er es, der Elisabeth schonungslos demütigte und ihren Willen mit Geißelung und härtester Bußpraxis zu brechen suchte. Und Elisabeth? Sie unterzog sich den Strafen gehorsam und wünschte sogar, sie zu erleiden. In der Züchtigung erlebte sie, wie überliefert wird, eine besondere Nähe zum geschlagenen Christus. »Um Christi willen aber ertrug sie alles in Geduld.«[17] Die *repraesentatio Christi* im Leiden und körperlichen Schmerz ist eine wesentliche Seite in Elisabeths Frömmigkeit. Ebenso zeigte sie ein ausgeprägtes Bedürfnis nach Buße. So paradox es klingt: Durch Erniedrigungen fühlte sie sich aufgerichtet. In den Schlägen trug sie körperlich spürbar die Schuld für ihr reiches Leben und ihren eigensinnigen Willen ab. Auf dem Weg in die Armut und Demütigung erfuhr sie ausgleichende Wiedergutmachung.

In seiner »Summa vitae« schreibt Konrad von ihr: »Die Elendesten und Verachtetesten setzte sie an ihren eigenen Tisch, und als ich sie deshalb tadelte, erwiderte sie mir, sie empfange von ihnen sonderliche Gnade und Demut, und als eine zweifellos sehr kluge Frau führte sie

---

[15] Vgl. Libellus, a.a.O., 89f.

[16] Vgl. Libellus, a.a.O., 91.

[17] Dietrich von Apolda, a.a.O., 78.

ihr früheres Leben vor mir herauf und sagte, sie müsse, was hinter ihr liege, durch das Entgegengesetzte auszugleichen und zu heilen suchen.«[18]

Elisabeth hat den Weg des Gehorsams, der Keuschheit und der Armut, zu dem Konrad sie anleitete, zielstrebig gesucht und darin Erfüllung gefunden. Sie wollte ein in Christus geheiligtes Leben führen, aber gewiss keine Heilige werden. Sie orientierte sich am asketischen Frömmigkeitsideal ihrer Zeit, vollzog dies aber in einer Radikalität und Kompromisslosigkeit, die ihresgleichen sucht.

Konrad seinerseits erkannte, dass sich die strenge Armut und Demut seiner prominenten Schutzbefohlenen sowie ihr caritativer Einsatz für die Armen strategisch im Kampf gegen die Ketzer einsetzen ließen. Elisabeth lebte das Armutsideal im Rahmen der Ordnungen der rechtgläubigen Christenheit.[19] Konrads strenge Maßnahmen dienten also dazu, auf Elisabeths Heiligung schon zu ihren Lebzeiten hinzuarbeiten. Ob Elisabeth gespürt hat, dass sie von Konrad instrumentalisiert worden ist?

2. Elisabeth – überzeugend als Glaubende und Handelnde

Der 800. Geburtstag der Elisabeth von Thüringen erfährt in der Öffentlichkeit eine erstaunliche Resonanz. Offensichtlich geht von ihrem Leben auch heute noch eine große Faszination aus. Was zieht die Menschen an Elisabeth an? Was weckt das Interesse, sich eingehender mit ihr zu befassen? Woran liegt es, dass Elisabeth als Sympathieträgerin wahrgenommen wird?

Der folgende Versuch, einige Punkte ihrer Anziehungskraft zu benennen, bleibt fragmentarisch. Aber er zeigt, dass für Menschen heute andere Aspekte der Figur Elisabeth hervortreten und in der Moderne auch anders bewertet werden. Das bestätigt die eingangs formulierte These, wonach die Beschäftigung mit Elisabeth uns nicht den historischen Menschen nahe bringt, sondern eher dokumentiert, was wir in Elisabeth sehen und finden. Das Vorbild, das sie uns ist, bleibt eben ein Bild von ihr.

Elisabeth – mit den Armen lebend

Elisabeth besaß den Mut und die Freiheit, Macht und Ruhm fürstlicher Herrschaft abzulegen, ihren Besitz wegzugeben und sich den entrechte-

[18] Summa vitae, a.a.O., 63.
[19] Vgl. OHST, a.a.O., 442f.

ten, ausgegrenzten und benachteiligten Menschen zuzuwenden. Sie sah die Not, die vor Augen war, und machte sich ans Werk. Sie beließ es nicht beim Reden, sondern handelte – und zwar nicht von oben herab, in fürstlicher Generosität, sondern sie begab sich auf gleiche Ebene mit den bedürftigen Menschen: als Arme für die Armen.

Die Konsequenz ihres Handelns beeindruckt in einer Zeit, in der deutliche Kritik gegenüber politischen und wirtschaftlichen Funktionären vor allem in führenden Positionen geäußert wird. Sie erleben zurzeit einen spürbaren Vertrauensverlust. Der Vorwurf lautet oft, sie könnten kein klares politisches Konzept vorlegen, um die Probleme des Landes zu lösen. Stattdessen seien sie in erster Linie auf Machterhalt bedacht.

Demgegenüber wird die spontane und unbekümmert praktizierte Nächstenliebe Elisabeths als hoffnungsvolles Gegenmodell entdeckt. Insbesondere Menschen, die nicht bloß solidarisch denken und handeln, sondern auch mit den Armen leben, haben das Herz der Menschen auf ihrer Seite. Sie gelten als »authentisch«. Im Vergleich zu den Zeitgenossen Elisabeths beeindruckt weniger das Armutsideal, das die Gleichförmigkeit mit Christus sucht, sondern die persönliche Zuwendung zu den Menschen.

Elisabeth – mehr als eine Almosengeberin

Skulpturen und Bilder zeigen Elisabeth oftmals in mütterlicher Geste: Sie beugt sich zu den Bedürftigen hinab, gibt ihnen zu essen und reicht ihnen den Becher. Diese Ikonographie gibt einen verkürzten Eindruck von dem wieder, was Elisabeth tatsächlich geleistet hat. Ihr Wirken beschränkte sich nicht darauf, mit einem Korb die Wartburg hinab zu steigen und die sich ihr entgegenstreckenden Hände mit Gaben zu füllen. Elisabeth zeichnet aus, dass sie mehr als Almosen verteilte. Wie schon erwähnt, öffnete sie, als in Thüringen eine Hungersnot wütete, die Kornkammern der Wartburg und ließ die Nahrungsvorräte unter das Volk bringen.

Hier wurde Hilfe in großem Rahmen organisiert. Zudem reichte Elisabeths Fürsorge über die erste Linderung der Not hinaus. Sie sorgte dafür, dass die Armen Werkzeuge an die Hand bekamen, damit sie ihren Lebensunterhalt selbst bestreiten könnten.[20] Dieses Vorgehen dokumentiert, dass Elisabeth nicht einfach nur spontan gegeben hat. Ihre

[20] Vgl. Libellus, a.a.O., 81.

Zuwendung war durchdacht. Die Hilfe für die Bedürftigen sollte langfristigen Erfolg zeigen. Es war eine nachhaltige Hilfe zur Selbsthilfe.

Auch die Pflege der Kranken beschränkte sich nicht allein auf persönliche Zuwendung und tröstenden Zuspruch. Elisabeth und ihr Mann errichteten Hospitäler: zunächst in Gotha, dann in Eisenach am Fuß der Wartburg – und das in einer Region, die zu dieser Zeit noch so gut wie keine Infrastruktur besaß. Zweifellos hatte Elisabeth die Neigung, ihre Besitztümer ohne Bedenken und Konzept einfach wegzugeben. Nach den Quellen war es Konrad, der dafür sorgte, dass wenigstens Elisabeths Witwengut einbehalten und in den Bau des Marburger Hospitals investiert wurde. Aber insgesamt ist erkennbar, dass hier durchaus die Nächstenliebe strukturell entwickelt und auf Dauer gestellt wurde.

Bei der heutigen Institutionalisierung diakonischer Hilfeleistungen, die durch bürokratische und ökonomische Zwänge auf dem Gesundheits- und Sozialsektor empfindlich eingeschränkt werden, drängt sich vermehrt die Frage nach dem christlichen Profil auf. Elisabeths Liebestätigkeit erinnert daran, dass sich uns in jedem Gegenüber das Antlitz Christi zeigt.

Elisabeth hatte bereits ein Bewusstsein für gesellschaftliche Bedingungen von Armut. Sie prüfte genau, ob die Lebensmittel für die fürstliche Tafel rechtmäßig erworben waren. War der Zins von den Bauern erpresst worden, verweigerte sie das Essen. Ihre Dienerinnen hielt sie in diesem Fall ebenfalls zum Verzicht an. Damit verstieß sie empfindlich gegen das Standesbewusstsein. Man kann davon ausgehen, dass Elisabeth die feudalen Lebensbedingungen grundsätzlich nicht in Frage gestellt hat. Aber ein Rechtsbewusstsein für die Situation der Leibeigenen darf man ihr zuerkennen. Initiativen zum fairen Handel sehen deshalb im Verhalten Elisabeths heute ein Vorbild und berufen sich auf sie.

Elisabeth – Vorbild für ein sinnerfülltes Leben

Elisabeth war eine Frau – und zwar eine gegenüber den Vorgaben und Gepflogenheiten ihrer Zeit unkonventionelle, eigensinnige, selbstbewusste und widerständige Frau. Kompromisslos folgte sie ihrer Überzeugung und ließ sich in ihrem Tatendrang weder durch höfische Etikette noch durch das Unverständnis ihrer Umgebung beeindrucken oder abhalten.

Sie ist daher eine Identifikationsfigur vor allem für Frauen, die sich von Elisabeths Eigensinn bestärkt und ermutigt fühlen, bei der Suche nach ihrem Lebensinhalt sich nicht von außen bestimmen zu lassen, sondern gegen Widerstände ihre eigenen Ziele zu verfolgen.

Elisabeth war auch eine der wenigen Frauen im Mittelalter, die die Ehe als beglückende, liebevolle und ebenbürtige Verbindung erfuhr. An der Tafel nahm sie den Platz neben ihrem Mann ein – eine für ihre Zeit ungewöhnliche Sitzordnung. Während Ludwigs Abwesenheit führte sie die Regierungsgeschäfte. Ebenso ungewöhnlich für die Zeit war, dass ihr Mann sie nicht nur gewähren ließ, sondern sie in ihrer Lebensweise unterstützte. Angesichts zerbrechender Ehen und einer wachsenden Zahl von allein lebenden Menschen rührt die Verbindung zwischen Elisabeth und Ludwig an die tiefe Sehnsucht nach liebevoller, erotischer und beglückender Beziehung, in der Mann und Frau einander Raum geben und sich Respekt zollen.

Elisabeth – und die Kraft des Glaubens

Elisabeth handelte aus ihrem Glauben heraus, aus einer innig empfundenen Christusbeziehung, die sie anspornte, selbstlos und umfassend für die Armen da zu sein. Diese Haltung hätte ihr bis vor kurzem wahrscheinlich wenig zur Ehre und Bewunderung gereicht. Aber offensichtlich schreitet die Säkularisierung nicht unbegrenzt fort. Auch erweist sich eine auf den eigenen Vorteil bedachte Haltung, die lange Zeit en vogue war und geradezu schamlos verfolgt wurde, als wenig befriedigend. Sie verliert inzwischen an gesellschaftlicher Akzeptanz.

Man versteht wieder, dass Elisabeths unermüdlicher Einsatz für die Armen nicht auf einen humanitär motivierten Solidaritätsakt verkürzt werden kann. Die Bereitschaft der reichen Fürstin, sich dem Gestank und Dreck der Armut auszusetzen und den Ekel zu überwinden, kommt aus der Kraft des Glaubens. Nach dem darin schlummernden Potential sucht eine sinnentleerte und entmutigte Gesellschaft. Sie schaut nach Personen aus, die es »geschafft« haben, sich gerade nicht nach oben, sondern nach unten zu bewegen; die den Traum einer gerechteren Welt nicht nur zu träumen, sondern auf ihre Art zu leben suchen – unerschütterlich aus tiefer Glaubensüberzeugung heraus. Elisabeths Liebe zu den Menschen, die niemand liebt, ist mehr als ein Leitbild, das zu moralisch guten Taten ermuntern mag. Die Erinnerung an ihr Handeln bewahrt in sich den Wunsch nach einer menschenwürdigen Welt.

3. Hingabe

Seit einiger Zeit glaube ich ein eigentümliches Phänomen beobachten zu können. Man wagt wieder, in aller Vorsicht natürlich, vom Dienen als einem sinnstiftenden Verhalten zu reden. Die positive Bewertung des Dienens mag zunächst anstößig wirken. Zu lange wurde die Tugend des Dienens als Machtinstrument missbraucht, um Herrschaftsstrukturen aufrechtzuerhalten. Es ist unzweifelhaft ein großes Verdienst der unterschiedlichen Befreiungsbewegungen, ins Bewusstsein gerufen zu haben, dass gerade von den Machtlosen und Unterdrückten das Dienen als selbstverständliche Tugend gefordert und ihnen das Recht auf Selbstbestimmung verwehrt wurde. Der Gedanke, sich in den Dienst für andere zu stellen, konnte auf diesem Hintergrund nur kritisch gesehen und entsprechend »hinterfragt« werden.

Es stimmt ja: Dienen kann ausgenutzt werden. Die institutionelle Diakonie der Kirche hat deshalb inzwischen eine Sensibilität dafür entwickelt, dass der christlich motivierte Dienst an den Nächsten nicht zu einer schonungslosen Aufopferung der Mitarbeitenden führen darf. Insofern kann Elisabeth in ihrer verschwenderischen Hingabe keine Legitimation dafür bilden, von ihnen einen zeitlich unbegrenzten Einsatz zu fordern. Die gegenwärtigen Leitbilddiskussionen berücksichtigen vielmehr den sorgsamen Umgang der Mitarbeitenden mit sich selbst und seitens des Arbeitgebers. Im Zuge der Professionalisierung wird das eigene Hilfeverhalten reflektiert und auf seine Angemessenheit hin überprüft. Nicht nur im Hinblick auf die zur Verfügung stehenden Mittel, sondern auch auf die zur Verfügung stehenden Kräfte geht es bei der Hilfeleistung um eine realistische Einschätzung der eigenen Grenzen und Möglichkeiten.

Und noch von einer anderen Seite her geriet das Dienen unter den Verdacht des Anachronismus: Gesamtgesellschaftlich gesehen trat insbesondere seit den neunziger Jahren die soziale Einstellung zugunsten einer rigiden Durchsetzung persönlicher Ziele in den Hintergrund. Wo der eigene Vorteil zum Maß aller Dinge wurde, schien eine »Kultur des Dienens« vollkommen fehl am Platz.

Umso erstaunlicher ist, dass die Wertschätzung des Dienens wieder zunimmt. Ein Leben in Hingabe ist keineswegs mehr ein Lebenskonzept, das von vornherein als Ausbeutung kritisiert oder als realitätsferner Idealismus belächelt wird. Ging man noch vor einigen Jahren davon aus, dass die eigentliche Triebkraft des Menschen die Verwirklichung eigener Wünsche sei, so ist heute die Rede davon, der Mensch sei eher altruistisch strukturiert und erfahre heilsames Ganzsein nur im Dasein auch für andere. Man beginnt zu begreifen, dass eine Gesellschaft, in der alle nur auf sich bedacht sind, nicht zukunftsfähig ist. Bürgerschaftliches Engagement ist wieder gefragt.

Elisabeths 800. Geburtstag fällt in eine geistige Situation, die weithin von Verunsicherung und Orientierungslosigkeit geprägt ist. Da tritt sie als Vertreterin eines überzeugend gelebten Christentums mit ihrer ebenso kompromisslosen wie selbstlosen Hingabe in unser Blickfeld.

Nicht zu Unrecht bemerkt der Marburger Kulturamtsleiter Richard Laufner, die Feierlichkeiten im Elisabethjahr 2007 seien im Vergleich zur 700-Jahrfeier der Einweihung der Elisabethkirche 1989 sehr viel weniger akademisch geprägt. Heutzutage sei Elisabeths »soziales Engagement für die Menschen aktueller. Sie wird als Projektionsfläche für Soziales stärker gebraucht als vor 20 Jahren.«[21] Offensichtlich weckt Elisabeths Hingabe in uns Menschen die Sehnsucht, dass soziale Gerechtigkeit und Solidarität mit den Armen nicht nur ein schöner Traum sind, sondern real gelebt werden können.

Was aber ist die Voraussetzung dafür, dass ein Leben in Hingabe nicht zur rücksichtslosen Selbstausbeutung führt, die die eigenen Kräfte völlig verzehrt? In dieser Hinsicht ist Elisabeth, wie schon angedeutet, als Vorbild problematisch. Sie legte es ja geradezu darauf an, sich in ihren leiblichen Bedürfnissen zu beschneiden. Es ist davon auszugehen, dass umfassende Erschöpfung und Auszehrung Ursache für ihren frühen Tod waren.

Beinahe fassungslos stehen wir vor dem, was Elisabeth in ihrem kurzen Leben geleistet und getragen hat. Sie kannte offensichtlich nicht die Furcht, ihr Vermögen und sich selbst zu verschenken. Ihr Einsatz für die Menschen war getragen von fröhlicher Gelassenheit und Liebenswürdigkeit. Unrecht, Spott und Bosheit konnten ihre Liebestätigkeit nicht trüben und sie in ihrer freundlichen Zuneigung zu den Menschen beirren. Ihr Wirken trägt nicht die geringste Spur von Missmut und Resignation, wie es oft bei Menschen zu beobachten ist, die sich für andere bis an die Grenzen der eigenen Belastbarkeit einsetzen.

Mag sein, dass das Bild von Elisabeth in den Heiligenviten ideale Züge trägt. Aber es ist anzunehmen, dass ihr fröhliches Temperament, ihre fast »naive« Maßlosigkeit und ihre eigensinnige Bestimmtheit, mit der sie gegenüber ihren Mitmenschen auftrat und ihr Tun verfolgte, tatsächlich etwas mit der wirklichen Elisabeth zu tun haben.

Das Geheimnis ihres unermüdlichen Wirkens gründet wohl in einer tief empfundenen Liebe zu Christus. Das war ihre innere Kraftquelle, ihre Triebkraft, die sie dazu drängte, sich in Liebe für andere zu verströmen.

---

[21] Caren Langer, Erinnerung an die »Mutter Hessens«. Marburg feiert den 800. Geburtstag der Heiligen Elisabeth, in: Frankfurter Allgemeine Zeitung (Rhein-Main-Zeitung), 17.01.2007.

Darauf hat sie sich beständig besonnen. So wird berichtet, dass Elisabeth regelmäßig ihre Arbeit unterbrach und sich in die Kapelle zum Gebet zurückzog. Manchmal versank sie stundenlang in Kontemplation. »In dem göttlichen Licht fand sie Trost und Stärke, und sie erkannte, welche Vollkommenheit von ihm ausstrahlte. Denn von daher fließt der menschlichen Schwachheit die Kraft zu, durch die sie in Weisheit, Stärke, Zucht und Gerechtigkeit leben kann.«[22] Hier empfing Elisabeth die »Kraft Gottes, die selig macht« (Römer 1,16). Sie hatte die Begabung, sich dieser Kraft, die die religiöse Metaphorik als Licht, als hellen Schein beschreibt, zu öffnen und sie »schauen« zu können.

Obwohl die Berührung mit dem Heiligen den Menschen erschauern lässt, überließ sie sich unbefangen und vertrauensvoll dem Feuer der göttlichen Liebe. Daraus schöpfte sie ihre Stärke, daraus nährte sich ihr Charisma, die Aura ihrer Liebenswürdigkeit. Was sie empfing, strahlte sie aus und gab es weiter. »Wenn sie ihre Kontemplation beendet hatte und aus ihrem Gemach trat, konnte man sehen, wie ihr Gesicht in einem hellen Licht erstrahlte und ihre Augen gleich der Sonne glänzten.«[23]

Für Elisabeth personifizierte sich das Feuer der göttlichen Liebe in Christus. Anders als bei Franz von Assisi, der die absolute Identität mit Christus zu erlangen suchte[24], gestaltete sich für Elisabeth, sicher auch geschlechtstypisch, die Repraesentatio Christi im Objekt ihrer Fürsorge. Elisabeth wollte Christus nicht gleichförmig werden, sondern suchte die innige Beziehung zu ihm: in der Anbetung und in der Zuwendung zu den Schwachen, in denen ihr Christus begegnete.

Es wird bezeugt, Elisabeth habe während ihrer Kontemplation Christusvisionen gehabt. Sie hat diese bewusst verschwiegen. Nur einmal teilte sie ihrer engsten Vertrauten Isentrut mit, was sie geschaut hatte: »Ich sah den Himmel geöffnet. Mein geliebter Herr Jesus neigte sich zu mir und schenkte mir Trost für mancherlei Ängste und Nöte, die mich heimsuchen. Wenn ich ihn dann anschaute, erfasste mich Freude, und ich lachte. Wenn er sich jedoch von mir abwandte, als ob er von mir fortgehen wollte, weinte ich. Da erbarmte er sich meiner, wandte mir sein strahlendes Antlitz zu und sprach: ›Wenn du bei mir sein willst, so will ich bei dir sein‹. Da erwiderte ich: ›Ja, Herr, du willst

---

[22] Dietrich von Apolda, a.a.O., 85; vgl. schon 2. Korinther 4,6f.

[23] A.a.O., 85.

[24] Als leiblichen Ausdruck seines Strebens nach Gleichförmigkeit mit Christus erfuhr Franz die Stigmatisierung seines Körpers mit den Wundmalen Christi.

bei mir sein, und ich will gern bei dir sein und werde niemals von dir lassen‹.«[25]

Wer solch eine Vision erfährt, hütet sie wie einen Schatz und spürt genau, dass leichtfertiges Herumerzählen zu Eitelkeit und Hochmut verführt, die die Tiefe und Innigkeit des Erlebten verraten und damit zerstören. Elisabeths Freude und Fröhlichkeit lebten aus der Bindung an Christus, aus diesem »Verliebtsein« in ihn. Sie war eine noch junge, ja jugendliche Frau, die ihre Empfindungen übermütig und begeistert auslebte. Im Fortgehen und Wiederkehren Christi erlebte sie abwechselnd »Liebeskummer« und die euphorische Freude, seine Geliebte zu sein: Schließlich erbarmt sich Christus ihrer und ist bei ihr. In stürmischem Bekenntnis ruft sie aus, dass auch sie bei ihm bleiben und niemals mehr von ihm getrennt sein will.

Angesichts dieses Eros für Christus wird ihr innerer Konflikt zwischen ihrem himmlischen und irdischen Bräutigam nachvollziehbar. Sie liebt, in aller Vorsicht ausgedrückt, zwei Männer! Beiden will sie in ihrer jugendlichen Radikalität ganz und gar gehören.

Die Legende vom Aussätzigen im Ehebett spielt auf diesen inneren Konflikt an: Während der Abwesenheit ihres Ehemannes nahm Elisabeth einen Aussätzigen auf, pflegte ihn und legte ihn ins Ehebett an die Stelle, wo ihr Mann sonst lag. Entsetzt meldete das Dienstpersonal dem Ehemann die anstößige Handlung – die nicht nur dem Dienstpersonal, sondern den Lesern und Hörerinnen dieser Legende ebenso zuwider und schauerlich gewesen sein wird. Als der Ehemann ins Schlafgemach trat, wurde die Decke zurück geschlagen – und auf dem Bett lag der Crucifixus.

Elisabeths Liebe zu Christus war kompromisslos. Das mag gerade Menschen, die in ehelichen und familiären Bindungen leben, befremden. Aber es ist diese ungebrochene, euphorische Bindung zu Christus, die Elisabeth zur fröhlichen Hingabe befähigte. Jede sorgende Tat war ein Wiedersehen mit dem Geliebten. Jedes Verschenken und Hingeben ließ sie in seine Spuren treten.

Elisabeths Leben für die Armen ist die Oberfläche, ist das, was uns sichtbar erscheint. Wir erfassen jedoch ihre Person nicht, wenn wir nur diese in den Blick nehmen und ihr Handeln als rein humanitären Akt begreifen. Es war die unbändige Liebe zu Christus, die sie zu einem Leben in Hingabe bewegte.

---

[25] Dietrich von Apolda, a.a.O., 58.

Täuscht der Eindruck, dass die christliche Motivation dieses Lebensweges wieder besser verstanden wird, dass eine größere Aufgeschlossenheit dafür besteht? In ihrer spirituellen Sehnsucht nach einem erfüllenden Leben schauen Menschen nach Personen aus, die in ihrem Leben geistlichen Reichtum und weltliches Handeln überzeugend in eins bringen.

Ein solches Vorbild wird in Elisabeth von Thüringen entdeckt. Hier ist eine Frau, die sich unbekümmert verschenken kann und daraus Erfüllung erfährt. Ihre Hingabe wird nicht mehr als Selbstaufgabe verpönt, sondern in ihrer Selbstbestimmung als exemplarisch geschätzt und geliebt. An ihr zeigt sich die Möglichkeit, Hingabe fröhlich und heiter aus einer tiefen Liebesbeziehung zu Christus zu leben. Dieses ungebrochene Vertrauen ist einer Gesellschaft, die von der Angst gelähmt wird, ihren Besitz zu verlieren, gerade eine glaubhafte Ermutigung zur Freiheit!

An Elisabeth wird deutlich, dass Spiritualität dann überzeugend gelebt wird, wenn sie sich der Wirklichkeit stellt und sich in konkretes Handeln umsetzt. Spiritualität, die sich in angenehme Räume separiert und auf sich selbst und auf das eigene Wohlbefinden bezogen bleibt, verkommt zur Wellness. Wiederum: Ein soziales Engagement, das nicht bewegt wird von der inneren Kraftquelle der Liebe, verhärtet und radikalisiert sich oder führt in Resignation. In Elisabeth stimmen Kontemplation und selbstloser Einsatz überein. Dadurch wird ihre Hingabe beispielhaft.

4. Elisabeth – die Heilige

Für beide christlichen Kirchen des Abendlands ist Elisabeth bedeutend. Die römisch-katholische Kirche verehrt sie als Heilige, die evangelische Kirche ehrt sie als Glaubensvorbild. So wäre der konfessionelle Unterschied im Umgang mit den Heiligen dogmatisch korrekt abgesteckt. Tatsächlich finden aber auf evangelischer wie römisch-katholischer Seite Bewegungen statt, die – bei aller Differenz – auch zu Annäherungen führen.

Die reformatorischen Grundsätze *solus Christus* (Christus allein) und *sola fide* (allein durch Glauben gerecht) konnten im 16. Jahrhundert nicht ohne Auswirkung auf die Praxis der Heiligenverehrung bleiben. In der reformierten Kirche wurden die Heiligentage ganz abgeschafft. Der Heiligenverehrung war der Boden entzogen. Luthers Haltung gegenüber den Heiligen blieb moderater. Er wandte sich entschieden gegen die Praxis einer Anrufung, die im Spätmittelalter ausufernde Dimensionen angenommen hatte. Hingegen schätzte Luther die Heiligen als Trost und Ermutigung für die Glaubenden. Er betrachtete die Geschichten der Heiligen als wichtige Ergänzung zur Lektüre der Heiligen Schrift, weil sie das, was in der Schrift steht, durch ihr Leben vorbildlich zur Anschauung brächten.[26]

Das Elisabethjahr zeigt, wie sehr auch evangelische Christinnen und Christen ein wachsendes Interesse an großen Gestalten der Christentumsgeschichte haben, ihr Gedächtnis pflegen und deren Jubiläen und Festtage feiern. In einer Zeit, in der das Leben kaum noch durch Tradition und Beispiel früherer Generation vorgegeben wird, suchen Menschen Orientierung in Personen, die sie persönlich beeindrucken und überzeugen. Richtungsweisend ist weniger der gelehrte Glaube, der eher als einengend gilt, als der (vor)gelebte Glaube. Und das zeichnet »Heilige« aus: Sie stehen mit ihren Taten, ja unter Einsatz ihres eigenen Lebens, für den Glauben ein. Ebenso werden sie geliebt und geehrt, weil sie abseits der vorgegebenen Norm ihren eigenen Weg gegangen sind. Viele zu Heiligen Erklärte waren gerade keine Amtsträger. Mit der Unangepasstheit und der Individualität dieser Menschen mögen sich Menschen heute mehr identifizieren als mit einer Institution.

So fällt auf, dass gegenwärtig im evangelischen Bereich bei Elisabeth besonders ihre eigensinnigen Züge herausgestellt werden. Nicht die gehorsame Elisabeth, die sich Konrad unterworfen hat, steht im Vordergrund, sondern die willensstarke Elisabeth, die sich der Etikette des Adels verweigerte und deren Stärke trotz harter und erniedrigender Bußpraxis durch Konrad eben nicht gebrochen werden konnte.

---

[26] Vgl. die Vorrede Martin Luthers zu Lazarus Spengler, Bekenntnis (1535): »Und nehest der heiligen schrifft ist ja kein nutzlicher buch fur die Christenheit denn der lieben heiligen Legenden, sonderlich welche rein und rechtschaffen sind, Als darinn man gar lieblich findet, wie sie Gottes wort von hertzen gegleubt und mit dem munde bekand, mit der that gepreiset und mit yhrem leiden und sterben geehret und bestettigt haben. Solchs alles aus der massen trostet und sterckt die schwach gleubigen, und noch viel mutiger und trotziger macht, die zuvor starck sind. Denn wo man allein die schrifft on exempel und historien der heiligen leret, ob wol jnnwendig der geist das seine reichlich thut, so hilffts doch trefflich seer, wo man von auswendig auch die exempel der andern sihet odder horet. Sonst denckt ymer ein schwach hertz also: Sihe, du bist alleine, der also gleubet und solchs bekennt, thut und leidet etc. Darumb auch Gott selbs jnn der heiligen schrifft neben der lere beschreibet der lieben patriarchen und Propheten leben, glauben, bekentnis und leyden, Und Petrus ij. Pet. Jiij die Christen auch mit aller heiligen exempel trostet und spricht: Wisset, dass derselb leiden allen ewrn brudern jnn der welt widerferet, Und der Psalter aller Christen, so betruebt sind jm geist, ein trostlich exempel ist.« (WA 38, 313,10-314,6).

Heilige können auch für den evangelischen Glauben mehr sein als reine Vorbilder. Denn geht es gar nicht so sehr um die Nachahmung eines vorbildlichen Lebens. Heilige lassen sich nicht kopieren. Im Gegenteil: Gerade vor einem Leben, wie Elisabeth es geführt hat, können wir nur die Flügel strecken. Nicht der verklärende Blick auf das unerreichbare Lebenswerk der Heiligen, sondern die persönliche Auseinandersetzung mit ihnen führt uns weiter. Bei aller Verehrung dürfen Heilige, auch gerade Elisabeth, in ihrer befremdlichen, ja auch problematischen Seite wahrgenommen werden. Damit soll das außerordentliche Wirken dieser Menschen nicht geschmälert werden, aber sie werden in ihrer Menschlichkeit vor Gott wahrgenommen.

Was macht nun Elisabeth von Thüringen zu einer »Heiligen« auch für evangelische Christen? Hierzu gibt der 21. Artikel des Augsburger Bekenntnisses von 1530 einen bedenkenswerten Hinweis. »Vom Dienst der Heiligen« handelt er. Da heißt es: »Vom Heiligendienst wird von den Unseren also gelehrt, dass man der Heiligen gedenken soll, auf dass wir unsern Glauben stärken, wenn wir sehen, wie ihnen Gnade widerfahren, auch wie ihnen durch Glauben geholfen worden ist; dazu, dass man Exempel nehme von ihren guten Werken, ein jeder nach seinem Beruf [...].«

Auf der Grundlage der Rechtfertigungslehre zeichnen sich »Heilige« für den Protestantismus vorrangig darin aus, dass sie für die »ihnen widerfahrene Gnade« besonders empfänglich waren. Aus einem unerschütterlichen Vertrauen in die bedingungslose Liebe und Zuneigung Gottes vor allem persönlichen Können und Vermögen schöpften sie die Kraft für außergewöhnliche Taten und gewannen sie die Freiheit, ihr Leben zu riskieren.

Elisabeth lebte und handelte in der Gewissheit, dass Christus ihr nahe sei und ihr seine Gnade erweise. Ihr Abschied von einem Leben in Glanz und Reichtum ist zu verstehen als eine Antwort auf das Liebesbekenntnis Christi zu ihr. Sie erkannte für sich, dass sie nur dann bei Christus sein kann, wenn sie selbst arm würde und mit den Armen lebte. Sie hatte Ohren, die Stimme der Liebe zu hören, und ein Herz, ihr zu folgen. Dieses ungebrochene Vertrauen zu Christus macht Elisabeth in meinen Augen zur »Heiligen.« Ihr Zeugnis ist ein Zeugnis, das allein auf Christus verweist.[27] Damit geht Elisabeth über sich selbst hinaus

---

[27] Vgl. REINER MARQUARD, Heilige als Helfende zur Güte des Lebens – Die Legenda Aurea als sozialethisches Lesebuch, in: Evangelische Hochschulperspektiven der Evange-

und gibt nicht nur dem individuellen Glauben, sondern der christlichen Gemeinschaft ein Exempel. Da ist es nur folgerichtig, dass auch die Evangelische Kirche ihr Gedächtnis bewahrt und ihr Gedenken im Gottesdienst feiert.[28] Ihr Lebenszeugnis kann uns »hellhörig« machen, zu welchen Schritten uns die Kraft des Glaubens bewegen kann.

Gleichwohl werden manche Evangelische die »Allgegenwart« der Elisabeth zu ihrem Jubiläum eher als inflationär und als zudringlichen Rummel empfinden. Die bewundernde Begeisterung, die Elisabeth erfährt, war gewiss nicht in ihrem Sinn. Sie mochte es überhaupt nicht, wenn man ihr eine besondere Hochachtung entgegenbrachte: »Sie wollte sich von den Dienerinnen auch nicht als ›Herrin‹ anreden lassen, obgleich diese ganz arm und nicht von Adel waren, und nicht mit ›Ihr‹ sondern mit ›du, Elisabeth‹. Sie ließ die Dienerinnen an ihrer Seite sitzen und aus ihrer Schüssel essen.«[29]

Wir werden dem Gedenken an Elisabeth nicht gerecht, wenn wir ergriffen und bewundernd vor ihrer Glaubensstärke und ihrem Lebenswerk verharren. Die Verantwortung für unser eigenes Leben kann uns die »Heilige« nicht abnehmen. Wir haben selbst Rechenschaft abzulegen – vor uns selbst und vor Gott. Ihr Vorbild soll uns nicht klein machen, sondern inspirieren und zu eigenen Taten ermuntern.

Elisabeth lebt uns vor, dass wir unbefangen, ohne Gewissensnöte und Zweifel, die Nähe zu Christus suchen dürfen; dass wir, getragen vom Vertrauen, dem folgen, wozu wir uns gerufen wissen, und diesen Weg auch im Konflikt und Widerstand riskieren; und dass wir Christus finden, wenn wir dafür einstehen, dass Menschen zu Kräften kommen, ihre Würde zurückerhalten und wieder lachen können: »Ich habe euch immer gesagt, wir müssen die Menschen fröhlich machen.«

Das ist wohl das einzige Zeugnis, das uns im originalen Wortlaut von Elisabeth vorliegt. Was braucht es mehr? Darin ist die wesentliche Botschaft ihres Lebens zusammengefasst.

Und darin liegt auch unsere eigene Bestimmung: in der Liebe zu Christus unsere Nächsten zu lieben und so unsere menschliche Würde zu finden – als Gerechtfertigte und Geheiligte vor Gott.

---

lischen Fachhochschulen in Darmstadt, Freiburg, Ludwigshafen, Reutlingen-Ludwigsburg, 1/2005, 21-28, hier: 23.

[28] Der Gedenktag an Elisabeth von Thüringen zum Tag ihrer Bestattung am 19. November ist in die Agende der Evangelischen Kirche von Kurhessen-Waldeck aufgenommen; vgl. Agende I. Die Gottesdienste an Sonn- und Feiertagen, hg. v. Landeskirchenamt der Evangelischen Kirche von Kurhessen-Waldeck, Kassel 1996, Nr. 770ff.

[29] Libellus, a.a.O., 103.

Ekklesiologische Implikationen der Taufe

Die »Wechselseitige Taufanerkennung« von Magdeburg und ihre Konsequenzen für das Verständnis von Kirche

Am 29. April 2007 fand im Magdeburger Dom ein Ökumenischer Gottesdienst statt, in dem elf christliche Kirchen in Deutschland eine wechselseitige Taufanerkennung unterzeichneten.[1] Seit 2003 hatte sich eine Gemeinsame Arbeitsgruppe mit der Ausfertigung dieses Dokuments befasst.[2] Vorausgegangen waren bereits in den letzten Jahrzehn-

---

[1] Folgende Kirchen haben die vorliegende Erklärung unterzeichnet: Äthiopisch-Orthodoxe Kirche in Deutschland, Arbeitsgemeinschaft Anglikanisch-Episkopaler Gemeinden in Deutschland, Armenisch-Apostolische Orthodoxe Kirche in Deutschland, Evangelisch-altreformierte Kirche in Niedersachsen, Evangelische Brüder-Unität Herrnhuter Brüdergemeine, Evangelische Kirche in Deutschland, Evangelisch-methodistische Kirche, Katholisches Bistum der Alt-Katholiken in Deutschland, Orthodoxe Kirche in Deutschland, Römisch-Katholische Kirche (im Bereich der Deutschen Bischofskonferenz), Selbständige Evangelisch-Lutherische Kirche. Für diese Kirchen, die in der Arbeitsgemeinschaft Christlicher Kirchen (im Folgenden ACK) in Deutschland miteinander verbunden sind, bedeutet die formelle Anerkennung einen wichtigen Höhepunkt aller ökumenischen Gespräche und Bemühungen, die im Rahmen der ACK in Deutschland gemäß ihrer Satzung in den vergangenen Jahrzehnten um ökumenische Verständigung, Zusammenarbeit der Kirchen und ihrer Einheit in Erfüllung ihrer Berufung geführt worden sind. Die Stimme der nichtbeteiligten ACK-Kirchen insbesondere aus der Tradition des Täufertums wurde in einem eigens verfassten Grußwort laut und würdigte die vollzogene Anerkennung als einen bedeutenden Schritt der unterzeichnenden Kirchen auf einander zu (Anerkennung der Taufe – Handreichung zum Ökumenischen Gottesdienst am 29. April 2007 im Dom zu Magdeburg). Weiteres bei Friedrich Weber, Wechselseitige Taufanerkennung, in: Materialdienst des Konfessionskundlichen Instituts Bensheim, 58. Jg., 3/2007, 41f.

[2] Diese Arbeitsgruppe wurde von den Kirchen gebildet und getragen, die die vorliegende Erklärung auch unterzeichnet haben. Außerdem war der Bund Evangelisch-Freikirchlicher Gemeinden in Deutschland (Baptisten) als Gast vertreten. – Am 27. Mai 2002 hatte der Präsident des Päpstlichen Einheitsrates zur Förderung der Einheit der Christen, Walter Kardinal Kasper, empfohlen, eine sich auf den ganzen Bereich der Deutschen Bischofskonferenz und der Evangelischen Kirche in Deutschland erstreckende wechselseitige Taufanerkennung zu vereinbaren, die die bereits zwischen verschiedenen deutschen Bistümern und Landeskirchen bestehenden Taufanerkennungen ergänzen könnte. Bereits im Jahr 2001 waren auf der Vollversammlung des Einheitsrates die Ergebnisse einer Umfrage zur wechselseitigen Taufanerkennung diskutiert worden, die zu einer Anregung durch den Rat an die Bischofskonferenzen zur Abfassung weiterer Taufanerkennungen führte; vgl. Wolfgang Thönissen, Taufan-

ten vielfache ökumenische Bemühungen, die Bedeutung der Taufe für mehr Gemeinsamkeit der Kirchen untereinander fruchtbar zu machen.[3]

Der (vergleichsweise kurze) Magdeburger Text[4] lautet folgendermaßen:

»Jesus Christus ist unser Heil. Durch ihn hat Gott die Gottesferne des Sünders überwunden (Römer 5,10), um uns zu Söhnen und Töchtern Gottes zu machen. Als Teilhabe am Geheimnis von Christi Tod und Auferstehung bedeutet die Taufe Neugeburt in Jesus Christus. Wer dieses Sakrament empfängt und im Glauben Gottes Liebe bejaht, wird mit Christus und zugleich mit seinem Volk aller Zeiten und Orte vereint. Als ein Zeichen der Einheit aller Christen verbindet die Taufe mit Jesus Christus, dem Fundament dieser Einheit. Trotz Unterschieden im Verständnis von Kirche besteht zwischen uns ein Grundeinverständnis über die Taufe.

Deshalb erkennen wir jede nach dem Auftrag Jesu im Namen des Vaters und des Sohnes und des Heiligen Geistes mit der Zeichenhandlung des Untertauchens im Wasser bzw. des Übergießens mit Wasser vollzogene Taufe an und freuen uns über jeden Menschen, der getauft wird. Diese wechselseitige Anerkennung der Taufe ist Ausdruck des in Jesus Christus gründenden Bandes der Einheit (Epheser 4,4-6). Die so vollzogene Taufe ist einmalig und unwiederholbar.

Wir bekennen mit dem Dokument von Lima: Unsere eine Taufe in Christus ist ›ein Ruf an die Kirchen, ihre Trennungen zu überwinden und ihre Gemeinschaft sichtbar zu manifestieren‹ (Konvergenzerklärungen der Kommission für Glauben und Kirchenverfassung des Ökumenischen Rates der Kirchen, Taufe, Nr. 6).«

Der Schritt, die im Namen des dreieinigen Gottes vollzogene Taufe gegenseitig *verbindlich* anzuerkennen, kann nicht hoch genug eingeschätzt werden! Wie aber wirkt »Magdeburg« weiter? Welche entscheidenden Impulse für die Ökumene der Kirchen können aus der Vereinbarung gewonnen werden? Und wie steht es in diesem Zusammenhang

---

erkennung – Ein ökumenisches Projekt aus katholischer Sicht, in: Ökumenische Rundschau 53 (2004), 337-347.

[3] Vgl. dazu Konrad Raiser, Gegenseitige Anerkennung der Taufe als Weg zu kirchlicher Gemeinschaft. Ein Überblick über die ökumenische Diskussion, in: Ökumenische Rundschau 53 (2004), 298-317.

[4] Veröffentlichung des Textes in: Anerkennung der Taufe – Handreichung zum Ökumenischen Gottesdienst am 29. April 2007 im Dom zu Magdeburg.

um eine gegenseitige Anerkennung der unterzeichneten Kirchen als *Kirchen*?[5]

Die Verpflichtung zur Ökumene: »Unsere eine Taufe in Christus«

»Unsere eine Taufe in Christus ist ›ein Ruf an die Kirchen, ihre Trennungen zu überwinden und ihre Gemeinschaft sichtbar zu manifestieren‹«, hieß es 1982 in der so genannten Lima-Erklärung über Taufe, Eucharistie und Amt, deren Abfassung inzwischen ein Vierteljahrhundert zurückliegt.[6]

Entsprechend dieser prinzipiell formulierten und im Magdeburger Dokument erneuerten Verpflichtung ist aus evangelischer Perspektive nach dem Verhältnis zwischen Taufe und Kirche zu fragen – und zwar in dem Wissen, dass einerseits bezüglich der Taufe ein »Grundeinverständnis« gewonnen wurde, dass andererseits aber im Verständnis von Kirche weiterhin deutliche Unterschiede bestehen. Lässt sich dieses Missverhältnis ausgleichen?

Die Magdeburger Erklärung stellt zu Recht die entscheidende Grundlage allen ökumenischen Miteinanders heraus: Es handelt sich bei der in den verschiedenen konfessionellen Kontexten vollzogenen Taufe stets um »unsere eine Taufe in Christus«. Das bedeutet: Wer ge-

---

[5] An dieser Stelle sei auf die Diskussion hingewiesen, die durch die Veröffentlichung des Dokumentes »Antworten auf Fragen zu einigen Aspekten bezüglich der Lehre über die Kirche« durch die päpstliche Glaubenskongregation am 10. Juli 2007 ausgelöst wurde und die deutlich die Relevanz und Brisanz der Klärung der Frage nach einem in der Ökumene tragfähigen Kirchenverständnis zeigt. Vielfältige Beiträge hierzu sind bereits von evangelischer Seite erschienen, die nicht nur Irritationen ausdrücken, sondern verstärkt eine theologische Auseinandersetzung und Verständigung anmahnen und leisten möchten. Die Erhebung der Bedeutung der Taufe im Rahmen der wechselseitigen Anerkennung für die Frage des Verständnisses von Kirche mag das »tiefere Verständnis des Kircheseins« fördern – wie Kardinal Lehmann betonte – und damit zur Überwindung eines exklusiven Anspruches der Verwirklichung von Kirche durch eine einzige institutionelle Organisation beitragen (vgl. Karl Kardinal Lehmann, Keine abschließende Endstation, in: KNA-ÖKI 29 vom 17. Juli 2007, 5-6).

[6] Unter Rückgriff auf die Enzyklika »Ut unum sint« von Papst Johannes Paul II. unterstreicht auch John A. Radano in seinem Bericht anlässlich des 25. Jahrestages der Veröffentlichung der Konvergenzerklärungen die fundamentale Bedeutung der Taufe nicht nur in Bezug auf die Anerkennung der Brüderlichkeit in den ökumenischen Bemühungen, sondern weist erneut auf den Kontext der Frage nach Einheit der Kirche und der Suche nach einem gemeinsamen Kirchenverständnis hin (vgl. Päpstlicher Rat zur Förderung der Einheit der Christen, Bericht von Msgr. John A. Radano über »Taufe, Eucharistie und Amt: 25. Jahrestag der Veröffentlichung eines wichtigen ökumenischen Dokuments«, Rom 2007, www.vatican.va).

tauft ist, gehört zu der »einen, heiligen, christlichen und apostolischen Kirche« (Nicänum-Konstantinopolitanum). Weil es sich so verhält, ist der den Magdeburger Text abschließende »Ruf« zur Überwindung der Trennungen und zur sichtbaren Manifestierung der Gemeinschaft nur folgerichtig. Was geglaubt wird, muss auch Gestalt gewinnen – und ist in der trinitarisch vollzogenen Taufe schon Gestalt geworden. Es geht um die ekklesiologische Wirklichkeit des Leibes Christi in dieser Welt!

»Jesus Christus ist unser Heil«

Dementsprechend steht grundlegend und deutend der entscheidende christologische Konsens den weiteren Ausführungen und Folgerungen voran. Alle unterzeichneten Kirchen bekennen das Heil Gottes in Jesus Christus, der das *eine* Heil für *alle* ist! Die Zueignung dieses Heils in der Taufe bedeutet die Überwindung der Gottesferne und schenkt die Gemeinschaft und Zugehörigkeit zu Gott als seine Kinder.

Die Taufe ist Teilhabe am Geheimnis des Heilswirkens Gottes in Tod und Auferstehung Jesu Christi. Sie ist Neugeburt in Christus. Das entspricht inhaltlich vollkommen dem, was die Leuenberger Konkordie (Nr. 14) zur Taufe ausführt: In der Taufe »nimmt Jesus Christus den der Sünde und dem Sterben verfallenen Menschen unwiderruflich in seine Heilsgemeinschaft auf, damit er eine neue Kreatur sei«.

Der Taufe eignet in gleicher Weise eine individuelle wie eine soziale Komponente an: In derselben Gewissheit, mit der sie uns »in Christus« und »durch Christus« Gottes ganzes Heil schenkt, vereint sie uns mit seinem Volk zu allen Zeiten und Orten, d.h. mit allen, die dieses Sakrament empfangen und im Glauben an Gottes Liebe bejahen. Die Lehre vom Heil in Christus hängt also auch nach evangelischer Anschauung aufs Engste mit der Lehre von der Kirche zusammen![7]

Neben der wesentlichen Zuordnung der Taufe auf das Heilshandeln Christi bleibt der Glaube des Menschen als das rezipierende Element im Taufgeschehen unabdingbar. Die Taufe will im Glauben bejaht werden – so formuliert es die Magdeburger Erklärung.[8]

---

[7] Vgl. u.a. Lumen Gentium 1, Confessio Augustana III und IV, Heidelberger Katechismus, Frage 1, Barmer Theologische Erklärung, These I, Leuenberger Konkordie, Nr. 13 und 14. Diese Grundverständigung in der Heilsmittlerschaft Jesu Christi ist durch die formelle Taufanerkennung nun explizit mit der trinitarisch gegründeten Taufe verbunden worden.

[8] Zudem sei verwiesen auf das Verständnis der Taufe als ein Sakrament der Initiation (zu der auch Firmung und Eucharistie gehören), welches neben der Kirchenzugehörigkeit auch die Rechtspersönlichkeit in der römisch-katholischen Kirche begründet

Die Verknüpfung von Taufe und Zugehörigkeit zum Volk Gottes
Taufe und Vereint-Sein mit Christus *und* mit seinem Volk sind untrennbar miteinander verbunden. Das heißt: Die Anerkennung einer in diesem Sinne rite gespendeten Taufe impliziert auch die Anerkennung der Zugehörigkeit zu dem einen Volk Gottes aller Zeiten und Orte.

Durch die Beschreibung der Kernelemente des Taufritus im mittleren Abschnitt des Magdeburger Dokuments wird konkretisiert, dass dieses Volk Gottes, die geglaubte Kirche, nicht nur eine rein spirituelle oder gar bloß virtuelle Größe ist, sondern sich »leibhaft« in den institutionalisierten Kirchen findet, die ihrerseits den Ritus vollziehen, und diese als »sichtbare Kirche« erkennen lässt.[9]

Folglich besteht Einigkeit darin, dass die im Rahmen der unterzeichneten Kirchen (Plural!) gespendeten Taufen (Plural!) die *eine* Taufe sind, die in die *eine* Kirche Jesu Christi eingliedert, von der im Neuen Testament und in den ökumenischen Bekenntnissen der Alten Kirche die Rede ist (vgl. Epheser 4,3-6 »ein Leib, ein Geist, [...] ein Herr, ein Glaube, eine Taufe«).

Das ist an dieser Stelle deshalb ausdrücklich festzuhalten, weil neben allen positiv formulierten Aussagen auch eine gewisse Zurückhaltung in der Verwendung des Ausdrucks »Kirche« zu spüren ist: Der Begriff findet sich nur am Ende des 1. Abschnitts in dem bereits erwähnten Vorbehalt der bleibenden Unterschiede und am Ende des 3. Abschnitts im angeführten Lima-Zitat.[10]

Täufling und Kirche
Das Individuum empfängt das Heil, das im Glauben angenommen und bekannt wird. Die Gemeinde bzw. Kirche aber ist tragender und deutender Bezugsrahmen des Vollzugs der Taufe. Beide Aspekte gehören zusammen. Nach meinem Verständnis evangelischer Tauftheologie

(Codex Iuris Canonici, Can. 208-223). – Weitere Ausführungen zum Verhältnis von Glaube und Taufe siehe auch: Zur Lehre und Praxis von Taufe und Abendmahl, in: Didaskalia, Heft 48, Kassel 1997, 26-33.

[9] Vgl. Lima, Taufe Nr. 23; Beratungsergebnis der 4. Vollversammlung der Leuenberger Kirchengemeinschaft, Wien-Lainz, 9. Mai 1994, in: Zur Lehre und Praxis von Taufe und Abendmahl, 73-86; Stellungnahme der Landessynode der Evangelischen Kirche von Kurhessen-Waldeck zu den Konvergenzerklärungen der Kommission für Glauben und Kirchenverfassung des Ökumenischen Rates der Kirchen (Lima-Erklärung), in: a.a.O., 90, Nr. 2.

[10] Diese Zurückhaltung trägt den bestehenden Differenzen im Kirchenverständnis Rechnung, die in der zeitlich dem Magdeburger Ereignis nachfolgenden Diskussion um die Interpretation des »subsistit« (Lumen Gentium 1) deutlich hervorgetreten ist.

kann es keine Anerkennung einer Taufe geben, die nur den individuellen Aspekt aufgreift und an der »kollektiven« Einbindung der Taufe in eine bestimmte Sozialgestalt von Kirche vorbei geht. Es ist zu wenig, wenn ausschließlich auf das Volk Gottes »aller Zeiten und Orte« Bezug genommen wird. Die Zeiten und Orte sind historisch konkret! Und daraus kann nur folgen: Der Sichtbarkeit des Sakraments entspricht die Einordnung in eine konkrete, erkennbare Gestalt der *einen* Kirche Jesu Christi.

Damit ist die Taufe in den Kontext eines präzise bestimmbaren ekklesialen Gefüges gestellt und begründet die Mitgliedschaft in eben dieser Kirche.[11] Es gibt keine alleinige Taufe in den geglaubten Leib Christi. Der Leib Christi ist immer auch sichtbar! Die Taufe wird im Rahmen einer Kirche gespendet, in einem Gottesdienst als beschreibbare Handlung vollzogen – und somit obliegt dieser Gemeinschaft auch die geistliche Verantwortung für die Ausübung der Taufe.

Es ergibt sich damit nach evangelischem Verständnis eine Reziprozität: Die Taufe wird durch die Kirche vermittelt, wie umgekehrt die Kirche durch die Taufe konstituiert wird. Also: keine Taufe ohne Kirche, aber auch keine Kirche ohne Taufe!

Taufe und Konfessionalität

Wenn das gilt, kann von den deutenden Traditionen und Glaubensinhalten, die von dieser Gemeinschaft bezeugt werden, nicht abgesehen werden. Damit erfährt der Glaube eine konfessionelle Prägung, die der Wahrheitserkenntnis dieser Kirche – unter Anerkennung der Autorität der Schrift – entspricht. Kirche in der Lebenswirklichkeit dieser Welt ist stets konfessionell bestimmt! Es gibt keine Kirche »an sich«, sondern nur in bestimmten geschichtlichen Ausprägungen.

Dieser prinzipiell konfessionelle Horizont der Taufe muss mitbedacht werden: Jede Taufe trägt einen Bekenntnischarakter in sich, der

---

[11] Vgl. etwa die Grundordnung der Evangelischen Kirche von Kurhessen-Waldeck, Art. 5 (1), oder Codex Iuris Canonici, Can. 204-205. Siehe auch: Zur Lehre und Praxis von Taufe und Abendmahl, 80, Nr. 1. Der Kirchenaustritt kann die Mitgliedschaft in der jeweiligen Sozialgestalt der Kirche betreffen. Die Taufe selbst bleibt nicht nur einmalig und unwiederholbar, sondern auch unverlierbar; vgl. auch: Taufe und Kirchenaustritt, EKD-Texte 66, Hannover 2000, 8-18.

sich auf die in einer Kirche gültigen Bekenntnisse als einende Ausformung des Glaubens an den dreieinigen Gott bezieht.[12]

Gemeinsam anerkannte Bekenntnisse sowie Vereinbarungen und Erklärungen, wie die vorliegende (oder im evangelischen Kontext auch die Leuenberger Konkordie) tragen diese einende und deutende Funktion der Bekenntnisse über institutionelle Grenzen hinweg.

Aber die Taufe ist unbeschadet ihrer konfessionellen Einbindung dennoch die *eine* christliche Taufe, die Gott seiner Kirche geschenkt hat.

Taufanerkennung und Einheit der Kirchen

Im Anschluss an Lima bekräftigt die Magdeburger Taufanerkennung am Ende ihrer Ausführungen die Forderung nach Überwindung der Trennungen der Kirchen und nach sichtbarer Manifestation ihrer Gemeinschaft als Konsequenz, die aus der einen Taufe in Christus folgt. Die eine Taufe ist Verpflichtung zur Ökumene. Wir kommen, weil wir getauft sind, nicht voneinander los!

Diese Forderung stellt die in der ökumenischen Diskussion derzeit strittige Frage nach dem Ziel aller Verständigungsbemühungen in den Raum.[13]

Die Frage nach der »sichtbaren Einheit« der Kirche wird von der römisch-katholischen Position aus meist mit der Forderung einer auch strukturellen Einheit beantwortet, denn der römisch-katholische Kirchenbegriff verbindet die Strukturfrage untrennbar mit der Frage nach dem Wesen der Kirche und betont beider Identität.[14]

---

[12] Vgl. Taufe und Kirchenaustritt, EKD-Texte 66, Hannover 2000, 8-9. Damit wird die Taufe sowohl als individuelle wie auch als eine von der Kirche getragene Bekenntnishandlung deutlich.

[13] Der Vorsitzende des Rates der EKD, Bischof Wolfgang Huber, verknüpft das Ereignis der Magdeburger Erklärung mit dem der Veröffentlichung der »Antworten aus Rom« im Vorfeld der 3. Ökumenischen Versammlung in Sibiu/Hermannstadt, in: WOLFGANG HUBER, Überlegungen zum Stand der Ökumene. Vortrag vor der Hamburgischen Kommende des Johanniterordens, 25.8.2007, in: epd-Dokumentation 37/2007, 4-11.

[14] Codex Iuris Canonici, Can. 204-205. – «Extra ecclesiam salus non est« (Cyprian): Diesen Ausschließlichkeitsgrundsatz gilt es nicht einzig auf die verfasste Gestalt einer bestimmten Kirche zu beziehen, sondern er ist angesichts der verschiedenen Gestaltungsweisen der *einen* Kirche in den Kontext der positiv formulierten Überzeugung zu stellen, dass Jesus Christus unser Heil ist. Zudem sei auf den sog. Ketzertaufstreit von 256 n. Chr. verwiesen, in dem eine Engführung bei der Interpretation der Formulierung bereits vermieden wurde; vgl. WOLF-DIETER HAUSCHILD, Lehrbuch der Kirchen- und Dogmengeschichte, Bd. 1, Gütersloh 1995, 92-94.

Eine evangelische Perspektive lässt demgegenüber die Möglichkeit zu, von »Einheit in versöhnter Verschiedenheit« zu sprechen. Das ist keine Verlegenheitsformel! Was darin impliziert ist, umschreibt beispielhaft der Text »Der Anfang des christlichen Lebens und das Wesen der Kirche«, der das Ergebnis des Dialogs zwischen der Europäischen Baptistischen Förderation (EBF) und der Gemeinschaft Evangelischer Kirchen in Europa (GEKE) über Taufe und Kirchenverständnis aus den Jahren 2002 bis 2004 dokumentiert, wie folgt: »Weil die Kirche der Leib Christi ist, wird die Einheit der Kirche durch ihn gewährleistet. Ihre Einheit ist wesentlich nicht die Folge oder das Ergebnis menschlichen Tuns, [...] sondern verdankt sich dem Ruf Christi, sich in seinem Namen zu versammeln. Die vorgegebene Einheit der einen Kirche Christi kann zwar durch Sünde, Böses und Streit um die Wahrheit verdunkelt, aber nicht ausgelöscht werden. Die Einheit muss deshalb nicht hergestellt, sondern *entdeckt* werden. Kircheneinheit ist nicht als Uniformität zu verstehen, sondern entdeckt, dass die jeweils andere christliche Gemeinschaft dasselbe Evangelium von Jesus Christus verkündigt, feiert und ihm in ihrer eigenen Sprache, Frömmigkeit, Kultur und Tradition dient (Apg 2). Deshalb tritt die Kircheneinheit als versöhnte Verschiedenheit in Erscheinung.«[15]

»Einheit in versöhnter Verschiedenheit« ist also ein *qualitativer* Kirchenbegriff, der sich aus dem Verständnis der einen, heiligen, christlichen und apostolischen Kirche herleitet und zumindest zwei prinzipielle Konsequenzen umfasst: Die Gegenwart dieser wahren Kirche Jesu Christi in den einzelnen Kirchen wird untereinander anerkannt, was umgekehrt bedeutet, dass gegenseitige Verwerfungen fortan ausgeschlossen sind.[16]

Die Gestalt der Kirchen als Organisationen kann demgegenüber unterschiedlich aussehen, ohne dass sie – das sei ausdrücklich betont! – deshalb sogleich dem reinen Belieben unterworfen wäre. Die dritte

---

[15] Gemeinschaft gestalten – Evangelisches Profil in Europa. Texte der 6. Vollversammlung der Gemeinschaft Evangelischer Kirchen in Europa – Leuenberger Kirchengemeinschaft – in Budapest, 12.-18. September 2006, hg. v. Wilhelm Hüffmeier / Martin Friedrich, Frankfurt 2007, 155-174, hier: 170.

[16] Vgl. auch: »Each church is the Church catholic and not simply a part of it. Each church is the Church catholic, but not the whole of it. Each church fulfills its catholicity when it is in communion with the other churches« (Called to be the one church. Text on Ecclesiology. An invitation to the churches to renew their commitment to the search for unity and to deepen their dialogue, in: God, in your grace ... Official Report of the Ninth Assembly of the World Council of Churches, Geneva 2007, 257).

These der Barmer Theologischen Erklärung erinnert evangelische Christen vielmehr daran, dass auch die konkrete Verfasstheit einer Kirche unter der Maßgabe und dem Kriterium steht, ihren wesentlichen Auftrag, nämlich die Bezeugung des Evangeliums, zu gewährleisten.

Taufanerkennung, Kirchenanerkennung und Kirchengemeinschaft

Der Gedanke, eine Kirche könne zwar das eine Heil den Einzelnen in der Taufe vermitteln, sei aber in ihrer Ganzheit – etwa wegen des fehlenden Ordo und der daran gebundenen Implikationen – defizitär, ist weder in sich konsequent noch trifft er das evangelische Kirchenverständnis. Es gilt aus evangelischer Sicht weiterhin beharrlich zu betonen, dass die erzielte wechselseitige Anerkennung des Taufsakraments letztlich auch eine Übereinkunft in Bezug auf die Anerkennung der Kirchen einschließt bzw. einschließen muss. Denn die wechselseitige Anerkennung einer konkret vollzogenen Taufe in ihrem konkreten konfessionellen Rahmen bedeutet die Anerkennung der Vermittlung des vollen und einen Heils durch Jesus Christus in dieser Kirche.[17]

Daraus kann nur folgen, sich auf einen zweifellos mühsamen Weg zu begeben mit dem Ziel, einander als legitime Gestalten der einen Kirche Jesu Christi im Vollsinn des Wortes anzuerkennen.[18]

Um einem nahe liegenden Einwand zu begegnen: Eine solche wechselseitige Anerkennung als Kirchen muss – dem skizzierten Leuenberger Modell zufolge – keineswegs sogleich die Anerkennung einer *Kirchengemeinschaft* bedeuten. Aber sie ist ein wichtiger Schritt dorthin.

---

[17] Bereits die Stellungnahme der Deutschen Bischofskonferenz zur Studie »Lehrverurteilungen – kirchentrennend?« betont das innere ›Hingeordnetsein‹ von Taufe und voller Kirchengemeinschaft: »Unbestreitbar besteht eine Einheit in der theologischen Deutung der Taufe wie auch in der praktischen Bewertung des Taufsakramentes. Es ist die sakramentale Basis der ökumenischen Verbundenheit; denn die Taufe begründet das sakramentale Band der Einheit zwischen allen, die durch sie wiedergeboren sind. Sie ist hingeordnet auf das vollständige Bekenntnis des Glaubens, auf die volle Eingliederung in das sakramentale Leben, insbesondere auf die eucharistische Gemeinschaft« (in: Stellungnahme der Deutschen Bischofskonferenz zur Studie »Lehrverurteilungen – kirchentrennend?«, Würzburg 1994, www.dbk.de).

[18] Den fortbestehenden gemeinsamen Willen zu ökumenischer Verständigung betonen u.a. Karl Kardinal Lehmann, Keine abschließende Endstation, in: KNA-ÖKI 29 vom 17. Juli 2007, 5-6; Friedrich Weber, Wir brauchen endlich eine verbindliche Vergewisserung des Erreichten. Ansprache auf dem Forum »Auf dem Weg zur Einheit«, Nürnberg, 18. August 2007, in: epd-Dokumentation 37/2007, 11-15; Martin Hein, Kein Ende des Dialogs, in: KNA-ÖKI 34 vom 21. August 2007, 5-7.

Das Beispiel des Dialogs der reformatorischen Kirchen mit den Baptisten zeigt vielmehr, dass sich die Anerkennung als Kirchen einerseits und das Konstatieren weiterhin vorhandener gravierender Unterschiede (hier in der Handhabung des Sakraments der Taufe) nicht ausschließen müssen. Insofern ist, was den Folgeaspekt der Abendmahlsgemeinschaft betrifft, zwischen reformatorischen und baptistischen Kirchen zwar ausdrücklich eine gegenseitige eucharistische Gastbereitschaft möglich, aber keine Interkommunion.

Daran anknüpfend sei abschließend wenigstens andeutungsweise die Frage in den Raum gestellt, ob dies nicht auch im Verhältnis der reformatorischen Kirchen zur römisch-katholischen Kirche oder zu den orthodoxen Kirchen eine gangbare Abfolge wäre: von der wechselseitigen Anerkennung der Taufe über die wechselseitige Anerkennung als Kirchen hin zur wechselseitigen Öffnung der Abendmahlsfeiern für Glieder der jeweils anderen Kirchen. Mehr noch nicht – aber zumindest dies!

Ob den Unterzeichnerkirchen der Magdeburger Erklärung diese Konsequenz bewusst war? Zu wünschen wäre es. Dann allerdings würde dieses Ereignis weit mehr als nur einen ökumenischen Meilenstein darstellen: Es wäre ein echter Aufbruch!

Der bleibende Auftrag von Marburg 1529

Was heisst heute »evangelisch«?

1. Einleitung: Der reformatorische Auftrag

Das Marburger Religionsgespräch 1529 endete bekanntlich mit jenen – gemessen an anderen Bekenntnissen der Reformation – mageren fünfzehn Artikeln, die den Ertrag des gelehrten Kolloquiums darstellen, zu dem Landgraf Philipp auf das Marburger Schloss eingeladen hatte.[1] Gleichwohl sind es fünfzehn erstaunliche Sätze; eigentlich müsste man sagen: Es sind vierzehn Sätze plus einem.

Auch wenn man damals im folgenschweren Dissens auseinanderging, gelang es in vierzehn Punkten, Übereinstimmung festzustellen. Nur im letzten Artikel – da freilich unversöhnlich – wird das Trennende festgehalten: die Frage nach der Art und Weise der Präsenz Christi im Abendmahl.

»Und wiewol aber wir vns, Ob der war leib vnd plut Christj leiblich jm Brot und wein sey, dißer Zeit nit vergleicht haben, So sal doch ein teill jegen dem andern Christliche liebe, so fer yedes gewiessen ymmer leyden kan, erzeigen, vnd bedeteil got den almechtigen vleißig bidten, das er vns durch seinen gaist den rechten verstandt bestettigen wolle Amen.«[2]

Damit war die Aufgabe für künftige Generationen gestellt. Immerhin wurden die Marburger Artikel zum einzigen Lehrdokument der Reformationszeit, das die beiden Antipoden, Luther und Zwingli, gemeinsam mit anderen Reformatoren unterzeichneten.

Das Reformatorische an den Marburger Artikeln zeigt sich in ihrer Entstehung, am Verlauf der Gespräche und an ihrer Wirkungsgeschichte. Sie sind ein beeindruckendes Dokument dafür, dass ein weitgehender Konsens möglich ist, selbst wenn ein Dissens in einer grundsätzlichen Einzelfrage bestehen bleibt. Ja, man kann sogar noch zuspitzen: Die Einigkeit darüber, *dass* man einen Dissens hat, der aber eine bleibende Aufgabe darstellt, und diesen Dissens übereinstimmend erfasst

---

[1] Die Berichte über das Marburger Gespräch sowie die Marburger Artikel selbst in: WA 30^{III},(92)110-171; WA 30^{III}, RN 22-42.

[2] WA 30^{III},170,6-15. Dazu WA 30^{III}, RN 42: »170,9ff. [...] Zur Einfügung dieses Passus in den Artikel vgl. den Bericht Bucers an A. Blaurer, 18. Okt. 1529, Blaurer, Briefwechsel 1, 197: princeps [Landgraf Philipp von Hessen] impetravit, ut pateretur inseri publicae illi confessioni alteram partem erga alteram debere christianam charitatem habere.«

und beschreibt, ist selber Ausdruck eines fundamentalen, viel tiefer liegenden Konsenses!

Wenn also nach dem bleibend Evangelischen auf dem Hintergrund von »Marburg 1529« gefragt werden soll, kann schon jetzt die Antwort lauten: Es liegt darin, dass einerseits der Streit nicht einfach mit einem lehramtlichen oder obrigkeitlichen Machtwort beendet und andererseits das Bewusstsein für die Gemeinsamkeiten auch *über die Trennung hinweg* aufrechterhalten wurde. Damit wurde ein ständiger Diskurs angestoßen, der nichts anderes war als ein Ringen um die Wahrheit der *Heiligen Schrift*.

Es ging und geht hier also um etwas höchst Konkretes. Es ging und geht um die Antwort auf die Frage: »Was steht geschrieben?« Luthers theatralische Inszenierung mit Kreide und Tischplatte (»hoc est«)[3] macht dies überdeutlich.

Was von außen als vermeintliche Schwäche des Protestantismus erscheint – nämlich eine fehlende einheitliche Lehrautorität –, ist in Wahrheit die Stärke und der reformatorische Auftrag des Protestantismus bis heute: Die Kirchen der Reformation bilden eine vielstimmige Auslegungsgemeinschaft der Heiligen Schrift.[4] Als solche Auslegungsgemeinschaft gingen die Marburger Disputanten auseinander. Bleibend »modern« daran ist, dass sich als Fernwirkung von Marburg die evangelische Kirche als pluralismusfähig und diskursorientiert erweist. Sie war genötigt, Wege zu entwickeln, die innerkonfessionellen Differenzen so auszutragen, dass über dem Unterscheidenden das Gemeinsame sichtbar blieb, und zwar nicht nur über die Abgrenzung gegenüber den Altgläubigen, sondern eben auch positiv durch Ausformulierung dessen, was man gemeinsam teilt.

Dem dienen die Marburger Artikel mit vierzehn Artikeln plus einem, der konsensuell den Dissens benennt. Das ging aber nur, weil der Diskurs vom reformatorischen Impuls durchwirkt war. Und das bedeutete: Das finale Urteil über die Wahrheit kann nicht in Menschenhand liegen – weder in der Hand einer Person noch in der Hand einer Insti-

---

[3] Vgl. GERHARD MAY, Art. Marburger Religionsgespräch, in: TRE Bd. 22, 1992, 75-79; hier: 76,51f.

[4] Vgl. auch HANS-ULRICH GEHRING, Schriftprinzip und Rezeptionsästhetik. Rezeption in Martin Luthers Predigt und bei Hans Robert Jauß, Neukirchen-Vluyn 1999, der in homiletischer Zuspitzung formuliert: »Predigt als offenes Kunstwerk läßt Kirche und Theologie ansichtig werden als kreativ-kommunikative Deutegemeinschaft, in der in der Kraft des Geistes verschiedene Interpretationen der biblischen Texte sich gegenseitig zu intensivierter Erfahrungs- und Sprachfähigkeit aufregen.« (191).

tution. Keine menschliche Instanz kann das letzte Wort sprechen. Selbst die Stimme des Gewissens ist letztlich kein Wahrheitskriterium, sondern nur die Instanz der Wahrhaftigkeit des individuellen Handelns. Die Wahrheit liegt allein in der Heiligen Schrift, die gehört und ausgelegt sein will – und zwar im Diskurs. Das ist vielleicht, in seiner ganzen Trivialität, das entscheidend Protestantische und die Antwort auf die Frage: »Was ist heute evangelisch?« Evangelisch ist, im gemeinsamen Bemühen um das Wort der Bibel den Dissens nicht nur auszuhalten, sondern sogar als wesentlich zu erkennen und als eigentliche Herausforderung zu begreifen und ihn im Hören auf die Schrift zu gestalten. Historisch gesehen hat das zweifelsohne zur Herausbildung unseres modernen, auf institutionalisierten Dauerdiskurs angelegten Demokratieverständnisses mit beigetragen, das ja ebenfalls vom prinzipiellen Streit der Interessen ausgeht.

Gerade in Krisenzeiten, die zu Verhärtungen von Standpunkten und zur Ausbildung radikaler, unversöhnlicher Positionen neigen, kann der Protestantismus die Erfahrung eines sich über Jahrhunderte erstreckenden, letztendlich *gelungenen* Diskurses vorweisen – und er kann aus seiner Geschichte heraus belegen, dass es sich lohnt, dabei einen langen Atem zu haben.

Wie das damals geschehen ist und aktuell geschieht, werde ich in drei Schritten entfalten, die sich gerade bei der Lektüre der Marburger Artikel förmlich aufdrängen und das bis heute verpflichtende reformatorische Profil herausarbeiten helfen.

2. Das typisch Evangelische

Wir erkennen in Marburg 1529 als typisch evangelisch und als Auftrag an uns: erstens den Streit um die Wahrheit, zweitens das Gebet für die Einheit und drittens die Gestaltung von Vielfalt und Individualität.

Das klingt ungeheuer modern – und ist es auch. Denn hier zeigen sich wie in einem Brennglas die Impulse, die die Reformation der sich selber später so nennenden Moderne gegeben hat und die heute mit den Schlagworten »Diskurs« und »Individualität« bis in die Feuilletons großer Zeitungen hinein verhandelt werden.

Darum ist es falsch, vom »Erbe der Reformation« zu sprechen: Man beerbt bekanntlich nur Verstorbene. Davon aber kann nicht die Rede sein. »Ecclesia semper reformanda« ist zwar – wie der Marburger Theologe Theodor Mahlmann nachgewiesen hat[5] – kein Motto aus der Reformationszeit, trifft aber trotz seiner Abgegriffenheit den Nagel auf den Kopf. Was 1529 hier in Marburg geschah, ist höchst lebendig! Und wir können heute den Konsenscharakter der Marburger Artikel sehr viel deutlicher erkennen und betonen, weil sich der Protestantismus der ihm gestellten Aufgabe nicht entzogen, sondern diese in dem skizzierten Dreischritt zu lösen versucht hat.

2.1 Streiten um die Wahrheit

Die Wahrheit, um die es in der Kirche geht, ist keine abstrakte Wahrheit kanonisierter Lehrsätze der Tradition, sondern die konkrete Wahrheit der Heiligen Schrift. Und auch *die* ist mehr als das geschriebene Wort, denn die Wahrheit der Heiligen Schrift ist der lebendige Christus selbst. Deshalb war der Streit in Marburg eine zutiefst exegetisch-hermeneutische Auseinandersetzung. Das gemeinreformatorische »sola scriptura«-Prinzip offenbarte sich hier in Reinform. Freilich zeigte sich, dass Luther eine andere Lektüreweise hatte als vor allem Zwingli[6] und bei ihm in mancher Hinsicht das »sola scriptura« reiner auftritt als bei den Oberdeutschen und Schweizern. Gleichwohl bleibt festzuhalten, dass das, was Schleiermacher dreihundert Jahre später als Ertrag der protestantischen Lehrentwicklung festhielt[7], schon hier praktiziert wurde und weit in die Zukunft hinauswies: Kunstvolles Verstehen, also Hermeneutik als Wissenschaft, setzt das Missverstehen immer schon

---

[5] Vgl. Theodor Mahlmann, »Ecclesia semper reformanda«. Eine historische Aufklärung, in: Herrmann Deuser / Gesche Linde / Sigurd Rink (Hg.), Theologie und Kirchenleitung. Festschrift für Peter Steinacker, MThSt 75, Marburg 2003, 57-77.

[6] Zwingli ist theologisch deutlicher von der Scholastik und der altkirchlichen Theologie geprägt als Luther. Stärker aber noch wiegen seine Herkunft aus dem Humanismus und seine Rezeption der Schriften des Erasmus; vgl. Thomas Kaufmann, Geschichte der Reformation, Frankfurt am Main / Leipzig 2009, 118-125 und 392-397. Instruktiv auch Joachim Rogge, Anfänge der Reformation, KGE II/3 + 4, Berlin 1983, 250-279.

[7] Friedrich Schleiermacher, Hermeneutik und Kritik. Mit einem Anhang sprachphilosophischer Texte Schleiermachers, hg. und eingeleitet von Manfred Frank, Frankfurt 1977, 92, wo Schleiermacher mit Blick auf die Hermeneutik als Kunst des Textverstehens festhält: »Die strengere Praxis geht davon aus, dass sich das Missverstehen von selbst ergibt und das Verstehen auf jedem Punkt muss gewollt und gesucht werden.« Das hat – vereinfacht gesagt – seine Wurzel in der Hemmung der Lebensäußerungen des Bewusstseins durch die Sünde. Hermeneutik als Kunst der Verstehens gehört daher mit der Dialektik als Kunst des gelingenden Gespräches unmittelbar zusammen, vgl. Friedrich Schleiermacher, Vorlesungen über die Dialektik, KGA 10/1, hg. von Andreas Arndt, Berlin / New York 2002, 397ff.

voraus! Damit erweisen sich – wie erwähnt – evangelische Kirchen als Auslegungskollektiv.

Der Auftrag, der sich daraus ergibt, liegt auf der Hand. Die Individualität der Lesarten, die man durchaus pluralisch als »Lektüren« bezeichnen kann, wurzelt nicht einfach nur in Eigensinn. Luther ist kein Individualist, der exegetische Stilfragen durchsetzen will. Seine individuelle Lektüre gründet in einer Gewissensentscheidung, die ihrerseits wieder aus der Lektüre der Heiligen Schrift stammt.

Es ist eine Engführung, das angebliche Scheitern des Marburger Kolloquiums an diesem *einen* Punkt ausschließlich Luther anzulasten.[8] Und noch verfehlter wäre es, den Konsens als Normalität einzufordern. Gewissensentscheidung und Mehrheitsbeschluss sind nicht eo ipso konvergent! Das belegt der 15. Marburger Artikel sehr deutlich. Und so bleibt er ein Stachel im Fleisch. Aber er bohrt nicht in einer offenen Wunde! Warum nicht?

2.2. Beten für die Einheit

Zugleich findet das Gebet für die verbindende Einheit statt. Es sollen *»bedeteil got den almechtigen vleißig bidten, das er vns durch seinen gaist den rechten verstandt bestettigen wolle«*[9].

Die reformatorische Unterscheidung der sichtbaren und der verborgenen Kirche ermöglicht es, trotz des gemeinsam festgestellten Dissenses im Gebet vereint zu sein. Keiner kann den letzten Wahrheitsanspruch ausschließlich für sich reklamieren. Es gibt keine privilegierte Gestalt von Gottesdienst und Kirche! Darum ist das Gebet füreinander notwendig, um die Einheit der Kirche stets neu zu gewinnen und darzustellen. Beten bewahrt das Bewusstsein um die Relativität menschlichen Tuns, auch des hermeneutischen Tuns, es bewahrt es aber zugleich vor Relativismus. Es ist dieselbe Bewegung, die wir schon in Bezug auf die Individualität im Streit um die Wahrheit beobachtet haben: Das Gewissen schärft Individualität und bewahrt vor Individualismus. Das Gebet um Einheit schärft das Bewusstsein für die Relativität und bewahrt vor Relativismus. Denn dieses Gebet ist eine Antwort auf das Wort der Heiligen Schrift und nicht ein verordnetes Tun der Kirche oder eine solipsistische Herzensangelegenheit. Dahinter steht

---

[8] Vgl. z. B. die Darstellung der Auseinandersetzungen bei Martin Brecht, Martin Luther, Bd. 2: Ordnung und Abgrenzung der Reformation 1521-1532, Stuttgart 1986, 322.
[9] WA 30^{III},170,12-15.

das Prinzip des »sola gratia«, das alle Christen auf die gleiche Höhe stellt.

Der Dissens führt letztlich zur Demut, und diese wiederum führt zum Gebet, zugleich aber auch zur Freiheit des Gewissens. Resignation angesichts des Dissenses wäre nicht evangelisch, schon gar nicht, wenn sie nach einer Lehrinstanz ruft. Das widerspräche zutiefst dem Geist der Rechtfertigung allein aus Glauben. Worin hier der reformatorische Auftrag zu finden ist, drängt sich unmittelbar auf angesichts des Ungeistes der Entmutigung, der sich gelegentlich in evangelischen Kirchen breit macht, aber auch angesichts eines marktschreierischen Fundamentalismus, der letzte Wahrheiten verkaufen will und sich damit als Kind jener Moderne zeigt, die er meint hassen zu müssen: Wir sollten mehr füreinander und miteinander beten. Und worum sollten wir beten?

2.3 Gestalten der Vielfalt

Die Antwort lautet: um die Kraft, die Vielfalt auszuhalten und ihr Gestalt zu geben. Wenn man sich die Folgen von Marburg 1529 unter diesem Aspekt anschaut, geraten sie in ein neues Licht: Der Dissens wurde gestaltet und der innerevangelische Konflikt als Diskurs ununterbrochen weitergeführt – und zwar auf der Grundlage einer eigentlich erstaunlichen Einsicht: Ein Jahr nach dem Marburger Gespräch wird man in der Confessio Augustana lesen, dass zur Einheit der Kirche die Einheit der Zeremonien nicht nötig sei (CA VII). Das ist, in mancher Hinsicht jedenfalls, der evangelische Kernsatz zum Gottesdienst und zur Sozialgestalt der Kirche schlechthin.[10] Er macht damit ernst, dass die Rechtfertigung der Sünder gerade nicht von ihrem Verhalten abhängig ist, sondern das umgekehrt die aus der Heiligen Schrift gewonnene Gewissheit der Rechtfertigung eine Gelassenheit im Verhalten erzeugt. Die Confessio Augustana ist ein Dokument, das der Relativität und der Individualität Rechnung trägt und eine Weite des Handelns eröffnet, von der wir bis heute zehren.

Man kann fortan von »Kirche« im Protestantismus nur im Plural sprechen, und es wird im Gefolge dieser Bekenntnisschrift eine evange-

---

[10] Vgl. MARTIN HEIN, Evangelische Kirchenleitung – Verfassungsanspruch und Wirklichkeit, in: DOROTHEA SATTLER / GUNTHER WENZ (Hg.), Das kirchliche Amt in apostolischer Nachfolge, III. Verständigung und Differenzen, Dialog der Kirchen 14, Freiburg i.Br. / Göttingen 2008, 53-69, bes. 57f. [In diesem Band 227-244.]

lische Diskussion bleiben, wie viel Kirche man sein muss, um Kirche zu sein.

Schon die Marburger Artikel dokumentieren das sehr gut, weil sie sowohl im Konsens als auch im Dissens lakonisch die Fundamente beschreiben. Man spricht sich nicht das Christsein ab, nicht einmal das Kirchesein. Eine Einheitlichkeit der sich ausbildenden evangelischen Kirchen ist nicht nur nicht nötig, sie ist sogar eher abträglich, solange nur deutlich bleibt, dass man im gemeinsamen Glauben, und das heißt im Hören auf Christus, handelt, streitet und betet. Hier wird das »sola fide« sichtbar, und der Glaube hat seinen Ursprung in der Heiligen Schrift, die wiederum ihren Ursprung in Christus hat. Keine weltliche Instanz kann die Einheit der Kirche machen oder in Gefahr bringen, aber sie kann – und das zeigt sich in Marburg musterhaft und modellhaft – als Obrigkeit sehr wohl eine fördernde oder dienende Aufgabe übernehmen.

Auch das ist zutiefst und bleibend evangelisch: Landgraf Philipp hat eine Stimme als Christenmensch, obwohl er kein Theologe ist. Er fordert und fördert: Er lädt ein und moderiert. Nicht mehr, aber auch nicht weniger. Auch er muss die Vielfalt nicht einfach nur zu ertragen, sondern zu gestalten lernen. Der moderne Begriff der Toleranz, der nicht einfach nur ein passives Ertragen oder Hinnehmen, sondern aktives Gestalten von Verschiedenheit meint, leuchtet hier auf: Es brennen keine Scheiterhaufen. Indem jedenfalls diese vierzehn Artikel plus einem den Ist-Stand beschreiben, dokumentieren sie evangelische Gelassenheit angesichts der ungeklärten Abendmahlsfrage. Der gelebte Dissens ist wichtiger als eine vordergründige oder geheuchelte Einheit.

3. Verhärtungen

Nun wissen wir, dass es nicht so blieb. In den Jahrhunderten nach Marburg hat die evangelische Gelassenheit oft genug gefehlt, und der Abendmahlsdissens hatte verheerende Folgen, führte zu schlimmen Verhärtungen und am Ende zu gegenseitigen innerevangelischen Verwerfungen, die gerade nicht den Geist von Marburg atmen. Man könnte fast meinen, dass den Protestantismus der Mut zu dem, was in Marburg stattfand, immer mehr verließ: Die Betonung des Trennenden führte auch zur Trennung.

Es bleibt aber das erstaunliche Wunder, dass alle Nachfahren der Marburger Gesprächspartner sich immer noch als *Evangelische* begriffen und im äußersten Fall sogar reine Verwaltungsunionen zu Stande brachten, ohne je die Lehrfragen zu klären! Es blieb beim »vierzehn« plus »eins«. Das sollte heute durchaus stärker gewürdigt werden: Es kam oft zum Bruch, aber nicht zum Zerbrechen – sieht man von einzelnen Extremen ab.

4. Perspektivenwechsel: Von Substanzen zu Beziehungen

Wie steht es aber um den 15. Artikel? Was ist mit dem Auftrag, der sich mit dieser ungelösten Frage verband? Hier werden wir bei genauem Hinsehen eine überraschende Entdeckung machen: Der 15. Artikel hat sich erledigt!

Denn inzwischen sind die innerevangelischen Streitfragen um das Abendmahl so sehr obsolet geworden und spielen in der gelebten Frömmigkeit so wenig eine Rolle, dass man schon einigen Willen zum Verstehen aufbieten muss, um den Sinn und die Tiefe der damaligen Auseinandersetzung nachzuvollziehen. Obsolet geworden sind die Streitigkeiten, weil sich das Interesse an den biblischen Texten, um die es geht, verschoben hat. Hier zeigt sich noch einmal der Grundzug dessen, was aus meiner Sicht zum Evangelisch-Sein hinzugehört: nämlich eine Auslegungsgemeinschaft zu bilden. Diesen Aspekt möchte ich abschließend vertiefen.

Noch 1969 – also 440 Jahre nach dem Marburger Religionsgespräch! – hätten wir innerevangelisch zumindest offiziell nicht zwischen Lutheranern und Reformierten in Europa Abendmahl feiern können. Die Leuenberger Konkordie war 1973 ein nicht hoch genug zu schätzender Meilenstein: Mit ihr wurde zumindest ein Teil des Auftrages, der im 15. Marburger Artikel steckt, erfüllt.[11]

---

[11] Vgl. Konkordie reformatorischer Kirche in Europa (Leuenberger Konkordie). Dreisprachige Ausgabe mit einer Einleitung (zweisprachig) von Friedrich-Otto Scharbau, im Auftrag des Exekutivausschusses für die Leuenberger Lehrgespräche hg. v. Wilhelm Hüffmeier, Frankfurt 1993. Unter der Rubrik »II. *Das gemeinsame Verständnis des Evangeliums«* formuliert die Leuenberger Konkordie: »Im Abendmahl schenkt sich der auferstandene Jesus Christus in seinem für alle dahingegebenen Leib und Blut durch sein verheißendes Wort mit Brot und Wein. Er gewährt uns dadurch Vergebung der Sünden und befreit uns zu einem neuen Leben aus Glauben. Er läßt uns neu erfahren, daß wir Glieder an seinem Leibe sind. Er stärkt uns zum Dienst an den Menschen. Wenn wir das Abendmahl feiern, verkündigen wir den Tod Christi, durch den Gott die Welt mit sich selbst versöhnt hat. Wir bekennen die Gegenwart des auferstandenen Herrn unter uns. In der Freude darüber, daß der Herr zu uns gekommen ist, warten wir auf seine Zukunft in Herrlichkeit.« (Nr. 15-16, 29f.). Und unter der Rubrik »III. *Die Übereinstimmung angesichts der Lehrverurteilungen der Reformationszeit«* heißt es: »Im Abendmahl schenkt sich der auferstandene Jesus Christus in seinem für alle dahingegebenen Leib und Blut durch sein verheißendes Wort mit Brot und Wein. So gibt er sich selbst vorbehaltlos allen, die

Aber damit nicht genug! Infolge der Leuenberger Konkordie und der durch sie initiierten Erfahrung evangelischer Kirchengemeinschaft hat sich der Zugang zur Abendmahlsthematik weiterentwickelt. An die Stelle der Frage: »Was geschieht *auf* dem Altar?« ist die Frage getreten: »Was geschieht *vor* dem Altar?« An die Stelle der Frage nach der *Substanz der Elemente* ist die Frage nach der *Beziehung der Gemeinde* getreten. Man kann das auch so formulieren: Das Interesse hat sich vom »Das ist« zum »Für euch« verschoben. Damit ist ein wichtiger Aspekt dessen, was evangelisch zu sein bedeutet, von der historischen Entwicklung eingeholt worden: Die Gemeinde steht im Fokus der Aufmerksamkeit – und in der Gemeinde die lebendigen Beziehungen, nicht die statischen Hierarchien.

Allen theologischen und allen landesherrlichen Versuchen von Irenik und Union zum Trotz setzte sich ein gemeinsames Abendmahlsverständnis erst durch, als die voraufklärerisch-metaphysischen Voraussetzungen, die den Dissens in Marburg bestimmten, in ihrer Zeitbedingtheit erkannt und damit marginal wurden. Aus der ontologisch-christologischen Fragestellung ist eine ekklesiologisch-soziologische geworden. Das hat zu einer wesentlichen Entspannung geführt. Luther müsste heute »Für euch« auf den Tisch schreiben. Die Frage ist dann, wer zu dem Kreis derer gehört, die so angesprochen werden. Das ist die eigentlich ökumenische Herausforderung der Neuzeit, mit der wir uns beschäftigen müssen. Es ist die Frage nach der konkreten *Gestalt* der Kirche.

Die Gegenwart Christi beim Mahl wird in der versammelten Gemeinde erlebt, nicht in der Gegenwart der Elemente. Nicht der Moment, in denen die Einsetzungsworte gesprochen werden, bildet den Kern des Rituals, sondern die *Tischgemeinschaft und damit die Tischszene des Gründonnerstags als Ganze.* Damit sind wir – was exegetisch gar nicht zu bestreiten ist – in unserem Abendmahlsverständnis viel näher an der Heiligen Schrift, als es die Reformatoren waren. Da müssen wir ihnen, auch um der Ökumene willen, sogar ins Wort fallen – nicht, weil

---

Brot und Wein empfangen; der Glaube empfängt das Mahl zum Heil, der Unglaube zum Gericht. Die Gemeinschaft mit Jesus Christus in seinem Leib und Blut können wir nicht vom Akt des Essens und Trinkens trennen. Ein Interesse an der Art der Gegenwart Christi im Abendmahl, das von dieser Handlung absieht, läuft Gefahr, den Sinn des Abendmahls zu verdunkeln. Wo solche Übereinstimmung zwischen Kirchen besteht, betreffen die Verwerfungen der reformatorischen Bekenntnisse nicht den Stand der Lehre dieser Kirchen« (Nr. 18-20, 30).

sie Unrecht hatten, sondern weil sich die hermeneutischen Voraussetzungen gewandelt haben, innerhalb derer wir die Bibel auslegen.

Um es in einem Wort zu sagen, mit dem das »moderne Marburg« den Protestantismus bereichert hat: Das *Vorverständnis* für die Heilige Schrift[12] hat sich geändert. Sie wird nicht mehr als Quelle für Lehrsätze und Vorschriften, sondern als Begegnungs- und Lebensbuch gelesen. Und die Bibel zu lesen, bildet stets den inneren Kern des Evangelisch-Seins.

5. Was also ist heute evangelisch?

Wir hörten: um die Wahrheit streiten, für die Einheit beten, die Vielfalt gestalten.

Der *Streit um die Wahrheit* der Einsetzungsworte führte dazu, dass sie immer und immer wieder befragt und exegetisch, systematisch, praktisch-theologisch beleuchtet und durchleuchtet wurden. Dieses ständige Fragen öffnete ein neues Verständnis.

Das *Beten für die Einheit* hielt das Bewusstsein dafür wach, dass der Stachel schmerzt. Inständiges Beten schärft die Aufmerksamkeit für die strittige Sache und zugleich füreinander!

Die *Gestaltung der Vielfalt* schließlich machte Ernst damit, dass die Einheit der Kirche nicht durch die Einheit ihrer Erscheinungsweise und ihrer Rituale, sondern allein durch Christus und sein Wort gewährleistet ist und dass dies nicht sehr wenig, sondern im Gegenteil gerade den ganzen Reichtum der Kirche darstellt. Die Aufgabe, Vielfalt zu gestalten, wie sie schon durch die Confessio Augustana beschrieben ist, öffnete den Weg für liturgische Veränderungen, in deren Folge so manches Undenkbare sich plötzlich als sehr wohl lebbar zeigte und in eine neue Tiefe des Verstehens der Heiligen Schrift verwies.

Das sind gute Voraussetzungen für die nächsten ökumenischen Schritte. Wie – rückblickend betrachtet – nicht *die* Lutheraner und nicht *die* Reformierten »Recht« behielten, sondern sich die Fragestellung aus dem 16. Jahrhundert im 20. Jahrhundert wandelte und am Ende die Heilige Schrift neu gelesen wurde und *ihrerseits* Recht behielt, so wird es auch nicht darum gehen, ob *die* Evangelischen, *die* Römisch-Katholischen oder *die* Orthodoxen Recht behalten. Aber wir haben bei den ökumenischen Überlegungen zu Abendmahl und Eucharistie aus

---

[12] Vgl. Rudolf Bultmann, Das Problem der Hermeneutik (1950), in: Ders., Glauben und Verstehen, Bd. 2, 5. Aufl. Tübingen 1968, 211-235.

unserem eigenen Erfahrungsschatz eines jahrhundertelangen innerevangelischen Ringens viel beizutragen.

Die bleibende Modernität des Protestantismus zeigt sich in seiner Fähigkeit, den Diskurs nicht nur als notwendiges Übel zu ertragen, sondern als für uns Menschen wesentlich zu begreifen. Damit wehrt er alle Fundamentalismen und Totalitarismen, aber auch jegliche Resignation ab und ruft auf zur aktiven Einmischung in die Welt – die Welt verstanden als der Ort, in den hinein Gott sein Wort spricht, um sie mit sich zu versöhnen. Dieses Wort von der Versöhnung einer Welt voller Dissense zuzumuten, ist der Kern des bleibenden Auftrags. Das hat eine deutlich geistliche, aber darin eben auch politische und kulturelle Komponente.

Streiten – Beten – Vielfalt gestalten: Hier wird kein Inhalt, keine Lehre beschrieben, sondern ein Prozess, jenseits von Harmoniesucht und Einheitsgerede Individualität und Gemeinschaftlichkeit zu ermöglichen und zu gewährleisten.

Das ist heute so evangelisch wie damals und heute so nötig wie damals – vielleicht sogar, angesichts der sich verhärtenden Fronten in Zeiten von Krisen, noch nötiger als vor bald fünfhundert Jahren. Ein sich seiner selbst bewusster Protestantismus kann dann seinen Beitrag zur Gestaltung der Ökumene leisten, wenn er sich nicht vor seiner eigenen Modernität fürchtet. Die Reformatoren jedenfalls haben unter ihren Bedingungen dazu gestanden, haben die Offenheit und Unabgeschlossenheit ausgehalten – und das war, aufs Ganze gesehen, richtig!

VI. Kirche in der Zeit

Die Freiheit eines Christenmenschen*

1. Rechtfertigung als Freiheit

Es ist schon einige Jahre her, da stellte ich im Religionsunterricht der Oberstufe folgende recht einfach klingende Aufgabe zur Selbstbefragung: »Warum bin ich eigentlich evangelisch?« Die Schülerinnen und Schüler waren auf diese Frage gänzlich unvorbereitet. Ich bat sie, ihre spontanen Überlegungen dazu aufs Papier zu bringen und sie mir zur Verfügung zu stellen. Das löste zunächst deutliches Befremden aus. Über den Sachverhalt, evangelisch zu sein, hatte man sich bisher wenig Gedanken gemacht. Weshalb auch! Es war eine unbefragte Voraussetzung, und entsprechend schwer taten sich die Jugendlichen, darauf antworten zu sollen. Meist kam in ihren Rückmeldungen zum Vorschein, dass sie lieber allgemein vom »Christ-Sein« anstatt vom »Evangelisch-Sein« sprechen wollten. Und sie führten auch gute Gründe für diese Auffassung an. Nur wenige mochten sich konkreter äußern, warum sie evangelisch sind. Wo das geschah und man sich nicht bloß auf die Familientradition bezog (»Meine Eltern waren schon evangelisch, und deshalb bin ich es auch«), da rückte vor allem *ein* Gedanke in den Mittelpunkt – und deshalb erzähle ich diese schon länger zurückliegenden Begebenheit: Es war der Gedanke der *Freiheit*. »Als evangelischer Christ« so las ich in einem der mir ausgehändigten Texte, »hat man viele Freiheiten, die für mich wichtig sind.« Und in einem anderen: »Ich möchte individuell sein.«

Natürlich mag bei solchen Antworten eine ganze Anzahl von Rückfragen bestehen bleiben. Es ändert aber nichts an der Tatsache, dass sich für jene Jugendlichen *evangelisches* Christsein zu allererst mit *Freiheit* verband. Und diese Freizeit wurde, wie das spätere Gespräch zeigte, keineswegs als irritierend oder bedrohlich erlebt, sondern Freiheit wurde als eine Grundbedingung des Christeins verstanden.

Lagen die Schülerinnen und Schüler damit völlig daneben? Ich glaube kaum. Sie hatten vielmehr etwas sehr Wesentliches entdeckt, das für das Verständnis der Reformation Luthers bestimmend war: Es handelt sich hier um ein Stück *Freiheitsgeschichte!*

---

* Unveröffentlicht.

Vergegenwärtigen wir uns zunächst in wenigen Strichen die Situation der Lebenswelt, in der sich Luther wiederfand: Sie war geprägt von einer ungeheuren Sehnsucht nach dem Heil der Seele. Dieses Heil aber war allein in der Kirche zu finden. Die Kirche verwaltete es, und sie vermittelte es. »Wie kriege ich einen gnädigen Gott?«, so lautete die Kernfrage. Nicht nur Luther, von dem wir diese Formulierung kennen, sondern all seine Zeitgenossen bewegte sie in gleicher Weise. Habe ich genug getan, um den Zorn Gottes zu stillen? Letzte Sicherheit gab es da nicht. Es könnte schlimm um mich stehen. Was blieb also anders übrig, als noch mehr zu tun, als man ohnehin schon tat, nur um das Seelenheil gewinnen zu können.

Die Religiosität der frommen Werke steigerte sich in eine unübersehbare Vielfalt und in ein ungekanntes Ausmaß. Gottesdienste wurden glanzvoll ausgestaltet, Kirchengebäude mit reichen Stiftungen bedacht – was wir heute als kulturelles Erbe staunend betrachten! –, ungezählte Andachten und Privatmessen gehalten, Wallfahrten veranstaltet und Reliquien gesammelt. Einige Beispiele, wahllos herausgegriffen, sind aufschlussreich für die religiöse Atmosphäre: Allein in einem einzigen Wittenberger Stift wurden innerhalb eines Jahres von 64 Priestern 8861 Messen gelesen, das sind 24 am Tag, in allen Kölner Gotteshäusern täglich über tausend – vielfach ohne Zuhörer, als frommes Werk an sich. Kurfürst Friedrich der Weise von Sachsen, Luthers Landesherr, erwarb fast jede Woche eine neue Heiligenreliquie: Seine Sammlung enthielt nach der letzten zeitgenössischen Zählung 19.000 Stücke. Mit der andächtigen Betrachtung jener 19.000 Reliquien in Wittenberg konnte man zwei Millionen Jahre Ablass erwerben.

Damit ist ein entscheidendes Wort gefallen: *»Ablass«* bedeutete ursprünglich die Vollmacht des Papstes und der von ihm beauftragten Geistlichen, den Gläubigen nach der Beichte ihre Sünden und der Absolution die auferlegten zeitlichen Sünden*strafen* zu erlassen, sofern sie ein besonders verdienstliches Werk verrichtet hatten. Nur um den Erlass der Sündenstrafen nach vorhergehender Bußleistung geht es beim Ablass, nicht um die Vergebung der Sünde selbst! Die stand außer Frage. Allmählich hatten sich allerdings Zahlungen für geistliche Zwecke durchgesetzt, die nun als angemessener Ersatz für die eigentliche Bußleistung galten. Man zahlte eine Buße, woraufhin die Strafen entfielen. Wenn man so will, war das Ausdruck der *Kommerzialisierung* der Religion. Es konnte ein schwunghafter Handel in Gang kommen: Den Beichtenden wurde für ihre Sünde durch den Geistlichen eine Strafe auferlegt, von der sie sich aber durch entsprechende Geldzahlungen wieder befreien konnten. Dehnte man diesen Kreislauf auch noch auf die Strafen, die im Fegefeuer zu erleiden waren, und auf bereits Verstorbene aus, denen man auf diese Weise nachträglich noch zu Hilfe kommen konnte, dann füllten sich die kirchlichen Kassen noch mehr.

Dieser Kreislauf funktionierte deshalb lange reibungslos, weil ihm jene Sehnsucht nach Heilssicherheit zugrunde lag, die sich in allen frommen Werken, auch in den Geldleistungen, ausdrückte. Es war ein geistliches Zwangssystem, aus dem niemand ausscheren konnte – es sei denn um den Preis und die Gefahr, der ewigen Seligkeit verlustig zu gehen.

Unter diesen Voraussetzungen können wir uns vorstellen, was es bedeutet haben muss, wenn Luther nach einem langen Studium der Bibel zu einem völlig anderen Verständnis unseres Heils gelangte: »Der Gerechte wird aus *Glauben* leben«, las er im Römerbrief. Für Luther bedeutete dies, dass Gott im Gericht von uns Menschen keine Gerechtigkeit *forderte*, die wir letztlich nie vorweisen könnten, sondern dass es uns aus freien Stücken, allein um Christi willen seine Gerechtigkeit *schenkt*. »Gerechtigkeit Gottes« hieß für Luther jetzt so viel wie: »Barmherzigkeit« oder »Gnade« Gottes. Weil wir Menschen uns aus der Gefangenschaft in der Sünde nicht lösen können, tut Gott es für uns und lässt uns vor sich bestehen. Das war für Luther das Geschehen der *Rechtfertigung*, der Kern des Evangeliums: Gott ist gerecht, weil er uns gerecht macht! »Evangelisch« zu sein, bedeutete dann: befreit zu sein von dem immerwährenden Zwang und der immerwährenden Unmöglichkeit, sich selbst vor Gott durch eigene Leistungen annehmbar zu machen. »Evangelisch« zu sein bedeutete dann: des Heils gewiss sein zu können; denn dieses Heil hing nicht mehr an den eigenen Werken, auch nicht an eigenen Zahlungen, sondern war ein Geschenk, das Gott macht und das nur im Glauben angenommen werden wollte. Eine ungemein befreiende Erkenntnis und Erfahrung war das. »Je lebhafter ich also bisher das Wort von der ›Gerechtigkeit Gottes‹ gehasst hatte«, schrieb Luther ein Jahr vor seinem Tod, »umso liebevoller musste ich nun diese gnadenreiche Vorstellung umfassen, und so hat mir jener Ausspruch des Apostels in der Tat die Pforten des Himmels erschlossen.«

Wie sich diese Freiheit geradezu existentiell erlebbar auswirkte, lässt sich anschaulich an Luthers Lied »Nun freut euch lieben Christen gmein« (Evangelisches Gesangbuch 341) nachvollziehen. In unserem Zusammenhang will ich mich auf die Strophen 2-4 beschränken. Sie erläutern, was ich bisher ausgeführt habe. Luther dichtet im Jahr 1523:

»Dem Teufel ich gefangen lag, im Tod war ich verloren, mein Sünd mich quälte Nacht und Tag, darin ich war geboren. Ich fiel auch immer

tiefer drein, es war kein Guts am Leben mein, die Sünd hatt' mich besessen.«

In diesen Worten spiegeln sich nicht nur Luthers eigene Anfechtungen und Ängste vor dem strafenden, gerechten Gott wider. Vielmehr kommt zum Vorschein, was aus Luthers Sicht die Situation aller Menschen ist: gefangen zu sein in der Sünde, dem Tod hoffnungslos ausgeliefert, ohne die Aussicht auf Befreiung und Rettung. Und was das Schlimme ist: Alle Versuche, es auf eigene Faust zu schaffen, führen nur noch tiefer in die Knebelung der Angst.

»Mein guten Werk, die galten nicht, was war mit ihn' verdorben; der frei Will hasste Gotts Gericht, er war zum Gutn erstorben; die Angst mich zu verzweifeln trieb, dass nichts denn Sterben bei mir blieb, zur Höllen musst ich sinken.«

Die Aussichtslosigkeit ›frommer Werke‹ und das Unvermögen des menschlichen Willens, überhaupt das Gute zu tun, steigern nur noch die Angst vor dem gerecht richtenden Gott. Denn wenn Gott seinen Maßstab von Gerechtigkeit an unser Tun anlegt, wird uns sein Gericht verdammen. Alles fromme Tun ist vergeblich und sichert das Heil eben nicht – von vornherein nicht. Der ganze Ansatz bei den guten Werken ist grundfalsch. Das ist eine bittere, niederdrückende Erfahrung. Doch in dieser hoffnungslosen Lage kommt ein unvermuteter Umschwung, der die Vorzeichen völlig ändern wird.

»Da jammert Gott in Ewigkeit mein Elend übermaßen; er dacht an sein Barmherzigkeit, er wollt mir helfen lassen; er wandt zu mir das Vaterherz, es war für ihm führwahr kein Scherz, er ließ's sein Bestes kosten.«

Den Hintergrund bildet hier Luthers bahnbrechende Entdeckung, dass Gott von sich aus zu uns Menschen kommt und uns in Christus schon alles geschenkt hat, was wir uns selbst nie verdienen könnten. Unverdiente Gnade ist das, die die Fesseln der Angst und der Todesfurcht und auch der Furcht vor Gottes Zorn sprengt und die freimacht vom aussichtslosen Zwang frommer Werke. Weil Gott uns Menschen rechtfertigt, ist Selbstrechtfertigung vor Gott überflüssig. Das Heil kann nicht käuflich erworben werden. Es ist gratis; es braucht nur als Geschenk der Barmherzigkeit Gottes angenommen werden. Allein durch den Glauben.

Die Folgen dieses neuen Gottesverständnisses waren offensichtlich (und ebenso waren die heftigen Reaktionen der Kirche jener Zeit auf Luthers Lehre verständlich): Denn die bisher herrschende kirchliche Anschauung wurde aus ihren Angeln gehoben, das ganze ausgeklügelte Instrumentarium kirchlicher Bußzucht konnte nicht mehr wirken und es konnte auch nichts mehr *be*wirken, wenn Gott durch Christus schon längst alles getan hatte. Deshalb wurde die evangelische Botschaft von der Rechtfertigung des Sünders allein aus Gnade als Ruf der Freiheit aufgenommen: Freiheit von kirchlicher Bevormundung und Heilsvermittlung, Freiheit von dauernder Angst und Todesfurcht, Freiheit auch von menschlicher Willkür.

Hieß evangelische Freiheit jetzt, unbeschränkt tun und lassen zu können, was man will? So könnte man ja denken. Mitnichten, sagte Luther. Was aber dann?

2. Luthers Freiheitsschrift

Luther war sich bewusst, dass er das Verständnis evangelischer Freiheit näher entfalten musste, um es vor Missverständnissen zu schützen. Er tat es in einem vergleichsweise kleinen Traktat, einer Abhandlung also, die er bereits Ende 1520 veröffentlichte und die nach seiner Auskunft »die ganze Summe eines christlichen Lebens« enthält: »Von der Freiheit eines Christenmenschen« lautete ihr Titel. Sie ist eine der wichtigsten Schriften Luthers geworden.

Eingeleitet wird die Abhandlung über die Freiheit durch zwei unmittelbar aufeinanderfolgende Leitsätze, die sich gegenseitig auszuschließen scheinen und nachgerade in ihrer Gegensätzlichkeit berühmt geworden sind. Diese zwei Sätze lauten: *»Ein Christenmensch ist ein freier Herr über alle Dinge und niemand untertan. Ein Christenmensch ist ein dienstbarer Knecht aller Dinge und jedermann untertan.«*

Mit dem ersten Leitsatz hätten wir wahrscheinlich kaum Schwierigkeiten: »Ein Christenmensch ist ein freier Herr über alle Dinge und niemand untertan.« Das atmet geradezu den Geist der Freiheit und könnte als Ausdruck des Evangeliums von der Befreiung aus allen falschen Bindungen gelesen werden. Aber Luther lässt den ersten Leitsatz nur gelten, wenn der zweite nicht von ihm getrennt wird: »Ein Christenmensch ist ein dienstbarer Knecht aller Dinge und jedermann untertan.« So betrachtet aber stellen beide Leitsätze einen Widerspruch in sich selbst dar, und Luther ist sich sehr wohl bewusst, dass beide Aussagen »stracks widereinander sind«: unbedingte Freiheit hier und unbedingte Dienstbarkeit dort – und beides zugleich!

Wie aber ist dieser Widerspruch aufzulösen? Luthers Antwort lautete: Beides gilt von uns Menschen, wenn man unser Leben in *zweifacher Hinsicht* wahrnimmt: zugleich innerlich und äußerlich. Beides sind wir Menschen immer zugleich, Inneres *und* Äußeres, Seele *und* Leib, und – solange wir leben – eins nicht ohne das andere: Seele nicht ohne Leib; Leib nicht ohne Seele.

Was den sogenannten »inwendigen, geistlichen Menschen« angeht, kann ihn nach Luther »kein äußerlich Ding frei noch fromm machen [...], wie es auch immer genannt werden mag.« Der geistliche, innere Mensch wird frei durch ein inwendiges Geschehen, genauer: allein durch den Glauben an Christus. »So sehen wir«, fährt Luther fort, »dass ein Christenmensch am Glauben genug hat; er bedarf keins Werkes, dass er fromm sei. Bedarf er denn keins Werkes mehr, so ist er gewisslich von allen Geboten und Gesetzen entbunden; ist er entbunden, so ist er gewisslich frei. Das ist die christliche Freiheit, der einzige Glaube, der da macht [...], dass wir keines Werkes bedürfen, zur Frömmigkeit und Seligkeit zu gelangen.« Luther beschreibt also eine Freiheit *von* allen eigenen frommen Werken und *von* allen Versuchen der Selbstrechtfertigung. Davon sind wir innerlich befreit! Insofern sagt Luther noch nichts wesentlich Neues gegenüber dem, was ich vorhin entfaltet hatte.

Wie ist es dann aber mit dem zweiten Leitsatz bestellt, wonach ein Christenmensch »ein dienstbarer Knecht aller Dinge und jedermann untertan« sei. Das scheint doch das genaue Gegenteil von dem zu sein, was Freiheit im herkömmlichen Sinn meinen könnte!

Luther bezieht, wie gesagt, diesen Satz auf den *äußeren* Menschen. Er hatte es ja schon zu seiner Zeit mit dem Einwand zu tun: Wenn er die evangelische Freiheit predige, dann hebe er den Anreiz zum Tun des Guten völlig auf. Alle könnten tun und lassen, was sie wollten. Wenn der Glaube ausreicht, wozu braucht es da noch anderes?

Würden wir als Menschen nur innerlich leben, könnte Luther diesem Einwand sogar zustimmen. Aber dem ist eben nicht so. Wir alle leben leiblich in dieser Welt. Wir müssen, um Luther selbst zu Wort kommen zu lassen, den »eigenen Leib regieren und mit Menschen umgehen. *Da* heben nun die Werke an.« Hier ist der Ort, den Glauben sichtbar auch im Tun zu bewähren. Wir können uns nicht einfach *nicht* verhalten, solange wir in dieser Welt gemeinsam mit anderen Menschen leben. Wir sind immer gefordert, mit anderen Menschen in Beziehung zu treten. Niemand lebt auf einer einsamen Insel für sich allein. Und deshalb gilt für Luther: »Obwohl ... von diesen Werken keins zur Frömmigkeit und Seligkeit notwendig ist«, soll doch die Absicht des Menschen »in allen Werken frei und nur dahin gerichtet sein, dass er anderen Leuten diene und nütze sei [...]. Das heißt dann ein wahrhaftiges Christenleben, und da geht der Glaube mit Lust und Liebe ans Werk.« Das klingt geradezu selbstverständlich, und für Luther ist es das auch.

Weil wir Menschen frei sind vom Zwang frommer Werke, darum sind wir frei dafür, anderen Gutes zu tun – was nichts anderes heißt als »ein dienstbarer Knecht aller Dinge und jedermann untertan« zu sein. Die geschenkte Freiheit *vom* Druck frommer Werke führt also geradewegs zur Freiheit *für* die anderen: »Da geht der Glaube mit Lust und Liebe ans Werk«, oder fast unübertrefflich von Luther formuliert: »Gute fromme Werke machen nimmermehr einen guten, frommen Mann, sondern ein guter, frommer Mann macht gute, fromme Werke« – und zwar, weil er frei dazu ist. Wir müssen nichts beweisen und erwerben, sondern das Tun folgt frei und ungezwungen aus dem Glauben heraus. »Jedermann unteran zu sein«, ist eine Haltung innerer Freiheit. Sie steht nicht unter einem dauernden »Du musst«, sondern unter einem »Du darfst, weil du kannst«.

Ob das nicht zu optimistisch klingt? Luther wusste auch, dass sich die Wirklichkeit menschlichen Lebens oft anders darstellte. Die Freiheit, die der Glaube an Gottes Barmherzigkeit schenkt, führte nicht immer in die Freiheit, anderen nur noch Gutes zu tun, ohne sich darauf etwas einzubilden. Die mannigfachen Formen des Egoismus mögen oft genug einen Strich durch diese schöne Rechnung machen. Deshalb meinte Luther, müsse es eben die Predigt geben, die ermahne und immer wieder auch an Gottes Gebote erinnere und die den Glauben stärke. So werde möglich, was zunächst unmöglich scheint: nämlich sich in völliger Freiheit den anderen hingeben zu können, ohne das Gefühl zu haben, dadurch gefesselt zu sein. Evangelische Freiheit in diesem Sinne hat den Glauben zur Voraussetzung und führt unmittelbar zu unseren Nächsten.

3. Evangelische Freiheit heute

Dieser enge und unaufgebbare Zusammenhang zwischen geschenkter Freiheit und freier Bindung, zwischen Glauben und Handeln also, ist in den späteren Jahrhunderten nicht immer beachtet worden. Schon im Bauernkrieg hatten sich ja die Aufständischen in ihrer Freiheitsforderung auf Luther berufen und – so wenigstens lautete sein Vorwurf – dabei zu wenig beachtet, dass der Ruf zur Freiheit *allein* sehr zerstörerisch wirken könne. Er jedenfalls fühlte sich von den Bauern missverstanden.

In der Geistesgeschichte der letzten zweihundert Jahre ist »Freiheit« immer wieder vor allem als unbedingte Selbstbestimmung und Unabhängigkeit des Menschen gedeutet worden. Mehr als einmal hat man sich auch auf Luther als einen Propheten der Freiheit berufen.

Wer heute von »Freiheit« spricht, meint in erster Linie die Möglichkeit, selbst zu entscheiden, was man tut und was man lässt. Freiheit wird als Freiheit zur eigenen Selbstentfaltung und Selbstverwirklichung verstanden. Darauf kam es ja auch den Schülerinnen und Schülern an: »Freiheiten sind für mich wichtig«; »Ich möchte individuell sein«.

Es ist nicht zu bestreiten, sondern bleibt zu betonen: Luther hat zu dieser Individualisierung beigetragen, weil er alle je für sich, unverwechselbar und unaustauschbar vor Gott gestellt sah. Luthers Erkenntnis war ein Teil menschlicher Freiheitsgeschichte. Aber es blieb für ihn entscheidend, dass diese Freiheit auf andere Menschen bezogen war: Niemand untertan, weil von Gott befreit, und gerade deshalb allen untertan.

In diesem zweiten Satz steckt alles, was wir heute eine »soziale Verantwortung« nennen würden, die aus dem Glauben folgt. Die Aufforderung zum Handeln, das den Anderen dient, verkommt zum bloßen moralischen Appell, wenn dafür nicht die Voraussetzungen genannt sind, die solch ein Handeln möglich machen.

In einer Zeit, in der »Freiheit« eines der Schlüsselworte darstellt und in der man sich bisweilen schon recht zynisch entbindet von der Verpflichtung zu einem gemeinschaftsbezogenen Handeln, gewinnt Luthers Lehre von der Freiheit eines Christenmenschen wieder eine besondere, fast könnte man sagen: eine politische Bedeutung. Wer den Rückgang sozialen Handelns in unserer Gesellschaft beklagt, wird immer Luther auf seiner Seite haben! Nur würde Luther die Ursache dafür anders einschätzen: Für ihn war es stets der Mangel an Glauben, der zum Mangel an Freiheit führt. Wo der Glaube ist, da ist Freiheit – und diese eben auch als Freiheit, die Anderen Gutes tut. Für unsere heutige gesellschaftliche Situation würde das bedeuten, dass wir als Christen oder als evangelische Kirche gerade davon reden müssten, was wirklich frei macht und was nur *wir* ins Spiel der öffentlichen Diskussion bringen können: den Glauben an die Freiheit, die Gott uns schenkt, und die uns zu einem verantwortlichen Handeln befreit.

Vielleicht liegt hier gegenwärtig der wesentliche Mangel des evangelischen Christentums – und nicht in den vielen guten Werken, die wir fraglos im Rahmen der Organisation »Kirche« tun.

Thesen zu einer »Theologie des Gemeindeabbaus« in der Grossstadt

1. Was meinen wir, wenn wir von ›Gemeinde‹ reden? Eines der Kennworte des kirchlichen Sprachgebrauchs ist eigentümlich undeutlich. Einerseits wird es in einem institutionell-quantitativen Sinn verwendet als Bezeichnung für den genau umgrenzten Bezirk der Parochie. Dieses Verständnis liegt den Kirchenverfassungen bzw. Kirchengemeindeordnungen zugrunde und prägt das Mitgliedschaftsrecht in der EKD. Der Wohnbereich konstituiert die Kirchengemeinde: Zu dieser Gemeinde ›gehöre‹ ich als Getaufte/r. Andererseits kann es in einem aktuell-qualitativen Sinn verstanden werden als Ausdruck für die sich jeweils um Wort (und Sakrament) versammelnden Christen, wobei der Ort solch einer ›Versammlung‹ nicht nur der Gottesdienst (›Liebe Gemeinde!‹) ist, sondern grundsätzlich jede andere Sozialgestalt sein kann, deren Zustandekommen in irgendeiner Weise durch den Bezug auf Gottes Wort qualifiziert ist. Zu dieser Gemeinde muss ich nicht unbedingt gehören. Hierin ›begebe‹ ich mich. Zwischen beiden sprachlichen Verwendungsmöglichkeiten besteht kein prinzipieller Gegensatz, aber sie sind auch nicht von vornherein kongruent.

2. Seit den 1980er Jahren ist eine Vielzahl von Versuchen zu beobachten, den ›Gemeindeaufbau‹ in den Mittelpunkt des Nachdenkens zu rücken. Sie zeichnen sich weithin dadurch aus, dass es ihnen in einem qualitativen Sinn um ›Auferbauung‹, ›Zurüstung‹, ›Verlebendigung‹, ›Erneuerung‹ der Gemeinde geht. Welcher ›Gemeinde‹ dies alles aber gelten soll, bleibt oft unklar. Den Ansatzpunkt bildet meist die Gruppierung der etablierten sogenannten ›Kerngemeinde‹, die sich durch eine regelmäßige Teilnahme an Gottesdiensten und ›Kreisen‹ auszeichnet. Der Kern soll gewissermaßen erweitert werden.

Es fällt auf, dass der Parochie als institutioneller Gestalt der Gemeinde vergleichsweise wenig Beachtung geschenkt wird. Ihr Vorhandensein wird schlicht vorausgesetzt, aber kaum reflektiert. Dadurch erhalten manche Vorstellungen von ›Gemeindeaufbau‹ etwas seltsam Schwebendes und Unkonkretes. Sie gehen pauschal von einer volkskirchlichen Wirklichkeit aus, die stillschweigend als überall gleichermaßen gegeben vorausgesetzt wird.

3. Demgegenüber wird sich eine ›Theologie des Gemeindeabbaus‹ auf die Gemeinde als konkrete Parochie beziehen. Sie nimmt die vorfindliche Situation, wie sie sich jeweils sehr unterschiedlich darstellt, in ihrer eigenen Dignität wahr und nimmt diese zugleich grundlegend für das weitere Nachdenken ernst.

Implizit ist dies eine theologische Entscheidung, die davon ausgeht, dass die geschichtlich vermittelte Entstehung der Kirche als Institution und damit auch die Ausbildung von Parochien durchaus als ein Prozess begriffen werden kann, innerhalb dessen sich die Wirksamkeit des Heiligen Geistes als kirchengründender Kraft ausdrückt. Was geworden ist, mag sein relatives ekklesiologisches Recht haben, ist also nicht bloß zufällig und deshalb zu vernachlässigen. Zugleich aber ist es um der Dynamik des Heiligen Geistes willen auch nicht unveränderlich. Dies eröffnet Freiheit zum Wandel.

Der Ansatz beim Vorfindlichen verbietet allzu schnelle Verallgemeinerungen: Das Anliegen einer ›Theologie des Gemeindeabbaus‹ hat es konkret mit städtischen Kirchengemeinden zu tun – und hier besonders mit innerstädtischen bzw. am Innenstadtrand gelegenen Parochien. Die Lage in ländlich oder gar rein dörflich geprägten Lebensräumen mag sich vollkommen anders darstellen – was nicht ausschließt, dass von den Überlegungen zu den Stadtgemeinden auch auf dem Land angesichts der ebenso raschen wie tiefgreifenden Veränderungen zu lernen sei.

4. Das herrschende kirchliche Parochialprinzip in der Großstadt impliziert zwei Gesichtspunkte, die miteinander in Spannung stehen:

Insofern als damit eine (lokal ausmessbare) Flächendeckung gemeint ist, überträgt es die (mittelalterliche) Vorstellungswelt eines einzelnen Ortes als einer überschaubaren und abgeschlossenen Einheit auf den komplexen Stadtbereich. Parochien sind so gesehen ›Orts‹-Gemeinden innerhalb eines Ortes.

Zugleich aber ist ›Parochie‹ mehr als nur ein geographischer Begriff zur räumlichen ›Definition‹ einer Kirchengemeinde, denn sie hat auch – ähnlich wie ›Viertel‹, ›Kiez‹ oder ›Stadtteil‹ – eine inhaltlich-soziologische Bedeutung. Mit anderen Worten: Die Parochie geht zwar vom Prinzip der Flächendeckung aus, umfasst aber zugleich die Fülle der Lebenswelten aller in ihrem Bereich Wohnenden (und diese sind nicht nur Christen!).

5. Im innerstädtischen Bereich wird man von einer längst fortgeschrittenen Segmentierung der Lebenswelten ausgehen. Vertikal betrachtet

zeigt sich dies in der deutlichen Trennung von Wohn-, Arbeits-, Konsum- und Freizeitwelt, horizontal darin, dass auf vergleichsweise engem Raum unterschiedliche Sozialmilieus anzutreffen sind. Im Gegensatz zu ländlich geprägten Strukturen zeichnet die städtischen Milieus eine relativ hohe Mobilität aus. Sie macht nicht an den Grenzen der Parochie halt, zumal deren Plausibilität ohnehin nur schwer zu vermitteln ist.

Das führt im Extremfall zu einer offenkundigen Ungleichheit zwischen Parochie und (aktuell sich versammelnder) Gemeinde, mit anderen Worten: Die Angebote einer Kirchengemeinde nehmen überwiegend Kirchenglieder wahr, die außerhalb dieser Parochie leben.

6. Daraus folgt zunächst die empirisch begründete, jedoch theologisch zu bedenkende Einsicht, dass das Parochialprinzip im städtischen Bereich überholt ist. Die Parochial-Entscheidung des Mittelalters steht heute zur Disposition. ›Gemeindeabbau‹ bedeutet dann formal: Abbau der Parochialstruktur.

Damit ist sogleich vor allen Versuchen gewarnt, auf rein administrativem Weg die kleiner werdenden Parochialgemeinden unbesehen zusammenzulegen, um unter dem zunehmend finanziellen Druck bestimmte Kirchengebäude aufgeben zu können. Solch ein ›Gemeindeabbau‹ als ›Gemeinderückbau‹ reduziert nur die Anzahl der Parochien, bleibt aber im Grunde weiterhin dem parochialen Denken verhaftet und entspricht wegen seiner ausschließlichen Ausrichtung an geographisch-räumlichen Bedingungen gerade nicht den erforderlichen theologischen Kriterien.

7. Theologie hält kirchliches Handeln bei der Sache. Sachgemäßes Handeln wird darum theologiegeleitet sein müssen, ohne dass soziologisch-empirische Einsichten geleugnet werden müssten. Im Gegenteil: Sie ernst zu nehmen ist – wie gesagt – eine theologische Entscheidung. Theologie gewinnt damit eine sowohl grundlegende als auch begleitende Funktion.

8. Wird die schlichte theologische Aussage, dass die Kirche Jesu Christi sich der Predigt des Evangeliums verdankt, als sachgemäß akzeptiert (was zumindest historisch kaum zu bestreiten ist), dann kann daraus folgend auch der Auftrag der Kirche formuliert werden. Ursprung und Auftrag stehen in Beziehung zueinander. Auftrag der Kirche wäre es demnächst, das Evangelium unter den jeweiligen lebensweltlichen Bedingungen in Wort und Tat zu bezeugen.

Daraus ergibt sich die Leitfrage für eine ›Theologie des Gemeindeabbaus‹: Wie kann unter den Bedingungen der sich wandelnden städtischen Lebenswelten diesem Auftrag der Kirche entsprechend gehandelt werden? Welche Vorfindlichkeiten hemmen, welche fördern die Bezeugung des Evangeliums?

Aus dem Bisherigen lassen sich erste Konsequenzen ziehen: Wenn es zutrifft, dass sich eine Vielzahl der evangelischen Gemeindeglieder – sei es wissentlich oder unwissentlich – nicht mehr an das Parochialprinzip gebunden fühlt, wäre theologisch zu fragen, ob es andere Referenzrahmen gibt, an denen sich diese Gemeindeglieder orientieren können.

9. Historisch gesehen war das Parochialprinzip immer schon ergänzt durch die Einrichtung von Personalgemeinden. Diese basierten als Ausnahmen allerdings auf dem Regelfall der Parochie und hatten einen festen institutionellen Charakter, der sich im urbanen Kontext nun ebenfalls wandelt.

Doch bleibt aus der geschichtlichen Entwicklung der Personalgemeinden festzuhalten: Die Orientierung an einem Pfarrer bzw. einer Pfarrerin, an der besonderen Art und Weise, wie in einer bestimmten Kirche Gottesdienste gefeiert und Veranstaltungen durchgeführt werden, an einem bestimmten Kirchenraum und der Atmosphäre, die er ausstrahlt, sollte nicht geringgeschätzt werden. In städtischer Anonymität sind solche Beziehungen (über-)lebensnotwendig. Sie können folglich die Anknüpfungspunkte kirchlicher Arbeit bieten.

Besondere Beachtung ist den Kirchen selbst zu schenken: Sie sind die sichtbaren Kristallisationspunkte der Verkündigung des Evangeliums und bilden als solche die Knoten in dem immer weitmaschiger werdenden bisherigen parochialen Netz. Somit ergibt sich die zunächst paradoxe Einsicht, dass unter den Voraussetzungen eines ›Gemeindeabbaus‹ die Konsequenz gerade nicht lautet, Kirchengebäude aufzugeben und zu schließen. Sie sollten stattdessen in ihrem ganzen Symbolgehalt zur Geltung gebracht und zu den gegebenen Orten kirchlichen Lebens werden. Im Zweifelsfall sind durch Umbaumaßnahmen die separaten Gemeindehausräume und das Pfarrbüro im Kirchengebäude zu integrieren. Hier ist Kirche identifizierbar!

10. Eine so verstandene Theologie des Gemeindeabbaus wird dazu führen, das Differenzbewusstsein der Kirchen innerhalb der Stadt zu stärken: Nicht alle müssen alles machen! Einschnitte ergeben sich dann von selbst. Einzelne Kirchen – und das ist jetzt nicht mehr gleichzuset-

zen mit der Parochialgemeinde – werden ihr besonders Profil entwickeln (möglicherweise im ausdrücklichen Bezug auf die umgebenden Lebenswelten, möglicherweise aber auch als Anziehungspunkt weiter über diese engen Grenzen hinaus): liturgisch, musikalisch, missionarisch, ökumenisch, diakonisch, erwachsenenbildnerisch, kulturell sowie alters- und gruppenspezifisch.

Die herkömmliche einheitliche ›Fläche‹ löst sich in ein pluriformes, farbiges Bild auf. Verkündigung des Evangeliums vollzieht sich auf unterschiedliche Weise. Die einzelnen Kirchen entwickeln erkennbare Schwerpunkte.

11. Welche Funktion die traditionelle parochiale Ordnung unter diesen Voraussetzungen noch hat, muss genau geprüft werden.

Eine erste Folge wird sicher sein, dass sich in Großstädten eine Gesamt-Kirchengemeinde bildet. Die Erfassung der evangelischen Christen unter Mitgliedschaftsgesichtspunkten bleibt damit gewährleistet.

Die herkömmliche Zuordnung kann als erster Orientierungspunkt gelten: Sofern nicht eine ausdrückliche Beziehung zu einer anderen Kirche besteht, wird die nächstgelegene Kirche zur ›Anlaufstelle‹ bei der Nachfrage nach Kasualien und seelsorgerlicher Begleitung oder auch für die Teilnahme an Gottesdiensten. Aber das Parochialprinzip (und damit das Options- wie das Dimissorialrecht) verliert seine konstitutive Bedeutung. Bisher war es demgegenüber oft die Erfahrung distanzierter Kirchenglieder, dass die ihnen nächstgelegenen erscheinende Kirche gar nicht ›ihre‹ war und sie zu einer anderen Parochie ›gehörten‹.

12. In ihrer deutlichen Kritik am Parochialprinzip ist eine ›Theologie des Gemeindeabbaus‹ entlastend: Sie ›entmythologisiert‹ den häufigen Denk- und Sprachbezug auf die ›Gemeinde‹ (im parochialen Sinn!) als ideologische Vorgabe. Was ›die Gemeinde‹ im städtischen Kontext ›will‹ oder was ihr ›nicht zuzumuten‹ sei, ist selten ausgemacht.

Entlastung bringt dies für Pfarrerinnen und Pfarrer in der Stadt: Sie können sich auf das Profil der eigenen Kirche konzentrieren und sind nicht mehr genötigt, etwa das biblische Bild von der Gemeinde als dem ›Leib Christi‹ fortwährend mit dem der vorfindlichen Parochie bringen zu müssen, was allzu oft Anlass von Enttäuschung und Ermüdung war.

Veränderungen ergeben sich für das Verständnis der Kirchenvorstände und ihrer Aufgaben. Bereits jetzt setzen sie sich in den Großstädten nicht selten aus Kirchengliedern zusammen, die jenseits der

Parochialgrenzen wohnen. Sie werden im Sinne von Beiräten mitverantwortlich für die inhaltliche Ausgestaltung der Arbeit an einer bestimmten Kirche.

Ebenso erfährt die Art und Weise der Pfarrstellenbemessung und -besetzung einen Wandel. Sie orientiert sich nicht mehr an der Parochialgröße (was oft genug nur vorgeblich ein objektiver Maßstab war), sondern an dem, was sich effektiv (im doppelten Sinn des Wortes!) an einer Kirche ereignet.

Anknüpfungsmöglichkeiten ergeben sich zudem für die Vielzahl der im Stadtbereich tätigen Sonderpfarrämter, die auf diesem Weg nicht parochial ,eingebunden‹, wohl aber – um einen katholischen Sprachgebrauch aufzunehmen – ›kategorial‹ zugeordnet werden können: Eine Kirche wird beispielsweise – in Verbindung mit dem Jugendpfarramt – die ›Jugendkirche‹ der Stadt werden, eine andere – in Kooperation mit dem Diakonischen Werk – die ›Gute-Nacht-Kirche‹ für die Marginalisierten des Großstadtlebens. Der heute so viel beschworenen ›Synergie‹ sind keine Grenzen gesetzt.

Eine ›Theologie des Gemeindeabbaus‹ ermöglicht Offenheit und Schmiegsamkeit: Tugenden, die in den nächsten Jahren unsere Kirche bitter nötig haben wird. Und das kirchliche Leben kann sich so gewinnend gestalten, dass Gemeinde (im qualitativen Sinn) erfahrbar und erlebbar wird.

Ist »Erfolg« eine sachgemässe Kategorie für kirchenleitendes Handeln?

1. Kirchenleitendes Handeln: Herausforderungen und Begrenzungen

Als Vater der modernen Theorie kirchenleitenden Handelns kann mit einigem Recht Friedrich Schleiermacher betrachtet werden. Einen der beiden Hauptteile seiner umfangreichen »Praktischen Theologie« widmete er dem Kirchenregiment, »also der Leitung der die Einzelgemeinden organisatorisch zusammenfassenden Kircheninstitution«, und forderte, dass das kirchenleitende Handeln – modern gesagt – »zu einer ihm eigenen, prinzipiengeleiteten Selbststeuerung befähigt werden soll«[1]. Seither steht die Frage, wie Kirchenleitung jeweils wahrzunehmen sei, unabweisbar im Raum. Die folgenden Ausführungen verstehen sich als Beitrag zu einer notwendigen Verständigung über kirchenleitendes Handeln heute.

Dabei muss man sich freilich vergegenwärtigen, dass in den evangelischen Kirchen die Leitungsverantwortung unter einem *doppelten Vorbehalt* steht:

Zum einen betrifft dieser den *funktionalen* Aspekt, nämlich die den deutschen Landeskirchen eigentümliche Konstruktion der differenzierten Leitung in einem polyzentrischen Modell. Neben den Synoden, die »in allen Fragen die letzte Entscheidung«[2] haben und somit das entscheidende kirchenleitende Gremium darstellen, gibt es weitere Leitungsorgane, darunter in manchen Landeskirchen die Kirchenämter, vor allem aber das bischöfliche Amt – sei es nun von einer Person oder (in der Form des Konstrukts eines »Leitenden Geistlichen Amts«[3]) von

[1] Wilhelm Gräb, Praktische Theologie als Theorie der Kirchenleitung: Friedrich Schleiermacher, in: Christian Grethlein / Michael Meyer-Blanck (Hg.), Geschichte der Praktischen Theologie. Dargestellt anhand ihrer Klassiker. Leipzig 1999, 102f. (Arbeiten zur Praktischen Theologie 12). Vgl. auch Eilert Herms, Schleiermachers Lehre vom Kirchenregiment in: Wissenschaftliche Theologie und Kirchenleitung. Beiträge zur Geschichte einer spannungsreichen Beziehung für Rolf Schäfer zum 70. Geburtstag, hg. v. Ulrich Köpf, Tübingen 2001, 203-280.

[2] So etwa die Grundordnung der Evangelischen Kirche von Kurhessen-Waldeck vom 22. Mai 1967, Art. 89,3.

[3] Vgl. Ordnung der Evangelischen Kirche in Hessen und Nassau vom 17. März 1949, Art. 51f.

mehreren wahrgenommen. Dieser Polyzentrismus führt – strukturell gesehen – zu einem stets sehr genau auszutarierenden »Miteinander und Gegenüber« [4]. Konkurrenzen oder Konflikte zwischen Leitungsorganen sind damit prinzipiell möglich. Umgekehrt gilt: Eine solche Konzeption evangelischer Kirchenleitung zielt auf eine gemeinschaftliche und konsensorientierte Wahrnehmung von Leitungsverantwortung, setzt also von vornherein einen langen Abstimmungsprozess voraus.

Zum anderen gibt es einen gewichtigen *theologischen* Vorbehalt. Klassisch kommt er in These 3 der Barmer Theologischen Erklärung von 1934 zum Ausdruck: »Die christliche Kirche ist die Gemeinde von Brüdern, in der Jesus Christus in Wort und Sakrament durch den Heiligen Geist als Herr gegenwärtig handelt.«[5] Dies ist keine Aussage nur für die Kirche im Sinn des dritten Glaubensartikels! Durch seinen Geist leitet Jesus Christus die Kirche auch in ihrer konkreten, »verfassten« Sozialgestalt. Denn die »Konstitution der Kirche, das heißt ihre Gestaltung im Horizont menschlicher Verantwortung, [hat] in ihrem Instituiertsein durch die Herrschaft Jesu Christi ihre einzige Grundlage und ihren einzigen verbindlichen Maßstab«[6]. Für das Verständnis von Leitungshandeln in der evangelischen Kirche bedeutet dies: Trotz der Vergleichbarkeit mit anderen Großorganisationen ist es um des kirchlichen Selbstverständnisses willen kurzschlüssig, die Kirchen in ihrer Organisationsgestalt nur unter dem Aspekt ihres Funktionierens nach allgemeinen »weltlichen« Regeln in den Blick nehmen zu wollen. Bei allem notwendigen zweckrationalen Kalkül auf der Ebene der konkreten Entscheidungsabläufe muss es stets um die Rückbindung an den Auftrag gehen, den Christus seiner Kirche gegeben hat. Hierauf hin hat sich kirchliche Leitungsverantwortung befragen zu lassen.[7]

---

[4] Vgl. etwa Martin Hein, Miteinander und Gegenüber: Eine historische Analyse des Konstruktionsprinzips der Grundordnung der Evangelischen Kirche von Kurhessen-Waldeck von 1967, in: Zeitschrift für evangelisches Kirchenrecht 39 (1994), 1-19, sowie Bernd Oberdorfer, Arbeitsteilige Gemeinschaft und gegenseitige Verantwortung. Zum Verhältnis von synodaler und bischöflicher Kirchenleitung, in: Nachrichten der Evangelisch-Lutherischen Kirche in Bayern 58 (2003), 65-68.

[5] Die Barmer Theologische Erklärung. Einführung und Dokumentation, hg. v. Alfred Burgsmüller / Rudolf Weth, Neukirchen 1983, 36.

[6] Wolfgang Huber, Kirchenleitung als Herrschaft durch Dienst?, in: Der Dienst der ganzen Gemeinde Jesu Christi und das Problem der Herrschaft. Vorträge aus dem Theologischen Ausschuß der Evangelischen Kirche der Union zu Barmen IV, Bd. 1, hg. v. Joachim Ochel, Gütersloh 1999, 95.

[7] »Für beide (Luther und Schleiermacher) ist die in der Bibel überlieferte Botschaft von Jesus Christus der letztgültige Maßstab, an dem sich (auch) kirchliches Amt und Kir-

»Der genuine *Auftrag* der Kirche als Geschöpf des Wortes Gottes besteht in der Bezeugung des Evangeliums als der die Welt ihres Heils vergewissernden und sie verändernden Kraft (Matthäus 28,18-20).«[8] Darum kann Leitung in der evangelischen Kirche sachgemäß nie in der autonomen Etablierung eigener Ziele bestehen, sondern nur im Nachvollzug des vorgegebenen Auftrags. Die Frage nach der Auftragsgemäßheit ist dauerhafter Maßstab und ständiges Korrektiv kirchlichen (und kirchenleitenden) Handelns und relativiert vom Grundsatz her alle Versuche, Leitung eigenmächtig handhaben zu wollen. In der Nachordnung unter die Verkündigung des Evangeliums, die auf die Antwort des Glaubens ausgerichtet ist, können die Ziele entwickelt werden, die sich zur Erfüllung des Auftrags als notwendig und dienlich erweisen.[9] Sie müssen freilich dahingehend ausgelegt sein, Verständigungsprozesse in Gang zu setzen und Kreativität und Inspiration nicht durch die geistlose Exekution von Plänen von vornherein auszuschließen.[10]

2. Erfolgsorientierung?

Gegenwärtig ist der immer drängendere Ruf zu vernehmen, Kirchenleitungen sollten sich an wirtschaftlichen Prinzipien und Methoden des modernen Managements ausrichten, weil die Selbstverständlichkeit, mit der die Glaubensweitergabe von Generation zu Generation erfolgte, offensichtlich nicht mehr gegeben sei. Unter den Bedingungen einer Gesellschaft, in der die Ökonomisierung vieler Lebensbereiche und die Pluralisierung der Lebensentwürfe und Sinnstiftungsangebote fortschreiten, habe kirchenleitendes Handeln mit einem hohen Selbstanspruch an interne und externe Kommunikation das Schiff der Kirche zu steuern, für öffentliche Wahrnehmung zu sorgen und mit schrumpfen-

---

chenleitung messen lassen müssen. Dabei sind sich beide auch darin einig, daß dieser Maßstab nicht mechanisch gehandhabt werden kann, sondern nur in hermeneutisch und theologisch reflektierter Weise.« (WILFRIED HÄRLE, Allgemeines Priestertum und Kirchenleitung nach evangelischem Verständnis, in: Marburger Jahrbuch Theologie, VIII. Kirche, hg. v. WILFRIED HÄRLE / REINER PREUL, Marburg 1996, 77 [Marburger Theologische Studien 44]).

[8] Rechtfertigungslehre und Ekklesiologie aus evangelischer Sicht. Thesen der Theologischen Kammer der Evangelischen Kirche von Kurhessen-Waldeck, Kassel 2002, 9 (These 3.1.2).

[9] »Eindeutig ist jedenfalls, daß das kirchenleitende Handeln erstens dem Verkündigungsauftrag nachgeordnet und zweitens in die Ausübung des der ganzen Gemeinde anvertrauten und befohlenen Dienstes eingefügt ist.« (WOLFGANG HUBER, a.a.O., 96).

[10] Vgl. dazu: SUSANNE EDEL, Wirtschaftliches Handeln in der Kirche. Ein Projekt der Evangelischen Landeskirche in Württemberg, in: Praktische Theologie 37 (2002), 290.

den Ressourcen sparsam zu haushalten.[11] Diese Herausforderungen seien nur dann erfolgreich zu bewältigen, wenn man das Modell »Kirchenverwaltung« entschlossen hinter sich lasse und zu Methoden greife, die dem Bereich der Wirtschaft entlehnt sind, um so zu grundlegend veränderten Einstellungen zu gelangen.[12] Entsprechend groß ist inzwischen die Zahl der Firmen im Bereich der Unternehmensberatung, die die Landeskirchen (wie auch die katholischen Bistümer!) als Klienten im Non-Profit-Bereich entdeckt haben und die ihrerseits von diesen herangezogen werden.[13]

Nun ist überhaupt nicht zu bestreiten: Die angedeuteten veränderten gesellschaftlichen Rahmenbedingungen zwingen zum Umdenken. Heutzutage muss stärker als früher hinsichtlich der Kirchenmitglieder wie der Öffentlichkeit plausibel gemacht werden können, wozu die Kirchen *da* sind und wozu sie *gut* sind. Das führt zur Entwicklung unterschiedlicher »Leitbilder«, die sich nicht mehr mit der scheinbaren Naturgesetzmäßigkeit des Mitgliederrückgangs in den evangelischen Landeskirchen zufrieden geben wollen. Für sie liegt es durchaus nahe, sich der Einsichten und Angebote moderner Kommunikationsstrategien und des »Kirchenmarketings« zu bedienen.[14]

Und ebenso ist es ja keineswegs der Fall, dass die Kirchen abstinent von den Mechanismen der Ökonomie und des Managements gelebt hätten und sie nun – in einer vorgeblichen oder tatsächlichen Krisensituation – für sich entdecken und einsetzen müssten. Gewirt-

---

[11] Vgl. GERHARD RAU, Die Frömmigkeit der Kirchenleitung, in: Frömmigkeit unter den Bedingungen der Neuzeit. Festschrift für Gustav Adolf Benrath zum 70. Geburtstag, hg. v. REINER BRAUN / WOLF-FRIEDRICH SCHÄUFELE, Darmstadt / Kassel 2001, 345 (Quellen und Studien zur hessischen Kirchengeschichte 6).

[12] Vgl. ALFRED JÄGER, Konzepte der Kirchenleitung für die Zukunft. Wissenschaftsethische Analysen und theologische Perspektiven, Gütersloh 1993, 13-38; dazu auch WOLFGANG STECK, Die Technik der Kirchenleitung unter den Bedingungen der Moderne. Eine kritische Inspektion der ökonomisch-kybernetischen Kirchenreform, in: Recht – Macht – Gerechtigkeit, hg. v. JOACHIM MEHLHAUSEN, Gütersloh 1998, 681-707 (Veröffentlichungen der Wissenschaftlichen Gesellschaft für Theologie 14).

[13] Einen Überblick zu gegenwärtigen Überlegungen in den Gliedkirchen der EKD bietet JAN HERMELINK, Unternehmerische Konzepte in evangelischen Kirchen. Praktische Verbreitung und theologische Aufgaben, in: Praktische Theologie 37 (2002), 245-253; vgl. auch VOLKER WEYMANN, Management und geistliche Kirchenleitung: Eine notwendige und beziehungsvolle Unterscheidung, in: Texte aus der velkd 115/2003, 1-26.

[14] Vgl. etwa ULRICH FISCHER, Leitsätze und Kirchenbindung. Der Leitsatzprozess der Evangelischen Landeskirche in Baden als Beitrag zur Stärkung protestantischer corporate identy, in: Mitten im Leben. Bischöfinnen und Bischöfe zur Zukunft des Protestantismus, hg. v. REINER MARQUARD, Stuttgart 2003, 155-170.

schaftet hat man immer schon: Haushalte wurden erarbeitet, beraten und verabschiedet, Rücklagen angelegt und verwaltet, Personalentwicklungsplanung vorangetrieben. Aber inzwischen zeigt der Vergleich mit anderen Großorganisationen, dass sich auch in den Kirchen die Effizienz im Umgang mit den unterschiedlichen Ressourcen deutlich verbessern ließe, wenn überkommene Strukturen durchleuchtet und durch angemessenere ersetzt würden. Insgesamt ist die Tendenz, sich aus den Fesseln und Befangenheiten konsistorialen Denkens zu lösen, nur zu begrüßen.

So wundert es nicht, dass manche sich im kirchlichen Kontext zunehmend einer unternehmerischen Terminologie bedienen und bisweilen recht unbefangen von »Erfolg« sprechen: Leitbildumsetzungen, Mitgliedergewinnung, Ressourcenerschließung, aber auch durchgreifende Einsparkonzepte gelten als Indikatoren für erfolgreiches kirchenleitendes Handeln. »Erfolg« kann dann geradewegs als eine Grundverheißung der Kirche überhaupt reklamiert werden.[15]

Es steht außer Frage, dass sich die Kirchen um einen vernünftigen und möglichst wirkungsvollen Umgang und Einsatz von Personen und Finanzen bemühen müssen und eine langfristige Perspektiventwicklung anstreben sollten, die dann auch realisiert wird.[16] Dennoch bleibt bei genauerem Hinsehen Skepsis gegenüber einer allzu arglosen Übertragung der Kategorie »Erfolg« auf kirchenleitendes Handeln angesagt. Denn die Rede vom »Erfolg« suggeriert den Gedanken einer generellen Machbarkeit und Beherrschbarkeit und deutet damit die implizite Übernahme eines *»weltlichen«*, dem Wesen der Kirche fremden *Paradigmas* an!

Wirtschaftsunternehmen müssen zweifelsohne auf Erfolg ausgerichtet sein, wobei allerdings eine vordergründige Gleichsetzung von Erfolg mit bloßer »Gewinnmaximierung« unterhalb der Komplexität heutiger wirtschaftlicher Entscheidungen großer Firmen und Konzerne bleibt. »Erfolg« drückt sich hier pluriform aus: in Umsatzsteigerungen,

---

[15] So etwa der lutherische Bischof Molefe M. Ditlhale in der Predigt anläßlich seiner Einführung am 12. Januar 2003 in Tlhabane/Südafrika: »God has approved the Mission of the Church. He has empowered us to be successful.« – Der 1862 erschienene 3. Band des Grimmschen Wörterbuchs verzeichnet eigentümlicherweise zum Stichwort »Erfolg« nur äußerst wenige Belege (vgl. Jacob Grimm / Wilhelm Grimm, Deutsches Wörterbuch, Bd. 3, Leipzig 1862, 803). Dies lässt den Schluss zu, dass die Verwendung des Begriffs »Erfolg« erst in jüngerer Zeit verbreitet in die deutsche Sprache eingegangen ist.

[16] Umgekehrt ist »Misserfolg« also kein Zeichen besonderer Christlichkeit!

im Wachstum von Profit und Renditen, in dem Ziel, am Markt präsent zu sein und die Bekanntheit des Unternehmens, seiner Produkte und Dienstleistungen zu steigern. Dies alles aber sind messbare und nachweisbare Faktoren, die sich mit entsprechenden Instrumentarien in Daten erfassen und darstellen lassen.

Zugleich muss »Leitung« im wirtschaftlichen Bereich um der Durchsetzung der Unternehmensziele willen sehr stringent verstanden werden – was die Beschlussfassung, die Umsetzung und auch den zeitlichen Aufwand betrifft. Das gilt, obwohl moderne Managementkonzepte durchaus auf Teamfähigkeit, Kommunikation und Kooperation aufbauen.

Für kirchenleitendes Handeln trifft dies alles nur sehr begrenzt zu. Denn es ist ja nicht nur auf den rein organisatorischen Bereich beschränkt, sondern greift weit darüber hinaus. Mit Recht hat schon Martin Buber hervorgehoben, dass »Erfolg [...] keiner der Namen Gottes«[17] ist. Was das – bezogen auf die Leitfrage der hier entfalteten Überlegungen – heißen kann, unterstreicht ein Blick auf die Ursprungserzählungen des Christentums.

Der Lebensweg Jesu bis zum Kreuz kann – nach innerweltlichen Maßstäben – kaum als eine »Erfolgsstory« bezeichnet werden. Dies mag verblüffend klingen. Doch es ist bezeichnend, dass schon damals seine »Berater« es anders als er wollten: In Matthäus 16,21-23 wird erzählt, wie Jesus seine Jüngerinnen und Jünger zum ersten Mal auf sein bevorstehendes Leiden und Sterben hinwies. Aber Petrus »nahm ihn beiseite und fuhr ihn an und sprach: Gott bewahre dich, Herr! Das widerfahre dir nur nicht!« Petrus wird hier als der Vertreter von Rationalität, Zweckmäßigkeit und Zielgerichtetheit dargestellt. In seinen Augen ist die Sache Jesu falsch angelegt und wenig erfolgversprechend, wenn am Schluss der mögliche Tod steht. Die Reaktion Jesu auf diese Intervention lässt dem Matthäusevangelium zufolge an Deutlichkeit nichts zu wünschen übrig: »Er aber wandte sich um und sprach zu Petrus: Geh weg von mir, Satan! Du bist mir ein Ärgernis; denn du meinst nicht, was göttlich, sondern was menschlich ist.«

In der Botschaft Jesu fehlt zudem eine schnelle Erfolgskontrolle. Sinnfällig ist das im Gleichnis vom Unkraut unter dem Weizen (Mat-

---

[17] Zitiert bei Reimer Gronemeyer / Matthias Rompel, Erfolg ist keiner der Namen Gottes. Zur gesellschaftlichen Funktion von Kirche, in: Theorie Kirchenmanagement – Potentiale des Wandel. Analysen – Positionen – Ideen, hg. v. Martin Thomé, Bonn 1998, 102 (Kirche & Zukunft 2).

thäus 13,24-30) beschrieben: Als die Knechte des Bauern im Weizenfeld Unkraut entdecken, schlagen sie vor, es auszujäten. Dies würde voraussichtlich einen größtmöglichen Ernteertrag sichern. Der Bauer aber antwortet ihnen: »Nein! Damit ihr nicht zugleich den Weizen mit ausrauft, wenn ihr das Unkraut ausjätet.« Erst am Ende – bei der Ernte – kommt heraus, was wirklich Bestand hat. Die Botschaft vom Reich Gottes entlastet von einem selbstgesetzten, kurzatmigen Erfolgsdruck und ermöglicht die Chance der Langfristigkeit.[18]

Ähnlich verhält es sich beim Apostel Paulus. Zu Beginn des 1. Korintherbriefs kehrt er die Maßstäbe, die in dieser Welt herrschen, mit starken Worten um: »Was töricht ist vor der Welt, das hat Gott erwählt, damit er die Weisen zuschanden mache; und was schwach ist vor der Welt, das hat Gott erwählt, damit er zuschanden mache, was stark ist« (1. Korinther 1,27). Und sein Hinweis auf die eigenen Einschränkungen (2. Korinther 12,1-10) machte ihn – äußerlich gesehen – eher zu einem schlechten »Promoter« des Evangeliums.

Dennoch führte das Wirken Jesu oder des Apostels Paulus dazu, dass ihre Botschaft Glauben fand. Dies aber ist – streng genommen – trotz allen eigenen Engagements gerade kein menschliches Verdienst, sondern Gnade Gottes!

3. »Resonanz« als Ausdruck der Rechtfertigungslehre

Auf diesem Hintergrund ist als Orientierungsrahmen für kirchenleitendes Handeln – theologisch angemessen – statt von »Erfolg« eher von *»Resonanz«* zu sprechen. Dieser Begriff versucht ein *offenes Geschehen* zu umschreiben, das menschliches Planen und Handeln und Wirken des Heiligen Geistes einander zuordnet.

Im Einzelnen bedeutet das: Bei allen Entscheidungen und Festlegungen muss die unverfügbare Dimension der freien Zuwendung Gottes zu den Seinen festgehalten werden. Über die grundsätzliche Unabschließbarkeit von geplanten Prozessen hinaus hat kirchenleitendes

---

[18] Dieser Auffassung widerstreitet auch nicht das »Gleichnis vom anvertrauten Geld« in der lukanischen Fassung Lukas 19,11-27: Der erwirtschaftete Gewinn der beiden erstgenannten »Knechte« unterscheidet sich bei gleichem Grundkapital durchaus. Auffällig ist aber in V. 16 wie in V. 18, dass »von der Leistung der Mine des Herrn [...], nicht von der eigenen gesprochen wird« (Wolfgang Wiefel, Das Evangelium nach Lukas, Berlin 1988, 330 [Theologischer Handkommentar zum Neuen Testament 3]). Beide Knechte werden entsprechend befördert. Der dritte wird nicht wegen »Erfolglosigkeit«, sondern wegen offensichtlicher Untätigkeit verurteilt. Mit anderen Worten: Er hat die anvertraute Gabe nicht zur Geltung kommen lassen.

Handeln dieses extra nos ernst zu nehmen, an das die Kirche in ihrer Verkündigung ständig erinnert. In traditioneller Sprache gesagt, ist die Kirche zwar *in* dieser Welt, aber nicht *von* dieser Welt. Diesen Bruch gegenüber den innerweltlichen Verrechenbarkeiten gilt es offen und bewusst zu halten und nach »außen« zu vertreten. Die Kirche in ihrer Sozialgestalt bleibt trotz aller Parallelitäten letztlich eine inkommensurable Größe im Verhältnis zu anderen Großorganisationen. Es ist ihr »Markenzeichen« und gibt ihr ein unverwechselbares Profil, wenn sie es gerade nicht unternimmt, diesen Punkt aus Angst vor seiner vermeintlichen Nichtvermittelbarkeit zu verbergen.

Sofern kirchenleitendes Handeln auf »Resonanz« aus ist, meint dies nichts anderes, als dass es sich die Begrenztheit der eigenen Einflussmöglichkeiten und der Erreichbarkeit eigener Ziele dauerhaft im Bewusstsein hält, zugleich aber bei den fälligen notwendigen Entscheidungen und Schritten der Umsetzung auf den Beistand des Heiligen Geistes vertraut – in der Hoffnung, dass sie der Kirche zum Guten dienen und bei den Beteiligten (und Betroffenen) auf Zustimmung stoßen. Dies mag nie in Gänze gelingen! Aber im Sinne einer *regulativen Idee* ist die Rede von »Resonanz« im Zusammenhang kirchenleitendem Handelns sachgemäß.

Eine solche Grundeinsicht entspricht der Rechtfertigungslehre – dem Artikel also, mit dem nach evangelischer Überzeugung die Kirche – auch in ihrer Sozialgestalt! – steht und fällt: Wir leben nicht aus dem eigenen Erfolg. Darum ist kein selbstgesetztes Planziel entscheidend. Vielmehr ermöglicht die Erkenntnis, auf Gottes gnädige Zuwendung angewiesen zu sein, einen gelassenen Umgang mit Menschen und Arbeit in der Kirche.

Die Rechtfertigungslehre ist das Kriterium, das deutlich macht: Kirche ist als creatura verbi divini kein menschliches Werk, und die in ihr reden, entscheiden und handeln, stehen ihrerseits unter dem Anspruch und Zuspruch des Wortes Gottes. Daher gilt zu Recht: »Die Rechtfertigungslehre ist kritisches Korrektiv gegenüber jeder institutionellen *Gestalt* von Kirche. Die sich aus ihr ergebende Ekklesiologie ist nicht auf ein bestimmtes Ordnungsmodell (etwa ein hierarchisches, ein funktionales oder ein charismatisches) festgelegt; gleichwohl hat die Ordnung der Kirche Zeugnischarakter für die Welt. Die Rechtfertigungslehre ist insbesondere dort kritisch zur Geltung zu bringen, wo rechtliche und organisatorische Absicherung an die Stelle eines Lebens aus Glauben tritt.«[19]

4. Orientierungen für kirchenleitendes Handeln

Wird damit aber kirchenleitendes Handeln letztlich nicht nur relativiert, sondern im Grunde unmöglich gemacht? Dieser Einwand könnte naheliegen. Träfe er zu, wäre das äußerst problematisch! Denn der Verweis darauf, dass das Erreichen eines gewünschten Ergebnisses prinzipiell nicht in unseren Händen steht, darf nicht zur prinzipiellen Tatenlosigkeit verleiten. Unter den beschriebenen und elementar zu beachtenden Voraussetzungen kann (und muss) sich Leitungsverantwortung in der evangelischen Kirche zumindest in drei Hauptrichtungen entfalten. Diese können als Leitorientierungen dienen und sollen im Folgenden näher erläutert werden.

(1) Kirchenleitendes Handeln hat sicherzustellen, dass die Kirche weiterhin dem Auftrag nachkommen kann, das Evangelium zu bezeugen.

Unsere Gegenwart zeichnet sich durch eine harte Konkurrenz um öffentliche Aufmerksamkeit aus. Dies gilt nicht nur im Bereich der Ökonomie, sondern auch als Konkurrenz der Medien. Davon ist die Kirche unmittelbar betroffen. Wie soll sich die Kirche in dieser Wettbewerbssituation verhalten?

Tatsächlich haben zumindest in Europa die Kirchen und der christliche Glaube ihre schärfste Herausforderung nicht (mehr) in einem militanten, aggressiven Atheismus, sondern eher in einer schleichenden Abkehr vom Christentum: Zur Lebensdeutung und Lebensgestaltung scheinen andere Anbieter attraktivere Lösungen anzubieten. Ohne gleich von einem völligen Traditionsabbruch sprechen zu wollen, drohen doch mittel- oder langfristig Glaubensvergessenheit und — damit verbunden — ein Verlust der Glaubenssprache.

Gefragt ist deshalb eine – im doppelten Sinn des Wortes – *ansprechende* Kirche. Sie vermittelt die wesentlichen Impulse zur Entfaltung der eigenen Frömmigkeit und zu einer bewussten Zugehörigkeit zur christlichen Gemeinde und bleibt sich zugleich stets bewusst, dass der Glaube selbst ein Werk des Heiligen Geistes ist. Dass es dazu der besonderen Aufmerksamkeit für die Vermittlungsinstanzen wie Gottesdienst, Seelsorge und Unterricht bedarf, wird unbestritten sein – und

[19] Rechtfertigungslehre und Ekklesiologie aus evangelischer Sicht, 8 (These 3.1.1).

innerhalb dieser Vermittlungsinstanzen in erhöhtem Maß der Frage einer zeitgerechten Hermeneutik, um sprachfähig zu bleiben.

Aber auch die gegenwärtigen kirchlichen Strukturdebatten und notwendigen Prioritätendiskussionen haben genau an dieser Stelle – als Verständigungsprozess über den institutionellen Rahmen, innerhalb dessen die Bezeugung des Evangeliums zu geschehen hat – ihre sachgemäße Verankerung. Dabei wird kirchenleitendes Handeln darauf zu achten haben, dass die Erörterung von Strukturfragen nicht alle Kräfte in Beschlag nimmt und so die Erfüllung des grundlegenden kirchlichen Auftrags lähmt. Die Selbstthematisierung der »verfassten« Kirche ist kein Dauerzustand! Das ecclesia semper reformanda wäre sonst gründlich missverstanden.

(2) Kirchenleitendes Handeln hat sicherzustellen, dass die Gemeinschaft des Glaubens erfahrbar und unverwechselbar bleibt.

Glaube braucht Gemeinschaft. Hier erfährt er Vergewisserung und Bestätigung, aber auch Korrektur und Infragestellung. Nur in der Beziehung und im Austausch mit anderen Christinnen und Christen kann er darum dauerhaft verwurzelt bleiben und wachsen. Zugleich wird in dieser Gemeinschaftsbezogenheit bewusst – manchmal sogar schmerzhaft! –, dass die Kirche in der Gestalt ihrer Gemeinden keine gleichförmige Gruppe mit völlig identischen Auffassungen ist.

Der Glaube drückt sich trotz seiner Ausrichtung an der Heiligen Schrift unterschiedlich aus. Zu einem wohlverstandenen evangelischen Selbstbewusstsein gehört es, diese Vielfalt als Reichtum zu begreifen und vorschnelle Abgrenzungen, die aus Ängstlichkeit resultieren, zu vermeiden. Andererseits bedeutet diese Offenheit keineswegs, dass sich eine Kirche um jeden Preis »mit ihrer Botschaft wie mit ihrer Ordnung«[20] an gängige Trends anpasst und so ihre vermeintliche Aktualität zu erweisen sucht! Solche Anbiederungsversuche werden am schnellsten von jenen als zweifelhaft durchschaut, denen sie gelten sollen. Dass es sich bei der angemessenen Bestimmung des Verhältnisses von Auftragsgemäßheit und Zeitgemäßheit der Kirche um eine Gratwanderung handelt, dürfte offenkundig sein. Unter den dargestellten Maßgaben kann deshalb nicht grundsätzlich ausgeschlossen werden, dass Kirchenleitungen bei dem Versuch, evangelische Identität zu wahren, irren – und dies trotz reiflicher Abwägung.

---

[20] Die Barmer Theologische Erklärung, 36 (aus These III).

Ebenso bleibt zu beachten: Die Erfahrungen mit Gemeinschaft und das Bedürfnis danach sind bei Menschen unterschiedlich ausgeprägt. Als Verpflichtung zu einer bestimmten Form könnte die Rede von Gemeinschaft Abgrenzungen provozieren. Darum kann nur dazu eingeladen und geworben werden – sine vi, sed verbo. In diesen Zusammenhang gehört dann auch die eigens zu bedenkende Frage nach Bedeutung und Funktion der Pfarrerinnen und Pfarrer für die Gemeinschaftsbildung, -erfahrung und -wahrung in der Kirche.[21]

(3) Kirchenleitendes Handeln hat sicherzustellen, dass die Dimension christlicher Weltverantwortung im Blick gehalten wird.

Die Verkündigung des Evangeliums ist stets ein fundamentaler Beitrag zur Gewissensbildung angesichts der ethischen Probleme der Gegenwart. Unabhängig davon, ob es um das Zusammenleben von Menschen in verschiedenen Regionen der Erde geht, um Schöpfungsverantwortung, um die großen sozialen Themen oder die Herausforderungen, die uns durch die Entwicklungen in der medizinischen Forschung und der Gentechnik entgegentreten oder durch die Bedrohung des Friedens in der Welt: Keiner dieser höchst komplexen Bereiche kann aus der Sicht des christlichen Glaubens für sich eine Eigengesetzlichkeit beanspruchen! Christen stehen vor der Notwendigkeit, sich zu den ethischen Fragen zu verhalten und darüber Auskunft zu geben, was aufgrund ihres Glaubens eine christlich verantwortete Handlungsweise ist.

Kirchliche Leitungsverantwortung hat daher die Aufgabe, *öffentlich* in einer auf *Überzeugung* ausgerichteten Argumentation die Lebensdienlichkeit der biblischen Aussagen darzustellen[22] und bereit zu sein, dafür auch einzustehen, falls diese nicht dem Mainstream entspricht und auf Widerspruch trifft. Die Einmischung in gesellschaftlich virulente Debatten darf jedoch nicht von einer vermeintlich »höheren« Warte aus geschehen: Leitungspersonen oder -organe in der evangelischen Kirche müssen sich bei der Formulierung ihrer Positionen erneut der nie auszuschließenden Irrtumsmöglichkeit bewusst sein, die sie unter Umständen veranlassen könnte, den Sachverhalt zu einer späteren Zeit

---

[21] Vgl. dazu insgesamt: Das Amt des Pfarrers und der Pfarrerin in der modernen Gesellschaft. Ein Diskussionspapier der Theologischen Kammer der Evangelischen Kirche von Kurhessen-Waldeck, 2., unveränderte Aufl. Kassel 2001.

[22] Vgl. auch Hans Norbert Janowski, Kirchenleitung in der pluralistischen Mediengesellschaft, in: Der Dienst der ganzen Gemeinde Jesu Christi und das Problem der Herrschaft, Bd. 1., hg. v. Joachim Ochel, 132-148.

anders zu betrachten. Darum sind vom Grundsatz her auch denen ehrliche Motive zuzubilligen, die aus ihrer vom Glauben geleiteten Einsicht heraus nach gewissenhafter Prüfung der Auffassung einer Kirchenleitung nicht zustimmen können. Trotzdem darf die Situation divergierender Meinungen und Urteile nicht zur Folge haben, auf den Anspruch zu verzichten, die Heilige Schrift für das zu beurteilende Problem sachgemäß ausgelegt zu haben.

Kirchenleitendes Handeln bleibt stets ein Wagnis, das allerdings dadurch abgemildert wird, dass entsprechende Erklärungen eben nicht auf einsam gefällten Entscheidungen beruhen, sondern aufgrund der differenzierten und partizipatorischen Leitungsstruktur evangelischer Landeskirchen meist von einem breiten Konsens getragen werden.

Bei der Konkretisierung und Umsetzung dieser drei Orientierungen kann die Entwicklung von Konzeptionen, die der sich ausdifferenzierenden Gesellschaft und auch der besonderen Organisationsform »Kirche« Rechnung tragen, hilfreich sein. Entscheidend bleibt aber die vorausgehende Selbstverständigung über Auftrag und Ort der Kirche in der heutigen Lebenswelt, zu der kirchenleitendes Handeln wirksame, d.h. auf »Resonanz« bedachte Impulse zu geben hat.

5. Das Gebet als Ausdruck kirchlicher Leitungsverantwortung

Das führt abschließend zu einem Aspekt, der den genannten Vorbehalten und den entfalteten Rahmenbedingungen entspricht, meist aber schamvoll verschwiegen oder übergangen wird: Es geht um das Gebet in seiner zentralen Bedeutung für das Leben und die Zukunftsperspektiven einer Kirche.

Wer in Wahrnehmung der jeweiligen Leitungsverantwortung in der Kirche betet, nimmt die *Dimension der Unverfügbarkeit* ernst und weiß etwas von dem Geschenkcharakter allen Gelingens, aber auch vom Trost im Scheitern. Die Sprachform des Gebetes ist gegenüber aller Rede vom »Erfolg« höchst widerständig.

Führungskräfte in der Kirche benötigen das Gebet der Gemeinden ebenso wie den Raum und die Zeit für eigenes Beten, weil in ihrem Fall »keine sakramentale Amtsgnade und kein jurisdiktioneller Status der Person Schützenhilfe leistet«[23]. In dieser Zuordnung von Gebet und Leitungshandeln, von »ora et labora«, wird noch einmal deutlich, dass bei aller Verantwortlichkeit leitender Personen oder Gremien letztlich die Verantwortung für die Kirche bei Jesus Christus liegt. Das macht Ent-

---

[23] GERHARD RAU, a.a.O., 344.

scheidungen nicht leichter – und kann doch vom Druck, »erfolgreich« sein zu müssen, nachhaltig entlasten.

Ist »Erfolg« eine sachgemäße Kategorie für kirchenleitendes Handeln? Bis zum überzeugenden Erweis des Gegenteils bleiben meine Reserven weiterhin bestehen. Oder um es mit Luthers Worten zusammenzufassen: »Wir sind es doch nicht, die da könnten die Kirche erhalten. Unsere Vorfahren sind es auch nicht gewesen. Unsere Nachkommen werden's auch nicht sein; sondern der ist's gewesen, ist's noch, wird's sein, der da sagt: Ich bin bei euch bis an der Welt Ende.«[24]

[24] WA 50, 476.

Zwischen Tradition und Neuorientierung

Martin Luther und die Zukunft der Kirche

Können wir bei Luther etwas für die Zukunft unserer Kirche heute lernen? Die Vermutung, das sei möglich, ist einigermaßen kühn. Immerhin sind inzwischen mehr als 450 Jahre vergangen, seit Luther gestorben ist. Ist er damit nicht längst derart in die Vergangenheit gerückt, dass eine Brücke von damals in die Zukunft des 3. Jahrtausends kaum zu schlagen ist? In der Tat muss ich zugestehen: Die Welt, in der Luther lebte, war eine völlig andere als unsere. Insofern wäre es vermessen zu glauben, wir könnten Luthers Einsichten unbesehen und bruchlos in unsere Fragen nach der Zukunft der Kirche hineintragen. Ein solcher buchstäblicher Umgang mit Luther würde ihn zum Gesetzmachen und damit sein eigenes Anliegen in das schiere Gegenteil verkehren.

Die Freiheit, zu der er im Umgang mit der Heiligen Schrift und der kirchlichen Tradition ermutigte, um dadurch zum Wesentlichen des Evangeliums vorzustoßen – diese Freiheit wird er sich selbst auch in unserem Umgang mit ihm gefallen lassen. Unter dieser Voraussetzung können wir allerdings einige beachtliche Erkenntnisse gewinnen, die schon damals für die Reformation grundlegend wurden, die sich in der Geschichte der evangelischen Kirche bewährt haben und von denen ich ausgehe, dass wir sie auch in der Zukunft nur zum Schaden unserer Kirche unbeachtet lassen können. Um diese fundamentalen Orientierungspunkte in aller Deutlichkeit hervorheben zu können, habe ich aus Luthers Schriften einige wenige Zitate zusammengestellt, die als Thesen dienen sollen und die ich unter dem Gesichtspunkt erläutern will, inwiefern sie sich als zukunftsfähig erweisen könnten.

1. *Was aus der Taufe gekrochen ist, das kann sich rühmen, schon zum Priester, Bischof und Papst geweiht zu sein.*
(An den christlichen Adel deutscher Nation, 1520)

Das war in damaliger Zeit ein umstürzender Satz – umstürzend im wahrsten Sinn des Wortes, denn er hob die Vorrangstellung des geweihten Priesterstandes auf. Er war damit zutiefst kritisch gegenüber der kirchlichen Hierarchie, rührte also an die Grundfesten der bisherigen Kirche.

Es kann keine besonderen Vorrechte oder Qualitäten kirchlicher Amtsträger geben, wenn doch alle Christen schon durch die Taufe geweiht sind: nicht nur zu Priestern oder Bischöfen, sondern sogar zum Papst selbst! Die feste Gegenüberstellung von Klerus hier und Laien dort ist damit aufgehoben. Alle Getauften haben die uneingeschränkte Vollmacht zum Priestertum, d. h. zum Dienst an Wort und Sakrament. Deshalb hat es sich eingebürgert, von dieser Grunderkenntnis Luthers im Blick auf die Kirche als dem »allgemeinen Priestertum aller Getauften« zu sprechen – allgemein, weil es ohne Einschränkung gilt. Voraussetzung ist allein das Christsein durch die Taufe.

Für Luther hatte das konkrete Konsequenzen: Weil alle Christen zu Priestern geweiht waren, musste ihnen selbstverständlich das Recht zustehen, über die evangelische Lehre zu urteilen und diejenigen, die das Evangelium verkündigten, zu prüfen oder, wo es notwendig war, auch zurechtzuweisen. Modern ausgedrückt: Luther sprach der Gemeinde in allen Glaubensfragen eine hohe Mündigkeit zu.

Trotz dieser Einsichten ist im Lauf der Geschichte mit dem »allgemeinen Priestertum aller Getauften« nicht jener Ernst gemacht worden, den man sich von dieser reformatorischen Grunderkenntnis vielleicht erwartet hätte. Im evangelischen Raum hat es sich längst wieder eingebürgert, von kirchlichen Amtsträgerinnen und -trägern mit besonderen Rechten des »geistlichen Standes« auf der einen und den ›Laien‹ auf der anderen Seite zu sprechen, also die alte Unterscheidung wieder hervorzuholen. Diese Unterscheidung ist im Grunde nicht evangelisch!

In Zukunft werden wir lernen müssen, neu zu buchstabieren, was es denn heißt, dass in der evangelischen Kirche alle Christen, Männer wie Frauen, zu Priestern geweiht sind. Das bedeutet sicher nicht, dass man gleich ein Ehrenamt in der Gemeinde haben muss. Allgemeines Priestertum und ehrenamtliche Mitarbeit sind keineswegs dasselbe! Aber die Vorstellung vom allgemeinen Priestertum aller Getauften muss zur Folge haben, die Gemeindeglieder verstärkt ernst zu nehmen und sie mit ihren unterschiedlichen Gaben zu befähigen, das nun auch im Bereich der Kirche zu leben und darzustellen, was sie durch die Taufe sind. Sätze wie »Das versteht doch ohnehin niemand in der Gemeinde« dürfen nicht mehr fallen. Weil alle Christen durch die Taufe zu Priesterinnen und Priestern geweiht sind, haben sie auch einen Anspruch darauf, als solche behandelt zu werden!

Was also aus meiner Sicht für die Zukunft der Kirche ansteht, ist eine Erwachsenenbildung, die den Glauben verständlich macht und zur Verantwortung für Kirche und Gemeinden anleitet. Auf die Dauer gesehen liegt, trotz aller rückläufigen Gemeindegliederzahlen, hier das unverzichtbare Potential, aber auch eine große Herausforderung für unsere Kirche: den Glauben zu »bilden«.

2. *Wenn wir auch alle Priester sind, so können und sollen wir doch darum nicht alle predigen oder lehren und regieren. Doch muss man aus der Menge einige aussondern und wählen, denen solch ein Amt befohlen werde [...] Siehe, so muss man das Predigtamt oder Dienstamt von dem allgemeinen Priesterstande aller getauften Christen unterscheiden. Denn solch Amt ist nichts mehr als ein öffentlicher Dienst, der einem von der ganzen Gemeinde befohlen wird, in der alle zugleich Priester sind.*
(Sechste Predigt über den 110. Psalm, 1535)

Nach allem, was über die Zukunftsfähigkeit der Gemeinden aufgrund der Wahrnehmung des »allgemeinen Priestertums« gesagt worden ist, stellt sich unweigerlich die Frage: Wozu brauchen wir dann überhaupt Pfarrerinnen und Pfarrer? Sind sie nicht überflüssig?

Wichtig ist hier die Feststellung, dass Luther zwar vom »allgemeinen Priestertum« aller Christen, nicht aber von einem »allgemeinen Pfarramt« gesprochen hat. Er war durchaus der Meinung, dass die Gemeinden Menschen brauchen, die besonders für den Dienst der Verkündigung, Lehre und Leitung ausgebildet und in diesen Dienst berufen sind. Nur dass dadurch kein besonderer Stand, keine neue Hierarchie entstehen sollte, nachdem die alte gerade überwunden war! An diesem Punkt war Luther sehr realistisch: Nicht alle in der Gemeinde können predigen, die Sakramente austeilen, unterweisen usw. Es braucht dazu eine besondere Beauftragung, sonst entsteht Unordnung – und das war etwas, das Luther immer sehr fürchtete. Diese Beauftragung aber erteilt die Gemeinde. Luther dachte also viel stärker von unten her, als man ihm das vielleicht zutrauen würde.

Auch in Zukunft werden Pfarrerinnen und Pfarrer für unsere evangelische Kirche nötig sein! Das steht außer Frage. Es muss aber diskutiert werden, wie sich ihr Dienst unter den Veränderungen unserer Lebenswelt gestaltet. Und diese Veränderungen betreffen nicht nur die Städte, sondern erreichen immer mehr auch die ländliche Region. Auf den ersten Blick scheint dort alles noch fest gefügt zu sein und der Pfarrer bzw. die Pfarrerin eine feste Größe darzustellen: Sie verkörpern gewissermaßen in ihrer Person die Tradition! Vielleicht aber müssen wir schneller als wir meinen Abschied nehmen von einem Amtsverständnis, das Pfarrerinnen und Pfarrern für alle Belange einer Gemeinde die All-Zuständigkeit zuschreibt, was ja oft genug umgekehrt zur Folge hat, dass dies in ihnen Allmachtsvorstellungen bzw. – als

Gegenteil – Ohnmachtserfahrungen hinterlässt. Das einheitliche Bild, das frühere Pfarrergenerationen prägte, wird in den Hintergrund treten. Gefragt ist auf der einen Seite eine Konzentration auf das, was ich die pfarramtliche Grundtätigkeiten nennen möchte: auf Gottesdienst und Predigt, Seelsorge, Unterricht und Gemeindeleitung. In diesem Sinne stehen, wie es ein Impulspapier meiner Kirche ausdrückt, Pfarrerinnen und Pfarrer für die »Bezeugung der Gegenwart des ewigen Heils« ein. Darum geht es zuerst und zuletzt in der Wahrnehmung jeden Pfarramts.

Gemeindeleitung aber drückt sich nicht darin aus, dass man alles allein entscheidet, sondern gerade darin, dass Gemeindeglieder zu verantwortlicher Mitarbeit herangezogen und ausgebildet werden.

Auf der anderen Seite wird es zunehmend auch Spezialaufgaben für Pfarrerinnen und Pfarrer geben jenseits der Strukturen unserer Kirchengemeinden. Denn der Wohnbereich spiegelt – zumindest in den Städten – nur noch recht bedingt die Lebenswelt der Gemeindeglieder wider. Arbeit und Freizeit werden oft anderswo verbracht. Das ist deutlich zu spüren, und dieser Wandel macht auch nicht vor dem Land Halt. Was ist daraus zu folgern?

Die Erwartungen an den besonderen Dienst der Pfarrerinnen und Pfarrer nehmen keineswegs ab, aber sie werden sich verlagern und sie konkretisieren sich. Das hat dann auch Rückwirkungen auf die Anlage des theologischen Studiums und der Ausbildung zum Pfarrberuf. Stärker als bisher wird auf Gesprächsbereitschaft, auf Offenheit und Phantasie im Umgang mit Menschen und Ideen, auch auf Teamfähigkeit zu achten sein. Der traditionelle »Ein-Mann-Betrieb« ist überholt.

3. *Die Ordnungen sollen zur Förderung des Glaubens und der Liebe dienen und nicht zum Nachteil des Glaubens. Wenn sie das nicht mehr tun, so sind sie schon tot und abgetan und gelten nichts mehr [...] Ordnung ist ein äußerlich Ding, sie sei so gut sie will, so kann sie in Missbrauch geraten [...] Darum besteht und gilt keine Ordnung um ihrer selbst willen etwas [...] Aller Ordnungen Leben, Würde, Kraft und Tugend ist der rechte Gebrauch, sonst gilt sie und taugt sie gar nichts.*
(Deutsche Messe und Ordnung des Gottesdienstes, 1526)

Luther hatte sich zur Gestalt der Kirche überraschend wenig reformerische Gedanken gemacht. Was das Äußere anging, war er stets eher konservativ. Er konnte das sein, weil für ihn an der Gestalt der Kirche nicht das Wesen der Kirche hing. Dem ungestümen Vorpreschen etwa der hessischen Reformation mit ihren weitreichenden Veränderungen in der Kirchenordnung wollte er jedenfalls einen Riegel vorgeschoben wissen. Dass sich die von ihm entfachte evangelische Bewegung zur evangelischen Kirche ausformte, war von ihm ursprünglich nicht gewollt. Es hatte nie in seiner Absicht gelegen, eine neue Kirche zu gründen. Aber als sich die Vertreter der bisherigen Kirche dem Anliegen der Reformation verschlossen, scheute er sich nicht, an die Fürsten zu appellieren, also an die ›Laien‹, und ihnen – Ausdruck des »allgemeinen Priestertums«! – den Fortgang der Reformation anzuempfehlen.

Wichtig ist mir daran, dass Luther nicht der Stratege war, der zuerst ein Kirchenmodell entwickelte, das er dann umsetzte. Im Blick auf die Formen war er von großer Offenheit. Und die Anlehnung an die Landesfürsten stellte für ihn eher einen Notfall dar.

Die Volkskirche mit ihren Möglichkeiten unterschiedlicher Beteiligungsweisen war Luther noch unbekannt. Aber man wird die Entwicklung hin zur Volkskirche weder als Sündenfall betrachten müssen noch glauben, hier die Höchstform der Verwirklichung von Kirche gefunden zu haben, die es unter allen Umständen zu bewahren und zu verteidigen gelte. Die Volkskirche in ihrer gegenwärtigen Verfassung besteht nicht um ihrer selbst willen, sondern sie ist der gegebene Rahmen, innerhalb dessen sich in unserem deutschen Kontext das Evangelium in Wort und Tat auf vielfältige Weise in der Gesellschaft vermitteln lässt.

Aber die Zukunft unserer Kirche hängt nicht an dieser Gestalt. Es sind unter dem Druck der sich wandelnden Verhältnisse andere Erscheinungsformen denkbar: Sie werden bescheidener sein, vielleicht auch unansehnlicher. Sie werden der Tatsache Rechnung tragen, dass die Zahl derjenigen zurückgeht, die sich durch Mitgliedschaft zur evangelischen Kirche halten. Der gesellschaftliche Einfluss mag abnehmen, die Konkurrenz der Religionen und religiösen Bewegungen zunehmen. Dieser Abschied vom Hergebrachten kann schmerzlich und einschneidend sein, auch für uns Pfarrerinnen und Pfarrer.

Im Blick auf diese Zukunft aber ist von Luther zu lernen, dass jetzt keine Panik, sondern Gelassenheit und Erwartung zugleich am Platz wären. Die Hochrechnungen, die das Ende der Volkskirche prognostizieren, sind eher mit Vorsicht zu betrachten, schon gar nicht müssen sie uns lähmen, sondern können auch den Mut freisetzen, Kirche neu zu leben und sich auf die veränderten Bedingungen einzustellen.

In den gegenwärtigen Überlegungen und Denkprozessen entdecke ich für mich zunehmend Freiheit. Es muss nicht alles so bleiben, wie es geworden ist! Denn das Kirche-Sein der Kirche hängt nicht daran. Weil das so ist, kann in großer Offenheit und in ökumenischer Weite über den weiteren Weg unserer Gemeinden und unserer Kirche nachgedacht werden. Von diesem Nachdenken über die zukünftige Gestalt will uns Luther nicht entbinden, wohl aber von der Verbissenheit, mit der es derzeit geschieht!

4. *Wer Christum finden soll, der muss die Kirche am ersten finden [...] Nun ist die Kirche nicht Holz und Stein, sondern der Haufe christlicher Leute; zu der muss man sich halten und sehen, wie die glauben, beten und lehren; die haben Christum gewisslich bei sich.*
(Aus der Weihnachtspostille, 1522)

Wozu ist die Kirche da? Je nach eigenem Standpunkt wird es darauf unterschiedliche Antworten geben – wenn wir nicht gleich verlegen verstummen. Luthers Antwort war denkbar einfach: Weil sich hier Christus finden lässt. Bei aller Kritik an der vorfindlichen Kirche, die er für sich beanspruchte, dachte er ja nie an deren Abschaffung. Gewiss, die Lehre von der Rechtfertigung des Sünders allein aus Gnaden »ohn all mein Verdienst und Würdigkeit« stellte den Menschen unmittelbar vor Gott. Die Kirche als Mittlerin des Heils hatte ausgespielt.

Aber für Luther stand außer Frage, dass das Verhältnis zwischen Gott und Menschen nicht zur reinen Privatsache werden dürfe. Christen brauchen einander, um sich im Glauben zu stützen, um zu trösten und zu helfen. Und mehr noch: Die Gemeinschaft der Christen ist der Ort, wo ich Christus überhaupt erst finden kann. Deshalb wird an jedem Sonntag Gottesdienst gefeiert: Nicht weil das eine besonders schöne Veranstaltung ist oder weil es nun einmal zur Kirche hinzugehört, sondern weil uns verheißen ist, dass Christus gegenwärtig ist und sich hier finden lässt. Dazu ist die Kirche da – auch in der Zukunft. Sie repräsentiert nicht Christus auf Erden. Dieser Gedanke hätte viel zu große Züge. Aber sie verbürgt sich für ihn.

Gegenwärtig stehen wir, wie ich meine, in Deutschland in der Gefahr, die Existenzberechtigung der Kirche mit vielen Hinweisen auf ihre Leistungen nachweisen zu wollen. Manchmal scheint mir, als gerate die Kirche des Evangeliums damit zur Kirche der frommen Werke! Wenn wir nur noch aufrechnen, was die Kirche alles leistet, setzen wir uns nicht nur unter einen unerträglichen Druck, dem wir auf Dauer kaum standhalten, sondern wir verlieren auch ihren eigentlichen Auftrag aus den Augen. Und der bemisst sich jenseits aller Vorstellungen von der Kirche als einem Dienstleistungsunternehmen.

Es mag ja sein, dass die Frage nach dem eigenen Heil, nach Vergebung und Versöhnung gegenwärtig nicht so aktuell ist wie zu Luthers

Zeiten. Aber sie ist ausgewandert in die Frage nach dem Sinn, nach dem Wert des eigenen Lebens und sie kommt als solche wieder zu uns zurück – nicht in den alten Worten, aber für aufmerksame Ohren deutlich zu vernehmen.

In Zukunft werden wir die lange geübt Scheu ablegen und die Kirche wieder mit Gott, mit Christus, mit Schuld und Vergebung, mit Gebet und Glauben in Verbindung bringen. Wer soll es denn sonst tun in einer gesellschaftlichen Umwelt, die vor Selbstrechtfertigung einerseits und Versagen andererseits nur so strotzt? Wohin mit alledem, wenn nicht dorthin, wo Christus zu finden ist!

Keine leichte Aufgabe wird das, als Gemeinschaft der Christen Bürge für Christus zu sein. Aber es ist ein Dienst, den wir unseren Mitmenschen schon deshalb nicht schuldig bleiben können, weil wir selbst aus der Nähe und Liebe Christi leben. Die Rückbesinnung auf das, woraus die Kirche lebt, gibt also die Antwort auf die Frage, wozu die Kirche überhaupt da ist. Wenn diese Antwort praktiziert wird, dann ist die Kirche in Zukunft ansprechend. Anders ausgedrückt: Dann wird sie attraktiv. Und solch eine Kirche wünsche ich mir: eine »ansprechende Kirche«.

5. Es ist gut, dass es ein Haus gibt, wo wir alle zusammenkommen, um Gottes Wort zu hören und an den Sakramenten teilzunehmen. Aber das ist das Werk des Wahnwitzes, dass wir meinen, wir hätten Gott ein Haus gebaut, wo uns Gott vor anderen Orten höre.
(Evangelium am Tage der Kirchweihung, Lukas 19,1-10, 1525)

In Städten, stärker aber noch in Dörfern bilden unsere Kirchen den weithin sichtbaren Orientierungspunkt. Oft haben sie ein hohes Alter und ein wunderschönes Aussehen. Manchmal sind sie das einzige Bauwerk aus alter Zeit, das den Geist des Lebens vergangener Generationen in sich bewahrt.

Es mag uns überraschen, wie wenig Luther Wert auf das Gotteshaus an sich legte. Da konnte er richtig drastisch in seiner Ausdrucksweise werden. Ein Beispiel etwa: »Wo das Gebet darniederliegt, wird dem bösen Geist niemand etwas nehmen, auch niemand widerstehen. Wo er aber gewahr würde, dass wir dies Gebet üben wollten, wenn es gleich unter einem Strohdach oder in einem Saustall wäre, würde er es fürwahr nicht gehen lassen, sondern sich weit mehr vor diesem Saustall fürchten als vor allen hohen, großen, schönen Kirchen, Türmen, Glocken, dir irgend sein mögen, wo solch Gebet nicht darin wäre. Es liegt fürwahr nicht an Stätten noch Gebäuden, wo wir zusammenkommen, sondern allein an diesem unüberwindlichen Gebet, dass wir dasselbe recht zusammen tun und vor Gott kommen lassen.«

Entscheidend ist also die innere Haltung von uns Christen. Das klingt, wenn wir uns die kleinen, manchmal schmucken Dorfkirchen oder die großen Stadtkirchen anschauen, einigermaßen heftig. Es würde also, käme es wirklich darauf an, ein einfacher Versammlungssaal ausreichen; ja nicht einmal der wäre letztlich notwendig. Der Schweinestall geht auch, oder wie Luther an anderer Stelle sagt: »Und wenn es [= das Wort Gottes] auch gleich unter einer grünen Linde oder Weide gepredigt würde, so hieße doch derselbe Ort Gottes Wohnung und Stätte; denn Gottes Wort regiert dort.«

Was ist dann mit unseren Kirchen? Werden sie überflüssig? Sollen wir sie schließen? Das ist keine Frage, die so einfach dahingesagt ist. Bei knapper werdender finanzieller Ausstattung werden wir ernsthaft bedenken und entscheiden müssen, ob wir alle Kirchen wie bisher unterhalten können. Was für die Jahrhunderte vor uns in prachtvoller oder schlichter Schönheit als Kirchenbau der Ehre Gottes dienen sollte, wird zunehmend als Last betrachtet: »Baulast« in einem neuen Sinn eben.

Dann muss es irgendwann unausweichlich zu der Überlegung kommen: Wie viel ist uns diese Kirche wert? Nicht als kulturelles Zeugnis einer dörflichen oder städtischen Lebensgeschichte, sondern als Haus des lebendigen Gottes? Meine Antwort darauf lautet: Nirgendwo ist es ausgeschlossen, Gott zu begegnen und zu finden. Da ist Luther Recht zu geben. Aber unsere Kirchen sind die Orte, wo uns das verheißen ist. Das Innere einer Kirche lädt ein, zur Stille zu kommen und sich für Gott zu öffnen. Das geht hier allemal besser als im Schweinestall! Und deshalb halte ich es für eine ganz wichtige Grundentscheidung der kommenden Jahre, dass wir sehr behutsam mit der Frage umgehen, ob Kirchen zugemacht werden sollen. Ich bin da für äußerste Zurückhaltung. Verschlossene oder gar verfallende Kirchen haben einen hohen Symbolgehalt. Sie signalisieren unterschwellig: Es geht zu Ende. Wir sollten allen Wert und alles Augenmerk auf den Erhalt und die Gestaltung unserer Kirchen legen. Sie sollen einladen können – und offen stehen. Es ist daher meines Erachtens nicht angemessen, hohe Ausgaben für den Erhalt einer Kirche gegen die vielfältigen diakonischen Aufgaben und Herausforderungen ausspielen zu wollen. Wenn wir unsere Kirche vernachlässigen oder verrotten lassen, wird das bittere Auswirkungen haben. Umso wichtiger ist es, fantasievoll die Liebe zur Kirche als dem besonderen Haus zu wecken.

6. *Es gibt keinen größeren Schaden in der Christenheit, als Kinder zu vernachlässigen. Denn will man der Christenheit wieder helfen, so muss man fürwahr bei den Kindern anfangen, wie vorzeiten geschah.*
(Ein Sermon von dem ehelichen Stand, 1519)

Die Zeit Luthers war eine Krisenzeit. Hergebrachte Ordnungen und Wertvorstellungen begannen zu wanken; vieles lag schon mehr oder weniger am Boden. Dazu gehörte weitgehend auch der Erziehungsbereich. Rückblickend betrachtet ist es ein unbestreitbares Verdienst der Reformation, dem Schulwesen richtungsweisende Impulse gegeben und es entscheidend gefördert zu haben. Und ein Teil der Wirkung der Reformation beruht sicherlich auch darauf, dass es Luther gelang, die wichtigsten Einsichten des evangelischen Glaubens in den Erklärungen des »Kleinen Katechismus« so zusammenzufassen, dass sie in der Hausgemeinschaft der Familie weitervermittelt werden konnten. »Vermittlung des Glaubens« wurde zu einem entscheidenden Stichwort.

Wesentliche Stützpfeiler dieses Vermittlungsprozesses sind freilich brüchig oder bereits eingestürzt. In erster Linie ist hier an die Familien zu denken. Aus Erfahrung wissen wir, dass das alte Leitbild, für das Luthers Hausgemeinschaft geradezu prägend wurde, weitreichende Veränderungen erlebt hat. Im Lauf der letzten Jahrhunderte ist die Hausgemeinde, die alle umfasste, die – ob verwandt oder nicht – unter einem Dach wohnten, zur generationsübergreifenden Großfamilie und diese wiederum zur Kleinfamilie zusammengeschrumpft. In den deutschen Städten ist auch das nicht mehr die Regel: Alleinerziehende mit Kindern, unverheiratete Paare, Single-Haushalte und viele andere Spielarten mehr bestimmen das Bild. Die Unterschiedlichkeit und Individualisierung der Lebensformen liegt auf der Hand. Gibt es überhaupt noch Verbindendes?

Der Kirche ist hier ein stellvertretender Dienst aufgegeben – um unserer Gesellschaft willen, aber – ich leugne das nicht – auch um ihrer selbst willen. Die Einrichtung und Unterhaltung von Kindertagesstätten etwa bringt Kirchengemeinden oft an den Rand ihrer finanziellen Möglichkeiten, so dass mehr als einmal überlegt wird, sie in kommunale oder andere Trägerschaft zu überführen. Aber hier ist doch der gegebene Ort, Kinder nicht nur pädagogisch angemessen zu betreuen, sondern sie in die Welt des Glaubens einzuführen.

Die Zukunft der Kirche in einer pluriformen und wohl auch multikulturellen Gesellschaft wird sich meines Erachtens auch daran entscheiden, wie wir uns dieser besonderen Herausforderung stellen: Ob wir es wollen und ob es uns gelingt, einen eigenen Vermittlungsprozess anzustoßen, der bei der Arbeit mit Kindern in Kindertagesstätten und im Kindergottesdienst beginnt und über das Engagement für den Religions-, den Konfirmandenunterricht und die Jugendarbeit hinführt zu Angeboten für Erwachsene, die mit Kindern leben, damit sie befähigt werden, in der Erziehung den Glauben ins Spiel zu bringen. In dieser Zuspitzung ist Luthers Aussage aktueller denn je. Kirchen, die seine Mahnung nicht ernst nehmen, werden über kurz oder lang die Basis verlieren. Und andere warten nur darauf, hier einspringen zu können.

7. *Wir sind es doch nicht, die da die Kirche erhalten könnten. Unsere Vorfahren sind es auch nicht gewesen. Unsere Nachkommen werden's auch nicht sein; sondern der ist's gewesen, ist's noch und wird's sein, der das sagt: »Ich bin bei euch alle Tage bis an der Welt Ende.«*
(Wider die Antinomer, 1539)

Das ist mein liebstes Lutherzitat! Eigentlich bedarf es kaum weiterer Erläuterungen. Die Kirche ist nicht unser Werk, sagt Luther, sondern sie lebt aus dem Zuspruch und der Verheißung des Wortes Gottes. Das ist ungemein entlastend – gerade jetzt, da wir allzu oft im Begriff sind, unter dem Druck düsterer Prognosen hinsichtlich der Steuerentwicklung und der Mitgliederbewegungen mutlos zu werden. Wenn das Geld fehlt, fehlt nicht das Eigentliche! Das sei in aller Klarheit gesagt, auch wenn ich selbst weiß, wie viel Gutes und Hilfreiches in unseren Gemeinden und unserer Kirche mit Geld getan werden kann und wie wichtig in unserer Warenwelt Geld ist.

Unter der großen und weiten Perspektive, die Luther öffnet, begegnen mir die Freiheit und die Ermutigung, jenseits der eingefahrenen Gleise Unerhörtes zu denken und Neues zu wagen. Was wir mit all unseren Überlegungen und Planungen in Kirchenvorständen, Synoden und anderen Gremien brauchen, ist das Vertrauen, dass unsere Kirche nicht aus sich selbst existieren muss. Es wartet noch einiges auf uns. Das wird die Zukunft zeigen. Aber davor muss uns nicht bange sein.

Kirchenbund oder Bundeskirche?

1. Vorbemerkung

»Die Evangelische Kirche in Deutschland ist die Gemeinschaft ihrer lutherischen, reformierten und unierten Gliedkirchen. Sie versteht sich als Teil der einen Kirche Jesu Christi.«[1] Diese Selbstbestimmung der EKD in ihrer Grundordnung enthält weder den Begriff des Kirchenbundes noch den der Bundeskirche. Dasselbe trifft allerdings auch auf die Verfassung der Vereinigten Evangelisch-Lutherischen Kirche Deutschlands und die Grundordnung der Union Evangelischer Kirchen in der EKD zu. Die VELKD definiert sich primär über das lutherische Bekenntnis: »Die Vereinigte [Evangelisch-Lutherische] Kirche ist ein Zusammenschluss von evangelisch-lutherischen Kirchen (Gliedkirchen), die sich in ihrer Verkündigung und Sakramentsverwaltung wie auch in ihrer Ordnung, Leitung und Verwaltung sowie im gesamten Handeln der Kirche an das Bekenntnis gebunden wissen.«[2] Die UEK betont den Konsens in Lehrfragen und knüpft im Übrigen an die Formulierung »Gemeinschaft von Kirchen« der EKD-Grundordnung an: »Unter den Mitgliedskirchen der Union [Evangelischer Kirchen in der EKD] besteht Übereinstimmung im Verständnis des Evangeliums und in der Verwaltung von Taufe und Abendmahl, wie sie nach reformatorischer Einsicht für die wahre Kirche notwendig ist und ausreicht. Als Gemeinschaft von Kirchen ist die Union Kirche.«[3]

Im Hintergrund dieser definitorischen Bestimmungen stehen die Entwicklungen und Diskussionen seit dem Ende des landesherrlichen Kirchenregiments in Deutschland im Jahr 1918. Der 1922 in Wittenberg gegründete »Deutsche Evangelische Kirchenbund« (DEKB) war »die historisch erste nach innerem Kirchenrecht ausgeformte Gesamtkörperschaft des deutschen Protestantismus«[4]. Hier wurde explizit ein Bund selbstständiger Kirchen unterschiedlicher Prägung und Bekennt-

---

[1] Grundordnung der Evangelischen Kirche in Deutschland vom 13.7.1948, zuletzt geändert am 10.11.2005, Artikel 1(1).

[2] Verfassung der Vereinigten Evangelisch-Lutherischen Kirche Deutschlands in der Fassung vom 1.11.1978, zuletzt geändert am 18.10.2005, Art. 1(2).

[3] Grundordnung der Union Evangelischer Kirche in der EKD vom 12.04.2003, zuletzt geändert am 16.05.2006, Art. 1(4).

[4] Herbert Claessen, Grundordnung der Evangelischen Kirche in Deutschland. Kommentar und Geschichte, hg. v. Burkhard Guntau, Stuttgart 2007, 98.

nisbindung konstruiert. Die in der Folge der Machtergreifung der Nationalsozialisten entstandene »Deutsche Evangelische Kirche« (DEK) dagegen bezeichnete sich explizit als Kirche.

Nach Kriegsende und Zusammenbruch der nationalsozialistischen Diktatur kam die Kirchenkonferenz von Treysa 1945 zu dem Schluss, dass »eine Neuordnung weder durch eine Wiederherstellung der DEK und deren diskreditierten Ämter noch in Anknüpfung an den Kirchenbund wegen fehlender arbeitsfähiger Organe möglich sei«[5]. Da in der unmittelbaren Nachkriegszeit zuerst eine ganze Reihe von drängenden praktischen Problemen zu lösen war, dauerte es rund zwei Jahre, bis die Frage der Grundordnung konkretisiert wurde.

Bei der Kirchenversammlung von Treysa 1947 kam man nach vorangegangenen Differenzen zwischen dem Bruderrat und dem Lutherrat zu der gemeinsamen Einschätzung, »dass die EKD ein Bund lutherischer, reformierter und unierter Kirchen ist« und »auf dem Boden der im Barmen getroffenen Entscheidungen steht«[6]. Nachdem die Grundordnung der EKD schließlich 1948 in Eisenach verabschiedet worden war, betonten insbesondere die lutherischen Kirchen in ihren Zustimmungsbeschlüssen den Charakter des Bundes.[7]

Im Mai 1970 – inzwischen hatte sich 1969 der »Bund der Evangelischen Kirchen in der DDR« konstituiert – fasste die EKD-Synode den wegweisenden Beschluss, die Grundordnung von 1948 neu zu fassen, und stellte in diesem Zusammenhang fest: »An die Stelle des Kirchenbundes soll eine engere Gemeinschaft der Kirchen (Bundeskirche) treten.«[8] Das anvisierte Reformvorhaben scheiterte, und es dauerte ein weiteres Jahrzehnt, bis die Grundordnung der EKD den in der Leuenberger Konkordie erzielten theologischen Fortschritten angepasst werden konnte. Davon zeugt der 1984 eingefügte Artikel 1 (2) der Grundordnung: »Zwischen den Gliedkirchen besteht Kirchengemeinschaft im Sinne der Konkordie reformatorischer Kirchen in Europa (Leuenberger Konkordie).«

Die eigentlich in der Konsequenz dieser Entwicklung liegende Weiterentwicklung der EKD zu einer wirklichen Bundeskirche ist jedoch gegenwärtig aus verschiedenen Gründen immer noch nicht vollzogen.

---

[5] A.a.O., 111.
[6] Zitiert nach: a.a.O., 119.
[7] Vgl. die a.a.O., 125 zitierten Passagen.
[8] Zitiert nach: a.a.O., 134.

2. Erfahrungen aus der Geschichte

Wer sich in Deutschland über eine mögliche künftige Struktur der EKD Gedanken macht, kommt zunächst an den Erfahrungen in nationalsozialistischer Zeit nicht vorbei.

Die Deutsche Evangelische Kirche war eine zentral organisierte, nach dem »Führerprinzip« gestaltete Reichskirche, wiewohl sie in ihrer Verfassung den Charakter eines Bundes beibehielt.[9] Sie sollte ein Instrument der so genannten Gleichschaltung sein. Das Misstrauen gegen zentrale kirchliche Strukturen hat hier einen ernst zu nehmenden Anhalt. Eine dezentral organisierte Kirche scheint demgegenüber eher die Gewähr dafür zu bieten, die klassisch in der III. These der Barmer Theologischen Erklärung ausgedrückten Kriterien zu erfüllen, wonach es Aufgabe der Kirche sei, »mit ihrem Glauben wie mit ihrem Gehorsam, mit ihrer Botschaft wie mit ihrer Ordnung mitten in der Welt der Sünde als die Kirche der begnadigten Sünder zu bezeugen, dass sie allein sein Eigentum ist, allein von seinem Trost und von seiner Weisung in Erwartung seiner Erscheinung lebt und leben möchte«[10].

Eine dezentrale Organisation der evangelischen(n) Kirche(n) mindert das Risiko, dass eine irrende Leitungsspitze die ganze Kirche in die Irre führt. Sie fördert eine Kultur des gemeinschaftlichen Diskurses, die dem evangelischen Verständnis der Bibel entspricht: Im Dialog zwischen dem Wort der Bibel und der je eigenen Erfahrung ist miteinander auszuloten, wie die Botschaft der Bibel heute zu verstehen und zu leben ist.

Über die Erinnerung an diese Erfahrungen der jüngsten Vergangenheit hinaus ist ein Rückgriff auf die klassische reformatorische Bestimmung des Kirche-Seins im VII. Artikel der Confessio Augustana weiterführend: »Es wird auch gelehret, daß alle Zeit musse ein heilige christliche Kirche sein und bleiben, welche ist die Versammlung aller Gläubigen, bei welchen das Evangelium rein gepredigt und die heiligen Sakrament lauts des Evangelii gereicht werden. Dann dies ist genug zu wahrer Einigkeit der christlichen Kirchen, daß da einträchtiglich nach reinem Verstand das Evangelium gepredigt und die Sakrament dem gottlichen Wort gemäß gereicht werden. Und ist nicht not zur wahren

---

[9] Vgl. a.a.O., 100.

[10] Die Barmer Theologische Erklärung. Einführung und Dokumentation, hg. v. Alfred Burgsmüller / Rudolf Weth, Neukirchen-Vluyn [5]1993, 38.

Einigkeit der christlichen Kirche, daß allenthalben gleichformige Zeremonien, von den Menschen eingesetzt, gehalten werden.«[11]

Die Bestimmungen des Augsburger Bekenntnisses eröffnen eine große Freiheit sowohl hinsichtlich der gottesdienstlichen wie der verfassungsrechtlichen Gestaltung der Kirche. Diese Freiheit wird jedoch inhaltlich bestimmt – und zuweilen begrenzt! – durch die Einsichten der III. Barmer These. Beide Texte zusammengenommen eröffnen ein Spannungsfeld zwischen struktureller Freiheit einerseits und der Verantwortung für eine zweckdienliche, d.h. die Bezeugung des Evangeliums fördernde Gestaltung dieser Strukturen andererseits. Somit enthalten CA VII und Barmen III in ihrer Beziehung zueinander geradezu eine gemeinevangelische Ekklesiologie in nuce.

Dieses Spannungsfeld kann zu manchen Überlegungen zur künftigen Gestaltung der EKD anregen.

3. Richtungsentscheidungen

Im Blick auf die künftige Gestalt der EKD gilt es eine Richtungsentscheidung zwischen zwei Optionen zu fällen: Entweder entwickelt sich die EKD tatsächlich hin zu einer Bundeskirche und verwirklicht die in ihrer Grundordnung konstatierte »Gemeinschaft von Kirchen« auch sichtbar, oder aber die föderale Struktur der EKD wird nicht nur beibehalten, sondern gezielt weiter ausgebaut. Für beide Tendenzen gibt es eine Reihe guter Gründe.

a) Bundeskirche

Die Entwicklung der EKD hin zu einer Bundeskirche könnte an die vielfältigen Bemühungen der vergangenen Jahre anknüpfen, die Rechtssetzung in den Gliedkirchen in bestimmten Bereichen zu vereinheitlichen. Darüber hinaus wäre zu klären, welche Kompetenzen die einzelnen Landeskirchen an die EKD abtreten können. Dieser Aspekt der Zentralisierung ist in sich ambivalent: Die zentrale Wahrnehmung bestimmter Aufgaben durch die EKD ist praktisch unbestritten, wie sich exemplarisch am ehemaligen »Kirchlichen Außenamt«, der heutigen »Hauptabteilung IV« des Kirchenamts, zeigen lässt. Die zentrale Wahrnehmung anderer Aufgaben hingegen hat bisher geradezu traditionell den Widerspruch einzelner Landeskirchen provoziert.

Die Autonomie der Landeskirchen in Lehre und Leben, aber auch hinsichtlich der Finanzen ist auf dem Weg hin zu einer Bundeskirche

[11] BSLK 61,2-16.

kritisch zu überprüfen. Eine entwickelte Bundeskirche, in der wesentliche gesamtkirchliche Aufgaben zentral wahrgenommen werden, die gegenwärtig noch die Landeskirchen selbst verantworten, könnte (und müsste) gleichwohl über eine regionalisierte Struktur verfügen. Ist es völlig undenkbar, dass diese sich zunächst, wenn auch nicht ausschließlich[12] an den Grenzen der Bundesländer orientiert, deren Fortbestand – als Ergebnis der Föderalismusdiskussion in Deutschland – auf längere Zeit unantastbar erscheint? Dass diese Regionalisierung neue Impulse für die Diskussion um die Kooperation und Fusion von Landeskirchen geben würde, versteht sich von selbst.

Schon heute spielt die Rolle des Vorsitzenden des Rates der EKD in der Öffentlichkeit eine ungleich größere Rolle als die der Bischöfe, Präsides oder Kirchenpräsidenten der einzelnen Gliedkirchen. Man mag über dieses Phänomen der Mediengesellschaft denken wie man will – an dem öffentlichen Bedürfnis nach *einer* den Protestantismus repräsentierenden Stimme kommt man nicht vorbei. Innerhalb des Konzepts einer Bundeskirche müsste zumindest die Überlegung gestattet sein, ob das Amt des EKD-Ratsvorsitzenden nicht im Sinne eines »Erzbischofsamtes« ausgestaltet werden kann. Mögliche Vorbilder für solch eine Konstruktion könnten die Verfassungen der Schwedischen Kirche und der Church of England bieten, in denen der Erzbischof als primus inter pares fungiert. Dabei ist allerdings zu berücksichtigen, dass in beiden Verfassungen das Amt des Erzbischofs an eine bestimmte Diözese (in Schweden Uppsala, in England Canterbury) gebunden und nicht zeitlich befristet ist. Sofern man es überhaupt wagt, in diese Richtung weiterzudenken – und Denkverbote haben sich noch nie als nützlich erwiesen! –, würde sich der Sitz oder zumindest eine Repräsentanz des erzbischöflichen Amtes der EKD in Berlin nahelegen.

Es ist nicht zu verhehlen, dass das Modell einer Bundeskirche mit einem (auf Zeit?) gewählten Erzbischof an der Spitze den deutschen Protestantismus in einer Strukturanalogie zur römisch-katholischen Kirche erscheinen lassen könnte, zumal sich dann die Landeskirchen eher als Diözesen einer Gesamtkirche verstehen müssten. Wäre das aber bedenklich, wenn andererseits das synodale Grundprinzip der Evangelischen Kirche durch die komplementäre Stärkung einer Ge-

---

[12] Vgl. die am 1. Januar 2009 durch Fusion der Evangelischen Kirche der Kirchenprovinz Sachsen und der Evangelisch-lutherischen Kirche in Thüringen entstehende Evangelische Kirche in Mitteldeutschland sowie die Bestrebungen, eine so genannte evangelische »Nordkirche« zu bilden.

samtsynode ausgebaut würde? In vielen Partnerkirchen Afrikas und Asiens gibt es dafür Beispiele. Und wer schon allein in der Titulatur »Erzbischof« rekatholisierende Tendenzen erblickt, mag dieses Modell mit einem »Leitenden Bischof« an der Spitze durchspielen, wie es die Verfassung der VELKD kennt.[13]

Schwerer als diese Bedenken wiegt allerdings der Blick auf die normative Kraft des Faktischen: Der dafür notwendige Verzicht auf Autonomie seitens der Landeskirchen ist gegenwärtig wohl kaum zu erwarten, so dass der Gedanke einer einheitlich strukturierten Bundeskirche einstweilen Zukunftsmusik – wenn überhaupt! – bleiben wird.

b) Kirchenbund

Die zweite Alternative besteht darin, die föderale Struktur der EKD nicht nur beizubehalten, sondern bewusst zu nutzen und auszubauen – in Analogie zur föderalen Struktur der Bundesrepublik Deutschland mit ihren Bundesländern. Bei einer Entwicklung in diese Richtung wären eine klare Kompetenzzuordnung und -erweiterung von EKD-Synode und Kirchenkonferenz ein vorrangiger Schritt. Dazu gehört auch die Etablierung eines Zwei-Kammer-Systems, das für einen Ausgleich zentraler und regionaler Interessen sorgt. In diesem Modell würde sich die Frage nach Anzahl und Größe der Landeskirchen ebenfalls stellen.

Angesichts der regional durchaus differenzierten Entwicklung in der Bundesrepublik Deutschland böte eine föderal strukturierte evangelische Kirchenlandschaft die Chance zu einer klaren Profilierung der einzelnen Landeskirchen. Das würde die Notwendigkeit einer zentralen Repräsentationsfigur wie des EKD-Ratsvorsitzenden nicht obsolet machen. Im Gegenteil: Sie wäre gerade unter dem Aspekt der Öffentlichkeitswirkung zu forcieren. Aus der Außenperspektive würden sich Kirchenbund und Bundeskirche erheblich weniger unterscheiden, als man es aus der Innensicht heraus meinen könnte.

Will man wirklich eine durchgreifende Strukturreform – und nicht bloß die Wahrung des gegenwärtigen Bestandes –, dann erscheinen zumindest Schritte in Richtung auf eine solche enge Föderation, die

---

[13] Vgl. Art. 12 (1) Satz 1: »Der Leitende Bischof oder die Leitende Bischöfin ist der oder die erste Geistliche der Vereinigten Kirche«, sowie Art. 14 (1) Satz 1: »Mit der Annahme der Wahl übernimmt der Leitende Bischof oder die Leitende Bischöfin den Vorsitz in der Kirchenleitung und in der Bischofskonferenz.«

sich der Stärkung der EKD als gemeinsamer Kirche verpflichtet weiß, unumgänglich!

c) UEK und VELKD

Im Blick auf beide diskutierten – und zu diskutierenden! – Optionen stellt sich zugleich die Frage nach der Zukunft von VELKD und UEK. Das so genannte »Verbindungsmodell« führt – nicht nur räumlich – zu einer größeren Nähe der beiden Organisationen zur EKD. Unabhängig von der weiteren Entwicklung der EKD erscheint es wünschenswert, dass sich sowohl die VELKD als auch die UEK – im besten Sinne des Wortes – allmählich erübrigen.

Die UEK hat dieses Ziel explizit in ihrem Gründungsvertrag formuliert, wenn es in § 7 heißt: »Jeweils ein Jahr vor Ablauf der Amtszeit wird die Vollkonferenz prüfen, ob die Verbindlichkeit des gemeinsamen Lebens und Handelns innerhalb der Evangelischen Kirche in Deutschland so weit verwirklicht worden ist, dass ein Fortbestand der Union in ihrer bisherigen Form entbehrlich ist.«[14] Kontraproduktiv wirken auf diesem Hintergrund alle Bestrebungen einer Rekonfessionalisierung – und sei es auch nur in der Betonung eines Gegensatzes von lutherischen und unierten Kirchen!

Die VELKD ihrerseits wäre gerade unter Hinweis auf die durch CA VII eröffnete Gestaltungsfreiheit der Ordnung der Kirche zu ermutigen, weitere Schritte in die gemeinsame EKD zu gehen.

4. Schlussbemerkung

Strukturdiskussionen, wie sie gegenwärtig auf vielen kirchlichen Ebenen geführt werden, kosten Zeit, Kraft und Geld. Sie müssen offen und gewissenhaft geführt werden, dann aber auch in einem vertretbaren Rahmen zu einem Ergebnis kommen. Gegenwärtig bietet sich den Landeskirchen wie der EKD die Gelegenheit, die Debatte um die sichtbare Gestalt des Protestantismus in Deutschland zu einem Zeitpunkt zu führen, an dem viele Optionen offen sind. Es ist zu wünschen, dass diese Gelegenheit genutzt wird, um Reformen in freier Entscheidung zu treffen – allein an dem Kriterium orientiert, inwieweit die präferierte kirchliche Organisationsform die bessere Gewähr bietet, die Bezeugung des Evangeliums zu ermöglichen. Denn darum geht es zuerst und zuletzt bei allen Strukturreformen!

---

[14] Vertrag über die Bildung einer Union Evangelischer Kirchen; www.uek-online.de/download/Vertrag.pdf.

Evangelische Kirchenleitung

Verfassungsanspruch und Wirklichkeit

Evangelische Landeskirchen befinden sich gegenwärtig in tiefgreifenden Umstrukturierungsprozessen. Kirchenpolitische Weichenstellungen münden in rechtlich fixierte Neuordnungen ein.

Dieser Vorgang steht im Hintergrund, wenn ich im Folgenden der Frage nachgehe, was »Kirchenleitung« theologisch aus evangelischer Sicht bedeutet, aber darüber hinaus zu bestimmen versuche, in welchem Verhältnis die verfassungsrechtlich formulierten Ansprüche und Vorgaben zur faktisch erfahrbaren Realität evangelischer Kirchenleitung stehen.

Während es zur Entwicklung und Typisierung evangelischer Kirchenverfassungen eine Fülle von Literatur gibt und dazu auch im »Ökumenischen Arbeitskreis« wiederholt referiert wurde[1], ist dem Problem, wie sich angesichts – oder auch trotz – der genannten Rahmenbedingungen evangelische Kirchenleitung vollzieht, bisher weniger Beachtung geschenkt worden. Hierauf richtet sich darum der Fokus der folgenden Ausführungen.

1. Jesus Christus als Grund der Kirche und ihre konkrete Sozialgestalt: ein Dilemma?

Ich beginne mit der einfachen Aussage: Jesus Christus ist der Grund der Kirche. Dieser Satz ist jedoch keineswegs so trivial, wie er klingt, sondern in einer doppelten Hinsicht bedeutungsvoll. Zunächst beschreibt er ein komplexes historisches Faktum: Die Entstehung der Kirche verdankt sich dem irdischen Wirken Jesu und der Ostererfahrung des Jüngerkreises. Davon erzählt paradigmatisch die Pfingstgeschichte (Apostelgeschichte 2). Aber auch im dogmatischen Sinne ist von Jesus Christus als dem Grund der Kirche zu sprechen: 1. Korinther

[1] Theodor Schneider / Gunther Wenz (Hg.), Das kirchliche Amt in apostolischer Nachfolge, Bd. I. Grundlagen und Grundfragen (Dialog der Kirchen 12), Freiburg / Göttingen 2004; Dorotha Sattler / Gunther Wenz (Hg.), Das kirchliche Amt in apostolischer Nachfolge, Bd. II. Ursprünge und Wandlungen (Dialog der Kirchen 13), Freiburg / Göttingen 2006; vgl. auch Anneliese Sprengler-Ruppenthal, Art. Kirchenordnungen. II. Evangelische. 2. Neuzeit, in: TRE 18 (1989) 703-707, und Michael Plathow, Art. Kirchenordnungen. III. Praktisch-theologisch, in: a.a.O., 707-713.

3,11 bildet dafür den biblischen locus classicus: »Einen anderen Grund kann niemand legen als den, der gelegt ist, welcher ist Jesus Christus.«

Dass Jesus Christus Grund der Kirche ist, kann anhand dreier Aspekte konkretisiert werden[2]:

- Die Kirche ist Glaubensgemeinschaft: Der Jüngerkreis glaubt und bekennt – vor und nach Ostern – Jesus als den Christus. Das Bekenntnis zu Jesus Christus verbindet Christen mit Jesus und zugleich mit dem Gott Israels.
- Die Kirche ist Lebensgemeinschaft: Der Ruf Jesu in die Nachfolge veränderte die Existenzweise der Jünger und stiftete eine neue Identität jenseits der bisherigen Beziehungen. Das nimmt Paulus in 2. Korinther 5,17 explizit auf: »Ist jemand in Christus, so ist er eine neue Kreatur.« Als Gemeinschaft der Getauften ist die Kirche Lebensgemeinschaft mit dem auferstandenen Christus.
- Und schließlich ist die Kirche eschatologische Gemeinschaft: Jesus ging davon aus, dass das Reich Gottes in ihm gegenwärtig sei (Lukas 17,21). Die nachösterliche Gemeinde bindet sich in der Feier des Abendmahls an den irdischen Jesus, orientiert sich aber zugleich an der Erwartung seiner universalen Parusie. Das heißt auch: Die Kirche hat, weil sie eschatologische Gemeinschaft ist, stets transitorischen, nie endgültigen Charakter.

Der Satz, Jesus Christus sei der Grund der Kirche, macht die Frage nach der Leitung der Kirche keineswegs überflüssig. Vielmehr begleitet sie die Kirche seit ihren Anfängen. Schon in den Pastoralbriefen lassen sich Diskussionen zur Leitungsfrage rekonstruieren. Wird heute die Frage nach der Leitung der Kirche gestellt, ist das also keineswegs ein neues Phänomen, sondern betrifft eine Grundfrage der Kirche, die wir unter veränderten Rahmenbedingungen erneut zu stellen, zu beurteilen und zu lösen haben.

Jedes Zusammenleben von Menschen braucht geordnete Beziehungen. Denn stets gibt es unterschiedliche Interessens- und Ausgangslagen, für die Regelungsbedarf besteht. Übertragen auf die Kirche folgt daraus: Wenn wir nach der sachgemäßen Gestaltung evangelischer Kirchenleitung fragen, so steht das nicht im Gegensatz zu ekklesiologischen Einsichten grundlegender Art, wonach Christus allein Grund und Haupt seiner Gemeinde sei und sie durch seinen Geist leite. Jede

---

[2] Vgl. M. HEIN, Jesus Christus und die Kirche, in: UTA ANDRÉE / FRANK MIEGE / CHRISTOPH SCHWÖBEL (Hg.), Leben und Kirche. Festschrift für Wilfried Härle (Marburger Theologische Studien 70), Marburg 2001, 35-42; 39-41.

Sozialgestalt der Kirche braucht eine angemessene äußere Ordnung! Das schließt freilich unabdingbar ein, auch im Blick auf die in verfasster Gestalt existierenden Kirchen von Jesus Christus als dem Grund der Kirche zu sprechen. Und das gilt insbesondere, wenn der Begriff der »Volkskirche« im Sinne einer handlungsorientierenden Leitvorstellung verwendet wird und wir bei uns in Deutschland die Volkskirche als den institutionell gegebenen Rahmen ansehen, um dem Evangelium Gehör zu verschaffen, damit Glauben entstehen kann[3]. Mit anderen Worten: Auch die »Volkskirche« hat es mit Jesus Christus zu tun und ihr Handeln wie ihre Gestalt an ihm auszurichten!

Der Begriff der »Leitung« ist als solcher zunächst unspezifisch. Von »Leitung« wird durchgängig auch in anderen Organisationen gesprochen, zum Beispiel in Unternehmen. Im wirtschaftlichen Kontext ist zudem die Idee der Entwicklung eines Leitbildes verbreitet, dem Leitung zu entsprechen habe – ein Gedanke, der in letzter Zeit im kirchlichen Zusammenhang verstärkt Anklang findet.

In einem Unternehmensleitbild werden die Unternehmens- und Führungsgrundsätze prägnant zusammengefasst. Die Funktion ist eine zweifache: Im Innenverhältnis dient ein Unternehmensleitbild der Information, Identifikation, Motivation und gemeinsamen Ausrichtung der Mitarbeitenden, im Außenverhältnis soll es der Imagepflege dienen und neben Information auch Akzeptanz und Vertrauen beim Kunden bewirken[4]. Die Leitung des Unternehmens ist auf den Markt hin orientiert. Um Gewinne erwirtschaften zu können, muss eine Unternehmensleitung sowohl die Interessen der Kunden im Blick haben als auch die Interessen der Mitarbeitenden zumindest in der Weise aufnehmen, dass sie sich für das Unternehmen und seine Ziele in möglichst hohem Maße einsetzen.

Analogien zur Leitung einer Kirche sind nicht zu übersehen, jedoch bleibt ein grundlegender Unterschied bestehen: Die Kirche ist nicht primär auf einen Markt bezogen, sondern ihrem Grund in Jesus Christus verpflichtet. Auch wenn Kirchen einen sich zunehmend etablierenden »religiösen Markt« nicht einfach ignorieren können, haben sie nicht die Option eines Wirtschaftsunternehmens, sich »marktgängig« zu gestalten.

---

[3] Vgl. Martin Hein, Art. Volkskirche. II. Protestantisches Verständnis, in: LThK, 3. Aufl. 10 (2001) 863f., und Ders., Art. Volkskirche. I. Begriff, II. Dogmatisch, in: RGG, 4. Aufl. 8 (2005), 1184-1186.

[4] Vgl. Dorothea Bartnik, Das müssen Sie über Management wissen. Betriebswirtschaftliches Know-How für junge Führungskräfte, Frankfurt 2001, 55-57.

Provozierend und gerade darum weiterführend ist in diesem Zusammenhang die These Hans-Jürgen Abromeits vom »Ende der konstantinischen Epoche und des damit verbundenen Paradigmas von Kirchenleitung«. Er schreibt: »Das obrigkeitliche Paradigma von Leitung in Analogie zur staatlichen Verwaltung trägt nicht mehr. Selbst der öffentliche Dienst versucht sich zu modernisieren, indem er von Unternehmensführungsstrategien lernt. Kirchenleitung durch Verwaltung steht der Ausbreitung des Evangeliums eher im Weg als Kirchenleitung in Analogien zu modernen Unternehmensführungskonzepten.«[5] Ob die Charakterisierung unserer Zeit als »Ende der konstantinischen Epoche« angemessen ist, mag dahingestellt bleiben. Unstrittig ist jedoch, dass Kirchenleitungen nicht umhin kommen, die Entwicklungen in vergleichbaren Großorganisationen wahrzunehmen und für sich zu nutzen.

Michael Herbst zieht aus Abromeits These folgende Konsequenz: »Im 20. Jahrhundert hat sich die Kirche weitgehend noch wie eine Behörde verstanden und auch so benommen und entsprechend organisiert. Auch nach der Trennung von Thron und Altar blieb die Kirche behördenähnlich. [...] Das Muster pastoralen Dienstes ist hier die Verwaltung, die ein gesichertes Monopol für bestimmte Dienstleistungen besitzt, in diesem Fall Dienstleistungen im Bereich ›Gewissheiten und Orientierungen‹. Allerdings muss man nun im Dienstleistungsunternehmen Kirche feststellen, dass dieses Monopol ebenso gefallen ist wie das der Telekom – Deregulierung tritt ein. Die Kirche findet sich plötzlich neben anderen auf einem Markt religiöser Angebote.«[6]

Die Sozialgestalt der evangelischen Kirche wird sich weiter wandeln. Sofern die Kirche sich dabei an dem – ihrer Selbstverfügung entzogenen – Auftrag ausrichtet, das Evangelium zu bezeugen, öffnet ihr das die Chance, sich ihres Grundes in Jesus Christus neu zu vergewissern und ihre Organisationsformen und Leitungsstrukturen von diesem Grund her zu entwickeln und auf ihn zu beziehen.

---

[5] Hans-Jürgen Abromeit, Was ist Spirituelles Gemeindemanagement? Notwendige Standards für die Ausbildung von Pfarrerinnen und Pfarrern, in: Ders. u.a. (Hg.), Spirituelles Gemeindemanagement. Chancen – Strategien – Beispiele, Göttingen 2001, 9-30; 26.

[6] Michael Herbst, Kirche wie eine Behörde verwalten oder wie ein Unternehmen führen? Zur Theologie des Spirituellen Gemeindemanagements, in: a.a.O., 82-110; 82f.

2. Confessio Augustana VII als Eröffnung von Gestaltungsfreiheit

Das Augsburger Bekenntnis bietet in seinem VII. Artikel die klassisch gewordene evangelische Definition dessen, was Kirche ist: »Es wird auch gelehret, daß alle Zeit musse ein heilige christliche Kirche sein und bleiben, welche ist die Versammlung aller Glaubigen, bei welchen das Evangelium rein gepredigt und die heiligen Sakrament lauts des Evangelii gereicht werden. Dann dies ist gnug zu wahrer Einigkeit der christlichen Kirchen, daß da einträchtiglich nach reinem Verstand das Evangelium gepredigt und die Sakrament dem gottlichen Wort gemäß gereicht werden. Und ist nicht not zur wahren Einigkeit der christlichen Kirche, daß allenthalben gleichformige Zeremonien, von den Menschen eingesetzt, gehalten werden.«[7]

In seiner 2006 erschienenen kurzen Darstellung des Protestantismus glaubt Friedrich Wilhelm Graf diese Bestimmung folgendermaßen charakterisieren zu können: »Für die Confessio Augustana kennzeichnend ist ein streng funktionales Verständnis der Kirche. [...] Die Kirche wird also allein durch Wort und Sakrament, durch Predigt und Abendmahl konstituiert. Folglich hat ihre äußere Ordnung oder institutionelle Verfassung keine eigene theologische Dignität.«[8]

Bei der Gestaltung der konkreten Kirche und ihrer Verfassung handelt es sich Graf zufolge also nicht um die Frage des Bekenntnisses, sondern allein der sachgemäßen Ordnung. Freilich übersieht er meines Erachtens dabei, dass Ordnung und institutionelle Verfasstheit der evangelischen Kirche nicht unabhängig vom Grund und vom Auftrag der Kirche gedacht werden können. Es gibt hier keine prinzipielle Beliebigkeit – allein ausgerichtet an Überlegungen der Funktionalität! Denn in ihrer konkreten Gestalt soll die Kirche dazu dienen, das Evangelium zu verkündigen.

Ich halte es daher für ebenso sachgemäß wie geboten, die Freiheit, die die Confessio Augustana sowohl hinsichtlich der zeremonialen wie der verfassungsrechtlichen Gestaltung der Kirche eröffnet, bewusst in Beziehung zur III. These der Barmer Theologischen Erklärung zu set-

---

[7] BSLK, 61,2-16. Lateinischer Text: «Item docent, quod una sancta ecclesia perpetuo mansura sit. Est autem ecclesia congregation sanctorum, in qua evangelium pure docetur et recte administrantur sacramenta. Et ad veram unitatem ecclesiae satis est consentire de doctrina evangelii et de administratione sacramentorum. Nec necesse est ubique similes esse traditiones humanas seu ritus aut ceremonias ab hominibus institutas.« (BSLK, 61,2-13).

[8] FRIEDRICH WILHELM GRAF, Der Protestantismus. Geschichte und Gegenwart, München 2006, 37.

zen und durch sie bestimmt (und begrenzt) zu sehen, wonach die Kirche »mit ihrem Glauben wie mit ihrem Gehorsam, mit ihrer Botschaft wie mit ihrer Ordnung [! M.H.] mitten in der Welt der Sünde als die Kirche der begnadigten Sünder zu bezeugen [hat], dass sie allein sein Eigentum ist, allein von seinem Trost und von seiner Weisung in Erwartung seiner Erscheinung lebt und leben möchte.«[9]

Damit ist das Spannungsfeld zwischen struktureller Freiheit einerseits und der Verantwortung für eine zweckdienliche, d.h. die Bezeugung des Evangeliums fördernde Gestaltung dieser Strukturen andererseits beschrieben. In diesem Spannungsfeld hat Kirchenleitung sich in verschiedenen geschichtlichen und gesellschaftlichen Kontexten zu bewähren. Es kann historisch, aber auch dogmatisch betrachtet unterschiedliche Sozialgestalten der Kirche und ihrer Leitung geben – und es gibt sie ja auch. Die Pluralität der evangelischen Kirchenwirklichkeit in Deutschland und in anderen Ländern ist kein grundsätzlicher Nachteil, auch kein bloßer Notbehelf in Anpassung an die jeweiligen geschichtlichen Bedingungen, sondern kann als angemessener Ausdruck evangelischer Freiheit verstanden werden. Um es positiv zu formulieren: Innerhalb des mit den Stichworten »Confessio Augustana VII« und »Barmen III« bezeichneten Gestaltungsrahmens ist die Gestaltungsvielfalt geradezu wesenhaft für ein evangelisches Kirchenverständnis.

3. Die Konstruktion von »Leitung« in ausgewählten evangelischen Kirchenverfassungen

In historischer Perspektive sind bei der Frage, wie in den evangelischen Kirchenverfassungen die theologisch unstrittige Vorgabe der Leitung der Kirche durch Christus, ihren Herrn, aber auch das Anliegen sachgemäßer Zuordnung menschlicher Handlungsnotwendigkeit Gestalt gewinnen können, zunächst konfessionell unterschiedliche Akzente zu beobachten[10]: Reformierte Kirchenverfassungen legen den Schwerpunkt eher auf die Partizipation der Gemeindeglieder. Sie stärken die Autonomie der Gemeinden und die Stellung der Presbyterien. In der Regel kennen sie kein Bischofsamt. Lutherisch geprägte Kirchenverfassungen dagegen sehen ein Bischofsamt vor, in dem die Leitung der Kirche ihre personale Ausprägung findet, wobei dem Bischof

---

[9] Die Barmer Theologische Erklärung. Einführung und Dokumentation, hg. v. Alfred Burgsmüller / Rudolf Weth, Neukirchen-Vluyn, 5. Aufl. 1993, 38.

[10] Vgl. F. W. Graf, a.a.O., 37, 42f.

als leitendem Geistlichen keine höhere geistliche Vollmacht gegenüber den anderen Ordinierten zukommt.

Allerdings lässt sich im Blick auf die Entwicklung evangelischer Kirchenverfassungen im 19. Jahrhundert, deren Ergebnisse unsere Kirchenordnungen bis heute bestimmen, nur sehr bedingt von konfessionellen »Prinzipien« sprechen. Durchgesetzt hat sich meist eine Kombination, ja geradezu eine Amalgamierung beider Ansätze. Wir haben seit 1918 in den meisten deutschen Landeskirchen ein synodal-episkopales Mischsystem.

Seit 1945 haben sich im Zuge der Neuordnung der einzelnen Landeskirchen verschiedene Leitungsmodelle in den jeweiligen Kirchenverfassungen herausgebildet. Exemplarisch und modellhaft lassen diese sich in drei Kirchenordnungen aufzeigen: der Verfassung der Evangelisch-lutherischen Kirche in Bayern, der Kirchenordnung der Evangelischen Kirche im Rheinland und der Grundordnung der Evangelischen Kirche von Kurhessen-Waldeck.

Die Verfassung der Evangelisch-Lutherischen Kirche in Bayern von 1971 bestimmt: »Landessynode, Landessynodalausschuss, Landesbischof bzw. Landesbischöfin und Landeskirchenrat leiten die Evangelisch-Lutherische Kirche in Bayern in arbeitsteiliger Gemeinschaft und gegenseitiger Verantwortung.«[11] Nicht eigens genannt sind in dieser Aufzählung die Oberkirchenräte und Oberkirchenrätinnen in den Kirchenkreisen, die in den Regionen bischöfliche Aufgaben wahrnehmen.[12] Der Landessynode, die die »Einheit und Mannigfaltigkeit der Gemeinden, Einrichtungen und Dienste« verkörpert[13], dürfen der »Landesbischof bzw. die Landesbischöfin, die Mitglieder des Landeskirchenrates sowie die Pfarrer und Pfarrerinnen und Kirchenbeamten und Kirchenbeamtinnen des Landeskirchenamtes« nicht angehören[14], wiewohl der Bischof und die Landeskirchenräte berechtigt sind, »an den Verhandlungen der Landessynode und ihrer Ausschüsse teilzunehmen« und auch Berichte des Landesbischofs und des Landeskirchenrats an die Synode vorgesehen sind.[15] Aus dem Kreis der Synodalen wird der Synodalausschuss gewählt, der die mindestens jährlich tagende Synode

---

[11] Verfassung der Evangelisch-Lutherischen Kirche in Bayern in der Neufassung vom 6.12.1999, zuletzt geändert durch Kirchengesetz vom 6.4.2006, Art. 41. Im Folgenden zitiert als: KVerf Bayern.

[12] KVerf Bayern, Art. 64.

[13] KVerf Bayern, Art. 42.

[14] KVerf Bayern, Art. 45.

[15] KVerf Bayern, Art. 52.

repräsentiert und vertritt.[16] Der Landeskirchenrat, der aus dem Bischof und den Oberkirchenräten und Oberkirchenrätinnen besteht, ist das regelmäßig tagende kollegiale Leitungsorgan der bayerischen Kirche.[17]

Die Kirchenordnung der presbyterial-synodal verfassten Evangelischen Kirche im Rheinland (in der Neufassung 2003) dagegen stellt schlicht fest: »Die Landessynode leitet die Evangelische Kirche im Rheinland.«[18] Als Kirchenleitung im engeren Sinne fungiert hier das Präsidium der Synode.[19] Sie besteht ihrerseits aus »a) Ordinierten Theologinnen und Theologen: Der oder dem Präses, der oder dem Vizepräses und sechs weiteren Mitgliedern; b) Mitgliedern von Kirchengemeinden, die die Befähigung zum Presbyteramt besitzen: Der Vizepräsidentin oder dem Vizepräsidenten und sieben weiteren Mitgliedern, die durch Wahl bestimmt werden.«[20] Das Landeskirchenamt der Rheinischen Kirche »unterstützt die Kirchenleitung bei der Erfüllung ihrer Aufgaben« und »handelt dabei im Auftrag der Kirchenleitung«, die ihm allerdings auch »Leitungsaufgaben zur selbstständigen Erledigung übertragen« kann.[21]

Die Grundordnung der Evangelischen Kirche von Kurhessen-Waldeck von 1967 geht einen eigenen Weg, der sich durch das Strukturelement von »Miteinander und Gegenüber« auszeichnet. Es stellt zugleich den Ertrag der historischen Entwicklung dieser Kirchenverfassung dar.[22] Programmatisch formuliert die Grundordnung: »Landessynode und Bischof tragen in ihrem Miteinander und Gegenüber die oberste Verantwortung für Leben und Dienst der Landeskirche.«[23] Auf der Basis der theologischen Konzeptionen des geistlichen Amtes einerseits und des allgemeinen Priestertums andererseits zieht sich durch

---

[16] KVerf Bayern, Art. 55f.

[17] KVerf Bayern, Art. 66.

[18] Kirchenordnung der Evangelischen Kirche im Rheinland vom 10. Januar 2003, Art. 128,1. Im Folgenden zitiert als: KO Rheinland.

[19] KO Rheinland, Art. 148,1: »Das Präsidium der Landessynode leitet im Auftrag der Landessynode die Evangelische Kirche im Rheinland. Dabei führt es die Bezeichnung Kirchenleitung«.

[20] KO Rheinland, Art. 152,1.

[21] KO Rheinland, Art. 159.

[22] Grundordnung der Evangelischen Kirche von Kurhessen-Waldeck vom 22. Mai 1967, zuletzt geändert durch Kirchengesetz vom 5. Mai 2006. Im Folgenden zitiert als: GO EKKW. Vgl. Martin Hein, »Miteinander und Gegenüber«: Eine historische Analyse des Konstruktionsprinzips der »Grundordnung der Evangelischen Kirche von Kurhessen-Waldeck« von 1967, in: ZevKR 39 (1994), 1-19.

[23] GO EKKW, Art. 89,1.

die Grundordnung der Evangelischen Kirche von Kurhessen-Waldeck als Strukturprinzip hindurch, dass auf allen Ebenen der Kirchenleitung – von den Gemeinden über die Kirchenkreise bis zur Landeskirche – das Gemeinde- und das Amts-Element in ihrer jeweiligen Eigenständigkeit anerkannt, aber zugleich in Kollegialorganen aufeinander verwiesen sind. So kennt diese Landeskirche fünf Leitungsorgane: die Landessynode, den Rat der Landeskirche als höchstes Leitungsgremium zwischen den halbjährlichen Synodaltagungen, den Bischof, die Pröpste (als Vertreterinnen und Vertreter des Bischofs in den Regionen) und das Landeskirchenamt, das nicht nur eine Kirchenverwaltung darstellt. Diese Organe sind nach der Grundordnung gehalten, die Landeskirche »geistlich und rechtlich in unaufgebbarer Einheit« zu leiten und zu verwalten.[24]

Die unterschiedlichen Gewichtungen der Leitungsorgane in den einzelnen Kirchenverfassungen führen in der Konsequenz zum Entstehen eines Polyzentrismus: Mehrere Leitungsorgane – bei besonderer Gewichtung der Synode – sollen im Miteinander, aber auch im Gegenüber zueinander die Landeskirche leiten.

Gleichwohl ist zunächst vorbehaltlos zu konzedieren, dass das austarierte System, das sich in den erwähnten Kirchenverfassungen spiegelt, einen sachgemäßen Versuch darstellt, auf das Erfordernis der Episkopé im Sinne geistlicher Aufsicht umfassend zu reagieren und sie – im Kontext der Vorstellung eines allgemeinen Priestertums der Getauften – auf dem Weg der Delegation von allen Gemeindegliedern wahrnehmen zu lassen.[25] Episkopé ist in den Kirchen der Reformation nicht ausschließlich an das ordinierte Amt gebunden.[26] Daraus folgt, dass die Episkopé auch in jenen Kirchen gewährleistet ist, die keine episkopale Struktur kennen.

In diesem Zusammenhang wäre aus lutherischer Sicht durchaus an Martin Luther selbst zu erinnern. In seiner Schrift »Daß ein christliche

---

[24] GO EKKW, Art. 89, 2.

[25] Vgl. Ulrich H. J. Körtner, Kirchenleitung und Episkopé. Funktionen und Formen der Episkopé im Rahmen der presbyterial-synodalen Ordnung evangelischer Kirchen, in: D. Sattler / G. Wenz, a.a.O., Bd. 2, 220: »Das Amt der Episkopé im Sinne der geistlichen Aufsicht [...] wird in Form des synodalen Elementes letztlich von allen getauften Christen gemeinsam wahrgenommen.«

[26] Vgl. U. H. J. Körtner, a.a.O., 234: »Nicht das ordinierte Amt als solches, sondern Wort und Sakrament stehen der Gemeinde gegenüber. Das Amt dient dem allgemeinen Priestertum dadurch, dass es dieses Gegenüber bezeugt. Das römisch-katholische oder orthodoxe Amtsverständnis ist damit wohl nicht in Einklang zu bringen.«

Versammlung oder Gemeine Recht und Macht habe, alle Lehre zu urtheilen und Lehrer zu berufen, ein- und abzusetzen, Grund und Ursach aus der Schrift« vom Jahr 1523[27] knüpft er an seine Grundlegung eines allgemeinen Priestertums in der Adelsschrift an und führt anhand einer Reihe von biblischen Belegstellen aus, dass die Gemeindglieder »nicht alleyn macht und recht haben, alles was gepredigt wird tzu urteylen, sondern sinds schuldig tzu urteylen«[28]. Daraus folgt auch, »das die gemeyne, die das Euangelion hatt, muge und solle unter sich selbs erwelen und beruffen, der an yhrer stad das wort lere«[29]. Auch wenn diese Überlegungen ursprünglich im Sinne einer Notlagenregelung entstanden sind, kann Luther doch auch weitergehend fordern: »Sonst wo nicht solch nott da ist und fur handen sind, die recht und macht und gnad haben zu leren, soll keyn Bischoff yemand eynsetzen on der gemeyn wal, will und beruffen, sondern soll den erweleten und beruffen von der gemeyne bestettigen, thut ers nicht, das der selb dennoch bestettiget sey durch der gemeyne beruffen.«[30] Episkopé ist hier in einem sehr elementaren Sinn Recht und Pflicht der Gemeinde.

4. Problemfelder

Der beschriebene Polyzentrismus in den evangelischen Kirchenverfassungen birgt unzweifelhaft zwei Gefahren in sich: einerseits das Entstehen von Konkurrenzen, die sich hin zu einer intransparenten Polykratie entwickeln können, andererseits die gegenseitige Lähmung der einzelnen Organe und damit den Wegfall jeglicher Leitung. Es ist offenkundig, dass ein solch schlichter Satz wie »Die Landessynode leitet die Evangelische Kirche im Rheinland« von diesem vergleichsweise selten tagenden Gremium in der Realität kaum eingeholt werden kann. Insbesondere das konsistoriale Element der Kirchenverwaltung in Gestalt eines Kirchenamtes spielt in der täglichen Praxis der Kirchenleitung eine weitaus größere Rolle, als es die Verfassungen vorsehen. Das ergibt sich zwangsläufig aus der Tatsache, dass das konsistoriale Organ aus seinem Alltagsgeschäft heraus immer umfassender und aktueller informiert ist als die synodalen Gremien.

Sind zeitnahe Entscheidungen gefordert, können diese nur in Ausnahmefällen in einem synodalen Meinungsbildungs- und Entschei-

---

[27] WA 11,(401)408-416(487).
[28] WA 11,411,5-7.
[29] WA 11,413,21f.
[30] WA 11,414,11-15.

dungsprozess herbeigeführt werden. Synodale Entscheidungsfindung und damit Kirchenleitung ist ohne Zweifel langwierig und aufwändig. Darüber hinaus gibt es zahlreiche Sachverhalte hoher Komplexität, deren Details sich meist nur den täglich damit befassten Fachleuten erschließen. Es lässt sich nicht vermeiden, Synodalen Vorlagen zur Beratung und Beschlussfassung zu unterbreiten, die sie kaum in allen Details und Konsequenzen durchschauen können.

Mithin kommt man nicht um das Fazit herum, dass die Wirklichkeit synodaler Entscheidungsprozesse hinter dem jeweils formulierten Verfassungsanspruch zurückbleibt und die Verwaltung de facto Funktionen wahrnimmt, die über das hinausgehen, was die Kirchenverfassung vorsieht.

Joachim Mehlhausen hat auf ein weiteres »brennendes Problem kirchenleitenden Handelns in den evangelischen Kirchen unseres Landes« aufmerksam gemacht, das er in zwei Fragen formuliert: »1. Aufgrund welcher Kriterien entscheiden evangelische Synoden, insbesondere, wenn es um Fragen geht, die die kirchliche Lehre betreffen oder auch nur berühren? 2. In welcher Form wird bei derartigen Entscheidungen die Heilige Schrift zu Rate gezogen und nach welchen Kriterien wird sie ausgelegt?«[31] Man mag sich in diesem Zusammenhang das tendenziell pessimistische Resümee in Erinnerung rufen, das Martin Seils Mitte der 80er Jahre des vergangenen Jahrhunderts im Blick auf seine Mitarbeit in der Leitung einer evangelischen Landeskirche gezogen hat: »Kirchenleitungen sind einfach eher darauf eingestellt, Sachfragen verfahrensmäßig zu regeln oder menschliche Probleme so optimal wie möglich zu behandeln, als irgendwelche Angelegenheiten theologischen Rückfragen zu unterziehen.«[32]

Ich will diese Problemanzeigen aufnehmen und meinerseits in folgende Frage überführen: Sofern wir in der evangelischen Kirche Leitung durch synodale Gremien wollen – wofür es gute Gründe gibt! –, wie können dann ehrenamtliche bzw. »nicht-theologische« Mitglieder kirchlicher Leitungsorgane in die Lage versetzt werden, theologisch kompetent Entscheidungen zu treffen?

---

[31] JOACHIM MEHLHAUSEN, Evangelische Synoden und kirchliche Lehre. Der Schriftgebrauch bei synodalen Lehrentscheidungen, in: WOLFHART PANNENBERG / THEODOR SCHNEIDER (Hg.), Verbindliches Zeugnis, Bd. 3. Schriftverständnis und Schriftgebrauch (Dialog der Kirchen 10), Freiburg / Göttingen 1998, 221-246; 221.

[32] MARTIN SEILS, Die Rolle der Dogmatik in der Praxis der Kirchenleitung, in: EvTh 44 (1984), 3-11; 6.

Die Antwort kann darauf nur lauten: Wir berühren hier den Bildungsauftrag der reformatorischen Kirchen, der unmittelbar aus dem Gedanken eines allgemeinen Priestertums folgt. Wenn Menschen ihren eigenen Glauben selbst verantworten dürfen und sollen, dann müssen sie auch in der Lage sein, ihren Glauben zu verstehen und zu kommunizieren. Und wenn Gemeindeglieder ihre in der Taufe begründete Verantwortung für die Kirche in Zusammenarbeit mit ordinierten Theologinnen und Theologen sachgemäß wahrnehmen sollen, dann müssen sie befähigt sein, theologisch zu argumentieren und zu entscheiden.[33] Daraus ergibt sich ein Fortbildungserfordernis, das man auch als Bedarf an gemeinsamem geistlichen Leben kirchlicher Leitungsorgane beschreiben kann.

5. Die Sehnsucht nach Organisationsberatung zur Klärung der Leitungsfrage

Die Situation eines als diffus empfundenen Leitungspolyzentrismus nötigt zum Handeln: Die einzelnen Leitungsämter in der Kirche müssen so zueinander in Beziehung gesetzt werden, dass eine in sich konzise und klare Kirchenleitung möglich wird, ohne sofort dem Modell einer auf Hierarchie gründenden Leitung zuzuneigen.

Nicht zuletzt weil es sich aus kirchenleitender Perspektive immer wieder als schwierig erweist, Entscheidungen zeitnah, sachgerecht und präzise zugleich zu treffen, ist seit einiger Zeit die Tendenz festzustellen, in der Kirche professionelle Organisationsberatung zu nutzen.

Hierfür gibt es Vorläufer. Seit den 70er Jahren des 20. Jahrhunderts hatte sich mit der sogenannten »Gemeindeberatung« in den deutschen evangelischen Kirchen eine eigene Form der systemischen Organisationsberatung etabliert. Zur Geschichte der 1973 institutionalisierten »Gemeindeberatung« in der Evangelischen Kirche in Hessen und Nassau etwa schreibt Sigrid Düringer rückblickend: »Der Impuls zu dieser Form der Beratung kam aus Erfahrungen in den USA. Dort existierte als kirchliche Variante von Organisationsberatung bereits die parish-consultation [...]. Durch reflektierte Praxis entwickelte sich ein Kon-

---

[33] KLAUS-MARTIN STRUNK, Markteting-Orientierung in der Gemeindearbeit, in: H.-J. ABROMEIT u.a. (Hg.), a.a.O., 42-81, formuliert das für die Gemeindeebene wie folgt (a.a.O., 58): »Es geht darum, Menschen in die Lage zu versetzen, als Gruppe Leistungen zu erbringen, indem man ihnen gemeinsame Ziele und Werte sowie kontinuierliche Lern- und Entwicklungsmöglichkeiten in geistiger, sozialer und geistlicher Hinsicht gibt. Die Ausrichtung der Anstrengungen aller auf ein gemeinsames Ziel ist die fundamentale Funktion der Gemeindekultur.«

zept, das Elemente aus Feldforschung und Systemtheorie, Gruppendynamik, Psychoanalyse, Humanistischer- und Gestaltpsychologie aufnahm und in Erfahrungslernen umsetzte. Ein Kirchenverständnis, das die geistlich-geglaubte und die gesellschaftlich-erfahrbare Wirklichkeit von Gemeinde und Kirche zu integrieren in der Lage ist, bildete den ekklesiologischen Rahmen der Gemeindeberatung.«[34]

In ihren Anfängen grenzte sich die Gemeindeberatung explizit von jeglicher Kirchenleitung ab, wenn formuliert wurde, dass die Gemeindeberatung sich »als Organisationsberatung für Gemeinden und kirchliche Einrichtungen« verstehe, die ausdrücklich »nicht einem kirchenleitenden Interesse untergeordnet« ist.[35] Dieses Selbstverständnis der Gemeindeberatung war sowohl von theologischen als auch beraterischen Grundannahmen geprägt: »So wenig die Gemeindeberatung Vorgaben zu erfüllen hat, so wenig kann sie ihrerseits den beratenen Systemen inhaltliche Vorgaben machen. Dies entspricht sowohl protestantischem (kein Lehramt kann darüber befinden, was in der Kirche zu gelten habe), wie beraterischem Selbstverständnis (die Beratung kann sich keine Besserwisserei darüber anmaßen, wie eine Organisation aussehen und funktionieren müsse).«[36]

Gegenwärtig kann man freilich beobachten, dass in die Frage nach dem Verhältnis zwischen internen kirchlichen Beratungseinrichtungen und Kirchenleitung Bewegung gekommen ist. Das ist nicht zuletzt darin begründet, dass Kirchenleitungen selbst immer stärker als Auftraggeber ihrer eigenen Beratungseinrichtungen in Erscheinung treten.

Darüber hinaus ist festzustellen, dass sowohl im Bereich der evangelischen Landeskirchen wie auch der römisch-katholischen Bistümer in Deutschland nicht nur die jeweiligen internen Beratungseinrichtungen tätig sind, sondern auch verschiedene Anbieter des freien Marktes.[37]

---

[34] SIGRID HANNE DÜRINGER, Wozu Beratung lernen?, in: DIES. / H. KÖHLER (Hg.), eingebunden in das bündlein des lebendigen. Festschrift für Heidi Rosenstock, Arnoldshain 2002, 134-144; 136.

[35] EVA RENATE SCHMIDT / HANS GEORG BERG, Beraten mit Kontakt. Gemeinde- und Organisationsberatung in der Kirche. Ein Handbuch, Offenbach 1995 (Frankfurt 2002), 12f.

[36] A.a.O., 14.

[37] Im Übrigen ist die Organisationsberatung in ihren verschiedenen Spielarten in der Kirche nicht unumstritten; vgl. z. B. OTTO KAMMER, Erneuerung der Kirche durch Organisationsentwicklung?, in: Hessisches Pfarrblatt 2004, 46-48, sowie FRANK HOFMANN: Systemische Organisationsentwicklung in der Evangelischen Kirche, in: Hessisches Pfarrblatt 2005, 83-91.

Wie es im Profitbereich zuweilen vorkommt, dass Organisationsberatung in der Absicht eingekauft wird, eine Managementersatzleistung zu erhalten, besteht auch in der Kirche die Gefahr, dass die Organisationsberatung der Kirchenleitung zur Kirchenleitung selbst mutiert! Diese Gefahr wird umso stärker, je eher eine Kirchenleitung ein rein funktionales Bild von Kirche besitzt. Dagegen ist in der Konsequenz meiner bisherigen Überlegungen festzuhalten: Organisationsberatung ist in der Kirche dann am rechten Platz und erfüllt ihre Aufgabe, wenn und insofern sie dazu beiträgt, dass die Grundvollzüge der Kirche gewährleistet oder verbessert werden. Organisationsentwicklung in der evangelischen Kirche ersetzt nicht die theologische Reflexion, sondern verhilft im Idealfall dazu, dass Theologie in der Kirchenleitung den ihr angemessenen Raum bekommt.

Darüber hinaus kann die Hinzuziehung von Organisationsberatung überall dort hilfreich sein, wo es darum geht, konkrete Strukturen und Arbeitsabläufe zu klären und zu verbessern – durchaus auch innerhalb des Polyzentrismus kirchlicher Leitungsorgane.

6. Kirchenleitung als Gewährleistung evangelischen Kirche-Seins

Die Kirche ist nicht um ihrer selbst willen da. Sie verdankt sich dem Auftrag Jesu Christi, das Evangelium zu bezeugen. Sie existiert, weil und solange sie diesen Auftrag unter den jeweiligen historischen und gesellschaftlichen Verhältnissen zu verwirklichen versucht. Die Bezeugung des Evangeliums ist darauf ausgerichtet, Glauben zu wecken. Dieser Glaube wiederum verwirklicht sich in sichtbarer religiöser Praxis, die ihrerseits ihren Wert in sich selbst, konkret: in ihrem Vollzug, besitzt.

Kirchenleitung hat demnach vor allem anderen eine geistliche Bestimmung: Sie soll die Bedingungen ermöglichen und – soweit dies »machbar« ist – gewährleisten, dass die Kirche ihren Auftrag erfüllen kann, Menschen zum Glauben einzuladen und zu eigener religiöser Praxis anzuleiten. Demzufolge ergibt sich die Notwendigkeit von Kirchenleitung – so hat es Dietrich Pirson formuliert – »durch eine rationale Folgerung«, dass nämlich die Grundfunktionen von Kirche überörtlich sicherzustellen sind.[38] Als solche überörtlichen Grundfunk-

[38] DIETRICH PIRSON, Von der Kirchenleitung, in: FRITHARD SCHOLZ / HORST DICKEL (Hg.), Vernünftiger Gottesdienst. Kirche nach der Barmer Theologischen Erklärung. Festschrift für Hans-Gernot Jung, Göttingen 1990, 256-270, 262: »Geht man gemäß der reformatorischen Grundaussage zur Ekklesiologie davon aus, daß das Vorhandensein von Kirche nicht durch bestimmte Verfassungsinstitutionen gewährleistet ist, sondern

tionen identifiziert Pirson Ordination und Visitation.[39] Dazu wenige Bemerkungen:

Die Ordination ist in unserem Zusammenhang nicht nur auf den Akt selbst zu beschränken, sondern im weiteren Kontext der Personalentwicklung zu sehen: Die Gewinnung und Auswahl, die Aus- und Fortbildung von Pfarrerinnen und Pfarrern werden mittelfristig die wohl nachhaltigsten Handlungsmöglichkeiten und Leitungsaufgaben einer Kirchenleitung sein.

Visitation als ein bewährtes Mittel gesamtkirchlicher Leitung schließt seelsorgliche und geistliche Elemente ebenso ein wie Kontrolle und Dienstaufsicht. Sie kann durch kirchenleitende Personen oder durch eine synodal installierte Besuchskommission geschehen.[40] Beide Formen der Visitation sind gleichwertig, denn die geistliche Leitung der Kirche ist, wie es Wilhelm Maurer formuliert hat, »nicht Vorrecht oder Auftrag einer besonderen Gruppe, eines bevorzugten Standes in der Christenheit. Geistliche Leitung eignet ihr in ihrer Ganzheit. Sie wird wechselseitig ausgeübt; denn sie erwächst aus gegenseitiger Verantwortung.«[41]

Ihrer Aufgabe zur Gewährleistung evangelischen Kirche-Seins kommt Kirchenleitung schließlich durch die Gestaltung der finanziellen Rahmenbedingungen einschließlich der Lenkung der innerkirchlichen Finanzströme nach. Hier wird konkret über die Prioritäten und Posterioritäten kirchlicher Arbeit entschieden. Dies zu entscheiden, ist nicht bloß »weltliches« Geschäft, sondern Wahrnehmung geistlicher Verantwortung.

---

daß sich die Identität und Kontinuität der Kirche durch die Zeiten im steten Vollzug von Verkündigung in Wort und Sakrament manifestiert, so ergibt sich die Notwendigkeit von Kirchenleitung nicht durch Rückgriff auf eine positive Anordnung juris Divini, sondern durch eine rationale Folgerung: Die der Kirche wesensmäßige Äußerung der stetigen Verkündigung in Wort und Sakrament setzt voraus, dass eine überörtliche Vorsorge für die Wahrnehmung des aktuellen kirchlichen Handels stattfindet. Kirchenleitung ist allenfalls in der konkreten Erscheinungsform, nicht aber in ihrer Existenz als solcher, menschlicher Disposition, d.h. einem am Prinzip der Zweckmäßigkeit orientierten jus humanum anheimgegeben.«

[39] A.a.O., 262f.

[40] Vgl. MARTIN HEIN, Art. Visitation, in: RGG, 4. Aufl. 8 (2005), 1134-1136; vgl. ULRICH H. J. KÖRTNER, Kirchenleitung und Episkopé, 232: »Die Visitation verbindet Elemente eines brüderlichen Besuchsdienstes mit solchen einer Verwaltungsprüfung.«

[41] WILHELM MAURER, Geistliche Leitung der Kirche, in: DERS., Die Kirche und ihr Recht. Gesammelte Aufsätze zum evangelischen Kirchenrecht (Jus Ecc 23), Tübingen 1976, 99-134, Zitat: 103.

7. Verfassungsänderungen als Konsequenz?

In evangelischer Perspektive ist es also nicht einfach nur kontingent, sondern der Sache und dem Wesen der Kirche angemessen, dass sich die konkrete Rechts- und Organisationsgestalt im Lauf der Geschichte immer wieder gewandelt hat: Unter verschiedenen historischen und gesellschaftlichen Umständen hat die Kirche ihre Rechts- und Organisationsgestalt jeweils in Verantwortung vor Jesus Christus neu gesucht und geformt.

Theologische Leitbilder und historischer Kontext sind in evangelischen Kirchenverfassungen eng ineinander verwoben. Ebenso sind in der konkreten Praxis von Kirchenleitung theologische, juristische und zeitgeschichtliche Aspekte zwar voneinander zu unterscheiden, aber nicht zu trennen. Auch daraus resultiert, dass Kirchenverfassungen immer wieder neu auf ihre Reformbedürftigkeit hin zu befragen sind.

Angestoßen durch das Impulspapier des Rates der EKD »Kirche der Freiheit« aus dem Sommer 2006[42] stellt sich die Frage nach Strukturreformen und Verfassungsänderungen in den Gliedkirchen der EKD momentan in besonderer Weise. Dabei ist allerdings stets im Auge zu behalten, dass Kirchenleitung nicht nur auf Ebene der Landeskirchen geschieht, sondern ebenso in den Kirchenkreisen und Kirchengemeinden. Gerade die in einigen Landeskirchen erfolgte so genannte »Stärkung der Mittleren Ebene« hat diesen Gesichtspunkt in den vergangenen Jahren ins Blickfeld gerückt. Dies steht in einer gewissen Spannung zur Tendenz des in »Kirche der Freiheit« skizzierten »Aufbruchs bei der kirchlichen Selbstorganisation«[43].

Bei den Überlegungen zur künftigen Struktur der Landeskirchen in Deutschland und ihrer Leitungen wird daher auch der Gesichtspunkt genau zu bedenken sein, auf welcher Ebene – von den Gemeinden bis möglicherweise hin zur EKD – Kirchenleitung als geistliche Leitung am ehesten so zu verwirklichen ist, dass die oben beschriebenen Problemanzeigen minimiert und die Kommunikation des Evangeliums unter den Menschen am ehesten gefördert wird. Vermutlich stehen wir hier vor weiter reichenden Entscheidungen, als es derzeit den Anschein hat. Wie unter diesen sich ausdifferenzierenden Bedingungen die Einheitlichkeit des kirchenleitenden Handelns gewahrt bleibt, ist eine einstweilen offene, aber unumgehbare Frage.

---

[42] Kirche der Freiheit. Perspektiven für die Evangelische Kirche im 21. Jahrhundert. Ein Impulspapier des Rates der EKD, Hannover 2006.

[43] A.a.O., 89-100 (10.-12. »Leuchtfeuer«).

Noch einmal sei an Wilhelm Maurer erinnert, der formulierte: »Kirchenreform ist ein geistlicher Vorgang. Er vollzieht sich nicht im Abbau alter und in der Konstruktion neuer Institutionen und Ämter. Reform der Kirche geschieht, indem die Kirche sich selbst ernst nimmt: als Herrschaftsbereich Christi, von dem aus er seine Gewalt im Himmel und auf Erden geltend machen will; als Stätte, da Gottes Geist anhebt, die Welt zu erneuern.«[44]

Wenn Kirchenleitung – und damit auch Verfassungsreform – als ein geistlicher Vorgang verstanden wird, dann sind vorab zwei Dinge festzuhalten:

- Kirchenleitung – ganz gleich, in welcher Erscheinungsform – muss sich stets bewusst sein, dass ihre Macht (und damit alle Machbarkeit) begrenzt ist – und hat dies in der konkreten Gestaltung der Kirche angemessen zum Ausdruck zu bringen.
- Kirchenleitung – ganz gleich in welcher Erscheinungsform – muss stets darauf ausgerichtet sein, sich selbst offen zu halten für das Wirken des Heiligen Geistes – und hat dies ebenfalls in der konkreten Gestaltung der Kirche angemessen zum Ausdruck zu bringen.

Unterschiedliche Ergebnisse und Schlussfolgerungen sind unter diesen Prämissen durchaus möglich. Die von der Evangelischen Kirche in Deutschland angestrebte stärkere Vereinheitlichung im Rahmen des deutschen Protestantismus ist verständlich und kann als regulative Idee sinnvoll sein, sie ist aber keineswegs zwingend. Prinzipiell – das heißt: theologisch – gesehen gilt auch hier die evangelische Freiheit, die sich ausschließlich daran orientiert, dass und wie die Verkündigung des Evangeliums gewährleistet und gefördert wird. Verfassungsänderungen hinsichtlich der Leitungsorgane müssen sich deshalb an dem Kriterium messen lassen, ob und wie sie eine geistliche Leitung der Kirche in dem beschriebenen Sinne verbessern und zur Geltung bringen.

Das Ergebnis meiner Überlegungen endet in einer doppelten Perspektive: Zwischen Verfassungsanspruch und kirchlicher Wirklichkeit ist häufig eine Differenz zu konstatieren. Diese kann man in zweifacher Hinsicht überwinden: Zum einen bleibt zu erwägen, den Verfassungsansprüchen wieder stärker Geltung zu verschaffen und eine entsprechende Reorganisation vorzunehmen. Zum anderen aber ist zu bedenken, inwieweit bestimmte Verfassungsansprüche auf Grund der Einsicht in die veränderte Wirklichkeit weiter zu entwickeln sind.

---

[44] A.a.O., 99.

Das bedeutet auf der Meta-Ebene: Die kirchliche Theorie hat die kirchliche Praxis zu bestimmen, aber umgekehrt auch die kirchliche Praxis die kirchliche Theoriebildung. Die eine Möglichkeit von der anderen zu unterscheiden und beide sachgemäß in Beziehung zu halten und zu betreiben, ist seinerseits Wahrnehmung evangelischer Kirchenleitung!

Kirche in ländlichen Räumen

1. Heile Welt auf dem Land?

Lange Zeit hat man in Deutschland recht pauschal von einem »Stadt-Land-Gefälle« gesprochen. Wo dies geschieht, sind nicht nur Unterschiede in der Besiedlung, der Art der Arbeitsplätze und der Infrastruktur im Blick, sondern »Stadt« und »Land« symbolisieren auch unterschiedliche Lebensstile: Ein eher traditionelles und an konservativen Werten ausgerichtetes Leben auf dem Land steht einem selbst bestimmten, der sozialen Kontrolle weitgehend entzogenen Leben in den Städten gegenüber.

Auch das kirchliche Leben in Stadt und Land weist unzweifelhaft Kennzeichen eines solchen »Gefälles« auf: Die Kirchlichkeit auf dem Land ist vergleichsweise hoch. Bis in die 80er Jahre des vergangenen Jahrhunderts war es in manchen Dörfern üblich, dass aus jedem »Haus« mindestens eine Person sonntags zum Gottesdienst ging, bei Beerdigungen ist das teilweise bis heute Brauch. In den Städten dagegen sanken die Zahlen der Gottesdienstteilnehmer schon deutlich früher als auf dem Land, und auch sonst waren die Anzeichen der Entfremdung von der Kirche beizeiten erkennbar. Das Land steht gemeinhin für Themen wie Natur, Landwirtschaft, Tradition und Heimat. Kirchenaustritte bildeten hier eine Ausnahmeerscheinung, während sie im städtischen Kontext deutlich anstiegen.

All diese Beobachtungen sind natürlich nicht falsch, aber sie verleiten zu simplifizierenden Deutungen und entsprechend ungenauen Strategien. Für die gegenwärtigen und künftigen Herausforderungen ist eine detailliertere Analyse des »Landes« notwendig: Wie leben die Menschen in einem konkreten ländlichen Raum? Wo und was arbeiten sie? Wie und wo verbringen sie ihre Freizeit? Welche Menschen wohnen in unseren Dörfern? Wie ist das Verhältnis von Alteingesessenen und Neuzugezogenen? Welche Rolle spielen Glaube und Kirche?

Bei dieser Analyse müssen die konkreten Erfahrungen der Verantwortlichen in den jeweiligen Regionen mit den eher summarischen Ergebnissen soziologischer Untersuchungen abgeglichen werden.[1] Da-

---

[1] Hilfreiche und detaillierte demographische Informationen stellt der im Internet verfügbare »Wegweiser demographischer Wandel« der Bertelsmann-Stiftung zur Verfügung: www.wegweiserdemographie.de.

bei kann es nicht darum gehen, »Stadt« und »Land« gegeneinander auszuspielen. Die vor uns liegende Aufgabe besteht vielmehr darin, einen genaueren Blick auf die jeweiligen Lebenswirklichkeiten von Menschen in unterschiedlichen Lebensumfeldern zu werfen und diese bei der Planung unseres kirchlichen Handelns zu berücksichtigen. Andernfalls wächst die Gefahr, an den Erwartungen und Bedürfnissen der Menschen vorbei zu gehen.

2. Das Land neu entdecken: Die Pluralität ländlicher Räume

»Das« Land gibt es schon lange nicht mehr – falls es dies überhaupt je gegeben hat. Die Situation in den einzelnen ländlichen Regionen Deutschlands ist sehr unterschiedlich, auch innerhalb der einzelnen Gliedkirchen der EKD. Dennoch lassen sich einige Faktoren identifizieren, die für die absehbare Entwicklung konstitutiv sind:

- Der demographische Wandel führt zu einem Rückgang der Gesamtbevölkerung und zu einem signifikanten Anstieg des Anteils älterer Menschen in Deutschland.
- Zum demographischen Wandel gehören weiterhin Wanderungsbewegungen aus Gegenden mit wenigen Arbeitsplätzen in Richtung wirtschaftlich prosperierender Regionen. Dies kann zu einer sozialen Entmischung verschiedener Bevölkerungsschichten und Altersgruppen, ja zum Zerbrechen des dörflichen Generationenverbundes führen.
- Gebiete mit schrumpfender Bevölkerung erleiden auch Einbußen im Bereich der Infrastruktur: Bildungs- und Betreuungseinrichtungen, Einkaufsmöglichkeiten und Dienstleistungen werden unter Umständen weniger und schwerer erreichbar.
- Die Aufgabe der Integration von Migranten unterschiedlicher Herkunft, die den Bevölkerungsschwund teilweise kompensieren sollen, kommt neu in den Blick.
- Die Pluralisierung von Lebensstilen und -formen und die damit verbundene Ausdifferenzierung der Milieus setzen sich weiter fort. Traditionelle Lebensformen und Rollenmuster verlieren demgegenüber zunehmend an Bedeutung.

Diese Rahmenbedingungen sind keine Determinanten für die kirchliche Entwicklung, aber eine Kirche, die nahe bei den Menschen sein will, kann sich nicht unabhängig von ihrem gesellschaftlichen Kontext entwickeln. Für die Zukunft der evangelischen Kirche auf dem Land bedeutet das primär, dass sie sich über ihre Entwicklungsmöglichkeiten in der jeweils konkreten Situation Klarheit verschaffen muss. Mit anderen Worten: Das Land ist nichts Selbstverständliches (mehr), sondern das Land muss neu entdeckt werden!

Um es an einem Beispiel zu aufzuzeigen: Im Bereich der Evangelischen Kirche von Kurhessen-Waldeck gibt es Gebiete im ehemaligen »Zonenrandgebiet«, in denen heute der Bevölkerungswandel deutlich zu spüren ist: Sterbeüberschuss und Abwanderung lassen in diesen traditionell evangelisch geprägten Gegenden die Dörfer und damit auch die Kirchengemeinden schrumpfen. Leerstände von Wohnraum, aufgegebene landwirtschaftliche Betriebe und fallende Immobilienpreise sind unübersehbare Indikatoren dieser Entwicklung. Strukturanpassung und so etwas wie eine »kollektive Trauerbegleitung« gehören hier zu den Aufgaben der Kirche.

Dagegen gibt es im südlichen Bereich der Landeskirche, die bis ins Rhein-Main-Gebiet hineinreicht, prosperierende Regionen mit deutlichem Bevölkerungszuwachs. Allerdings zeigt sich hier das Phänomen, dass der kommunale Bevölkerungszuwachs sich bislang nur in sehr begrenztem Umfang auch positiv auf die Gemeindegliederzahlen der Kirchengemeinden auswirkt. Das legt den Schluss nahe, dass hier vor allem Menschen zuziehen, die der Kirche nicht (mehr) angehören. Hier sind auf die jeweiligen örtlichen Gegebenheiten zugeschnittene missionarische Konzepte gefragt, die zum Glauben und zur Kirchenmitgliedschaft einladen.

Schon dieses Beispiel einer Landeskirche mittlerer Größe zeigt: Man kann angemessen nur von »ländlichem Räumen« im Plural sprechen. Die Studie der EKD »Wandeln und gestalten. Missionarische Chancen und Aufgaben der evangelischen Kirche in ländlichen Räumen«[2] trägt dem Rechnung und unterscheidet im Anschluss an gängige soziologische und raumplanerische Untersuchungen verschiedene Typen ländlicher Räume, für die sie jeweils Perspektiven kirchlichen Handelns beschreibt.

3. Strategien für die Kirche in ländlichen Räumen

Im Blick auf die derzeitigen und künftigen Herausforderungen für die Kirche in ländlichen Räumen ist es entscheidend, mit welcher Haltung diese angegangen werden. Unser Thema kann nicht länger das Bemühen um bloße Besitzstandswahrung sein! Das führt letztlich nur zu Frustration. Vielmehr muss es darum gehen, das kirchliche Handeln an den jeweiligen regionalen Entwicklungschancen zu orientieren. Das

---

[2] EKD-Texte 87, Hannover 2007.

bedeutet auch, dass es keine »Patentrezepte« gibt, sondern innerhalb landeskirchlicher oder gar EKD-weit abgesteckter Rahmenbedingungen regional passgenaue Ansätze zu entwickeln sind. Ohne Anspruch auf Vollständigkeit und Allgemeingültigkeit seien im Folgenden einige Ansätze genannt:[3]

3.1 Missionarische Kirche in ländlichen Räumen

Die missionarische Dimension der Kirche stand in den vergangenen Jahrzehnten nicht immer ausreichend im Fokus kirchlichen Handelns. Gerade auf dem Land hat man sich darauf verlassen, dass die Weitergabe des Glaubens in der Familie und im Gefüge des Dorfes weiterhin so funktioniert, wie das über viele Generationen hinweg der Fall war. Künftig sind – auch auf dem Land! – jene Milieus stärker in den Blick zu nehmen, deren kirchliche Bindung gering ist. Mission und Mitgliedergewinnung sind nicht nur in städtischen Kontexten eine zentrale kirchliche Aufgabe.

Aus gutem Grund wählt das EKD-Papier »Wandeln und gestalten« darum den (biblisch fundierten) Wachstumsbegriff als »Leitbegriff für die Beurteilung der kirchlichen Entwicklung in ländlichen Räumen«[4]. Es geht hier um das, was das EKD-Impulspapier »Kirche der Freiheit« den »Aufbruch in den kirchlichen Kernangeboten« nennt.[5] Gerade weil es nicht mehr selbstverständlich ist, zu glauben und zur Kirche zu gehören, muss die evangelische Kirche auch in ländlichen Räumen ihr Augenmerk verstärkt darauf richten, »den Menschen geistliche Heimat zu geben« (1. Leuchtfeuer). Dabei kommt der Begleitung der Lebenszyklen der Menschen in ländlichen Räumen eine besondere Bedeutung zu: einmal im Blick auf die Begleitung der individuellen Lebensübergänge durch die Kasualien, aber auch hinsichtlich des dörflichen Lebenszyklus in Form von Festen, Jubiläen und anderen öffentlichen Ereignissen. Gerade dort, wo Kirche und Glaube noch weitgehend selbstverständliche Bestandteile des öffentlichen Lebens im Dorf sind, ist die kirchliche Beteiligung am öffentlichen Leben mit großer Sorgfalt zu pflegen und nach Möglichkeit noch auszubauen.

---

[3] Vgl. auch Martin Hein, Gelobtes Land. Bericht des Bischofs zur Herbsttagung der Landessynode 2004, Kassel 2004, 24-26.

[4] Wandeln und gestalten, 41-43.

[5] Kirche der Freiheit. Perspektiven für die evangelische Kirche im 21. Jahrhundert. Impulspaper des Rates der EKD, Hannover 2006, 48-61.

3.2 Aufgabenkritik

Die Aufgaben von Kirchengemeinden im Allgemeinen und von Pfarrerinnen und Pfarrern im Besonderen sollten einer kritischen Durchsicht unterzogen werden. Wo die Bevölkerungsdichte und damit auch die finanziellen Ressourcen zurückgehen, ist eine Konzentration auf die »Kernaufgaben« und auf die vorhandenen Stärken unumgänglich: Dazu gehören Gottesdienste, Amtshandlungen, Seelsorge und Unterricht. Auf diesen Kernbereich müssen sich Pfarrerinnen und Pfarrer konzentrieren, was auch bedeuten kann, dass überkommene und lieb gewonnene andere Arbeitsbereiche – wie zum Beispiel die regelmäßige Betreuung von Gruppen und Kreisen – aus dem Portfolio pfarramtlicher Tätigkeiten herausfallen.

Ein Hauptkriterium solcher Aufgabenkritik wird sein, ob in dem jeweiligen Arbeitsfeld ein klares evangelisches Profil erkennbar ist. Ein konkretes Beispiel mag das veranschaulichen: Wenn ein kirchlicher Seniorenkreis hauptsächlich der Pflege von Geselligkeit dient und Themen des christlichen Glaubens und Lebens nur hin und wieder vorkommen, dann sollte hier nach neuen Arbeitsformen gesucht werden. Eine Kooperation mit den »Landfrauen« oder mit kommunalen Angeboten der Seniorenarbeit, die klar profilierte kirchliche Veranstaltungen mit in ihr Programm einbeziehen, werden nicht nur zur Entlastung des Pfarrers oder der Pfarrerin beitragen, sondern möglicherweise auch neue Zielgruppen kirchlicher Angebote erschließen.

Es ist daher unumgänglich, Prioritäten zu setzen und damit auch Posterioritäten zu identifizieren. Beides muss kommuniziert werden, insbesondere dann, wenn pfarramtliche Arbeitskraft aus dem einen oder anderen Bereich abgezogen wird. Andernfalls besteht die Gefahr, dass der fatale Eindruck entsteht: »Die Pfarrerin macht jetzt keine Frauenhilfe mehr, weil sie mit uns nichts zu tun haben will.«

3.3 Die Präsenz von Pfarrerinnen und Pfarrern

In der Evangelischen Kirche von Kurhessen-Waldeck etwa ist die Zahl der Pfarrstellen durch eine Relationsformel an die Zahl der Gemeindeglieder gebunden: Rund 1.230 Gemeindeglieder finanzieren eine Pfarrstelle. Unter Berücksichtigung der sogenannten Funktionspfarrstellen kommen derzeit auf eine volle Gemeindepfarrstelle durchschnittlich rund 1.580 Gemeindeglieder. Mit diesen Rahmenbedingungen hat die Landessynode – in bewusster Abweichung von den im Impulspapier »Kirche der Freiheit« vorgezeichneten Linien – eine deutliche Priorität für die Erhaltung eines möglichst engmaschigen Pfarrstellennetzes in der Fläche gesetzt. In anderen Landeskirchen ist das Zahlenverhältnis zwischen den Pfarrstellen und ihrer durch Gemeindegliederzahlen ausgedrückten Finanzierungsbasis deutlich ungünstiger, so dass die Maschen des Pfarrstellennetzes entsprechend weiter geknüpft werden müssen.

Die Leitkriterien für die pastorale Präsenz in ländlichen Räumen lassen sich mit folgenden Stichworten beschreiben:

Die Residenzpflicht für Pfarrerinnen und Pfarrer sollte gerade in ländlichen Regionen der Regelfall bleiben. Grundlegender Bestandteil des pfarramtlichen Dienstes ist es nach wie vor, mit den Menschen zu leben, denen die Bezeugung des Evangeliums gilt. Darum genügt es – zugespitzt formuliert – nicht, der Residenzpflicht durch das Wohnen am Ort zu »genügen«, sondern Pfarrerinnen und Pfarrer müssen in ihren Gemeinden erkennbar präsent und ansprechbar sein. Gerade in Situationen, in denen zu einer Pfarrstelle zahlreiche Orte gehören, ist der Frage der Präsenz in den einzelnen Dörfern besondere Aufmerksamkeit zu schenken. Dafür reicht es oft schon aus, vor oder nach Gottesdiensten und Amtshandlungen Zeit und ein offenes Ohr für die anwesenden Menschen zu haben.

Auch dort, wo die Maschen der pfarramtlichen Versorgung weit geknüpft sind, sollten die Geschäftsverteilungspläne konkrete Zuständigkeiten für einzelne Orte festlegen. Das Wissen darum, welcher Pfarrer oder welche Pfarrerin für einen zuständig ist, erleichtert vielen Menschen die Kontaktaufnahme mit Kirche und vermittelt ihnen das Bewusstsein, dass die Kirche »da ist«.

3.4 Parochien und regionale Kooperationsräume

Die Parochialgemeinde ist die klassische Form der Kirchengemeinde auf dem Land. Auch wenn im Blick auf die Zuschnitte von so genannten »Kirchspielen« und den Umfang von Pfarrstellen aktueller Handlungsbedarf besteht, so bleiben die einzelnen Ortsgemeinden doch die Grundlage der kirchlichen Organisation. Kirchliches Leben, das in überschaubaren Räumen verantwortet und organisiert wird, stärkt die Verbundenheit der Mitglieder mit ihrer Kirche.

Von dieser Voraussetzung her ist dann danach zu fragen, welche Aufgaben sinnvollerweise auf gemeindlicher oder auf übergemeindlicher Ebene wahrgenommen werden sollen.

Die Möglichkeiten dazu sind vielfältig. An der Konfirmandenarbeit etwa lässt sich zeigen, wie regionale Kooperationen aussehen können: Wenn es an mehreren Orten nur wenige Konfirmandinnen und Konfirmanden gibt, spricht vieles dafür, die Konfirmandenarbeit in Kooperation mit Nachbargemeinden durchzuführen. Das kann punktuell geschehen, zum Beispiel bei Projekten oder Konfirmandenfahrten, oder aber auch während der gesamten Konfirmandenzeit. Wie groß solche Kooperationsräume sind, hängt von mancherlei Bedingungen ab: Dieser Raum wird in einer Gegend mit zahlreichen kleinen Dörfern mit hohem evangelischem Bevölkerungsanteil geografisch kleiner ausfallen als in einer Diasporasituation. Leben die evangelischen Jugendlichen über ein größeres Gebiet verteilt, kann es in Einzelfällen sogar sinnvoll sein, den Konfirmandenunterricht in räumlicher Nähe zu einer zentral gelegenen Schule anzubieten. Die Zunahme von Ganztagsschulen wird ohnehin auch auf dem Land neue Formen der Konfirmandenarbeit generieren.

Die Konfirmation hat nach wie vor eine besondere Bedeutung für die religiöse Identität junger Menschen. Und manches spricht dafür, dass sich die unter Erwachsenen zu beobachtende biographische Verknüpfung mit den Kirchengebäuden, in denen man Amtshandlungen erlebt hat, auch in der folgenden Generation fortsetzt. Darum sollte auch bei einer Kooperation mehrerer Gemeinden im Konfirmandenunterricht die Konfirmation der Jugendlichen jeweils im Heimatort stattfinden.

Weitere Möglichkeiten zur regionalen Kooperation bieten sich bei Gottesdiensten (Kanzeltausch an Feiertagen), Gemeindegruppen (gemeinsame Einladung von Referenten und Durchführung von Fahrten) oder Kasualien (regelmäßige gegenseitige Vertretung).

Bestanden früher zwischen einzelnen Dörfern geradezu »Abgründe«, so gibt es inzwischen – der Not gehorchend – vermehrt Kooperationen zwischen einzelnen Dörfern, die von der Spielgemeinschaft im Fußball bis zur gemeinsamen Freiwilligen Feuerwehr reichen können. Solche Gegebenheiten dürfen bei der Planung von kirchlichen Kooperationsräumen nicht unberücksichtigt bleiben!

Das bedeutet in der Konsequenz, dass Kirchenleitung auf der landeskirchlichen und der mittleren Ebene zwar Rahmenbedingungen schaffen und Anregungen geben kann, die jeweiligen Kooperationsabsprachen aber sinnvoll nur in der Region selbst getroffen werden können. Es gibt eben kein Universalkonzept für »den ländlichen Raum«, sondern es sind differenzierte Konzepte für unterschiedliche Regionen notwendig.

3.5 Regionale Anbindung funktionaler Dienste

Auf die gesellschaftliche Ausdifferenzierung hat die evangelische Kirche mit der Schaffung und Stärkung von funktionalen Diensten jenseits der Parochialstruktur reagiert. Hier ist zu überlegen, welche dieser funktionalen Dienste sinnvollerweise regional ausgerichtet und dort angesiedelt werden können. Ein in der Region erreichbares funktionales Angebot kann Pfarrerinnen und Pfarrer in den Gemeinden deutlich entlasten.

Daneben besteht die Möglichkeit, den Erhalt eines möglichst engen Pfarrstellennetzes insofern zu unterstützen, als kleinen Gemeindepfarrstellen übergemeindliche »Zusatzaufträge« zugeordnet werden. Dass ein solches Modell erhöhte Anforderungen sowohl an die landeskirchliche Personalpolitik wie auch an die jeweiligen Stelleninhaberinnen und Stelleninhaber stellt, soll dabei nicht verschwiegen werden.

3.6 Die Kirche im Dorf lassen!

Die hohe symbolische Bedeutung von Kirchengebäuden ist in den vergangenen Jahren neu ins Bewusstsein evangelischer Christinnen und Christen getreten. Die Beobachtung, dass sich auch in zunehmend entvölkerten Regionen der neuen Bundesländer Menschen für den Erhalt von Dorfkirchen engagieren, obwohl sie selbst der Kirche gar nicht (mehr) angehören, spricht Bände! Um wie viel mehr haben die Kirchengebäude in den Dörfern, in denen der überwiegende Anteil der Bevölkerung der Kirche angehört, eine identitätsstiftende Funktion!

Die Verbundenheit der Menschen mit ihren Kirchengebäuden äußert sich in ganz unterschiedlicher Weise. Um einige Beispiele anzuführen:

- Für den Schmuck der Kirche zu hohen Festen wie Weihnachten oder Erntedank zu sorgen, ist für viele Menschen eine Selbstverständlichkeit, ja sogar eine Ehre.
- In manchen Dörfern wird bis heute die Tradition gepflegt, dass die Familien der Konfirmanden vor der Konfirmation die jährliche Grundreinigung der Kirche durchführen.
- Auf besonders eindrückliche Weise kommt die Liebe der Menschen auf dem Land zu ihren Kirchen zum Tragen, wenn Renovierungs- oder Sanierungsmaßnahmen entstehen. Eigenleistungen in erheblichem Umfang sind hier ebenso zu nennen wie Spendenaktionen mit erstaunlichen Ergebnissen. Die Evangelische Kirche von Kurhessen-Waldeck hat mit der »Stiftung Kirchenerhaltungsfonds« ein wirksames Motivationsinstrument geschaffen: Die von den Gemeinden aufgebrachten Mittel werden durch Komplementärmittel in gleicher Höhe durch diesen Fonds verdoppelt. Dass Kirchengemeinden mit kaum mehr als 500 Gemeindegliedern hohe fünfstellige Summen zusammenbekommen, ist gar keine Seltenheit!

Die Verbundenheit mit den Kirchengebäuden muss nicht nur gepflegt werden, sondern es sollten zugleich auch kreative Wege gesucht werden, diese wichtige Funktion der Kirchengebäude inhaltlich zu nutzen und gegebenenfalls zu erweitern.

3.7 Differenzierte Gottesdienstangebote auch in ländlichen Räumen

Die Gottesdienste zu den großen kirchenjahreszeitlichen Festen (Weihnachten, Jahreswechsel, Ostern, Himmelfahrt [!], Pfingsten und Erntedank), die Festgottesdienste zu besonderen lokalen Anlässen (Kirmes, Dorf- und Vereinsjubiläen) und die Gottesdienste im Rahmen von Amtshandlungen – allen voran die Beerdigungen – spielen in ländlichen Räumen eine herausragende Rolle. Daneben aber stellt der »Gottesdienst mit Wenigen« oft den ländlichen Normalfall dar.[6]

Für diese ganz unterschiedlichen Gottesdienstformen besteht zunächst das gemeinsame Erfordernis, sie jeweils sorgfältig vorzubereiten und ansprechend zu gestalten, wobei der »Gottesdienst mit Wenigen« nicht unbedingt durch einen Pfarrer oder eine Pfarrerin geleitet werden muss.

Darüber hinaus sind Weiterentwicklungen in zwei Richtungen zu bedenken: Die EKD-Studie »Wandeln und gestalten« fordert: »Es bedarf eines reflektierten und transparenten Nebeneinanders von leicht vorzubereitenden ›Kleinen liturgischen Formen für Wenige‹ und ausstrahlungsstarken, einladenden Gottesdiensten in Zentren ländlicher Räume.«[7] Dabei ist die Konzentration auf die Zentren ländlicher Räume nahe liegend, aber nicht zwingend. Denkbar ist auch, dass verschiedene – auch kleine – Gemeinden ein aufeinander abgestimmtes differenziertes Gottesdienstangebot entwickeln, zu dem jeweils regional eingeladen wird. Bei allen diesen Differenzierungen sind freilich die unterschiedlichen Milieus und Zielgruppen im Blick zu behalten, um eine möglichst große Bandbreite von Angeboten zu erzielen.

3.8 Ehrenamtliche stärken

Die EKD-Studie »Wandeln und gestalten« zeichnet von der Zukunft der Ehrenamtlichen in ländlichen Räumen folgendes Bild: »Der Förderung freiwilliger und ehrenamtlicher Arbeit kommt im Blick auf die zukünf-

---

[6] Vgl. CHRISTOF HARTGE, Gottesdienst mit Wenigen. Praktische Gedanken zu einem regulären Phänomen, in: Deutsches Pfarrerblatt 105 (2005), 619-622.

[7] Wandeln und gestalten, 47.

tige Entwicklung der Kirche in ländlichen Räumen eine Schlüsselbedeutung zu. Ohne sie werden viele kirchliche Tätigkeiten nicht aufrecht zu erhalten sein; ihr Anteil am kirchlichen Leben wird insgesamt zunehmen. Das quantitative Verhältnis etwa von Pfarrerinnen und Pfarrern zu Prädikanten bzw. Lektoren wird sich deutlich verändern. Neben den bestehenden kirchlichen Ehrenämtern werden sich möglicherweise neue etablieren – etwa das eines ehrenamtlichen Gemeindekurators als kirchlichem Ansprechpartner und Verantwortungsträger vor Ort in schwach strukturierten ländlichen Räumen.«[8]

Ein entscheidender Faktor bei dieser Entwicklung wird sein, dass die Ehrenamtlichen nicht als »Lückenbüßer« für die weniger werdenden Pfarrerinnen und Pfarrer erscheinen. Die Wertschätzung für ehrenamtliches Engagement in der Kirche darf sich nicht in Schlagworten wie dem vom »allgemeinen Priestertum« erschöpfen, sondern muss sich in einer adäquaten Aus- und Fortbildung Ehrenamtlicher für ihre kirchlichen Tätigkeiten niederschlagen.

Damit allerdings erhalten die Ehrenamtlichen ein deutlich stärkeres Gewicht gegenüber Pfarrerinnen und Pfarrern – auch im Blick auf die Festlegung von Schwerpunkten der Gemeindearbeit. Sich darauf einzustellen, ist darum zugleich eine Aufgabe der Aus- und Fortbildung von Pfarrerinnen und Pfarrern.

---

[8] A.a.O., 53 f.

Theologie als universitäre Wissenschaft

Ein Plädoyer aus evangelischer Perspektive auf dem Hintergrund der »Empfehlungen« des Wissenschaftsrats von 2010*

1. Einleitung

Kaum eine Veröffentlichung des Wissenschaftsrats als Beratungsgremium von Bundesregierung und Länderregierungen zu Fragen der inhaltlichen und strukturellen Entwicklung der Wissenschaften, der Forschung und des Hochschulbereichs hat eine derart große öffentliche Resonanz erzielt wie die am 29. Januar 2010 verabschiedeten »Empfehlungen zur Weiterentwicklung von Theologien und religionsbezogenen Wissenschaften an deutschen Hochschulen«.[1]

Aus Sicht der evangelischen Kirche und der Evangelisch-Theologischen Fakultäten erregte schon der Auftakt des Arbeitsprozesses Aufsehen, als am 21. Februar 2008 in der Frankfurter Allgemeinen Zeitung unter der Überschrift »Tumult im Theotop. Akademische Theologie in der Krise« ein Beitrag von Friedrich Wilhelm Graf – Mitglied des Wissenschaftsrates und Theologieprofessor in München – erschien.

»Was geschieht, wenn das religiöse Bewusstsein sich für allweise hält und gegen kritische Rationalität immunisiert? Was geschieht mit der akademischen Theologie, wenn die in Universitäten institutionalisierte wissenschaftliche Öffentlichkeit am christlichen Glauben keinerlei konstruktives Interesse mehr hat?«, fragte Graf und konstatierte, »es gibt keine staatliche Theologenausbildung ohne ein hochdifferenziertes Staatskirchenrecht«. Dazu teilte er folgende Beobachtung mit: »Auch protestantische Kirchenleitungen agieren gern machtfixiert und maßen sich Kompetenzen an, die ihnen von Rechts wegen nicht zustehen. Wissenschaftsministerien und Universitätsverwaltungen reagieren oft defensiv und fördern indirekt kirchliche Übergriffe. Für die Fakultäten ist dies fatal. Ohne jede institutionelle Beteiligung der Fakultäten handeln Staat und Kirche deren Ressourcen, Stellenprofile und inzwischen gar auch Forschungsprofile aus.« Und auf der Suche nach den Gründen der

---

* Unveröffentlicht.

[1] Die »Empfehlungen« des Wissenschaftsrates unter www. wissenschaftsrat.de/download/archiv/9678-10.pdf zur Verfügung; in gedruckter Form werden sie von der Geschäftsstelle des Wissenschaftsrates vertrieben. Im Folgenden als WR zitiert.

Krise analysierte Graf: »Bedroht werden die Fakultäten durch eine doppelte Tendenz. Einerseits lassen sich in beiden großen Kirchen viel Antiintellektualismus und Wissenschaftsfeindschaft beobachten. Selbstbewusste Gelehrte schätzt man ebenso wenig wie kritische Glaubensintellektuelle. Relevante Kräfte in den Kirchen geben sogenannter Spiritualität den Vorrang vor gebildeter Reflexionskraft und wollen den Pfarrernachwuchs lieber in eigenen Klerikalseminaren oder Kirchlichen Hochschule ausgebildet sehen. Auf der anderen Seite haben auch manche Universitäten kein Wissenschaftsinteresse an Theologischen Fakultäten mehr.« Prägnant zusammengefasst stelle sich die Situation so dar: »Die Lage der akademischen Theologien in Deutschlands Universitäten ist prekär geworden.« Doch Graf wusste einen Ausweg: »Wer in der Krise ist, braucht externen Rat.« Und er stellte heilsbringend in Aussicht: »Der Wissenschaftsrat nimmt die theologischen und religionswissenschaftlichen Fakultäten unter die Lupe.«[2]

Man kann sich vorstellen, dass die Initiative des Wissenschaftsrates nach einem solchen Aufschlag in den beiden Kirchen und den Theologischen Fakultäten katholischer oder evangelischer Provenienz zwar nicht zu einem Tumult führte, aber doch Anlass zu ernsthaften Sorgen gab. Umso erfreulicher war, dass Kirchen und Theologische Fakultäten in Form von Anhörungen in angemessener Weise am Verfahren zur Erarbeitung der »Empfehlungen« beteiligt wurden.[3] Und erst recht wird man das Arbeitsergebnis des Wissenschaftsrates als überaus bemerkenswert nennen können.

Zu dieser Einschätzung gelangte jedenfalls die Kirchenkonferenz der Evangelischen Kirche in Deutschland (EKD), die auf ihrer Sitzung am 24./25. März 2010 der Gesamtbewertung durch den Kontaktausschuss

---

[2] Frankfurter Allgemeine Zeitung, 21.02.2008, Nr. 44, 8.

[3] Die Stellungnahme der EKD im Anhörungsverfahren sowie die von der Kirchenkonferenz beschlossene Auswertung der »Empfehlungen« des Wissenschaftsrates werden dokumentiert im Kirchlichen Jahrbuch für die Evanngelische Kirche in Deutschland 2010, 137. Jg., Gütersloh 2012, 3-22. Vgl. auch Johannes Dittmer / Peter Steinacker, Christlicher Glaube ist »denkender Glaube«. Einige Bemerkungen zur Notwendigkeit Theologischer Fakultäten aus kirchenleitender Perspektive, in: Stefan Alkier / Hans-Günter Heimbrock (Hg.), Evangelische Theologie an Staatlichen Universitäten. Konzepte und Konstellationen Evangelischer Theologie und Religionsforschung, Göttingen 2011, 23-55. Die im Namen des Evangelisch-theologischen Fakultätentags abgegebene Stellungnahme wurde vom damaligen Vorsitzenden Christian Grethlein veröffentlicht; vgl. Christian Grethlein, »Theologie und Religionswissenschaften an deutschen Hochschulen« – Anfragen des Wissenschaftsrats an den Evangelisch-theologischen Fakultätentag, in: ZThK (105) 2008, 352-386.

zwischen dem Rat der EKD und dem Evangelisch-theologischen Fakultätentag vom 22. Februar 2010 ausdrücklich zustimmte: »Der Wissenschaftsrat nimmt eine eindeutige Verortung der Evangelischen Theologie an der Universität vor, identifiziert die Theologische Fakultät als angemessenste universitäre Organisationsform wissenschaftlicher Theologie, bejaht die Bekenntnisgebundenheit der Theologie und die damit verbundenen staatskirchenrechtlichen Gegebenheiten und würdigt den Beitrag der Theologie zur religiösen Reflexion in Wissenschaft und Gesellschaft.

Die klare Verortung der Theologie an der Universität, die unzweideutige Bejahung des Fakultätsstatus, die bemerkenswert klare Akzeptanz der staatskirchenrechtlichen Gegebenheiten und die Wertschätzung der Theologie für den wissenschaftlichen Diskurs sind sehr zu begrüßen. Diese Standortbestimmung entspricht dem Selbstverständnis Evangelischer Theologie und ihrer produktiven Einbindung in universitäre Forschung und Lehre ebenso wie sie den hohen Erwartungen der Evangelischen Kirche an die Theologie für die Selbstreflexion der Kirche auf wissenschaftlichem Niveau gerecht wird. Hinter der wohlwollenden Beurteilung der Theologie steht offensichtlich die Einsicht, dass die Gesellschaft des akademischen Kommunikationsraums für die Ausbildung von theologischer Kompetenz bedarf, und dass Religionen, die sich nicht selbstkritisch im öffentlichen und wissenschaftlichen Diskurs reflektieren, in der Gefahr stehen, in Fundamentalismen abzugleiten.«[4]

Ich möchte im Folgenden unter kritischer Aufnahme der Impulse des Papiers des Wissenschaftsrats ein deutliches Plädoyer für die Verortung der Theologie als Wissenschaft unter Wissenschaften an der staatlichen Universität halten. Damit formuliere ich die »Innenperspektive« der evangelischen Kirche und des christlichen Glaubens, aus der heraus sich manches noch einmal anders darstellt, als es in den »Empfehlungen« des Wissenschaftsrates ausgedrückt ist. Vor allem das Verhältnis von Theologie und Religionswissenschaft ist selbst ein theologisches Thema, ebenso die Verwendung des bemerkenswerten Plurals »Theologien«. Und schließlich ist auch die Frage nach einer wissenschaftlichen Theologie des Islam nicht nur eine wissenschaftstheoretische Frage, sondern auch eine theologische – und weil theologisch, auch eine konfessionelle Frage.

Es wird sich zeigen, dass die von Friedrich Wilhelm Graf aufgeworfenen Alternativen allesamt viel zu zugespitzt und pauschal sind. Weder

---

[4] Vorlage für die 255. Sitzung der Kirchenkonferenz am 24./25. März 2010, Anlage »Auswertung der Empfehlungen durch den Kontaktausschuss«.

gibt es einen ausgeprägten Antiintellektualismus in der Kirche noch einen Hang zu nebulöser Spiritualität oder einen Rückzug aus der öffentlichen Verantwortung. Was er allerdings richtig sieht: Sobald die Theologie ihren Ort an der staatlichen Universität verliert, wird es genau zu diesen Entwicklungen kommen. Die beiden Depravationsformen von Religion: Fundamentalismus und private Esoterik[5] sind in der Tat eine Bedrohung – nicht nur für den Bestand und den Auftrag der Kirchen, sondern auch für eine Gesellschaft, die auf Konsens, Kommunikation und Toleranz baut.[6] Die staatskirchenrechtlichen Fragen werde ich allerdings ausklammern:[7] Sie sind – trotz ihrer Bedeutung – den theologischen Fragen nachgeordnet.

In diesem Sinn sollen die folgenden Ausführungen noch einmal die dezidiert evangelisch-kirchliche Sicht der Dinge darstellen: Die evangelische Theologie vertritt unter den »Theologien« wohl am deutlichsten den Anspruch, als wissenschaftliche Theologie nicht allein nur der Ausbil-

---

[5] INGOLF U. DALFERTH fragt in seinem Aufsatz »›Was Gott ist, bestimme ich!‹ Theologie im Zeitalter der ›Cafeteria-Religion‹« nach den möglichen Auswirkungen der Privatisierung der Religion auf die öffentliche Debatte und damit auf die Theologie. Gegenüber der Tendenz, Kirche sozusagen »marktfähig« zu machen, indem sie sich auf die »Cafeteria-Religion« einlässt, hält Dalferth fest: «Es ist deshalb gerade heute eine zentrale Aufgabe der Theologie, die Kirche bei dieser Pflicht zur öffentlichen Verantwortung zu behaften und gegen den modischen Trend zur mystischen Hermetik nachdrücklich auf einer öffentlichen Hermeneutik des christlichen Glaubens zu insistieren [...] Und deshalb gehört Theologie auch heute an den Ort, wo in unserer Gesellschaft der Streit um die Wahrheit öffentlich ausgetragen wird: an die Universität« (in: DERS.: Gedeutete Gegenwart. Zur Wahrnehmung Gottes in den Erfahrungen der Zeit, Tübingen 1997, 10-35, hier: 35).

[6] So hält die Stellungnahme des Wissenschaftsrats fest: »Beide großen Konfessionskirchen wollen durch die akademische Bildung die kritische Selbstreflexion ihrer Funktionsträger stärken, den rationalen Umgang mit den überlieferten christlichen Traditionen fördern und fundamentalistischen Lesarten der überkommenen Glaubensvorstellungen wehren« (WR, 53). Etwas zu wenig als Gefährdung im Blick sind die »esoterisch-spirituellen« Lesarten der Tradition, die in sich den Keim individualistischer Beliebigkeit und »Patchwork-Religiosität« tragen oder eine religiöse Unmittelbarkeit der Erfahrung behaupten, die seit der Reformation mit dem polemischen Begriff der »Schwärmerei« äußerst kritisch betrachtet werden. Es geht auch um die Verbindlichkeit von Bekenntnissen und ihrer Interpretationen.

[7] Vgl. dazu JOACHIM E. CHRISTOPH, Kirchen- und staatskirchenrechtliche Probleme der Evangelisch-theologischen Fakultäten. Neuere Entwicklungen unter Berücksichtigung des Bologna-Prozesses, Tübingen 2009 (Jus Ecclesiasticum 91), und HANS MICHAEL HEINIG, Theologie an staatlichen Universitäten: Verfassungsrechtliche Vorgaben, verfassungsrechtliche Spielräume, in: STEFAN ALKIER / HANS-GÜNTER HEIMBROCK, a.a.O., 93-122.

dung des Nachwuchses der Kirche zu dienen oder reine Kirchenleitungstheorie zu sein, sondern als Wissenschaft unter Wissenschaften nach Art der Grundlagenforschung in akademischer Freiheit, aber zugleich in Bindung an das Bekenntnis, selbstzwecklich arbeiten zu dürfen. Sie ist, als »positive« Wissenschaft, zwar an eine spezifische Aufgabe gebunden, empfängt ihren Auftrag aber aus einer weiterreichenden Dimension. In dieser Spannung arbeitet sie, und diese spezifische Spannung ist ihr wesentlichster und unverzichtbarer Beitrag zum akademischen Diskurs.

2. Die Wissenschaftlichkeit der Theologie

Ausdrücklich muss konstatiert werden: Die Frage nach der Wissenschaftlichkeit der Theologie und ihrer Verortung im Kanon der Wissenschaften ist keine ihr von außen aufgezwungene! Vielmehr ist sie der Theologie inhärent, weil sich mit dem christlichen Glauben ein universaler Deutungsanspruch erhebt, der auch auf dem Weg rationaler Argumentation entfaltet werden will – und werden kann. Dabei orientierte sich die Theologie stets am geltenden Wissenschaftsbegriff und machte dessen Wandel mit, wenn sie ihn nicht sogar vorangetrieben hat.

Ob man nun den christlichen Glauben als ein »Gefühl« zwischen bzw. hinter oder unter Verstand und Willen verortet oder seine Quelle als »Offenbarung« jenseits von Verstand und Gefühl gegeben sieht, ob man von einer a priori oder a posteriori gegebenen »natürlichen Theologie« ausgeht, ja selbst wenn man die Bibel als ein quasi-wörtliches Diktat und damit als eine Sammlung von zu akzeptierenden Lehrsätzen ansieht oder sich auf ein höchstes kirchliches Lehramt als authentische Interpretationsinstanz beruft: Immer hat der Glaube den Anspruch, die Welt als Ganze zu deuten und zu verstehen; immer tritt er mit anderen Deutungsangeboten in affirmative oder kritische Konkurrenz; immer stellt er oder stellt sich ihm die Wahrheitsfrage.

Somit ist dem christlichen Glauben die Frage nach seiner wissenschaftlichen Verantwortung wie nach der Zugehörigkeit von Glaubenssätzen und ihrer Entfaltung zum Kosmos des Wissens *von innen her* gegeben. Der christliche Glaube setzt aus sich heraus die Theologie als rationale Selbstverständigung frei. Er versteht sich nicht als mystische Arkandisziplin, die sich in unerklärbaren Ritualen erschöpft, und er ist auch keine bloße, transzendent begründete Morallehre. Darum muss er sich auf rationale Weise vor der »Welt« verantworten, die er – zu ihrem Wohl – mitgestalten will. Christliche Theologie hat darum »weltlich« zu agieren. Es gibt – das ist jetzt schon eine spezifisch protestantische Position! – keine spezifisch religiöse oder exklusiv christliche Erkenntnisform und auch keine spezifisch religiöse Handlungsweise. Es gibt nur

Erkenntnisformen und Handlungsweisen, die vom Glauben *in Gebrauch* genommen werden.

3. Die Theologie und die Theologien

Das verleiht der christlichen Religion von ihren Anfängen an einen rationalen Zug, der nicht wenig zu ihrer Erfolgsgeschichte beigetragen hat: Der christliche Glaube prüft das Vorhandene auf seine Affinität und Brauchbarkeit (1. Thessalonicher 5,21; Philipper 1,9f.) für seinen Verkündigungs- und Weltgestaltungsauftrag. Er steht weder in Fundamentalopposition zur »Welt« noch usurpiert er sie bruchlos. Der Glaube eignet sich die Welt an, um den Diskurs der Freiheit in ihr zu stiften, den sie – das ist der Anspruch! – nicht von sich aus initiieren kann. Er ist Teil der Welt. Das folgt aus dem inkarnatorischen Charakter der christlichen Grunderfahrung: der Begegnung mit Jesus Christus als der Offenbarung des Mensch gewordenen Gottes in dieser Welt.

Diese Begegnung ist stets eine individuelle, drängt aber zur Institution, weil der Inhalt der Begegnung der Ruf zur Gemeinschaft ist. Dementsprechend tritt der christliche Glaube als Entfaltung und Antwort auf die Erfahrung mit Jesus Christus in Varianten auf, die sich aus der Unterschiedlichkeit dieser Erfahrungen ergeben. Die christliche Theologie als Denkbewegung existiert nur in Gestalt von »Theologien«[8], und die auf den ersten Blick womöglich irritierende und gewöhnungsbedürftige Rede der »Empfehlungen«[9] von den »Theologien« ist aus evangelischer Sicht völlig sachgemäß. »Die« Theologie als Denkbewegung gewinnt ihre Klarheit und ihre Dynamik aus der Auseinandersetzung der »Theologien«.

Damit stellt sich die Aufgabe, genauer zu bestimmen, was »Theologie« ist. Die Definition des Wissenschaftsrats erweist sich prinzipiell als

---

[8] Nach wie vor gilt das von Ernst Käsemann mit Blick auf den Neue Testament Gesagte: »Der n[eu]t[estament]liche Kanon begründet als solcher nicht die Einheit der Kirche. Er begründet als solcher, d. h. in seiner dem Historiker zugänglichen Vorfindlichkeit vielmehr die Vielzahl der Konfessionen« (Ernst Käsemann, Begründet der neutestamentliche Kanon die Einheit der Kirche?, in: Exegetische Versuche und Besinnungen, Bd. 1, 6. Aufl. Göttingen 1970, 221). Dieses viel zitierte Diktum muss allerdings im Zusammenhang dessen gesehen werden, was er zur Einheit der Kirche sagt: Die Einheit der Kirche speist sich aus dem Evangelium. »Das heißt, daß der Kanon nicht einfach mit Evangelium identisch und Gottes Wort nur insofern ist, als er Evangelium ist und wird. Insofern begründet dann auch er die Einheit der Kirche. Denn allein das Evangelium begründet die eine Kirche in allen Zeiten und an allen Orten« (a.a.O., 223). Damit ist die evangelische Position auf den Punkt gebracht.

[9] WR, 5f.

ausgesprochen anschlussfähig: »Die christlichen Theologien haben sich im Laufe der Geschichte des okzidentalen Christentums als kritische Selbstreflexion der Glaubensbekenntnisse und Sinnansprüche ihrer Kirchen verstanden.«[10] Freilich muss aus evangelischer Perspektive ergänzt werden: Grundlage der »Theologien« sind nicht die Bekenntnisse und die Sinnansprüche der Kirche, sondern ist die Heilige Schrift. Nach evangelischem Verständnis stellt eben die Heilige Schrift nicht eine Funktion der Kirche dar, sondern umgekehrt ist die Kirche eine Funktion der Heiligen Schrift! Das verleiht der evangelischen Theologie unter den Theologien einen ihr typischerweise innewohnenden kirchenkritischen Zug. Und zugleich profiliert sie dies gegenüber anderen »Theologien« recht deutlich bis dahin, dass sich andere »Theologien« von einer evangelischen Perspektive her die Rückfrage nach ihrem kritischen Potenzial als Merkmal akademischer Theologie gefallen lassen müssen.

4. Theologie als rationale Selbstverständigung des Glaubens

Ein Gang durch die Geschichte der Theologie unter dem Blickwinkel der Entwicklung ihrer Rationalität mag das verdeutlichen.

Wegen der Bindung an das verkündigte und später auch kodifizierte Wort (und nicht etwa an besondere spirituelle Begabungen oder Sonderoffenbarungen) gab es im Christentum einen hohen Druck zur internen rationalen Glaubenskommunikation: Die ältesten erhaltenen Texte des christlichen Glaubens sind darum argumentativ-rhetorisch angelegt und entfalten den Glauben auf der Ebene von Wissen und Erkenntnis. Das ist der historische Kern des Neuen Testamentes. An seinem Anfang steht hymnisches Material aus der religiösen Praxis der gottesdienstlichen Anbetung als Reflex auf die Erfahrung von Tod und Auferstehung Jesu, aber damit verbunden ist die rationale Diskussion um Bedeutung dieses Geschehens und dieser Texte sowie die Gestaltung des daraus folgenden gemeinschaftlichen Lebens – und das höchst kontrovers und von Anfang an auf hohem intellektuellem Niveau. Erst später wurde das narrative Material kodifiziert: um festzuhalten, worauf sich die Argumentation bezieht – nämlich auf die Begegnung mit dem auferstandenen Jesus Christus, der kein anderer ist als der irdische.

Am Grund der Theologie steht also kein rationales Konzept, auch keine wissenschaftliche Überzeugung, sondern eine fundamentale Begegnung. Findet diese anfangs als unmittelbare Augenzeugenschaft statt, so ereignet sie sich später über Texte und Kommunikation: im

[10] WR, 52.

»Wort«. Das vollständig narrativ gestaltete und scheinbar hermetisch wirkende Johannesevangelium eröffnet seine Erzählung mit einem Hymnus auf den »Logos«: Das ist im Kontext antiker Weltdeutung der Inbegriff von Rationalität, wenn man ihn auch mit dem modernen Vernunftbegriff nicht einfach identifizieren kann. Aber die bloße Verwendung dieses Begriffs erzeugt Erklärungsdruck: Es ist der Schlüsselbegriff der Theologieentwicklung in der Alten Kirche! Die ersten außerkanonischen Theologien entstehen in kritischer Absetzung zum rein philosophischen bzw. mystischen Begriff des »Logos«. »Logos« wird für Jahrhunderte der Leitbegriff theologischen Denkens und Argumentierens sein, und er verleiht den Theologien hohe Anschlussfähigkeit zu den antiken Diskursen.[11] Er fließt schließlich in die großen ökumenischen Bekenntnisse der ersten Jahrhunderte ein und profiliert sie.

Damit ist der Grundcharakter der Theologie als einer *hermeneutischen* Wissenschaft gegeben, den sie nur unter Verlust ihrer Identität aufgeben kann. Was in der Theologie strittig ist, ist die *Bedeutung* dieser Texte. Aber Lesen und Interpretieren sind rationale und rekonstruierbare Vorgänge. Es gibt, um den Gedanken noch einmal aufzunehmen, keine religiöse Spezialhermeneutik. Der Glaube bediente sich von Anfang an der vorliegenden Textsorten und Argumentationsstrategien sowie der damals anerkannten Interpretationstechniken, die etwa auch für die Homer- oder Platon-Exegese verwendet worden sind. Das zu lösende Problem war die Strittigkeit der Interpretation, denn der Glaube ist auf versöhnte Gemeinschaft und damit auf Konsens angelegt.

Das nötigt dazu, diesen Streit unter kontrollierten Bedingungen auszutragen – und zwar so, dass auch eine außerkirchliche Öffentlichkeit dem folgen kann.[12] Der Kern der Theologie als Wissenschaft ist rationale, intersubjektiv überprüfbare Interpretation des »Christusgeschehens«. Und der Zweck der Theologie ist damit ein dreifacher: Vergewisserung der Verkündigung, Schärfung des Bekenntnisprofils und Gewinnung von Maximen zur Lebensgestaltung.

Man mag dies als einen rein kirchlichen Zweck ansehen und darin die Positivität der Theologien begründet finden. Doch es findet sich darin eben auch ein selbstbezügliches Element: Denn obgleich es um Interpretation von bestimmten *Texten* geht, geht es doch in den Texten immer

---

[11] Vgl. G. CHRISTOPHER STEAD, Art. Logos, in: TRE 21 (1991), 432-444, hier: 440-443.

[12] Das war Paulus besonders wichtig: Darum seine komplexe Argumentation in 1. Korinther 14, warum im Gottesdienst nichts Unverständliches geschehen soll und alles grundsätzlich der rationalen Deutung offenstehen muss.

um die Interpretation von *»Welt«* und somit um grundlegende Fragen, die nicht unmittelbar nur von kirchenleitender Relevanz sind.

5. Konfessionalität und Pluralität der Theologien

Seither gibt es den christlichen Glauben in seiner explizierten Form in Gestalt von Bekenntnissen. Darum ist Theologie als Wissenschaft notwendigerweise konfessionell und folglich in sich pluralistisch.[13] Man wird sogar sagen können, dass die Konfessionalität von Anfang an ein Motor der Entwicklung von Theologie als Wissenschaft war. Nicht nur musste der Glaube *apologetisch* zur multireligiösen und philosophischen Umwelt in Beziehung treten, er musste sich auch *polemisch* mit sich selber auseinandersetzen: eben in der Gestalt unterschiedlicher, konfessioneller Interpretationen der Christusüberlieferung. Zu dieser Polemik gehörte neben der inhaltlichen stets die methodische Frage nach den Bedingungen des rational kontrollierten theologischen Diskurses.[14]

Polyperspektivität ist dabei insofern ein besonderes Kennzeichen des christlichen Diskurses, als der Glaube immer schon die Außenperspektive auf sich selbst mit kommuniziert – sofern er eine solche Außenperspektive auf sich zulässt. Hier zeigen sich möglicherweise konfessionelle

[13] Das halten die »Empfehlungen« deutlich fest und widersprechen damit Tendenzen, die Theologie in bekenntnisneutrale Religionswissenschaft aufzulösen oder im Sinne eines eher naiven Einheitsverständnisses dieser Spitze zu berauben: »Um in den Analysen und Empfehlungen religionswissenschaftlich bekenntnisneutrale einerseits von bekenntnisgebundener Forschung und Lehre andererseits unterscheiden zu können, wird hinsichtlich letzterer im Folgenden generalisierend von Theologien (i. S. eines Arbeitsbegriffes in wissenschaftspolitischer Absicht) gesprochen, selbst wenn eine solche Bezeichnung das Selbstverständnis der jeweiligen religiösen Tradition nicht adäquat wiedergibt, wie es sowohl beim Judentum als auch beim Islam der Fall ist« (WR, 52). Es ist daher konsequent, wenn im Zusammenhang mit dem Judentum und dem Islam von den jüdischen bzw. islamischen »Studien« gesprochen wird. Dabei zeigt sich m.E. die Verlegenheit, dass der *kritische* Begriff der Theologie eben – im Sinn der bisherigen Ausführungen – ein zutiefst christlicher ist, der sich nicht bruchlos übertragen lässt. Daraus kann resultieren, dass die Erwartung, es könne eine Art kritischer islamischer Theologie konstituieren, seitens islamischer Verbände als übergriffig empfunden wird. Hier ist eine hohe interkulturelle Aufmerksamkeit erforderlich!

[14] Vgl. HARTMUT KRESS, Evangelisch-theologische Fakultäten im Meinungsstreit: Heutige Grundsatzfragen vor dem Hintergrund der Probleme am Beginn des 20. Jahrhunderts, in: Theologische Fakultäten an staatlichen Universitäten in der Perspektive von Ernst Troeltsch, Adolf von Harnack und Hans von Schubert. Mit einer Einleitung zu heutigen und damaligen Fragestellungen hg. v. DEMS., Waltrop 2004, 12 (Theologische Studien-Texte 16): »Die Hinterfragung von innen und von außen zählt gleichsam perennierend zu den Gegebenheiten, angesichts derer für theologische Fakultäten ein Legitimierungsdruck besteht.«

Unterschiede am deutlichsten:[15] Der Protestantismus ist von seiner Anthropologie her – die mit dem Stichwort »simul iustus et peccator« angerissen sein mag – in besonderem Maß davon bestimmt, die Außenperspektive auf sich selbst zu einem wesentlichen Bestandteil seiner theologischen Reflexion zu machen.[16] Evangelische Theologie hat schon von ihrem reformatorischen Ursprung her einen kirchen- und institutionenkritischen Zug, der sie zur ständigen Reflexion auf ihre Möglichkeitsbedingungen nötigt, also sehr fundamental danach fragt, ob und wie der sündige Mensch *überhaupt* in der Lage ist, gültige Aussagen zu machen.

Katholische Theologie scheint dagegen – Stichwort: »Natur und Gnade« – eher geneigt, die eigene Perspektive im Gegenüber zur »Welt« zu behaupten und zu entfalten, insofern das Lehramt mit seiner besonderen, unmittelbaren Autorität in Sachen der Lehre ein letztes Wort zu sprechen hat, das gegenüber der »Welt« nicht verantwortet werden muss, sondern nur expliziert. Die Theologie ist dann jedoch nur sehr eingeschränkt ein Gegenüber zur Kirche. In einem prinzipiellen Sinn ist sie nicht frei.[17]

---

[15] »Der Katholizismus und die diversen Protestantismen [sic! M.H.] haben im Einzelnen sehr unterschiedliche Konzepte von Theologie entwickelt«, halten die »Empfehlungen« fest. Die im Folgenden gemachte Unterscheidung beschreibt aber nicht die *konfessionelle* Differenz, sondern eine Differenz von Theologietypen, die *quer* zur Konfessionalität liegt: »Gestritten wird darüber, ob Theologie als eine normativ orientierte Kulturwissenschaft des Christentums oder als eine Wissenschaft von Gott mit dogmatischen Normativitätsansprüchen zu konzipieren sei« (WR, 53). – Zur Verhältnisbestimmung von kirchlichen Lehramt und Theologie aus römisch-katholischer Perspektive vgl. Paul Wehrle, Relevanz der Theologie heute. Kirche – Gesellschaft – Universität, Freiburg 2012, 19-24 (Freiburger Texte 60).

[16] H. Kress, a.a.O., 27, beschreibt Pluralität als ein Merkmal des Protestantismus gegenüber der Lehramtsbindung des Katholizismus. Mit Blick auf die für das evangelische Selbstverständnis entscheidende Freiheit des Gewissens hält er fest: »Was die Achtung des freien Diskurses anbelangt, besteht zwischen katholischer Kirche einerseits, dem Protestantismus andererseits eine starke konfessionelle Differenz« (a.a.O., 28). Das zeige sich – wie ja auch der Text des Wissenschaftsrats festhält – bis in die Besetzungspolitik hinein: »Das kirchliche katholische Lehramt beansprucht also eine inhaltliche Lehrkompetenz und darüber hinaus eine formale Kompetenzkompetenz« (a.a.O., 24).

[17] Das spiegelt sich neben der Frage der Besetzung von Lehrstühlen auch in der Anerkennung wissenschaftlicher Abschlüsse. Der Wissenschaftsrat formuliert daher dringlich: »Da es sich bei der Habilitation um eine rein akademische Angelegenheit handelt, richtet der Wissenschaftsrat die dringende Bitte insbesondere an die Katholische Kirche, sich aus dem Habilitationsverfahren zurückzuziehen« (WR, 7).

Daraus resultieren unterschiedliche Wahrheitsbegriffe, aus denen differente Wissenschaftsbegriffe folgen.[18] Und daraus wiederum ergibt sich für beide großen Konfessionen eine unterschiedliche Wahrnehmung des Ortes der Theologie im Kanon der Wissenschaften und damit an der Universität.

Es ist also sinnvoll und weiterführend, die Frage nach der Wissenschaftlichkeit der Theologie und nach ihrem Ort an der Universität unter dem Blickwinkel der Entwicklung und der Konfessionalität zu beantworten.[19]

6. Glauben und Gegenstand der Theologie

Wer nach Entwicklung fragt, sieht Entfaltungsmöglichkeiten und Potenziale, versteht Theologie also als einen Prozess. Und wer nach einem spezifischen konfessionellem Profil fragt, erkennt die Positionalität der Theologie, die sich aus der erwähnten prinzipiellen Individualität der religiösen Grunderfahrung ergibt. Was sich daran zeigt, ist eine Grundeinsicht: Theologie lässt sich nicht vom Glauben trennen. Er ist für sie konstitutiv. Die am Glauben orientierte Selbstreflexion bildet den Kern des theologischen Denkens. Theologie wird, im strengen Sinne, immer *von innen* getrieben. Sie kann daher nicht durch eine neutrale Religionswissenschaft ersetzt werden.[20]

---

[18] H. Kress, a.a.O., 27, folgert aus der »Instruktion über die kirchliche Berufung des Theologen« (1990 von der Kongregation für die Glaubenslehre veröffentlicht): »Lehramtlicher Aussage zufolge besteht für katholische Universitätstheologen kein Recht auf Dissens [...] Katholische Theologen sollen Abweichungen von der kirchlichen Lehre öffentlich nicht äußern.« Die Berufung auf das Gewissen sei nicht statthaft, weil »das individuelle Gewissen von sich aus auf das kirchliche Lehramt verweise«.

[19] H. Kress, a.a.O., 29, hält mit Recht fest: »Was die Gegenwart anbelangt, so ist daher darauf zu achten, daß Dritte, darunter Gremien der Universität, Wissenschaftsministerien oder Parlamente, evangelisch theologische Fakultäten nicht einfach im Licht katholischer Fakultäten wahrnehmen. Die Spannung, die zwischen Wissenschaftsfreiheit und katholischer Amtskirche besteht, sollte nicht auf evangelisch theologische Fakultäten projiziert werden.« Das geschieht in der Stellungnahme des Wissenschaftsrats denn auch erfreulicherweise nicht.

[20] Das ist das Kernanliegen der von Adolf von Harnack vorgenommenen wirkmächtigen Unterscheidung von theologischer und philologischer Religionswissenschaft (vgl. WR, 13). Sie ist nach wie vor plausibel. Auch wenn dem Wissenschaftsrat zuzustimmen ist, dass eine unabhängige und interkulturell orientierte Religionswissenschaft als empirisches Forschungsgebiet zu fördern sei, sollte es dennoch weiterhin eine theologisch verantwortete Religionswissenschaft geben. Sonst besteht die Gefahr, dass sich einerseits die Theologie von diesem Diskurs abkoppelt und selbstbezüglich wird, und der Religionswissenschaft andererseits die kritische »Innenperspektive« religiöser Men-

Es ist sicher nicht übertrieben festzustellen, dass die (evangelische) Theologie als Glaubenslehre eine der Impulsgeberinnen des westlich-abendländischen Denkens und der für dieses Denken typischen Entwicklung des Begriffs der Subjektivität ist. Genau hier liegt das Besondere und Eigene der Theologie im Kanon der Wissenschaften, das aus ihr mehr macht als Religionswissenschaft oder historische Christentumskunde. Hier liegt ihr unverwechselbarer Beitrag zur akademischen Welt der Wissenschaften: Als »von außen«, also transzendent, konstituiert befragt sie die selbstbezüglichen Modelle autonomer Wissenschaft nach ihrer Begründung. Das kann sie aber nur von innen her. Theologie ohne Glauben ist, so der Anspruch, sinnvoll nicht zu betreiben. Sie wird – um das Spiel der Metaphern auf die Spitze zu treiben – allen anderen Wissenschaften ein »Außen«, jedoch eben innerhalb des Kanons der Wissenschaften, weil sie von »innen« heraus Theologie ist.

Genau diese Zuordnung wird seit geraumer Zeit in Frage gestellt! Als solche ist das noch keine bedenkliche Entwicklung. Theologie hat sich immer dann im besonderen Maß ihrer selbst vergewissert, wenn sie eingebunden war in kulturelle Wandlungen, die sie in Frage stellten. Gerade für die Theologie in evangelischer Prägung ist der Begriff des »Paradigmenwechsels« leistungsfähig. Er beschreibt nicht nur die Veränderungen der Methodik und der Fragestellungen, der Darstellungsformen und der Kommunikationsweise der Theologie, sondern auch die jeweils neue und andere Art der Objektkonstitution.

Denn selbst wenn der Anspruch der Theologie, von der Methode her »Wissenschaft« zu sein, nicht in Frage gestellt wurde, so war doch die Frage danach, was eigentlich ihr Gegenstand sei, immer strittig – *und zwar auch innerhalb der Theologie selbst.* Stets spielt dabei eine doppelte Perspektive mit: Nicht nur die Frage der Methodik und der Objektkonstitution, sondern auch die Frage der inneren Gliederung und Ausfächerung der Theologie ist eine theologische Frage, die nur von innen her beantwortet werden kann. Und sie ist als solche eine keineswegs nachgeordnete konfessionelle Frage.

---

schen verloren geht. Gegenüber dem Vorschlag (vgl. WR, 48f.), Religionswissenschaft und Theologie strikt zu trennen, besteht bei mir eine gewisse Reserve. Das Instrument der Doppelprofessur scheint mir dafür nicht ausreichend zu sein. Theologische Religionswissenschaften sind auch für die Ökumene und die – modern verstandene – interkulturelle Mission von großer Bedeutung, weil sie Selbstwahrnehmung und Fremdwahrnehmung in Balance bringen (vgl. WR, 48). Der dort angemahnte Modernisierungsschub der Religionswissenschaften in Richtung empirische Forschung ist in der Tat dringend angezeigt.

Im Grunde kann man drei Weisen unterscheiden, wie Theologie als Selbstvergewisserung des Glaubens ihr Objekt konstituiert sieht.

Versteht sie (a) ihre Wahrheit als satzhaft-propositional gegebene Tatsachenaussagen, dann wird sie auf eine entsprechende Quelle verweisen müssen. Das kann nur die Heilige Schrift sein oder eine mit entsprechender Autorität ausgestattete Lehrquelle oder beides zusammen. Man wird nicht fehlgehen, dies überwiegend als den römisch-katholischen und – mit einigen Vorbehalten – orthodoxen Typ der Theologie zu bezeichnen.

Nimmt man das *Lehramt* aus dieser Betrachtung heraus, landet man im evangelischen Kontext bei einem evangelikalen Fundamentalismus: Hier übernimmt die Bibel *beide* Funktionen. Dann ist Theologie auslegendes Nachsprechen eines Arsenals gültiger Sätze, die ihrerseits objektive Inhalte, mithin Tatsachen beinhalten und in klarer ontologischer Referenz aussagen sollen. Schon an dieser Formulierung wird deutlich, dass dieser Typ von Theologie hoch selbstimmunisierend ist. Es ist durchaus angeraten, genau zu prüfen, ob dann noch ernsthaft von »Wissenschaft« geredet werden kann.[21]

Erwähnt werden sollten (b) auch all jene Formen von »Theologie«, die sich von einem nicht-propositional verstandenen Begriff der »Weisheit« oder der »Inspiration« herleiten und denen wesensmäßig jede Wissenschaftlichkeit abgeht oder sogar entgegensteht: Argument und Hypothese als Mittel der wissenschaftlichen Darstellung haben hier keinen Platz. Von dieser Art »Theologie« ist auch nie der Anspruch erhoben worden, in den Kanon der universitären Wissenschaften aufgenommen zu werden. Man sollte aber andersherum solch einen Typ von »Theologie« auch nicht als Maßstab für die akademische Theologie heranziehen — das wäre, als wenn man die moderne Chemie von der Alchimie her betrachtete! Allerdings muss man konstatieren, dass die stärksten der von Friedrich Wilhelm Graf perhorreszierten anti-akademischen und anti-intellektuellen Tendenzen des Protestantismus hier eine ihrer Quellen haben, während der Katholizismus den mystischen Zweig der Religion stärker auch in seine akademische Theologie integriert hat.

Anders sieht es aus, wenn (c) die Theologie sich als eine Erfahrungswissenschaft versteht, deren Wahrheit zwar satzhaft auftritt (denn nur dann kann sie Anspruch erheben, als Wissenschaft überhaupt in Betracht zu kommen), deren Wahrheit sich aber nicht in dem Ensemble

---

[21] In diesem Zusammenhang ist die zunehmende Gründung theologischer Ausbildungsstätten in freier Trägerschaft eher kritisch zu beurteilen; vgl. dazu auch WR, 25f.

wahrer Sätze erschöpft. Dann ist sie eine hermeneutische Wissenschaft, die die in Texten niedergelegten Erfahrungen deutet und kontextualisiert.

Quelle der Erkenntnis ist die Heilige Schrift, aber nicht als ein Kompendium ontologisch-referentiell wahrer Sätze, sondern als ein Kompendium spezifischer, satzhaft und narrativ ausgedrückter Erfahrungen. Christliche Theologie erweist sich darin als christlich, dass die mit Jesus Christus gemachte Erfahrung Grundlage des Redens von Gott und mithin der sich daraus konstituierenden Auslegung von Welt ist.

Das ist der *evangelische Typ* von Theologie, der nicht von ungefähr mit dem Beginn der Moderne und dem Aufstieg der Erfahrungswissenschaften – oder besser gesagt: der empirisch-experimentell gestützten Wissenschaften – einhergeht. Hier liegt das spezifisch Evangelische: Keine Sonder- oder Spezialerfahrung (auch nicht eine auf substanzielle Weise ertüchtigte Vernunft) ist Gegenstand theologischen Denkens, sondern das theologische Denken deutet Erfahrungen auf dem Hintergrund der mit Jesus Christus gemachten Erfahrung im Kontext und im Licht aller anderen Erfahrungen.

Wie diese sich konstituiert, ist freilich strittig. Genau diese Strittigkeit ist eine wesentliche Kraftquelle der Theologie in evangelischer Prägung. Unter dem Theoriedruck der Moderne wird sich jegliche Theologie diesem Anspruch nicht entziehen können. Auch die katholische Theologie muss sich den empirischen und auf Verifikation angelegten Verfahren moderner Wissenschaft stellen, wenn sie im Kontext universitärer Wissenschaft ihren Sitz nicht verlieren will. Sonst droht ihr das Schicksal der orthodoxen Theologie, die als gelehrtes Nachsprechen der einmal in Bekenntnissen fixierten Satzwahrheiten vom Diskurs der Moderne weitgehend abgekoppelt ist – indes auch gar nicht den Anspruch erhebt, an ihn angekoppelt zu werden.

7. Die Theologie und die Universität

Die christliche Theologie suchte schon früh den Kontakt zur akademischen, universitären Sphäre. Die großen Bekenntnisauseinandersetzungen der ersten Jahrhunderte waren auch »Hochschuldebatten« mit den Protagonisten Antiochia und Alexandria, in denen die antike Tradition der Homer- und Platonexegese sowie der jüdischen Überlieferung gepflegt wurden: Hochburgen der hellenistischen Bildung. Diese Tradition ging später an die Klöster und Kathedralschulen über, die die Saat der Antike durch die Wirren der Neuordnung Europas trugen.

Scholastische Theologie als ein erster Typ wirklich wissenschaftlich, rational verantworteter Theologie entstand, als die Universität entstand

– und umgekehrt. Sie ist daher zutiefst mit der Entstehung des westlich-abendländischen Typs von Wissenschaft und Wissenschaftskommunikation verbunden und beschreibt den Paradigmenwechsel von einer in Klostermauern und »religiöser Handwerkstheorie« gebundenen Gelehrsamkeit hinein in einen öffentlichen und universalen Diskurs.

Bemerkenswert und typisch ist dabei, dass sie sowohl ihre methodischen als auch ihre inhaltlichen Impulse von außen empfing. Die scholastische *Methode* entstand im Bereich der Rechtswissenschaften, als diese vor der Aufgabe stand, die unterschiedlichen Rechtstraditionen des römischen und des »germanischen« Erbes zu harmonisieren. Die wesentlichen *Themen* stammen aus der Aristoteles-Rezeption des Hochmittelalters, ausgelöst nicht zuletzt durch die ins Lateinische übertragenen arabischen Übersetzungen des Aristoteles.[22] Auch der Anfang der akademischen universitären Theologie des Abendlandes war eine kreative Reaktion auf die Erfahrung von Pluralismus. Die Scholastik entwickelte einen umfassenden Theologiebegriff, der die Theologie als Wissenschaft in den Kanon der Wissenschaften einbaute.[23]

Sie geriet in die Krise, als mit der Reformation ein neuer Typ erfahrungs- und bibelbezogener Theologie entstand, der allerdings sofort in den Bildungsdiskurs einstieg, ja ihn sogar entscheidend vorantrieb.[24] Noch stärker als die scholastische Theologie kann der reformatorischen Theologie – etwa in Gestalt von Philipp Melanchthon – zugestanden werden, die Entwicklung der Wissenschaft als Ganzer forciert zu haben: nicht zuletzt dadurch, dass die Reformation als eine Alphabetisierungskampagne auftrat. Der Anspruch, dass evangelische Geistliche eine universitäre Ausbildung absolvieren müssen und dass auch »Laien« über ein Mindestmaß an theologischer Bildung verfügen sollten, verankerte

[22] Vgl. WOLFGANG KLUXEN, Art. Aristoteles/Aristotelismus V., in: Theologische Realenzyklopädie 3 (1978), 782-789.

[23] JOHANNES WALLMANN, Der Theologiebegriff bei Johann Gerhard und Georg Calixt, Tübingen 1961 (Beiträge zur Historischen Theologie 30) stellt anschaulich dar, wie diese Entwicklung bei Thomas von Aquin zum Höhepunkt kam (vgl. 16f.): Die Auseinandersetzung mit dem dort entwickelten Theologiebegriff ist bis heute für die westlich-abendländische Theologie prägend. Auch die reformatorische Theologie griff – trotz massiver Ablehnung der Scholastik – auf das Erreichte, sei es selbstverständlich, sei es nach einem Prozess intensiver Auseinandersetzung, zurück.

[24] Das hat seine Ursache darin, dass die reformatorische Theologie in Beziehungen dachte und die Beziehung Gottes zum Menschen zu ihrem Gegenstand machte: »Damit wird die Theologie aus dem Raum einer allgemeinen Seinsbetrachtung in den Raum der Geschichte verwiesen, ja dieser Raum der Geschichte für die Theologie allererst eröffnet« (a.a.O., 19).

die Theologie tief in der Universität. Es war im reformatorischen Denken niemals in Frage gestellt worden, dass dies so zu sein habe. Dazu gehört auch, dass die reformatorische Theologie bei aller Kritik an der scholastischen Theologie deren Bestimmung der Theologie als praktischer – also nicht rein spekulativer – Wissenschaft aufnahm und ausbaute.[25] Die Entwicklung der Theologie als universitäre, akademische Theologie ging nun immer stärker in Richtung einer sich ausdifferenzierenden wissenschaftlichen Theologie.

Die Krise der reformatorischen Theologie begann mit der Aufklärung und dem Siegeszug des cartesianischen Typs von Wissenschaft, der einen grundlegenden Wechsel weg von der Dogmatik hin zur (experimentell wiederholbaren) Erfahrung und zur interdisziplinären universalen Methodik auf der Basis der Mathematik darstellte.

Die evangelische Theologie war darauf mit der Entwicklung der sogenannten »analytischen« Methode allerdings gut vorbereitet. Diese Methode bedeutete wiederum die Adaption einer philosophischen Methode, die seit circa 1600 den wissenschaftlichen Diskurs bestimmte und mit ihrer methodologischen Zweckorientierung schon recht modern anmutet.[26] Die Theologie übernahm diese Methode und löste damit die traditionelle reformatorische Theologie ab, die an den »loci« oder an der neothomistischen spanischen Scholastik ausgerichtet war und letztlich den »Stoff« nur katechismusartig aufarbeitete. Fortan waren wissenschaftstheoretische und propädeutische Erwägungen in Form der »Prolegomena« ein wichtiger Bestandteil evangelischer Theologien: Ihnen folgte die Ordnung des Stoffes und die Gewichtung der Argumente.[27]

Die analytische Methode kann als erster Schritt der evangelischen Theologie in die Moderne betrachtet werden, insofern eine rationale Methode der Überprüfbarkeit von Sätzen in die Gestalt der theologischen Argumentation aufgenommen wurde. Unter dem Schirm dieser Methode entwickelte sich der Typus der historischen Methode, und auch der erfahrungsorientierte Stil der persönlichen Frömmigkeit, der sich im Pietismus zu zeigen begann, knüpft an diesen rationalen Typ Theologie an. Damit fand die akademische protestantische Theologie nicht nur den

---

[25] Vgl. WOLFHART PANNENBERG, Wissenschaftstheorie und Theologie, Frankfurt am Main 1973, 233f.

[26] J. WALLMANN, a.a.O., 26-29.

[27] Dazu ausführlich W. PANNENBERG, a.a.O., 234-240; J. WALLMANN, a.a.O., 52f.

Anschluss an die Moderne, sondern wurde auch einer ihrer Protagonisten.[28]

Freilich ist hier die Frage der Objektkonstitution noch kein problematisches Thema. Das änderte sich erst unter dem Druck der Aufklärung, die nicht nur allgemein die Wahrheitsfrage an die Theologie stellte, sondern auch die Frage nach ihrem Erkenntnisgrund neu und radikal in den Vordergrund rückte: als die Frage nach der *Existenz* Gottes und nicht nur nach seinem Gegebensein in der menschlichen Erkenntnis. Damit ging die Nötigung einher, Theologie auf eine neue Weise zu begründen gegenüber einer Wissenschaft, die von der Voraussetzung »etsi Deus non daretur« her argumentierte.

8. Aufgeklärtes Christentum als Leitbegriff neuzeitlicher evangelischer Theologie

Auch darauf reagierte die evangelische Theologie und zeigte sich in der Lage, bei der Neugründung und Neuaufstellung der Universität im 19. Jahrhundert selbst eine aktive Rolle zu spielen und zur Protagonistin eines »aufgeklärten Christentums« zu werden.[29] Sie verbindet sich vor allem mit dem Namen Friedrich Schleiermacher: Dieser formulierte die Gewissheit des Glaubens jenseits von Verstand und Offenbarung in einem transzendentalen Gegebensein, das er – rezeptionsgeschichtlich gesehen etwas unglücklich – »Gefühl« nannte und von diesem Punkt aus die »Lehre« des christlichen Glauben rekonstruierte[30] – und zwar so, dass diese Lehre mit der Erkenntnis der inzwischen sich selbst als sol-

---

[28] H. KRESS, a.a.O., 34, fasst zusammen: »Es zählt wohl zu den wegweisenden Leistungen der an den Universitäten gelehrten Theologie, seit dem 18. Jahrhundert zur Versöhnung zwischen christlichen Überlieferungen und neuzeitlichem, von der Aufklärung geprägten Denken beigetragen, das Christentum mit der Moderne versöhnt und es auf sie hin vermittelt zu haben.«

[29] Dieser für das Selbstverständnis des modernen Protestantismus entscheidende Begriff taucht erfreulicherweise auch in den »Empfehlungen« auf, wenn sie, völlig zu Recht, festhalten: »Die christlichen Kirchen machen den Zugang zum Predigt- oder Priesteramt, zu vielfältigen anderen kirchlichen Diensten (z.B. der Pastoralassistenz) sowie in der Regel zum Lehramt für den Religionsunterricht bis heute von einem universitären Religionsunterricht abhängig. Damit bekunden sie ihr grundsätzliches Interesse an einem aufgeklärten Christentum« (WR, 53). Das ist für mich einer der Spitzensätze des Textes!

[30] Vgl. FRIEDRICH SCHLEIERMACHER, Der christliche Glaube nach den Grundsätzen der evangelischen Kirche im Zusammenhange dargestellt. 2. Aufl. (1830/31), Erster und zweiter Band, hg. v. ROLF SCHÄFER, Berlin / New York 2008, 115-117, § 14 (de Gruyter Texte).

che verstehenden Naturwissenschaft nicht in Konkurrenz, sondern in Kongruenz, zumindest aber in eine unproblematische und dennoch kritische Komplementarität trat. Seitdem ist die Notwendigkeit, dass künftige Geistliche an der Universität ein akademisches Studium absolvieren – und dies tunlichst im Kontakt mit den anderen Wissenschaften! –, selbstverständlich.

Es wäre ein großer Verlust für die Gesellschaft und die Universität, wenn dieser dauerhafte Bezug verlorenginge. Die Theologie wäre nicht mehr genötigt, die Außenperspektive auf sich als akademisches Fach zuzulassen; zugleich würde der Universität die kritische Anfrage einer nicht aus sich selbst begründeten Wissenschaft fehlen. Das hat Schleiermacher deutlich herausgearbeitet, und dahinter kann eine evangelische Theologie nicht mehr zurück!

Zugleich bestimmte Schleiermacher die Funktion der Theologie als auf die Kirche und die Kirchenleitung bezogen.[31] So holte er sie aus der Gefahr der reinen Selbstbezogenheit einer spekulativen doctrina sacra heraus und verband sie – ganz reformatorisch! – mit den Aufgaben des Pfarramtes. Die Theologie wurde einerseits eine *transzendental* rekonstruierte (nicht begründete!) Wissenschaft, die über ihre Erkenntnisquelle klar Auskunft geben konnte, und zugleich eine praxisorientierte, analog zur Medizin und Jurisprudenz konstruierte, *positive* Wissenschaft mit einer klaren Aufgabenstellung.

Schleiermacher konnte den Ort der evangelischen Theologie an der Universität in einer Weise plausibel machen, dass sie in den neugegründeten Universitäten Humboldtscher Prägung ihre Rolle als Leitwissenschaft (in Gestalt der ersten Fakultät) beibehielt und gegenüber den vorhergehenden Jahrhunderten sogar ausbaute. Ihr wuchs über die Aufgabe theologischer Grundlagenforschung und kirchenleitender Theoriebildung hinaus vermehrt die Aufgabe einer umfassenden Kultur- und Wertehermeneutik zu, die sie bis heute wahrnimmt.[32]

Dieser Paradigmenwechsel löste zwar im 19. Jahrhundert heftige inner- und interkonfessionelle Diskussionen[33] aus, wurde allerdings erst mit dem Ende des Ersten Weltkriegs und dem Wegfall des landesherrlichen Kirchenregiments problematisch, als dieser Typ Theologie ebenso

---

[31] So der Kern seiner Definition von Theologie als positiver Wissenschaft; vgl. W. Pannenberg, a.a.O., 247-249.

[32] Vgl. H. Kress, a.a.O., 33.

[33] Vgl. W. Pannenberg, a.a.O., 255-259.

zusammenbrach wie das System, dem er angehörte. Die alten Selbstverständlichkeiten wurden nun in Frage gestellt.

Die so genannte Dialektische Theologie reagierte darauf mit einem (scheinbar) gänzlich anders begründeten, auf »Offenbarung« sich berufenden Theologietypus, der sich aber als ein akademischer auszuweisen suchte und den alten Anspruch ausbaute, auch inhaltlich eine Leitwissenschaft zu sein. Wenn Karl Barth die Anwesenheit der Theologie als Wissenschaft an der Universität als eine Art »Notmaßnahme«[34] bezeichnete, dann nicht, weil er der Theologie die Wissenschaftlichkeit absprach und sie – etwa in Analogie zum oben erwähnten weisheitsgestützten Theologietypus – an kirchliche Sonderschulen verwiesen sehen mochte, sondern weil er umgekehrt davon ausging, dass unter Anerkennung dessen, was die Theologie als Wahrheit behauptet und vertritt, eigentlich alle anderen Wissenschaften Theologie treiben müssten: »etsi Deus daretur«. Er versuchte die Wissenschaftlichkeit der Theologie von ihrem Gegenstand – dem Wort Gottes – her zu denken und nicht bloß als ein Ensemble von zweckgebundenen Methoden.[35]

Die Theologie wird somit zu einer Wissenschaft eigener Art, die gerade deswegen an der Universität verbleiben muss, weil sie nur dort ihr eminent kritisches (nämlich *eschatologisches*«) Geschäft betreiben kann: Unter der Perspektive der Offenbarung müssen sich Barth zufolge die anderen Wissenschaften die Frage nach ihrer Wissenschaftlichkeit gefallen lassen, ohne dass die Theologie (als Wissenschaft vom Wort Gottes) ihrerseits ihren Wissenschaftsbegriff zur Norm erheben kann.[36] Denn die

---

[34] Karl Barth, Kirchliche Dogmatik I/1, München 1932, 5: »Die Sonderexistenz der Theologie bedeutet die Notmaßnahme, zu der sich die Kirche angesichts des Versagens der anderen Wissenschaften entschließen muß. Eine wissenschaftstheoretische Begründung dafür läßt sich nicht geben.« Die Provokation ergibt sich aus der theologischen Einsicht, dass – wenn das, was der christliche Glaube sagt, wahr ist – auch die anderen Wissenschaften von dieser Wahrheit ausgehen müssten.

[35] W. Pannenberg, a.a.O., 270.

[36] U. Dalferth (Das Eine und das Viele. Theologie und die Wissenschaften, in: Gegenwart, 193-208, hier: 193) formuliert unter der programmatischen Überschrift »Die Einheit der Welt als unlösbares Problem der Wissenschaft« pointiert: »Die Welt ist eine Schöpfung des Einen. Das gegenüber den Wissenschaften zur Geltung zu bringen ist aus mindestens zwei Gründen eine *theologische Aufgabe*.« Die beiden Gründe liegen in den divergierenden Wirklichkeitsverständnissen der Wissenschaften: Die Frage nach der Einheit der Welt ist nicht zu vermeiden – und ist zugleich ein offenes Problem. Die Theologie bringt gerade einen Komplexitätsschub, wo die Naturwissenschaften notwendigerweise aus methodischen Gründen simplifizieren müssen. »Gegenüber allen Weltkonzepten, Weltdeutungen und lebensweltlichen Selbstverständlichkeiten muß die Theologie daher kritisch zu Geltung bringen, daß die Welt mehr ist als das, was

Theologie befindet sich auf derselben – nämlich »gottlosen« – Seite wie die anderen Wissenschaften. Sie hat *als Wissenschaft* keinen exklusiven Vorsprung, sondern steht mehr noch als die anderen Wissenschaften, die in die Autonomie entlassen sind, unter – modern formuliert – Ideologieverdacht.[37] Der selbstkritische Zug der evangelischen Weise, Theologie zu treiben, ist so zum Konstitutionsprinzip erhoben.

Damit war die Ausrichtung evangelischer Theologie, Innen- und Außenperspektive dialektisch ineinander zu verschränken und als solche zu kommunizieren (und damit die Vorläufigkeit menschlichen Erkennens und Wissen zu thematisieren), polemisch-apologetisch auf die Spitze getrieben.[38] Immerhin hat dieses Theologiekonzept zur Gründung Kirchlicher Hochschulen beigetragen: In ihnen konnte die Theologie als Wissenschaft im Dritten Reich überleben, ohne sich dem Druck der gleichgeschalteten oder zumindest unter Gleichschaltungserwartung stehenden Wissenschaften auszusetzen und ohne in einer Provinz selbstgenügsamer Beschaulichkeit zu verschwinden.

Die Dialektische Theologie hat zu keinem Paradigmenwechsel in der Theologie geführt, doch unumkehrbar das Bewusstsein dafür geweckt, dass die Theologie einen theologisch wohlbegründeten, aber eben deshalb *menschlich* begründeten Ort in der Universität hat.

Für den anderen, hermeneutischen Zweig der Dialektischen Theologie, verbunden vor allem mit dem Namen Rudolf Bultmann, war dies nie eine ernsthafte Frage, und auch die konfessionellen Theologien – vor allem das Luthertum – gingen immer von der Selbstverständlichkeit der Theologie als Teil der Universität aus. Noch selbstverständlicher war

---

jeweils als Welt gedacht, bestimmt, beobachtet oder in Anspruch genommen wird: sie ist *Gottes Schöpfung*« (a.a.O., 207f.).

[37] H. Kress, a.a.O., 63: »Bestandteil jeder Reflexion über Werte und Normen ist die Ideologiekritik; diese obliegt auch der Theologie.« Barth sah daher die Theologie, indem sie sich als Wissenschaft verstehe, als »menschliche Bemühung um die Wahrheit«. Sie stelle sich solidarisch in die Reihe der Wissenschaften, protestiere damit »gegen die Vorstellung ihrer ontologischen Erhöhung über diese anderen« und erinnere sich selbst daran, dass »sie eben *nur* ›Wissenschaft‹ ist und also an die ›Profanität‹, in der sie auch auf ihrem relativ besonderen Weg auch in den höchsten Regionen ihr Werk tut« (Kirchliche Dogmatik I/1, 9). In der Relativierung der Theologie als Wissenschaft werden dann auch alle anderen Wissenschaften relativiert. Darin liegt hier die Pointe.

[38] Wie umstritten dieser Ansatz allerdings war, zeigt der Briefwechsel Barths mit Adolf von Harnack aus dem Jahr 1923, zuletzt abgedr. in: Karl Barth, Dialektische Theologie. Schriften I, hg. u. kommentiert v. Dietrich Korsch, Frankfurt / Leipzig 2009, 351-380.

dies bei den an Schleiermacher anknüpfenden Theologen wie etwa Paul Tillich.

All diese Strömungen zusammengefasst, kam es zu einer Hochblüte der evangelischen akademischen Theologie an der Universität, von der sie bis in die achtziger Jahre des vergangenen Jahrhunderts zehren konnte.

Inzwischen wirkt sich die fortschreitende Globalisierung auch auf die theologische Wissenschaft aus. Die Dominanz der deutschsprachigen Theologie im 19. und 20. Jahrhundert ist abgelöst worden von einer interkulturellen Weise des Theologietreibens, die als ausgesprochene Bereicherung der Universität als Ganzer betrachtet werden muss. Die globalisierte Theologie weitet den Horizont entscheidend. Darum sollten die Möglichkeiten internationalen Austauschs – ohne den eigenen wissenschaftlichen Selbstanspruch aufzugeben! – genutzt und gefördert werden: ein Aspekt, den die »Empfehlungen« des Wissenschaftsrates überraschenderweise nicht im Blick haben. Man wird konstatieren, dass hier die katholische Theologie durch ihre Einbindung in die Weltkirche einen deutlichen Vorsprung hat, dem sie noch mehr Gewicht verleihen könnte.

9. Die evangelische Theologie und der Bolognaprozess

Seit geraumer Zeit stellt der Bolognaprozess einen erneuten Paradigmenwechsel dar, der aus der Sicht evangelischer Theologie vor allem den Bildungsbegriff tangiert und deswegen die Frage nach der Rolle der Theologie an der Universität und innerhalb des Protestantismus neu stellt – und zwar wegen eines Anfragedruckes von außen und von innen.[39]

Nicht wenige Stimmen *innerhalb* der evangelischen Kirchen und Glaubensbewegungen halten die Theologie spätestens jetzt an staatlichen Universitäten für deplatziert. Allein die Fülle der Publikationen, Seminare, Symposien und sonstigen Veranstaltungen zum Thema »Theologie und bzw. als Wissenschaft« belegt, dass wir uns in einer Phase befinden, in der sich Theologie neu kalibrieren und vergewissern muss. Begriffe wie Qualitätsstandards, Kompetenzerwerb und Drittmitteleinwerbung setzen traditionelle theologische Fakultäten unter einen Innovationsdruck, der von nicht wenigen als Bevormundung und Eingriff in die Freiheit der Theologie empfunden wird.

---

[39] Vgl. dazu Lisa J. Krengel, Die Evangelische Theologie und der Bologna-Prozess. Eine Rekonstruktion der ersten Dekade (1999-2009), Leipzig 2011 (Arbeiten zur Praktischen Theologie 48).

Es geht unter den Bedingungen des Bologna-Prozesses erneut um die Frage nach dem *Objekt*, dem Gegenstand der Theologie und folglich um die Frage nach der Sachgemäßheit und der intellektuellen Einheitlichkeit der Theologie.[40] Zugespitzt stellt sich die Frage, ob Theologie eine Kultur- und Religionswissenschaft des christlichen Glaubens darstellt, deren Objekt in Form gelebter Religion gegeben ist, oder ob die Theologie von ihrem Objekt her als eine Wissenschaft sui generis verstanden werden soll, die von ihrem Wissenschaftsbegriff her kritisch die anderen Wissenschaften als Wissenschaft anfragt.[41] Und schließlich – das ist eine spezifisch evangelische Frage! – muss erneut das Verhältnis von Theologie und evangelischer Kirche geklärt werden. Ist die Theologie eine Funktion der Kirche? Oder ist die Kirche ein Gegenüber von Theologie? Der Tendenz nach wird in einer evangelischen Theologie, für die der Begriff der Freiheit (auch der von Forschung und Lehre!) zentral ist, der letzte Typ vorherrschen. Beide aber, Kirche *und* Theologie, sind eine Funktion der Heiligen Schrift.

Nur so kann die evangelische Theologie ihren Ort an der Universität behaupten und plausibilisieren: als kritisches Gegenüber zur konkreten Sozialgestalt der Kirche, die im Protestantismus (wie auch immer im Einzelnen bestimmt) nicht schlichtweg mit der Gemeinschaft der Glaubenden identisch ist. Darin bewahrt sie sich ihre Freiheit – auch in Forschung und Lehre.

10. Schlussbemerkung

Akademische evangelische Theologie und evangelische Kirche stehen – als Ergebnis des geschilderten Prozesses – heute in einem Spannungsverhältnis, das sich noch einmal im Spannungsverhältnis von kirchlicher und allgemein christlicher Frömmigkeit spiegelt. Damit wäre die Theologie sogar in einem – der europäischen Entwicklung möglicherweise geschuldeten – laizistischen Staat immer noch sinnvoll an der Universität verortet: als eine Form der öffentlichen Selbstverantwortung des Glaubens im Gegenüber zu den institutionalisierten Formen der Religion.

In dieser Spannung steht die Theologie evangelischen Typs von innen heraus. Schon deswegen ist sie an der Universität gut aufgehoben – und zwar aus theologischen Gründen und nicht nur aus kirchlichem

---

[40] Vgl. dazu W. PANNENBERG, a.a.O., 299-305.

[41] Vgl. WR, 53.

Interesse, wie es die »Empfehlungen« angemessen darstellen.[42] Hier hat sie auch ihre großen Entwicklungspotenziale. Denn mit der Veränderung der Gesellschaft verändern sich die Fragestellungen der Theologie. Und umgekehrt (das ist jedenfalls ihr Anspruch und ihre Verheißung) ist sie nur so in der Lage, gesellschaftliche Prozesse angemessen zu begleiten und mit voranzutreiben.

So gerät letztlich auch die Tatsache in den Blick, dass mit dem Islam eine Religion in Europa an Bedeutung gewinnt, die von sich aus und aus sich heraus einen solchen kritischen Begriff der Theologie (noch) nicht entwickelt hat und bisher eher als Lehrgestalt denn als ein Diskurs auftritt. Hier wird der universitären evangelischen Theologie an staatlichen Fakultäten Modellcharakter zukommen, an dem sich eine für den akademischen Kontext in Deutschland plausible Form islamischer Theologie orientieren könnte und sollte.[43]

Das hier entwickelte Verständnis evangelischer Theologie bietet sich dafür insofern an, als es bei strengem Bezug auf eine schriftliche Urkunde ohne ein festes Lehramt auskommt und Erfahrungen mit innerkonfessioneller Auseinandersetzung hat: beides Elemente, die auch den Islam kennzeichnen.

Es ist der Charakter des institutionalisierten, von innen heraus geführten religiösen Diskurses, der die evangelische Theologie für die Universität interessant macht. Das Abendland hat – aufs Ganze gesehen – mit der an der Universität beheimateten und daher immer öffentlichen Theologie bei allen kritischen Anfragen, die es geben mag, keine wirklich schlechten Erfahrungen gemacht.[44] Im Gegenteil ist diese Beheimatung – wie auf vielen anderen Wissenschaftsgebieten auch – die entscheidende Voraussetzung von Innovation und Wahrnehmung öffent-

---

[42] Vgl. WR, 57. Es ist freilich keineswegs so, dass die Theologie nur von den Entwicklungen der anderen Wissenschaften profitiert. Sie hat ihrerseits auch zu Entwicklung z. B. hermeneutischer oder psychotherapeutischer Methoden Wesentliches beigetragen.

[43] H. KRESS, a.a.O., 34, stellt mit Blick auf die von ihm konstatierte Versöhnung von Christentum und Moderne als Erfolg der universitären evangelischen Theologie fest: »Auf islamischer Seite werden zur Zeit teilweise ganz erhebliche Anstrengungen unternommen, diesen Prozess aufzugreifen und ebenfalls einen derartigen wissenschaftlich-theologischen Selbsterhellungs- und Bildungsvorgang in Gang zu bringen.« Die »Empfehlungen« des Wissenschaftsrats legen dafür wichtige Schneisen.

[44] Die »Empfehlungen« bezeichnen dies sogar weitergehend »als (relative) Erfolgsgeschichte« (WR, 58).

licher Verantwortung.[45] Beides ist ein zutiefst evangelisches Anliegen – unabhängig davon, in welche Richtung sich die Beziehung der Gesellschaft zu den christlichen Kirchen und Religionsgemeinschaften in Deutschland und Europa entwickelt.

Eine Kirche ohne eine akademisch verankerte Theologie, die sich dem Diskurs der Gegenwart aussetzt, droht marginal zu werden. Und dem internationalen Bildungsdiskurs würde ohne eine lebendige, an der Universität beheimatete Theologie Entscheidendes fehlen.

[45] In der distanzierten Sprache der »Empfehlungen« heißt es dazu: »Religiöse Orientierungen und Bindungen bleiben auch in westlichen Gesellschaften eine wesentliche Quelle kollektiver Wertvorstellungen und von Regeln individueller Lebensführung« (WR, 56). Das wird auch dann noch der Fall sein, wenn die Kirchen an gesellschaftlicher Bedeutung verlieren sollten, wie es die Stellungnahme erwägt (vgl. a.a.O., 66).

Typisch lutherisch, typisch reformiert – oder einfach evangelisch?

Eine historische Erläuterung

1. Bekenntnis und Identität

Die Frage nach der innerprotestantischen Ökumene ist nicht allein, aber auch eine Frage nach dem Stellenwert und der Geltung der überlieferten Bekenntnisse. Denn es gibt eine deutliche Variationsbreite von offiziell anerkannten Bekenntnistexten in den reformatorischen Kirchen.

Die unterschiedliche Lehrentwicklung steht für eine unterschiedliche Inkulturation und Rezeption der reformatorischen »Wiederentdeckung« des Evangeliums. Sie hat in Europa kulturprägend gewirkt – und damit einen Beitrag zur jeweiligen Identitätsbildung der evangelischen Kirchen geleistet.

Bekenntnis hat stets mit Identität zu tun. Für das explizite kirchliche Bekenntnis gilt: In ihm kommt das, was eine Gemeinschaft als ihren gemeinsamen Glauben erkannt hat, verbindlich zum Ausdruck.

Das bedeutet: (a) Das Bekenntnis verbindet und verpflichtet nach innen hin die Mitglieder dieser Gemeinschaft; (b) zugleich wird an ihm nach außen hin für andere erkennbar, wie und in welcher Weise diese Gemeinschaft das Evangelium versteht.

Bekenntnisse formulieren also – modern gesprochen – die »corporate identity« einer Gemeinschaft. Freilich wäre es ein Irrtum zu meinen, mit deren Anerkennung und Kodifizierung sei die Identität ein für allemal erreicht und abgesichert. Vielmehr treten im Lauf der Geschichte weitere Einsichten hinzu, die zu neuen Bekenntnistexten führen können oder aber die bisherigen Bekenntnisse in einem veränderten Licht verstehen lassen.

Mit anderen Worten: Wie für die persönliche Entwicklung eines Menschen ist auch für die Entwicklung einer Kirche von einem Prozess der Identitätsbildung auszugehen, der nicht zu einem bestimmten Zeitpunkt abgeschlossen, sondern prinzipiell nach vorne hin offen ist!

Diese Identitätsbildung hat sich im deutschen Protestantismus weitgehend im Rahmen von Territorialkirchen abgespielt – und das keineswegs stringent: Es findet sich eine Vielfalt an Bekenntnistexten, die in unterschiedlicher Weise in Geltung stehen – oder auch nicht.

Jüngstes und prominentestes Beispiel dafür ist etwa der Stellenwert der Barmer Theologischen Erklärung in den einzelnen Landeskirchen.

2. Historische Ursprünge und Entwicklungen

»Die Reformation. Von Wittenberg nach Genf«: So lautet der Titel eines 1986 erschienenen Buches des Reformationshistorikers Heiko Augustinus Oberman. Wittenberg und Genf – diese beiden Orte markieren zwei Typen der Reformation, die nicht nur an verschiedenen Orten stattfanden und von unterschiedlichen Personen getragen wurden, sondern auch theologisch trotz des gemeinsamen Anliegens deutlich differierten. Man könnte auch Zürich und Straßburg hinzunehmen, wo die Reformation ebenfalls eine eigene Ausprägung hatte.

Am Anfang der Geschichte des reformtorischen Christentums stehen verschiedene, voneinander unterscheidbare, in manchen Aspekten sogar widersprechende Ansätze, die dennoch dem einen Ziel verpflichtet waren: nämlich dem Evangelium von Jesus Christus, wie es in der Heiligen Schrift bezeugt ist und in der altkirchlichen Symbolen ausgelegt wurde, wieder Geltung zu verschaffen und es aus den Begrenzungen und Deviationen der mittelalterlichen Lehrentwicklung zu befreien.

Die Vielfalt ist dem Protestantismus also in die Wiege gelegt! Und diese Vielfalt war ursprünglich größer, als es die in der späteren Phase der Konfessionalisierung sich verfestigenden Konfessionsbezeichnungen »Lutheraner« und »Reformierte« nahelegen.

So ist das bis heute geblieben. Seit 1817 gesellten sich zu den »Lutheranern« und »Reformierten« die »Unierten« hinzu. Die »Union« transzendierte mitnichten die beiden vorherrschenden Konfessionen in Deutschland, sondern wurde – gegen die ursprüngliche Intention – selbst zur Konfessionsbezeichnung! Freilich ist zu beachten: Mit diesen drei konfessionellen Ausprägungen lassen sich sowohl die Landkarte als auch die Diskussionslage der EKD nur sehr grob sortieren.

Denn etwa die Evangelische Kirche von Kurhessen-Waldeck fügt sich keineswegs nahtlos in dieses Schema ein – und das aus gutem Grund. Auf dem Gebiet der heutigen Landeskirche gab es einst drei »Kirchengemeinschaften«, die jeweils entsprechend konfessionell geprägte Kirchengebiete innerhalb der Landeskirche umfassten. Und doch ist die Evangelische Kirche von Kurhessen-Waldeck mehr als nur die Summe dieser ehemals konfessionell unterschiedlich bestimmten Territorien, sondern versteht sich als »in der Vielfalt der überlieferten Bekenntnisse der Reformation zu einer Kirche zusammengewachsen«, wie es die Präambel der Grundordnung formuliert.[1] Die Konfessionsbezeichnung dieser Landeskirche lautet ebenso schlicht wie zutreffend »evangelisch«. Wie es dazu gekommen ist und dass dies eine präzise und ökumenisch sachgemäße Konfessionsbezeichnung darstellt, will ich im Folgenden näher erläutern.

3. Bekenntnisbildung und Bekenntnisbindung in der Reformationszeit

Die entscheidende Gemeinerkenntnis in der Reformationszeit war – über alle Differenzen hinweg – die Rechtfertigung des Menschen allein aus dem Glauben an Jesus Christus. Diese Überzeugung und die damit verbundene Frontstellung der Reformation gegenüber den bestimmenden Grundanschauungen der römischen Kirche hatten freilich nicht verhindern können, dass es bereits in den 20er Jahren des 16. Jahrhunderts innerhalb des evangelischen Lagers zu schwerwiegenden Differenzen kam, die aus unterschiedlicher Interpretation und Anwendung der neuen Glaubenseinsichten herrührten. Im Wesentlichen betrafen diese Auseinandersetzungen die Deutung der Taufe, des Gesetzes und des Abendmahls – zentrale Aspekte des Glaubens also und keineswegs bloß Peripheres!

Der offensichtliche Gegensatz im evangelischen Lager war spätestens seit den Auseinandersetzungen zwischen Luther und Zwingli – also zwischen Wittenberg und Zürich – um das Verständnis der Gegenwart Christi im Abendmahl nicht dazu angetan, gegenüber der römischen Kirche zu einer gemeinsamen Haltung zu kommen.

Es ist eine unbestrittene Tatsache, dass die Reformation nicht nur eine theologisch-religiöse Bewegung darstellte, sondern schnell auch politisch motiviert war. Auf Dauer gesehen schien eine gemeinsame politisch-militärische Ausrichtung unabdingbar, sollte die reformatorische Bewegung nicht wegen ihrer eigenen Uneinigkeit unter dem geschlossenen Auftreten der so genannten »Altgläubigen« ersticken.

Wie konnten die vorhandenen lehrmäßigen Spannungen ausgeglichen werden? Vor allem für Wittenberg und damit für Kursachsen war die Antwort klar: durch ein gemeinsames Bekenntnis, das dann die alleinige Grundlage und Voraussetzung für ein vereintes Vorgehen auf den Reichstagen sein würde. Das war eine hohe Schwelle: Nicht evan-

[1] Grundordnung der Evangelischen Kirche von Kurhessen-Waldeck vom 22. Mai 1967, Präambel (www.kirchenrecht-ekkw.de/showdocument/id/17610#s100001; Stand: 14.02.2013).

gelische Einheit um jeden Preis, sondern nur als Ausdruck des gemeinsamen Glaubens.

Dem stand die Auffassung gegenüber, zunächst auf ein gesamtevangelisches Bündnis gegenüber den »Altgläubigen« hinarbeiten zu sollen – ohne Voraussetzung eines gemeinsamen Bekenntnisses, wohl aber auf dem Weg eines dogmatischen Ausgleichs oder zumindest einer dogmatischen Annäherung. Für diese Position stand von Anfang an Landgraf Philipp von Hessen.

Der Landgraf war Realpolitiker: Die politische Situation erschien für die Evangelischen trotz Wormser Edikt günstig. Dem Kaiser waren durch auswärtige Verwicklungen die Hände gebunden, so dass es zu einer Balance der Kräfte kam. Die musste gehalten werden! Seit 1527 verfolgte Philipp darum den Gedanken eines Religionsgesprächs mit konstanter Entschlossenheit, um dadurch ein politisches Bündnis aller Evangelischen zu erreichen.

Die Zurückhaltung auf kursächsischer Seite war groß – und der Graben hin zu den Schweizern, vor allem zu Zwingli, tief. Erst als zwischen Kaiser und Papst Ende 1528 Friedensverhandlungen stattfanden und damit das Schreckbild römischer Übermacht erwuchs, führte dies 1529 zu einem vorläufigen Verteidigungsbündnis zwischen Hessen, Kursachsen und einigen süddeutschen Städten. Freilich: Dieser Bündnisentwurf enthielt nichts Dogmatisches; er war eine rein politische Absichtserklärung. Seine innere Stabilität konnte er nur gewinnen, wenn er durch einen lehrmäßigen Vergleich getragen und abgesichert wurde.

Diese Konstellation war ausschlaggebend dafür, dass Philipp zu einem Lehrgespräch nach Marburg einlud! Sein Interesse war politischer Natur, während das der Kursachsen und Schweizer eher ein theologisches war.

Es ging beim Marburger Religionsgespräch 1529 nicht allein um die Abendmahlsfrage, auch nicht um die dahinter sich verbergenden Probleme der Christologie, sondern ebenso um die Zuordnung von politischem Bündnis und Bekenntnis!

Wenn man so will: Schon »Marburg« war ein Streit um den ökumenischen Ansatz! Die Leitfrage lautete: Kommt es durch gemeinsames Handeln zum gemeinsamen Bekennen des Glaubens, gelingt der Schritt von der Orthopraxie zur Orthodoxie – oder gilt umgekehrt, dass nur ein gemeinsames Bekennen gemeinsames Handeln ermöglicht? Das ist die Frage, die bis heute die ökumenische Diskussion mitbestimmt.

Das Ergebnis des Marburger Religionsgesprächs war beachtlich: In vierzehn Artikeln, über die man zum Teil gar nicht verhandelt hatte, war man sich einig. Eine erste evangelische Konkordie in vierzehn Punkten also! Nur der 15. Punkt, in dem es um die Präsenz Christi im Abendmahl ging – der hatte es in sich. Er markierte letztlich den Dissens – allerdings: Darüber, worin der Dissens liegt, herrschte Konsens.

Es scheint mir ein oft unterschätzter Aspekt der Marburger Artikel zu sein, dass man gemeinsam genau beschreiben konnte, worin man sich *nicht* einig war – also den Konsens im Dissens:[2]

»Und obwohl wir uns andererseits dieses Mal nicht geeinigt haben, ob der wahre Leib und das wahre Blut Christi leiblich in Brot und Wein sei, so soll doch jede Partei der anderen, soweit es das Gewissen nur zulässt, christliche Liebe erweisen, und beide Parteien Gott den Allmächtigen fleißig bitten, dass er uns durch seinen Geist das richtige Verständnis bestätigen wolle. Amen.«[3]

Unter den damaligen Bedingungen markierte das Marburger Religionsgespräch allerdings das Ende der gesamtevangelischen Bündnispläne Philipps. Die Schweizer gingen fortan eigene Wege.

Nach dem faktischen Fehlschlag einer vorrangigen Bündnispolitik rückte wieder die Bekenntnisfrage in den Vordergrund. Die Vorlage von gleich drei evangelischen Bekenntnissen (Confessio Augustana, Confessio Tetrapolitana und Zwinglis »Fidei ratio«) auf dem Augsburger Reichstag 1530 machte zunächst einmal die Uneinheitlichkeit der reformatorischen evangelischen Seite offenkundig.

Hessen hielt sich nun an die kursächsische Seite. Das Augsburger Bekenntnis trägt Philipps Unterschrift, so dass die Confessio Augustana zum Grundbekenntnis der hessischen Kirche wurde. Und der deutsche Wortlaut von CA 10 spiegelt in dezidierter Weise das lutherische Abendmahlsverständnis wieder. Philipp hatte ihn ohne ausdrücklichen Vorbehalt unterschrieben.

Gleichwohl stellte er seine Vermittlungsbemühungen nicht ein. Im Gegenteil! Die »Mittelstraße«, die er nach eigenem Bekunden bevorzugte und schon durch die Einladung zum Marburger Religionsgespräch verfochten hatte, verfolgte er weiter, um die evangelische Seite zu stärken. Er gehörte zu den eifrigsten Förderern der Wittenberger Konkordie, die 1536 zu einem Ausgleich zwischen Lutherischen und Ober-

[2] Vgl. MARTIN HEIN, Der bleibende Auftrag von Marburg 1529. Was heißt heute »evangelisch«?, in: Die Marburger Artikel als Zeugnis der Einheit, hg. v. WOLF-FRIEDRICH SCHÄUFELE, Leipzig 2012, 197-207. [In diesem Band 170-180.]

[3] Zitiert nach: WOLF-DIETRICH SCHÄUFELE, Der Text der Marburger Artikel. Faksimile – Transkription – Übertragung, in: a.a.O., 13-29, hier: 29.

deutschen in der Frage der angemessenen Beschreibung der Präsenz Christi im Abendmahl (»mit« statt »in« Brot und Wein) führte.

Dies änderte allerdings nichts daran: Hessen hatte sich bundesrechtlich und landesrechtlich auf die CA festgelegt. Das machte seine kirchliche Identität nach außen wie nach innen aus! Es gehörte zu den »Augsburger Konfessionsverwandten«, was 1555 im Augsburger Religionsfrieden schließlich reichsrechtliche Bedeutung gewann.

4. Die Mauritianische Reform und ihre Folgen

Philipp hatte in seinem Testament von 1562, das eine Teilung seines Territoriums vorsah, wohlweislich verfügt, die CA in ungeänderter Form solle Bekenntnisgrundlage aller vier hessischen Landgrafschaften bleiben. Dies hatten seine vier Söhne auch nochmals bestätigt. Die gemeinsame lutherische Konfession sollte also eine identitätsbewahrende Funktion haben – trotz der politischen Teilung. Dazu wurden gemeinsame gesamthessische Synoden abgehalten.

Freilich zeigte der wenig später in Hessen einsetzende Streit um die Übernahme der Konkordienformel von 1577, wie weit die Interessen auseinandergingen. Bekenntnismäßigen Rang gewann die Konkordienformel in keiner der hessischen Landgrafschaften, so dass fortan auch die Beziehungen zu den lutherischen Territorien, die 1580 das Konkordienbuch einführten, getrübt waren. Hessen war lutherisch – aber eben allein im Sinn der Confessio Augustana.

Um es noch weiter zu verkomplizieren: 1604 starb einer der vier Söhne Philipps, Landgraf Ludwig von Hessen-Marburg, kinderlos. Sein Territorium ging je zur Hälfte an seine Neffen in Kassel und Darmstadt über. Mit anderen Worten: Das so genannte »Oberhessen« wurde politisch geteilt – eine Grenzziehung, die kirchlich bis heute anhält: Das Marburger Oberhessen gehört zur Evangelischen Kirche von Kurhessen-Waldeck, das Gießener Oberhessen zur Evangelischen Kirche in Hessen und Nassau.

Allerdings – und das ist das Entscheidende! – war bei dieser Aufteilung Bedingung, dass die lutherische Konfession in Hessen-Marburg beibehalten werde. Wir haben also inzwischen zwei rechtliche Verpflichtungen auf das lutherische Bekenntnis: einerseits das Testament Philipps, andererseits das Testament Ludwigs von Hessen-Marburg.

Die Betonung des lutherischen Charakters der Landgrafschaft Hessen-Marburg kam nicht von ungefähr. Seit 1592 residierte in Kassel ein Enkel Philipps: Landgraf Moritz – mit dem Beinamen »der Gelehrte«. Ausgedehnte Reisen hatten ihn nach Frankreich, Holland und die Schweiz geführt. Er war ein begeisterter Freund der Musen; in den

Künsten versuchte er sich selbst – als Dichter wie als Komponist. Und er war zweimal verheiratet: mit reformierten Prinzessinnen.

1605 konvertierte er zum Calvinismus: Dem heiligem Wort des Herrn wollte er fortan Geltung verschaffen – rein und »sonnenklar« (sein Lieblingswort!), und ungetrübt von dumpfen, widervernünftigen Gedanken der »Lutherani« mit ihrer »abscheulichen« Allenthalbenheit des Leibes Christi.

Moritz steckte in einer offensichtlichen Zwickmühle: Rechtlich war sein Territorium auf das (lutherische) Augsburger Bekenntnis festgelegt, gern aber hätte er den Calvinismus in seinem Territorium Hessen-Kassel ganz offiziell eingeführt. Allein, ihm waren die Hände gebunden.

Also musste er auf Abhilfe sinnen. Er erließ so genannte »Verbesserungspunkte«. Mit Bedacht wählte er diese Formulierung: Von der lutherischen Konfession sollte nicht gewichen werden – nein, sie sollte nur »verbessert« werden. Aber diese »Verbesserungspunkte« hatten es allemal in sich, denn sie verfügten:

- das Verbot der Disputationen über die Ubiquität Christi,
- die Zählung der Zehn Gebote nach biblischem Wortlaut (also nicht mehr nach Luthers Kleinem Katechismus) und
- die Darreichung von Brot statt Hostien beim Abendmahl.

Theologisch mag man diese »Verbesserungspunkte« als Adiaphora ansehen, aber sie waren konfessionell alles andere als indifferent. Gerade in den »Äußerlichkeiten« des zweiten und dritten Punktes wird die konfessionelle – reformierte – Festlegung offensichtlich.

Der Bildersturm als Konsequenz aus dem zweiten Verbesserungspunkt, der das Bilderverbot hervorhob, hat vor allem in Niederhessen unübersehbare Spuren hinterlassen. Doch es gab auch Widerstand – und zwar vor allem im lutherischen Marburg und Schmalkalden. 1607 musste die Synode die durchgeführten Eingriffe des Landesherrn gutheißen. Moritz war ein wesentliches Stück auf dem Weg hin zu den Reformierten vorangekommen. Als dann hessische Delegierte 1618/19 an der Synode im niederländischen Dordrecht teilnahmen, war dies fast zwangsläufig und folgerichtig Ausdruck der Zuwendung zum reformierten Bekenntnis.

Freilich sollte es nicht lange dabei bleiben! Das lutherische Hessen-Darmstadt seinerseits strengte eine sogenannte »Reichsexekution« gegen Hessen-Kassel mit der Begründung an, dieses sei vom bisherigen Religionsstand abgewichen. Moritz musste dem äußeren Druck weichen und abdanken. Anschließend kam es in Oberhessen, das darmstädtisch besetzt wurde, zur ausdrücklichen Wiederherstellung des

Zustands vor 1605, also vor den »Verbesserungspunkten«: Die Pfarrer wurden wieder auf die CA und auch auf weitere lutherische Bekenntnisse verpflichtet.

Erst der Westfälische Friede 1648 brachte Klarheit in die verworrene Situation: Die reformierten Niederhessen wurden – wie die Reformierten insgesamt – als »Verwandte der Augsburgischen Konfession« reichsrechtlich anerkannt. Zugleich aber erhielt das marburgische Oberhessen die Garantie der »evangelisch-lutherischen Religionsausübung [...] in Lehre und Ceremonien«. Das bedeutete: Mitte des 17. Jahrhunderts existieren in der Landgrafschaft Hessen-Kassel zwei Konfessionsgemeinschaften nebeneinander, aber räumlich weitgehend getrennt. Von konfessioneller Identität der Landeskirche konnte also keine Rede sein, eher von konfessioneller Parallelität – und dies wohlgemerkt unter dem gleichen Landesherrn als Summepiscopus.[4]

5. Das 19. Jahrhundert: Konfession und Union

Wir vollziehen einen Sprung in das beginnende 19. Jahrhundert. Pietismus und Aufklärung hatten ihren Beitrag zur Nivellierung der hergebrachten kirchlichen Bekenntnisse geleistet. Die Zeit schien geradezu reif, die als hinderlich empfundenen Abgrenzungen zu überwinden. Was lag näher, als das Reformationsjubiläum 1817 dazu zu nutzen! Eine ganze Anzahl von Unionen wurden durchgeführt – manche gegen erbitterten Widerstand, andere freudig begrüßt.

Eine davon entstand auf dem Territorium Kurhessens, das 1736 die Grafschaft Hanau-Münzenberg eingegliedert hatte. Dort gab es auf dem gemeinsamen Gebiet lutherische und reformierte Gemeinden – und dazu für beide in Hanau je ein Konsistorium. 1818 wurde die Union in Hanau feierlich besiegelt, die man später als »Buchbinder-Union« charakterisierte, weil in der Folge Luthers Kleiner Katechismus sowie der Heidelberger Katechismus in einem gemeinsamen Bändchen verlegt wurden.

Aufschlussreich ist ein kurzer Auszug aus der Synodalrede des lutherischen (!) Superintendenten Friedrich August Vulpius, der sich darüber ausließ, dass die Auffassungsunterschiede im Abendmahl längst bedeutungslos seien und dann fortfuhr: »*Und wenn nun einmal*

---

[4] Für den Landgrafen Carl war es deshalb 1685 auch überhaupt kein konfessionelles Problem, in der Landgrafschaft (und hier vornehmlich in Niederhessen) hugenottische Flüchtlinge aufzunehmen. Ausdrücklich konnte deren »reformierte Confession« betont werden, was ihnen den Status der geschützten CA-Verwandten einbrachte.

Christen das heilige Abendmahl würdig genießen und dadurch an dem Leib und Blut Jesu und an dem durch ihre Aufopferung errungenen Segen Anteil bekommen, kann dann daran so viel gelegen sein, ob das bei ihnen unmittelbar oder vielmehr nur mittelbar geschieht und was sie von beiden glauben? Können sie sich nicht alsdann, wenn nur wirklich diese Teilnahme erfolgt, damit begnügen lassen, ohne sich deswegen von anderen evangelischen Christen, die nicht so wie sie darüber denken, die nicht eines gleichen, sondern vielmehr verschiedenen Glaubens und Überzeugung sind, völlig zu trennen und ohne sich berechtigt zu halten, ob sie gleich in allen übrigen für wesentlich geachteten Religionslehren mit ihnen übereinstimmen.«[5]

Wieder klingt das »ökumenische Modell« an, das in Marburg 1529 noch undenkbar schien: Versöhnung der Verschiedenheit (bei einer insgesamt zurücktretenden Bedeutung der Lehrunterschiede).

Es ist das Schicksal der Unionsbemühungen im früheren 19. Jahrhundert, das sie insgesamt nicht die Vereinigung der lutherischen und reformierten Konfession zur Folge hatten, sondern neben beide etwas Drittes setzten – gewissermaßen eine dritte Konfession. So auch im Kurfürstentum Hessen: Da gab es nun ein reformiertes Konsistorium in Kassel, ein lutherisches in Marburg und ein uniertes in Hanau. Die konfessionelle Verwirrung war komplett. Und der Kurfürst hütete sich – von den preußischen Erfahrungen gewarnt–, im ganzen Kurfürstentum die Union durchführen zu wollen. Sie blieb territorial auf das Hanauer Gebiet begrenzt.

Es gab in Kurhessen also keine Konsensunion, wie sie exemplarisch 1821 im Großherzogtum Baden durch eine »Unionsurkunde« vollzogen wurde.[6] Die Grunddifferenz in der Abendmahlslehre wurde in Baden durch ein in der Unionsurkunde enthaltenes »Lehrbuch« neu formuliert (§ 5). Ebenso wurden Liturgie, Verfassung und Kirchengemeindeordnung in der Unionsurkunde einheitlich geregelt (§§ 6-8).

In der aktuellen Grundordnung der Evangelischen Landeskirche in Baden heißt es:

»Sie anerkennt, gebunden an die Unionsurkunde von 1821 und ihre gesetzliche Erläuterung von 1855, namentlich und ausdrücklich das

---

[5] Zitiert nach: Kirchenunionen im 19. Jahrhundert, hg. v. GERHARD RUHBACH, Gütersloh [2]1968, 72-79, hier: 77.

[6] Vgl. die »Urkunde über die Vereinigung beider Evangelischer Kirchen in dem Großherzogtum Baden vom 26. Juli 1821«, Reg.Bl. 1821, Beil. zu Nr. XVI, Rechtssammlung der Evangelischen Kirche in Baden Nr. 800.200 (www. kirchenrecht-ekiba.de/showdocument/id/4105; Stand: 14.02.2013).

Augsburger Bekenntnis als das gemeinsame Grundbekenntnis der Kirchen der Reformation, sowie den kleinen Katechismus Luthers und den Heidelberger Katechismus nebeneinander, abgesehen von denjenigen Katechismusstücken, die zur Sakramentsauffassung der Unionsurkunde in Widerspruch stehen.«[7]

Als Preußen 1866 auch Kurhessen annektierte, blieb es bei dem beschriebenen Zustand. Befürchtungen, Preußen würde in den neuen Provinzen die Union zwangsweise einführen, bewahrheiteten sich nicht. Aber Preußen war auf Vereinheitlichung der Verwaltung aus. Und drei Konsistorien in einem verhältnismäßig kleinen Gebiet – das war in preußischen Augen reiner Luxus. Also sollten die Konsistorien zu einem Gesamtkonsistorium zusammengelegt werden.

Diese Verwaltungsmaßnahme, 1872 vollzogen, wurde von ihren Gegnern völlig anders gedeutet: Hier werde die Union gewissermaßen auf kaltem Weg eingeführt, war ihre Auffassung. Ein gemeinsames Konsistorium sei ein Eingriff in den rechtlich garantierten Bekenntnisstand. Vor allem aus Niederhessen kamen die Proteste, die sich auf die konfessionellen Entwicklungen des 16. und 17. Jahrhunderts beriefen: Nie sei in Hessen die CA aufgehoben worden, stets habe man sie – selbst Landgraf Moritz eingeschlossen! – gewahrt. Das Gesamtkonsistorium stelle daher einen unerlaubten staatlichen Eingriff in die Eigenrechte der hessischen Kirche dar.

Es entspann sich der hessische Kirchenkampf des 19. Jahrhunderts. Alle Pfarrer, die sich nicht dem Gesamtkonsistorium unterstellten, mussten zwangsweise ihre Pfarrhäuser räumen. 43 waren es – eine beträchtliche Anzahl –, die sich dem Gesamtkonsistorium versagten und die bitteren Folgen der Entlassung auf sich nahmen – und mit ihnen an die 3.000 Gemeindeglieder. Das war der Beginn der »Hessischen Renitenz« – ein trauriges Kapitel innerhalb der Geschichte des evangelischen Staatskirchentums.

Als 1886 in Hessen-Kassel die Presbyterial- und Synodalordnung in Kraft trat, zeigte schon deren Titel, dass der Gedanke einer Union ad acta gelegt war. Man versteht die Formulierung in ihrer Verschachtelung nur auf dem Hintergrund der historischen Entwicklungslinien: Die Ordnung galt nämlich »für die evangelischen Kirchengemeinschaf-

---

[7] Vorspruch der Grundordnung der Evangelischen Landeskirche in Baden vom 28. April 2007, Art. 4 (www.kirchenrecht-ekiba.de/showdocument/id/25913; Stand: 14.02.2013).

ten (die reformirte, die lutherische und die unirte) im Bezirke des Konsistoriums zu Cassel«.

Der preußische König Wilhelm I. sanktionierte sie Ende 1885, nicht ohne ausdrücklich darauf hinzuweisen:

»Der Bekenntnißstand in den genannten Kirchengemeinschaften und in den dazu gehörenden Gemeinden wird durch die Ordnung, wie Ich ausdrücklich erkläre, nicht berührt und eine Änderung dieses Bekenntnißstandes damit in keiner Weise bezweckt.«[8]

Es existierte also eine gemeinsame Kirchenverwaltung für drei bekenntnismäßig geschiedene Kirchengemeinschaften, aber es war keine gemeinsame Kirche vorhanden. Und die einzelnen Kirchengemeinschaften wachten argwöhnisch auf ihren Rechten. Ordinationen waren selbstverständlich konfessionell gebunden, und ebenso gab es seit 1896 drei Agenden im »Bezirk des Konsistoriums« – alle übrigens mit der Confessio Augustana als Grundbekenntnis!

In der konfessionellen Landschaft Deutschlands war das ein Sonderfall. Von einer landeskirchlichen Identität zu sprechen, verbot sich. Die Identität hatte sich seit Ende des 16. Jahrhunderts fortlaufend aufgesplittert und separiert.

6. Das 20. Jahrhundert: Gemeinsame Identität

Eine Zäsur in dieser Entwicklung bedeutete das Jahr 1918. Erstmals waren die evangelischen Landeskirchen herausgefordert, sich selbst eine Verfassung zu geben – ohne die Einwirkung oder Mitwirkung des Landesherrn. In die neue Zeit hinübergerettet wurde der territoriale Bestand, wogegen die bisherigen Organisationsstrukturen weitgehend neu begründet werden mussten.

Die kurhessische Kirchenverfassung von 1923/24 nahm überraschend viele Anleihen bei den neuen demokratischen Verfassungen. Die Veränderungen, die das konfessionelle Moment betreffen, spiegeln sich im Vorspruch der Verfassung und den einleitenden »Allgemeinen Bestimmungen« wider, wonach nun allein die *Gemeinden* die Trägerinnen des Bekenntnisses und der entsprechenden Konfessionsbezeichnung sind.

---

[8] Zitiert nach: MARTIN HEIN, Was heißt: »... in der Vielfalt der überlieferten Bekenntnisse der Reformation zu einer Kirche zusammengewachsen«? (1990), in: DERS., Weichenstellungen der evangelischen Kirche im 19. und 20. Jahrhundert. Beiträge zur Kirchengeschichte und Kirchenordnung, Berlin / New York 2009, 209-228, hier: 223.

Während sich also auf der Ebene der Gemeinden keine Vereinheitlichung abzeichnete, wurde auf Ebene der Landeskirche dieser Schritt vollzogen. »Evangelisch« lautete der Sammelbegriff, der alles vereinigte, was im Gebiet und unter dem Dach der Landeskirche gab – und das waren evangelisch-reformierte, evangelisch-lutherische, evangelisch-unierte Kirchengemeinden und evangelische Gemeinden ohne weitere Konfessionsbezeichnung.

Die Erfahrungen des Kirchenkampfes und der Nachkriegszeit ließen über dem Trennenden der evangelischen Konfessionen das Gemeinsame entdecken. Kanzel- und Abendmahlsgemeinschaft war längst selbstverständlich geworden und wurde auch praktiziert. In den 1960er Jahren stand außer Frage, was fünfzig Jahre zuvor noch völlig strittig war: dass diese Landeskirche eine *Kirche* bilde.

In der Präambel der Grundordnung von 1967 heißt es denn auch folgerichtig:

»(1) Die Evangelische Kirche von Kurhessen-Waldeck ist gerufen zum Dienst am Evangelium von Jesus Christus, das in der Botschaft der Heiligen Schrift gegeben und im Bekenntnis der Reformation bezeugt ist. [...]

(3) Sie ist vor allem durch das Augsburgische Bekenntnis und die von ihm aufgenommenen altkirchlichen Symbole geprägt und in der Vielfalt der überlieferten Bekenntnisse der Reformation zu einer Kirche zusammengewachsen.«[9]

Es war kein innerevangelisches Modell von Ökumene geplant, aber es ist dazu gekommen! Es stand auch kein neues Bekenntnis als Vorbedingung an, sondern *das* (!) Bekenntnis der Reformation wurde erneuert! Es musste auch nichts – wie etwa bei Philipps Anstrengungen im 16. Jahrhundert – mühevoll zusammengeführt werden, sondern nun war zusammengewachsen, was zusammengehört.

Wer also fragt, was denn die Evangelische Kirche von Kurhessen-Waldeck sei – und das ist eine Frage von Bekenntnis und Identität! –, dem muss nicht verlegen geantwortet werden, wir seien eben nicht ganz lutherisch und auch nicht mehr reformiert, uniert seien wir aber auch nicht, sondern dem kann schlicht und ergreifend gesagt werden: Wir sind evangelisch! Dies entspricht der Tendenz, die schon Landgraf Philipp angelegt hatte.

---

[9] Präambel der Grundordnung der Evangelischen Kirche von Kurhessen-Waldeck vom 22.05.1967 (www.kirchenrecht-ekkw.de/showdocument/id/17610; Stand: 14.02.2013). Wiewohl die Präambel die altkirchlichen Bekenntnisse sowie die CA explizit nennt, sollte man statt von einem »Bekenntnisstand« sachgemäßer – und auch offener – von einer »Bekenntnisgrundlage« sprechen.

7. Leuenberg und die EKD: Statt versöhnter »Verschiedenheit« versöhnte »Gemeinschaft«

Es war auf dem Hintergrund dieser Geschichte und Bekenntnisentwicklung nur konsequent, dass die Evangelische Kirche von Kurhessen-Waldeck die Leuenberger Konkordie alsbald nach deren Verabschiedung 1973 (als zweite Kirche überhaupt!) unterzeichnete. Die Leuenberger Konkordie kann in der Tat als die logische Fortsetzung der Entwicklung seit Marburg 1529 angesehen werden. Es führt eine verborgene Linie vom 15. Marburger Artikel zu den Abschnitten 18 und 19 der Leuenberger Konkordie von 1973!

1529 formulierte man den Konsens über den Dissens: *»Und obwohl wir uns andererseits dieses Mal nicht geeinigt haben, ob der wahre Leib und das wahre Blut Christi leiblich in Brot und Wein sei, so soll doch jede Partei der anderen, soweit es das Gewissen nur zulässt, christliche Liebe erweisen, und beide Parteien Gott den Allmächtigen fleißig bitten, dass er uns durch seinen Geist das richtige Verständnis bestätigen wolle. Amen.«*

1973 lautete der gefundene Konsens: *»18 Im Abendmahl schenkt sich der auferstandene Jesus Christus in seinem für alle dahingegebenen Leib und Blut durch sein verheißendes Wort mit Brot und Wein. So gibt er sich selbst vorbehaltlos allen, die Brot und Wein empfangen; der Glaube empfängt das Mahl zum Heil, der Unglaube zum Gericht.*

19 Die Gemeinschaft mit Jesus Christus in seinem Leib und Blut können wir nicht vom Akt des Essens und Trinkens trennen. Ein Interesse an der Art der Gegenwart Christi im Abendmahl, das von dieser Handlung absieht, läuft Gefahr, den Sinn des Abendmahls zu verdunkeln.«[10]

Dieser Schritt zu einem die alten innerprotestantischen Lehrdifferenzen über die Gegenwart Christi im Abendmahl überwindenden gemeinsamen Verständnis wurde entscheidend. Die daraus folgende Kanzel- und Abendmahlsgemeinschaft – die de facto schon vorher praktiziert worden war – hat eine einheitlichere öffentliche Wahrnehmung des Protestantismus in Deutschland befördert.

Das führt zu der Frage, ob und woran man im heutigen kirchlichen Leben erkennen kann, ob eine Kirche oder Kirchengemeinde in besonderer Weise konfessionell geprägt ist. An erster Stelle ist sicher das gottesdienstliche Leben zu nennen. Hier sind es für viele evangelische Christinnen und Christen die Gottesdienstbesuche am Urlaubsort, die Differenzerfahrungen hervorrufen: Wer einen Gottesdienst der Evange-

---

[10] www.leuenberg.eu/sites/default/files/media/pdf/Publications/Konkordiede.pdf; Stand: 14.02.2013.

lisch-lutherischen Kirche in Bayern gewohnt ist und sich in einem reformierten Gottesdienst in Ostfriesland wiederfindet, wird den Unterschied gewiss bemerken – und gegebenenfalls auch als *konfessionellen* Unterschied identifizieren. Dabei gilt es allerdings zu konstatieren, dass wir ohnehin eine Ausdifferenzierung der Gottesdienstformen erleben, die solche Differenzerfahrungen auch innerhalb einer einzelnen Kirche möglich macht – und das relativiert ein wenig die konfessionelle Bedeutung.

Ein zweiter Aspekt, der konfessionelle Unterschiede sichtbar macht, ist die Verfassung einer Kirche. Ob eine Kirche eher episkopal oder eher synodal-presbyterial verfasst ist, ist einerseits eine Frage der Nomenklatur. Das zeigt sich beispielsweise an der Bezeichnung der Leitenden Geistlichen, die wahlweise Kirchenpräsidenten, Präses, Schriftführer oder auch Bischof heißen. Es zeigt sich weiterhin auf der Ebene der Gemeinden, die von Presbyterien, Kirchengemeinderäten oder Kirchenvorständen geleitet werden. Über die Nomenklatur hinaus gibt es konfessionelle Unterschiede in der Zuordnung der verschiedenen Leitungsämter zueinander. Es ist ein Unterschied, ob in einer episkopal strukturierten Kirche ein Bischof ein eigenes Leitungsamt mit eigenen Kompetenzen besitzt, oder in einer presbyterial-synodal verfassten Kirche die Präses der Synode gleichzeitig die Leitende Geistliche ist. Ob und inwieweit solche Unterschiede in der öffentlichen Wahrnehmung als konfessionelle Unterschiede wahrgenommen werden, wird man fragen dürfen. Unter den Bedingungen der Mediengesellschaft, in der unter »Kirche« vor allem die römisch-katholische verstanden wird, habe ich da einige Zweifel.

Auf die Frage nach ihrer Konfession würden sicher die allermeisten Gemeindeglieder in Kurhessen-Waldeck schlicht »evangelisch« antworten. Dabei erleben uns Gäste von außerhalb – insbesondere in unserem gottesdienstlichen Leben – insgesamt eher als lutherisch. Und die meisten ökumenischen Partnerkirchen Kurhessen-Waldecks sind Mitgliedskirchen im Lutherischen Weltbund.

Zwar gibt es nach wie vor Gemeinden, die die Konfessionsbezeichnungen »lutherisch«, »reformiert« oder »uniert« im Namen und im Siegel führen und dies weiterhin tun können. Und natürlich sieht man vielen Kirchengebäuden ihren konfessionellen Ursprung an: Das gilt insbesondere für die Hugenottenkirchen in unserem Kirchengebiet. Aber selbst dort stehen inzwischen Kerzen und ein Kreuz (oft auch mit Corpus) auf dem Altar, der den ursprünglichen Abendmahlstisch ersetzt hat. Nur wenige Kirchengemeinden haben ein explizit konfessionelles Profil – und das in einem besonderen Fall sogar gegen die ursprüngliche bekenntnismäßige Bestimmtheit: Ausgerechnet die evangelisch-reformierte Gemeinde der Universitätskirche in Marburg war 1931 der Geburtsort der Michaelsbruderschaft und ist bis heute Heimstatt der Evangelischen Messe und der Berneuchener Bewegung.

Die Verfassungsentwicklung der kurhessischen Kirche und die gemeindliche Realität sind also mit der Konfessionsbezeichnung »evangelisch« ebenso sachgemäß wie nach vorne hin offen beschrieben. Mitnichten handelt es sich bei »evangelisch« um einen defizitären oder nicht hinreichend genug bestimmten Begriff. Ihm gehört vielmehr die Zukunft!

Abschnitt 29 der Leuenberger Konkordie formuliert: *»Kirchengemeinschaft im Sinne dieser Konkordie bedeutet, dass Kirchen verschiedenen Bekenntnisstandes aufgrund der gewonnenen Übereinstimmung im Verständnis des Evangeliums einander Gemeinschaft an Wort und Sakrament gewähren und eine möglichst große Gemeinsamkeit in Zeugnis und Dienst an der Welt erstreben.«*[11]

Damit konstatiert die Leuenberger Konkordie den erreichten Konsens »im Verständnis des Evangeliums«. Wenn es nach CA VII zur wahren Einheit der Kirche genügt, »dass das Evangelium einträchtig im reinen Verständnis gepredigt und die Sakramente dem göttlichen Wort gemäß gereicht werden«, dann ist festzuhalten, dass genau dieser von der CA geforderte Konsens in der Leuenberger Konkordie ausdrücklich in Bezug auf das Evangelium (Ziffer 6-12) wie das Abendmahl (Ziffer 15-20) festgehalten ist.

Dieser längst erreichte Konsens in der entscheidenden Grunddifferenz der Reformation lässt aktuell fragen, welche Bedeutung die konfessionellen Unterschiede (»verschiedener Bekenntnisstand«) eigentlich noch haben bzw. haben können, wenn es eine klare und gemeinschaftlich ausgedrückte Übereinstimmung im Wesentlichen und Grundlegenden, nämlich »im Verständnis des Evangeliums« gibt! Die etablierte Rede von der »versöhnten Verschiedenheit«, die selbst noch die Feierlichkeiten zum 40-Jährigen Jubiläum der Leuenberger Konkordie bestimmt, ist dann irreführend! »Leuenberg« entfaltet keine »versöhnte Verschiedenheit«, sondern begründet eine »versöhnte *Gemeinschaft*«!

Wenn aber die tradierten Bekenntnistexte heute nicht mehr kirchentrennend sind, schließt sich die weitere Frage an: Was hindert es, zumindest in Deutschland auch gemeinsam »Kirche« zu werden – sei es

---

[11] A.a.O.

als gestärkter »Kirchenbund« oder – wie es die EKD-Synode schon 1970 beschlossen hatte – als »Bundeskirche«?

Mein Plädoyer ist eindeutig: Ohne die historisch gewachsene konfessionelle Prägung von Gemeinden und EKD-Gliedkirchen zu leugnen oder zu nivellieren, ist – wie das Beispiel der Evangelischen Kirchen von Kurhessen-Waldeck zeigt – auch eine gemeinsame Evangelische Kirche in Deutschland als »Kirche« möglich.

Und wie steht es mit der Frage eines gemeinsamen expliziten Bekenntnisses? Drei Optionen zeigen sich mir gegenwärtig:

a. Auf die Nennung einer gemeinsamen Bekenntnisgrundlage, die mehr ist als nur eine verfassungsmäßige Beschreibung des Ist-Zustandes unterschiedlicher konfessioneller Prägungen, wird ausdrücklich verzichtet. Die jeweiligen Bekenntnistexte sind für die weiterhin bestehenden Teilkirchen der EKD bestimmend. Dies wäre eine rein pragmatische Lösung, die aber davon ausgehen könnte, dass sich die gelebte Gemeinsamkeit allmählich auch lehrmäßig durchsetzt.
b. Die Confessio Augustana bildet die gemeinsame explizite Bekenntnisgrundlage der EKD. Dieser Vorschlag – wiederholt von Gunther Wenz vorgetragen[12], aber schon 1946 von Wilhelm Maurer in die Debatte gebracht[13] – verbleibt letztlich immer noch in einer konfessionellen Engführung. Diese ist selbst dann gegeben, wenn die Aufnahme der CA in ausdrücklicher Verbindung und gemeinsam mit der Barmer Theologischen Erklärung geschähe.
c. Die Leuenberger Konkordie wird in den Passagen, die sich zu den konfessionellen Differenzen äußern und diese explizit (!) überwinden, zur gemeinsamen Bekenntnisgrundlage der EKD. Das würde einen Funktionswandel der Leuenberger Konkordie über ihre ursprüngliche Intention hinaus bedeuten: Wir entdecken sie als nach vorne ausgerichtet. Nach vierzig Jahren der Erfahrungen von Kirchengemeinschaft scheint es mir an der Zeit, über solch einen Schritt nachzudenken und ihn dann auch zu gehen.

---

[12] Vgl. Gunther Wenz, Die Confessio Augustana als evangelisches Grundbekenntnis? Ein Beitrag zur Strukturdebatte der EKD, in: Soll das Augsburger Bekenntnis Grundbekenntnis der Evangelischen Kirche in Deutschland werden? Ein Votum der Kammer der Evangelischen Kirche in Deutschland für Theologie, Hannover 2009, 19-30 (EKD-Texte 103).

[13] Vgl. Wilhelm Maurer, Ende des Landeskirchentums?, in: Ders., Die Kirche und ihr Recht. Gesammelte Aufsätze zum evangelischen Kirchenrecht, hg. v. Gerhard Müller / Gottfried Seebass, Tübingen 1976, 449-473, hier: 472f.

Der protestantische Gestaltungsimpetus in der Entwicklung interkultureller Gesellschaften

Die folgenden Ausführungen gehen von der These aus, dass es einen protestantischen, und um es zuzuspitzen, was damit intendiert ist: einen typisch protestantischen Gestaltungsimpetus in der Entwicklung interkultureller Gesellschaften gibt. Die Begründung dieser Annahme möchte ich in vier Schritten entfalten. Ich greife dazu – vielleicht überraschend – auf mir historisch signifikant erscheinende Beispiele zurück. Das entspricht meiner eigenen Verortung in einer bestimmten theologischen Disziplin: der Christentumsgeschichte.[1]

Gut evangelisch ist es, zur Klärung von Fragen gesellschaftlicher Relevanz die Bibel zu konsultieren – im konkreten Fall den Römerbrief. Natürlich geht es nicht darum, hier »Patentrezepte« zu finden und deckungsgleich in die Gegenwart zu übertragen. Aber wir treffen im zeitgeschichtlichen Kontext auf Ansätze der Auseinandersetzung mit einer Umwelt, die ihrerseits multireligiös bestimmt war: Die frühen christlichen Gemeinden (die in Rom zumal!) suchten nicht den »Clash of Civilisations« (Samuel Huntington) – dazu waren sie viel zu klein und unbedeutend –, sondern ergriffen, wenn auch zunächst widerstrebend, die Chance, aus einer im eigenen Glauben begründeten kritischen Distanz sich in die jeweilige Kultur hineinzubegeben und diese allmählich von innen heraus mit zu gestalten.

In einem zweiten Schritt möchte ich spezifizieren, wie sich aus dem Geschehen der Reformation ein »protestantischer Gestaltungsimpetus« begründen lässt und wie sich dieser artikuliert. Dazu werfe ich einen Blick in die Invokavitpredigten Martin Luthers, die bis heute ein Muster für die Klärung religiöser Konflikte sind. Den Hintergrund bildet meine Einschätzung, dass die Reformation zu allererst eine Bildungsbewegung darstellte, deren Impulse bis heute wirksam sind: »Befriedung durch Bildung und Aufklärung« lautet denn auch das entsprechende Kapitel.

---

[1] Zum Begriff »Christentumsgeschichte« vgl. etwa das Programm der von Jochen Christoph Kaiser mit herausgegebenen Reihe »Konfession und Gesellschaft«, abgedruckt u. a. in: Kurt Nowak, Kirchliche Zeitgeschichte interdisplizinär. Beiträge 1984-2001, hg. v. Jochen-Christoph Kaiser, Stuttgart 2002, Vorblatt; dazu aber kritisch: Wolf-Dieter Hauschild, Konfliktgemeinschaft Kirche, Göttingen 2004, 35-37.

Was den gesellschaftlichen Gestaltungsimpetus ausmacht und was der Protestantismus hier einbringen kann, werde ich an zwei Beispielen aus dem 19. und 20. Jahrhundert verdeutlichen: an Friedrich Schleiermacher und am so genannten »Freiburger Kreis«.

Schleiermachers Religionsbegriff erscheint mir, weil er eine anthropologische Konstante beschreibt, als »Plattform« für ein interreligiöses und interkulturelles Gespräch und für die Anknüpfung an gesellschaftliche Diskurse als besonders geeignet und macht derzeit wieder Karriere. Als Reaktion auf die Aufklärung erkannte Schleiermacher bereits zu Beginn des 19. Jahrhunderts die Notwendigkeit, Lebensäußerungen und Kulturkreise wertfrei aufeinander zu beziehen. Er entwarf eine erste Diskurstheologie, die eine oft überraschende Nähe zu den modernen Diskurstheorien aufweist und deren geheimes protestantisches Erbe erhellt.

In einem weiteren Schritt komme ich paradigmatisch auf die Einsichten und Aktivitäten des »Freiburger Kreises« zu sprechen, der als eine Runde von Wirtschaftswissenschaftlern, Theologen und Wissenschaftlern weiterer Disziplinen unter dem Eindruck der nationalsozialistischen Herrschaft die Fragen nach einer menschenwürdigen Gesellschaft stellte und in bis heute wegweisender Weise beantwortete: Der wirtschaftliche Ausgleich ist als Voraussetzung des gesellschaftlichen Friedens überhaupt zu verstehen. Mit dieser Auffassung wurde eine der Grundlagen der späteren »sozialen Marktwirtschaft« gelegt, die hier ihre protestantischen Wurzeln offenlegt.

Zum Schluss fasse ich in knappen Thesen zusammen, was das »typisch Protestantische« sein könnte und wie es in den gegenwärtigen Diskurs dergestalt einzubringen wäre, dass es nicht nur als Impetus, sondern als Impuls wahrgenommen wird, eine interkulturelle Gesellschaft zu ermöglichen, die Frieden und Freiheit wenn schon nicht garantieren, so aber doch als Rahmen eines möglichst gelingenden Zusammenlebens bereitstellen kann.

1. »Ist's möglich, soviel an euch liegt, so habt mit allen Menschen Frieden« (Römer 12,18): Die christliche Friedensbotschaft in der multikulturellen spätantiken Gesellschaft

Dieser Satz des Paulus ist an eine Gemeinde adressiert, die wie keine andere den Zumutungen der multikulturellen spätantiken Welt ausgesetzt war. Neben Kulten der römischen Mythologie wurden der besonders unter dem Militär weit verbreitete Mithraskult sowie Mysterienkulte gefeiert. Ebenso gab es jüdische Synagogen. In religiöser Hinsicht war Rom ein wahrer Schmelztiegel. Die junge christliche Gemeinde stand von Anfang an insofern vor einer integrativen Herausforderung, als sie einen starken, konflikthaltigen internen und externen Pluralismus zu bewältigen hatte.[2] Auf diesem Hintergrund sind die Ermahnungen und Anweisungen des Paulus zu lesen – und dafür lohnt ein näherer Blick in das 12. Kapitel. Das Kriterium der integrativen Leistung der römischen Gemeinde nennt Paulus in V. 9: »Die Liebe sei ohne Falsch. Hasst das Böse, hängt dem Guten an.« Und das Gute, von dem hier die Rede ist, wird in den weiteren Paränesen konkret entfaltet: Es zeigt sich in gegenseitiger Hochachtung, Gastfreundschaft, Wertschätzung. Das alles ist als reine Binnenethik weder neu noch erstaunlich – und wohl auch kaum eine Zumutung. Doch dann wendet Paulus den Blick nach außen, wenn er in V. 14 schreibt: »Segnet, die euch verfolgen« – und damit es keinerlei Missverständnisse gibt, setzt er noch einmal nach: »Segnet und flucht nicht.« Segnen aber bedeutet, selbst dem Bedränger das Bestmögliche zu wünschen und ihn allein der Gnade Gottes anzubefehlen.

---

[2] Einen guten Überblick über die Situation der jüdischen Gemeinden zur Zeit der Abfassung des Römerbriefes gibt Jürgen Becker, Paulus. Der Apostel der Völker, Tübingen 1989, 351-358; den Hellenismus des Paulus schildert er anschaulich 59f. Ekkehard W. Stegemann analysiert die Situation mit Hilfe der Unterscheidung von »römischer Zivilreligion« (die vor allem als »Imperiums-Religion« in Erscheinung trete) und »politischem Messianismus« der christlichen Bewegung. Vgl. Ekkehard W. Stegemann, Politischer Messianismus und römische ›Zivilreligion‹, in: Ekkehard W. Stegemann (Hg.), Paulus und die Welt. Aufsätze, hg. v. Christina Tuor / Peter Wick, Zürich 2005, 169-191. Im Grunde aber ist die heidnische Lebenswelt, in die hinein sich die christliche Gemeinde in Rom entwickelt, bisher erstaunlich wenig bei der Auslegung des Römerbriefes berücksichtigt worden. Klaus Haacker erwägt vorsichtig, »inwieweit die Besonderheiten des Römerbriefes im Vergleich mit anderen Paulusbriefen auf den Versuch einer Kontextualisierung des Evangeliums im römischen Milieu zurückzuführen sind«. Vgl. Klaus Haacker, Der Brief des Paulus an die Römer (Theologischer Handkommentar zum Neuen Testament, Bd. 6), Leipzig 3. verb. und erw. Aufl. 2006, 14. Er bemerkt: Die »Dominanz der *Friedensthematik,* aber auch das Reden von der *Gerechtigkeit* an hervorgehobenen Stellen des Briefes könnten unerachtet anderer Gründe auch homiletisch bedingt sein. Paulus wird als römischer Bürger von Hause aus mit gewissen Grundbegriffen römischer Weltanschauung vertraut gewesen sein« (a.a.O., 14). Jürgen Becker klagt es als Desiderat der Forschung ein, dass nachvollzogen werden müsse, wie sich das Christentum im Kontext der antiken Religionen »sein eigenes Profil erarbeitete« und merkt zu Recht an, dass so eine Öffnung der neutestamentlichen Theologiegeschichte von großer Relevanz für die »Pluralismusdebatte und das interreligiöse Gespräch« sei. Vgl. Jürgen Becker, Theologiegeschichte des Urchristentums – Theologie des Neuen Testaments – Frühchristliche Religionsgeschichte, in: Cilliers Breytenbach / Jörg Frey (Hg.), Aufgabe und Durchführung einer Theologie des Neuen Testaments, Tübingen 2007, 115-133, hier: 117.

Was Paulus hier konkret entfaltet, begegnet uns in der Bergpredigt des Matthäusevangeliums als Gebot der Feindesliebe (Matthäus 6,44).[3] Und Feindesliebe ist mehr als Solidarität oder Erbarmen. Sie bedeutet im antiken Kontext den Verzicht auf Vergeltung und Rache. Paulus geht sogar noch einen Schritt weiter: »Vergeltet niemandem Böses mit Bösem, seid auf Gutes bedacht gegenüber jedermann.« (Römer 12,17) Nicht nur gegenüber den Gliedern der Gemeinde gilt also, was dann folgt, sondern auch gegenüber denen, die nicht zu Gemeinde gehören, ja sie womöglich bekämpfen: »Ist's möglich, soviel an euch liegt, haltet mit allen Menschen Frieden.«

»Mit allen Menschen«: Das ist eine geradezu universale Perspektive. Wie aber soll das gehen? Dass Paulus hier nicht einfach das Ignorieren kultureller Unterschiede meint, sondern sehr deutlich sieht, was diese Differenz bedeuten kann, zeigt sich im Fortgang seiner Ausführungen: Die Gefühle von Rache und Vergeltung und der Wunsch danach werden auf Gott übertragen. Er allein wird die Vergeltung vollziehen, und zwar auf eine Weise, die ihm überlassen bleibt.

Bis hierhin konnte man Paulus noch stoisch-kynisch missverstehen. Nun kommt mit der kreuzestheologisch begründeten Versöhnungslehre das spezifisch Christliche in den Blick.[4]

Selbstbeherrschung (Apatheia) und Unerschütterlichkeit (Ataraxia) reichen nämlich keineswegs aus, um eine Gesellschaft zu befrieden. Denn Frieden ist mehr als die bloße Vermeidung von Streit oder erst recht als der oktroyierte Frieden der Pax Romana. Frieden ist eine Gestaltungsaufgabe, die eines aktiven Handelns der Einzelnen bedarf.

Gottes Gnade, die im Kreuz Jesu Christi offenbar geworden ist und sich in der Vergebung der Sünde zeigt, findet Paulus zufolge im Handeln der Christen darin ihren Reflex, dass von ihnen konsequenter Weise erwartet werden kann: »Wenn dein Feind hungert, gib ihm zu essen, dürstet ihn, so gib ihm zu trinken.« Dieses Verhalten wiederum hat seinen Lohn in sich selber: »Wenn Du das tust, wirst Du feurige Kohlen auf sein Haupt sammeln.« (Römer 12,20) Damit ist nicht die klammheimliche Freude des Guttäters gemeint, sondern dahinter steht eine sozialethische Einsicht: Es werden öffentliche Standards des Handelns gesetzt, deren Nichtbefolgung alle, die sie einmal verstanden und

---

[3] In der Forschung wird »ein Einfluss der Jesustradition auf die Paränese des Römerbriefes« verstärkt diskutiert. Vgl. K. Haacker, a.a.O., 289.
[4] Vgl. a.a.O., 289.

erlebt haben, zutiefst beschämen.[5] Es ist eben schlicht unvernünftig, nicht so zu handeln, denn die Liebe ist vernünftig, weil sie aus Gott stammt. Das ist das Stichwort für das gesamte Kapitel 12: Sich in dieser Weise uneigennützig für das Gelingen des gemeinsamen Lebens in einer ausdifferenzierten, multikulturellen Gesellschaft einzusetzen, ist »vernünftiger Gottesdienst« (Römer 12,1).[6]

Paulus zeigt sich davon überzeugt, dass nicht bloß die christliche Gemeinde, sondern ein Gemeinwesen durch Liebe befriedet und gestaltet werden kann – durch eine Liebe freilich, die statt eines universalen Gefühls kosmischer Empathie oder dergleichen ein hochkonkretes Verhalten meint: Aufeinander-zu-Gehen und Vergebung sind Abbild des hochkonkreten Handelns Gottes gegenüber uns Menschen, das uns zu diesem Tun erst befähigt.

»Soviel an Euch liegt, haltet Frieden!« Illusionslos nennt Paulus die Grenze, an der der christliche Friedens- und Versöhnungswille zu scheitern droht: »Es kann der Frömmste nicht in Frieden bleiben, wenn es dem bösen Nachbarn nicht gefällt.« (Friedrich Schiller, Wilhelm Tell, 4. Aufzug, 3. Szene) Wenn das der Fall ist, hilft wirklich nur zu beten (Römer 12,12), also Gott »ins Spiel« zu bringen und sich mit der eigenen Sache ihm anheimzustellen. Andernfalls droht die Gefahr, seinerseits dem Wunsch nach Rache und Vergeltung zu verfallen und so zu handeln, wie es der erfahrenen Gnade gerade nicht entspricht.

Konnte beim Propheten Jeremia der Appell »Suchet der Stadt Bestes!« (Jeremia 29,7) noch eher als eine pure Überlebensstrategie für die im babylonischen Exil lebende Oberschicht gedeutet werden, so beschreibt Paulus eine Strategie zur Gestaltung eines multikulturellen Gemeinwesens. Eine christliche Gesellschaft oder gar ein christlicher

---

[5] Das hat bei Paulus natürlich eine eschatologische Komponente, die aber auch in dieser Welt schon zum Tragen kommt. Demnach ginge es hier tatsächlich um mehr als nur um ertragende Toleranz, sondern sogar um ein aktives Raumgeben für das Gericht bzw. die Gnade Gottes. Vgl. a.a.O., 291f.

[6] Wilckens führt aus, dass Paulus mit dem Wort »vernünftig« (logikos) einen Begriff aus der stoischen Kultdeutung aufnimmt. Vgl. Ulrich Wilckens, Der Brief an die Römer (Römer 12-16) (Evangelisch-katholischer Kommentar zum Neuen Testament, Bd. VI/3), Zürich u. a. 1982, 4ff. Haacker resümiert, Paulus wähle eine Ausdrucksweise, die »in seiner Zeit und Umwelt [...] ausgesprochen ›modern‹ klingen musste«, weil er sowohl heidnische als auch jüdisch-hellenistische Gedanken zur Ethisierung des Kultes aufnehme. Vgl. K. Haacker., a.a.O., 283. Stegemann formuliert: »Der ›Kult‹ der Christen ist ihr Ethos (Römer 12,1f.).« Es sei gerade die Kultlosigkeit des Christentums gewesen, die den Argwohn auch der heidnischen Behörden geweckt habe. Vgl. E. W. Stegemann, a.a.O., 179.

Staat sind dabei nicht im Blick, nicht als reale Möglichkeit und noch nicht einmal als Vision – aber Paulus hat dafür den argumentativen Grundstein gelegt. Fortan wird der christliche Glaube die Welt nicht fliehen, sondern formen wollen, wie die folgenden Jahrhunderte zeigen. Nach den ersten, kläglich gescheiterten Versuchen des Entwurfs einer Gegenwelt oder doch einer deutlichen Abgrenzung macht sich das Christentum auf den Weg der Inkulturation, zeigt sich weltoffen und weltförmig, begibt sich in der Begegnung mit dem Geist der Spätantike in Transformationsprozesse hinein, die mitnichten einen Synkretismus, sondern vielmehr eine *Identitätsausweitung* darstellen.

Zugespitzt könnte man in der Konsequenz der Begegnung mit den Aussagen des Paulus Folgendes sagen: Der Grundimpetus des christlichen Glaubens ist die situative Inkulturation, nicht der »Clash of Civilisations«. Das bedeutet aber auch: Es gibt keine geistlich begründete, unveränderliche Methode der Weltgestaltung. Damit ist impliziert, sich stets Rechenschaft geben zu müssen, wie die Inkulturation in einen multikulturellen Kontext hinein geschehen kann und woran sie sich jeweils orientiert.

2. Reformatorische Impulse: Befriedung durch Bildung und Aufklärung

In der Reformation trafen Kulturen aufeinander.[7] Denn die Reformation ist als ein ungeheurer kultureller Wandel und Umbruch zu begreifen, der das gesamte Orientierungssystem der Menschen neu kalibrierte. Die Stützung des Glaubens durch eine hierarchische Organisation, die durch einen qua Tradition legitimierten Kult und eine über das Papstamt göttlich abgesicherte Lehre für Heilssicherheit zu sorgen vorgab, wurde ersetzt durch eine eigenverantwortliche, gewissensorientierte

[7] Thomas Kaufmann spricht explizit von »Konfessionskulturen«, um einem allzu einlinigen Verständnis der Reformation und der Konfessionalisierung entgegenzuwirken. Das betrifft vor allem auch die Frage nach der Entwicklung der Humanisierung und der Toleranz: »Nicht nur der frühmoderne Staat, auch die Konfessionskulturen und ihre maßgeblichen Identitätspropagandisten, die Theologen, durchliefen Lernprozesse, in deren Verlauf sie Ausbildung und Weiterentwicklung modernitätsspezifischer religiöser Toleranz sowohl beförderten als auch behinderten«. Vgl. Thomas Kaufmann, Konfession und Kultur. Lutherischer Protestantismus in der zweiten Hälfte des Reformationsjahrhunderts, Tübingen 2006, 15. Kaufmann bezieht dies auf die spätere Entwicklung, doch ist das keimzellenhaft schon in den noch näher zu betrachtenden Vorgängen in Wittenberg 1522 angelegt. Er betont, welch große Rolle Luther in der Entwicklung der lutherischen Konfessionskultur gespielt hat. Vgl. a.a.O., 19.

individuelle Gewissheit des zugesprochenen Heils, die sich unmittelbar aus der Heiligen Schrift und der sie auslegenden Predigt speist. Das ist die entscheidende Einsicht, die in dem viermaligen »solus« beziehungsweise »sola« zum Ausdruck kommt.

Handeln ist nicht die Voraussetzung für das individuelle Heil, sondern Konsequenz der Heilsgewissheit, die aus dem Vertrauen in die Wahrheit des Evangeliums erwächst, also aus dem Glauben kommt und sich als Liebe äußert. Dieses Handeln ist auf das Wohl des Nächsten ausgerichtet und entfaltet, trotz der individuellen Motivation, eine soziale Perspektive. In der Reformationszeit kommt es zu einer neuen Frömmigkeitskultur, die unabdingbar mit dem öffentlichen Leben verbunden ist. Evangelischer Glaube dringt auf gesellschaftliche Gestaltung und ist dafür auf Bildung angewiesen. Hier liegt einer der entscheidenden Gründe, weshalb es beispielsweise schon 1527 zur Gründung einer evangelischen Universität in Marburg kam. Man kann in diesem Zusammenhang durchaus von einem deutlichen frühneuzeitlichen Impuls sprechen, der auf gesellschaftliche Befriedung und Überwindung kultureller Schranken durch Bildung und Diskursfähigkeit hinausläuft.

Dass damit ein eminent protestantischer Impetus angesprochen ist, sei mit einem Blick in Luthers Invokavitpredigten von 1522 vertieft.

Eine der entscheidenden Konsequenzen der Reformation war die weitgehende und tiefgehende Entsakralisierung des Lebens als logische Folge der vier reformatorischen »Alleinstellungsmerkmale«. Über die Frage nach der wirksamen Gnade (»Wie kriege ich einen gnädigen Gott?«) gerieten erst der Ablass, über den Ablass das Papstamt und über die Frage nach dem Amt die Messfeier in das Zentrum der Aufmerksamkeit, bis Luther zu der Einsicht kam, dass die »babylonische Gefangenschaft« der Sakramente, des Abendmahls vor allem, der Kern des Übels sei – und dass der Einzelne wie die Obrigkeit in freiem Gehorsam und in gehorsamer Freiheit aufgerufen seien, diese Gefangenschaft zu beenden! Dies ist, kurz gefasst, der Ertrag der drei reformatorischen Grundschriften aus dem Jahr 1520.

Folglich stand neben der Herausgabe einer volkssprachlichen Bibel ganz wesentlich eine Kultreform auf der Tagesordnung. In Wittenberg kam es während Luthers Abwesenheit auf der Wartburg durch den Einfluss von Andreas Karlstadt zu einer intellektuellen Radikalisierung der Bewegung, die einen regelrechten Bildersturm und eine radikale Veränderung der Messpraxis zur Folge hatte, vor allem der lateinische

Kanon und die Elevation der Hostie wurden ersatzlos »getilgt«[8], liturgische Gewänder und Gegenstände wurden beseitigt. Die Entsakralisierung, die in Luthers Schriften deutlich eingefordert wurde, glaubte Karlstadt sachgemäß umzusetzen – ohne irgendwelche Rücksichten auf Gewissen oder sonstige Vorbehalte.[9]

Rein theologisch hatte man Luthers Schriften durchaus nicht falsch verstanden. Doch die sozialen Folgen waren verhängnisvoll. Der radikale Bildersturm erzeugte eine große Unsicherheit in der Frage, welches denn nun die richtige und angemessene Weise sei, Gottesdienst zu feiern, und belastete die Gewissen der »Schwachen« und verunklarte die Zuständigkeiten des weltlichen Regiments.[10] Man rief Luther um Rat, der sein Exil auf der Wartburg vorzeitig aufgab, um selbst in das Geschehen einzugreifen.

Die Reminiszenz an die Wittenberger Unruhen ist deshalb aufschlussreich, weil sie die von Luther in seinen Invokavitpredigten gewählte Argumentationsstrategie erkennen lässt. Diese ist gerade nicht auf Konfrontation ausgerichtet. Vielmehr entwirft Luther diskursiv werbend von dem archimedischen Punkt der Gewissheit aus Handlungsmöglichkeiten, die einen gesellschaftlichen Frieden erzeugen und es ermöglichen, besonnen nach einer neuen Gottesdienst- und Frömmigkeitskultur zu fragen. Luther findet zwischen einer ins Beliebige abdriftenden, indifferenten Toleranz und einem letztlich niemanden befriedigenden Kompromiss eine gelungene Perspektive: die Toleranz *»auf Zeit«.*[11]

---

[8] Vgl. Thomas Kaufmann, Geschichte der Reformation, Frankfurt am Main / Leipzig 2009, 384.

[9] Über die Reformation in Wittenberg und die Wittenberger Bewegung vgl. Th. Kaufmann, Reformation, 359-362 und 380-392. Bemerkenswert ist hierbei seine Feststellung, dass der Wittenberger Bildersturm weniger die Etablierung des Neuen, als vielmehr die Beendigung des Alten im Blick hatte: Bildzerstörungen »›warben‹ nicht primär für eine neue, reformatorische Glaubenspraxis, sie zogen vielmehr einen definitiven Schlussstrich unter das Alte« (a.a.O., 362). Das ist aber für die Gestaltung eines Gemeinwesens zu wenig! Kaufmann spricht angesichts der Überrumpelungstaktik und der demonstrativ neuen Haltung gegenüber der Hostie seitens Karlstadts von dessen »provokativ-desakralisierenden Manier« (a.a.O., 384).

[10] Vgl. a.a.O., 385.

[11] Mir ist bewusst, dass dies in dem Sinne missverstanden werden kann, als würde auf eine Toleranz *»auf Zeit«* von einem bestimmten Zeitpunkt an doch Intoleranz folgen. Es soll mit der Formulierung *»Toleranz auf Zeit«* aber eine Haltung gekennzeichnet sein, die in konfliktreichen Situationen die Kommunikation nicht einfach abbricht, sondern die Spannung toleriert – in der Erwartung, dass sich allmählich eine wie auch immer geartete Klärung ergibt bzw. herbeiführen lässt. Es ist, wenn man so will, eine ähnli-

Dabei mutet er den Konfliktbeteiligten Einiges zu, indem er ihnen einerseits einen prinzipiellen Konsens unterstellt und andererseits eine Lösung anstrebt, die für eine Übergangsphase auf gegenseitige Akzeptanz hinausläuft: konkret mit dem Ziel, die Messe und alles, was mit ihr zusammenhängt, eines Tages tatsächlich vollständig zu beseitigen – dies aber aus Einsicht, nicht durch Zwangsmaßnahmen, aus Überzeugung, nicht mit Rechthaberei.

Der Punkt der Gewissheit, von dem Luther ausgeht, ist die Rechtfertigung allein aus Glauben, die angesichts des individuellen Todes an existentiellem Ernst gewinnt. Dieser Glaube hat eine klare kognitive Komponente: »Hierjnn so muß ein yederman selber die hauptstück so einen Christen belangen, wol wissen und gerüst sein, und seindt die, die eüwer lieb vor vil tagen von mir gehört hat.«[12]

Damit ist im Kern das evangelische Bildungsanliegen benannt. Wenn alle verstanden haben, worum es geht und sich die Gewissen beruhigt haben, ist gestalterische Veränderung, ist Innovation möglich. So benennt Luther als die vier Hauptstücke die Erkenntnis der Sünde, den Glauben an Jesus Christus, die gegenseitige Liebe, und, überraschend, aber homiletisch wohlbegründet: die Geduld.[13]

Damit befasst sich die erste Invokavitpredigt, die in einer für Luther ungewöhnlich leisen und werbenden Art noch einmal die Grundlagen der gemeinsamen Überzeugung benennt: Die Messe ist das Grundübel, und zwar in ihrer Anmutung, ein wirksames Werk zu sein, um Gerechtigkeit vor Gott zu erwerben. Dem setzt Luther in deutlicher Zuspitzung die alleinige Wirksamkeit des Wortes und des Glaubens entgegen, der durch das Wort entzündet und am Brennen gehalten wird. Jochen Cornelius-Bundschuh schreibt dazu: »Die Existenzweise der Christinnen und Christen ist dementsprechend für Luther wesentlich als Sprachbewegung bestimmt.«[14] Es handelt sich also um ein diskursives Bildungs-

che Argumentation wie in Römer 12: Glaubende Gelassenheit vertraut auf die Durchsetzungskraft des Wortes Gottes und gewinnt daraus die Dynamik eigenen Handelns vor einem eschatologischen Horizont.

[12] WA 10^{III},2.

[13] WA 10^{III},4: »Zum Vierdten ist uns auch not die gedult: denn wer den glauben hat, got vertrawet und die liebe seinem nechsten erzeygt, in der er sich teglich ubt, ja der kann nit on verfolgungen sein, denn der teüffel schläfft nit, sonder gibt jm gnug zuschaffen, und die gedult wirckt und bringet die hoffnung, welche sich frey ergibt und in got sich geschwindet, und also durch vil anfechtung und anstösse nympt der glaub ymmer zu und wirt von tag zu tag gesterckt.«

[14] Vgl. Jochen Cornelius-Bundschuh, Die Kirche des Wortes. Zum evangelischen Predigt- und Gemeindeverständnis, Göttingen 2001, 176. Für ihn stellen die Invokavitpre-

geschehen. Gegen Gewalttätigkeiten aller Art wird der gewaltfreie Diskurs mit dem Ziel der Überzeugung gesetzt.

Das wird in der zweiten Predigt deutlich, in der Luther expressis verbis ausspricht, dass jegliche Form von Gewaltanwendung – auch verbaler Art! – dem Prozess der Verständigung über das Evangelium abträglich ist: »Summa summarum predigen will ichs, sagen will ichs, schreyben will ichs. Aber zwingen, dringen mit der gewalt will ich nyemants, dann der glaube wil willig, ungenötigt angezogen werden.«[15]

Luther nennt Liebe, Geduld und Wissen als die geforderten Grundtugenden in diesem Verständigungsprozess. Der Weg lautet also: Erst in die Ohren, dann in die Köpfe, dann in die Herzen – und die Herzen erreicht man nicht mit Gewalt, Drohung oder behördlichen Maßnahmen: »Man muß der leüte hertz zum ersten fahen, das geschicht aber, wenn ich gottes wort alleyne treybe, predige das Evangelium und sage: lieben herrn oder pfaffen, tret ab von der Messe, es ist nit recht, jr sündiget daran, das will ich euch gesagt haben.«[16] Die Wahrheit wird sich durchsetzen – mit der Zeit, und deshalb ist Toleranz *»auf Zeit«* nicht nur möglich, sondern geradezu geboten!

Das ist ein beachtliches Programm! Dieser Impetus – nämlich Diskurs gegen Gewalt, Überzeugung gegen Überredung und Bildung gegen Ritualismus – wird ein Grundzug des Protestantismus bleiben, mit dem es ihm gelungen ist, seine inneren Differenzen, wenn auch über Jahrhunderte hinweg, beizulegen, für die Ökumene offen zu bleiben und seine Weltförmigkeit zu bewahren. Aber nicht nur das. Um die für die Verkündigung nötigen Rahmenbedingungen zu schaffen, muss auch eine entsprechende politische Kultur der Toleranz, des Hörens und der Debatte geschaffen werden. In den Blick gerät damit vor allem der theologisch gebildete und kompetente Christenmensch und wird in protestantisch geprägten Gesellschaften und Staaten zu einem Fundament der Entwicklung zu Rechtstaatlichkeit, Aufklärung und Wohlstand. Die Expertise der gebildeten Christenmenschen, die nur darin

---

digten »einen eigenständigen und entscheidenden Impuls im Konfliktfeld von Wort und Kirche« dar (a.a.O., 161). Er gibt auf 164-174 eine konzentrierte Einführung in die Vorgeschichte der Invokavitpredigten.

[15] Vgl. WA 10^{III},18. Vorher führt er aus: »Also wenn ich hette gesehen, das sie [die Schwachen in Wittenberg, M. H.] hetten Messe gehalten, so hette ich wöllen predigen und sie vermanen. Hetten sie sich daran gekört, so hett ich sie gewonnen, wo aber nicht, so hett ich sie dannocht nit mit haren und gewalt davon geryssen, sondern das wort lassen handlen.«

[16] Vgl. a.a.O., 16.

»Laien« sind, dass sie kein durch die Ordination übertragenes Amt bekleiden, ist für den Aufbau eines Gemeinwesens unverzichtbar, und die Rolle der Kirche besteht im Sinn der Reformation darin, durch Predigt, Unterricht und Seelsorge den Bildungsprozess zu initiieren und zu begleiten, ohne Alleinansprüche auf ihn zu erheben oder gar die Politik auf diesem Wege resakralisieren zu wollen.

Befriedung durch Bildung und Aufklärung: Natürlich bleibt das in der Reformationszeit vornehmlich begrenzt auf die Etablierung einer neuen Frömmigkeitskultur inmitten einer alten, und der Begriff »Aufklärung« bezieht sich auf die Erhellung der Wahrheit des Evangeliums und dessen öffentliche Kommunikation. Aber der Impetus zur Gesellschaftsgestaltung ist doch unverkennbar und unbestreitbar.

3. Protestantische Diskurstheologie: Friedrich Schleiermacher

Dreihundert Jahre später sieht die Situation anders aus und erfordert eine noch deutlichere Ausarbeitung der möglichen Methoden, über Religion so zu kommunizieren, dass sie nicht entzweit, spaltet oder in Gewalt ausartet, sondern einen elementaren Beitrag zu einem friedlichen Zusammenleben unter Achtung gleichzeitiger kultureller Differenzen bietet. Damit kommt Friedrich Schleiermacher in den Blick.

Sein Beitrag zu der gestellten Frage ist offenkundig, und die Wiederentdeckung Schleiermachers in den letzten Jahrzehnten hat manche konfessionell oder religiös getrübte Wahrnehmungsschranke fallen lassen. Es gab nur wenige Theologen vor und nach ihm, bei denen der protestantische Gestaltungsimpetus für eine interkulturelle Gesellschaft so deutlich zu sehen ist. Freilich: Schleiermacher geht es nicht um den innerreligiösen Diskurs und auch nicht um den Diskurs mit andern Religionen, sondern er stellt sich den »Gebildeten« unter den »Verächtern« der Religion.

Auch hier richte ich den Blick mehr auf die Methode als auf die Inhalte. Die sich bei Paulus zeigende und bei Luther wiederentdeckte Kraft des Wortes und des von ihm ausgelösten Diskurses wird bei Schleiermacher unter den Stichworten von Hermeneutik und Dialektik zum ersten Mal – das ist das Neue und bis heute Wegweisende an ihm – methodologisch durchdacht.

Schleiermacher formuliert eine Metatheorie des gelingenden gesellschaftlichen Diskurses, und er tut es pointiert als protestantischer Theologe reformierter Provenienz.

Begreifen wir »Säkularisierung« als eine Bewegung, die die Entsakralisierung der Politik und die Entpolitisierung der Religion bedeutet, dann ist sie im Grunde (was keine neue These ist) ein zutiefst reformatorischprotestantisches Anliegen – nicht im Sinne der von Papst Benedikt XVI. im Freiburger Konzerthaus 2011 unglücklich ins Spiel gebrachten »Entweltlichung«[17], sondern ganz im Gegenteil im Sinne einer Verhältnisbestimmung von Glaube und Gesellschaft, die beide aktiv aufeinander bezieht, indem sie nach gemeinsamen Grundlagen und gemeinsamen Zielen fragt.

Die Aufklärung war die große Herausforderung für den christlichen Glauben, insofern dieser nicht in bestimmten Aussagen, sondern grundsätzlich angefragt wurde und die institutionalisierte Religion unter kritische Beobachtung geriet. Die Aufklärung erweiterte den innerreligiös zwischen den Konfessionen (und Religionen) geführten Diskurs auf die Gesellschaft als Ganze: Religion musste sich – nicht nur in einer spezifischen Ausgestaltung, sondern prinzipiell unter Illusions- und Betrugsverdacht geraten – *als solche* verantworten.

Schleiermacher hat die daraus gestellte Aufgabe erkannt und darauf reagiert. Indem er die Religion in der zweiten seiner »Reden« als »Sinn und Geschmack fürs Unendliche«[18] und später in der Glaubenslehre präziser, aber auch missverständlicher, als »Gefühl der schlechthinnigen Abhängigkeit«[19] beschrieb, öffnete er die protestantische Theologie für die Anthropologie, die Sozialwissenschaften, die Pädagogik und für die politische Theorie und deren spezifische Expertise.

Um das zu explizieren, ziehe ich seine »Hermeneutik« heran, in der er wesentlich mehr leistet, als eine Theorie des gekonnten Lesens und Verstehens zu beschreiben. Die Hermeneutik ist bei ihm schon ansatzweise das, was sie, vermittelt durch Wilhelm Dilthey, dann wurde: Sie ist Analyse des Daseins und Kulturtheorie. Schleiermacher fragt nämlich nicht nur nach den »transzendentalen Voraussetzungen«, dem, wie er es nennt, »spekulativem«, sondern auch nach den empirischen Voraussetzungen des Verstehens, die für ihn von gleichem Gewicht sind wie die transzendentalen. Darum ist Hermeneutik nicht eine bloß philologische

---

[17] Vgl. Apostolische Reise Seiner Heiligkeit Papst Benedikt XVI. nach Berlin, Erfurt und Freiburg 22.-25. September 2011. Predigten, Ansprachen und Grußworte, hg. v. Sekretariat der Deutschen Bischofskonferenz (Verlautbarung des Apostolischen Stuhls, Bd. 189), Bonn 2011, 145-151.

[18] Vgl. Friedrich Schleiermacher, Über die Religion. Reden an die Gebildeten unter ihren Verächtern (1799), in: Ders., Kritische Gesamtausgabe, Bd. I/2, hg. v. Günter Meckenstock, Berlin / New York 1984, 212.

[19] Vgl. Friedrich Schleiermacher, Der christliche Glaube nach den Grundsätzen der Evangelischen Kirche im Zusammenhange dargestellt, 2. Aufl. 1830/31, 1. und 2. Bd., in: Ders., Kritische Gesamtausgabe, Bd. I/13.1 und 13.2, hg. v. Rolf Schäfer, Berlin / New York 2003, 32-40, § 4.

Technik, sondern eine Kunstlehre.[20] Denn es ist die Sprache, in der Spekulatives und Empirisches zusammenfallen. Und das führt zum Kerngedanken Schleiermachers: Auf der Basis des allen Menschen gemeinsamen »schlechthinnigen Abhängigkeitsgefühls« entwickelt Schleiermacher eine Theorie der Möglichkeit gelingender Kommunikation, die vom prinzipiellen Misslingen ausgeht. Denn das »schlechthinnige Abhängigkeitsgefühl« realisiert sich immer nur in konkreter empirischer Ausgestaltung in Gestalt der Sprache: »In dem Maße aber, als das menschliche Leben sich individualisiert, ist auch jeder Lebensakt und somit auch jeder Sprechakt, worin jener sich darstellt, bei Andern anderswie beschaffen und anderswie mit seinen übrigen Lebensmomenten zusammenhängend.«[21]

Und darum gilt für die Hermeneutik als der Kunst des Verstehens: »Die strengere Praxis geht davon aus, dass sich das Missverstehen von selbst ergibt und das Verstehen auf jedem Punkt muss gewollt und gesucht werden.«[22] Das ist nun beileibe keine defizitäre Sicht auf den Menschen, die ihn beim Scheitern oder Misslingen behaftet, sondern im Gegenteil eine aus dem Geist der Versöhnung entwickelte Methode der Humanität: Sie will die Individualität gerade als Quelle von Erkenntnisgewinn und Fortschritt für den faktisch niemals abgeschlossenen Verstehensprozess fruchtbar machen. Verstehen hat eine auf Ver-

---

[20] »Da Kunst zu reden und zu verstehen korrespondierend einander gegenüberstehen, Reden aber nur die äußere Seite des Denkens ist, so ist die Hermeneutik im Zusammenhang mit der Kunst zu denken und also philosophisch.« Und das ist streng gemeinschaftsbezogen, denn Sprache ist ein Gemeinschaftsphänomen: »Das Reden ist die Vermittlung für die Gemeinschaftlichkeit des Denkens, und hieraus erklärt sich die Zusammengehörigkeit von Rhetorik und Hermeneutik und ihr gemeinsames Verhältnis zur Dialektik«- und damit zur Theorie des gelingenden Diskurse. Vgl. FRIEDRICH SCHLEIERMACHER, Hermeneutik und Kritik. Mit einem Anhang sprachphilosophischer Texte Schleiermachers, hg. und eingel. v. MANFRED FRANK, Frankfurt 1977, 76. Frank erläutert: »Nun hat der Begriff einer gleichzeitigen Relativität und Allgemeinheit der Seinsauslegung, durch die eine Gruppe von Subjekten sich als diese bestimmte ›Denkgemeinschaft‹ definiert, die Struktur einer *Sprache*, d. h. eines sowohl geschichtlich-›empirischen‹ wie ›spekulativen‹ Apparats von Mitteilung ermöglichenden Kategorien.« Er verweist dazu auf die Dialektik, die genau dies zum Gegenstand habe. Vgl. a.a.O., 29.

[21] A.a.O., 78. Frank führt dazu aus: »Die Transzendenz des Wissensgrundes zwingt das Subjekt vielmehr, die Evidenz seiner Erkenntnisse auf dem Felde zwischenmenschlicher Verständigung zu bewähren« (a.a.O, 28). Das hat eine fast schon nachmoderne, wissenschaftskritische Spitze: »[...] das nicht-individuelle Allgemeine durchschaut Schleiermacher als eine szientistische Utopie« (a.a.O., 31).

[22] Vgl. a.a.O., 92.

söhnung angelegte ethische und kulturelle Komponente – jeder Redende ist erst einmal ein Fremder![23]

Aus diesem Impetus heraus gelingt es Schleiermacher, das relative Recht jeder Perspektive auf die Welt zu retten und als einen — modern formuliert — Diskursbeitrag zu verstehen und hermeneutisch fruchtbar zu machen. Man könnte in Abwandlung des paulinischen Satzes sagen: »Versucht, soweit es an euch liegt, alle Menschen zu verstehen.«

Zur Hermeneutik als Kunstlehre des Verstehens gehört die Dialektik als Kunstlehre des verständigen Gesprächs, das unter der Voraussetzung des prinzipiellen Missverstehens nach den Möglichkeitsbedingungen für einen gelingenden Diskurs sucht. Auch das ist zutiefst protestantisch. Es geht hier nämlich nicht zunächst um Inhalte, es geht um eine Methode des freien, zielorientierten Diskurses.

Die Kirche in ihrer evangelischen Gestalt hat keinerlei politische Machtmittel zur Verfügung, um ihre Wahrheitsansprüche durchzusetzen — sie kann nur überzeugen durch Kompetenz und Plausibilität. Das hält Schleiermacher in der ihm eigenen Diktion klar fest: »Wenn fromme Gemeinschaften nicht als Verirrungen angesehen werden sollen: so muß das Bestehen solcher Vereine als für die Entwicklung des menschlichen Geistes notwendiges Element nachgewiesen werden können.«[24] Man beachte das Wort »notwendig«! Auf Diskurs setzen bedeutet nicht, keine Geltungsansprüche zu stellen. Doch der Protestantismus muss um seiner selbst willen auf Diskurs setzen und Expertenwissen einholen und erwerben, damit er kritisch und assertorisch — oder in Schleiermachers Diktion: »polemisch« und »apologetisch« — an der Gestaltung des Gemeinwesens teilhaben kann.[25]

---

[23] Die strengere Praxis »geht also von der Differenz der Sprache und der Kombinationsweise aus, die aber freilich [...] auf der Identität ruhen muß und nur das Geringere ist, welches der kunstlosen Praxis entgeht« (a.a.O., 92).

[24] Vgl. FRIEDRICH SCHLEIERMACHER, Kurze Darstellung des theologischen Studiums zum Behuf einleitender Vorlesungen, 2., umgearb. Ausg. (1830), in: DERS., Kritische Gesamtausgabe, Bd. 6, hg. v. DIRK SCHMID, Berlin / New York 1998, 334.

[25] Vgl. dazu Karl Barths Beobachtung: »Es wird kein Zufall sein, daß eben in den letzten Lebensjahren, in denen Schleiermacher sich zur Herausgabe seiner Dialektik anschickte, in seiner Predigt ein Begriff und Anliegen vor allen anderen dominiert, gekennzeichnet durch das Wort *Frieden* [...]. Die mannigfaltigsten sittlichen und religiösen Themata hat Schleiermacher unter dem Gesichtspunkt behandelt, daß die Wahrheit in der Mitte, in der Versöhnung, im Indifferenzpunkt [...] zwischen den vermeintlichen Gegensätzen liege, daß es gelte, die Gegensätze in ihrer Relativität, in ihrer bloß vorläufigen und aufzuhebenden Gegensätzlichkeit zu sehen.« KARL BARTH,

Das Faszinierende dieses Ansatzes liegt darin, dass Schleiermacher sich selber zu einem Experten auf den der damaligen Theologie eigentlich fremden Gebieten machte und damit den Diskurs initiierte. So jedenfalls entsteht eine protestantische Kulturtheorie, die hochgradig pluralismusfähig ist und doch nicht in der Beliebigkeit stecken bleibt. Damit öffnete Schleiermacher die Theologie für die Gesellschaft und vor allem für die Begegnung mit dem Atheismus und der philosophischen Gesellschaftstheorie. Karl Barths Kritik, Schleiermacher habe »die Umdeutung der Theologie in ein Stück allgemeiner Geisteswissenschaft vollzogen«[26], kann auch als Lob gedeutet werden: Schleiermacher war seiner Zeit weit voraus, weil sein Denken auf Verständigung und, ganz modern formuliert, auf gelingende Kommunikation und herrschaftsfreien Diskurs ausgerichtet war. Er war, gerade weil er Protestant war, von vorantreibender Modernität. Damit hat er auf den Trümmern einer erstarrten Orthodoxie und in kritischer Aufnahme sowohl der pietistischen Frömmigkeit als auch der Kantschen Vernunftreligion die Theologie wieder diskursfähig gemacht.

Der Impetus, Gesellschaft und Staat theologisch zu begleiten und mit zu gestalten im Sinne eines integrativen, um nicht zu sagen: inklusiven Grundverständnisses, kann gar nicht hoch genug bewertet werden, was immer man im Einzelnen zu seiner Theologie sagen mag. Aber seine Wirkungen sind bis in die hermeneutisch grundgelegten Theorien von Jürgen Habermas zu erkennen.

Wir brauchen uns vor der Säkularisierung nicht nur nicht zu fürchten, sondern erkennen sie als eigenes Erbe, das wir keineswegs einem aggressiven Humanismus und Laizismus überlassen müssen. So sind wir befähigt, die Stimme des Evangeliums mit ihrer unbedingten Humanität und ihrem Aufruf zur Versöhnung als elementaren Bestandteil einer künftigen interkulturell begründeten Gesellschaft selbstbewusst einzubringen – als eine Stimme unter anderen, aber voller Überzeugung.

4. Protestantische Wurzeln der sozialen Marktwirtschaft: Freiheit und Gerechtigkeit in einer befriedeten pluralen Gesellschaft

Ein letzter Sprung – nun ins 20. Jahrhundert. Der »Freiburger Kreis« setzte Standards dafür, theologisches Denken und fachwissenschaftli-

---

Die Protestantische Theologie im 19. Jahrhundert. Ihre Vorgeschichte und ihre Geschichte, Zürich 1947, 403.

[26] A.a.O., 384.

ches Expertentum ins Verhältnis zu setzen. Er tat dies aus einem explizit protestantischen Impetus heraus – und in der Zeit der schwersten Bedrohung und Gefährdung alles dessen, was wir mit dem bisher Ausgeführten verbinden.

Im Wesentlichen waren es evangelische Christen, größtenteils ohne kirchliche Ämter, die seit 1938 eine für unsere Fragestellung entscheidende Frage aufwarfen und Konzepte für eine mögliche Nachkriegsordnung erstellten: nämlich die Frage, wie eine gerechte Gesellschaftsordnung nach dem erwartbaren Zusammenbruch des Nationalsozialismus aussehen könne. Der »Freiburger Kreis« bildete sich um die ordnungsliberalen Nationalökonomen Adolf Lampe, Constantin von Dietze, der später der EKD-Synode als Präses vorstand, und Walter Eucken, den Historiker Gerhard Ritter sowie eine Reihe von Juristen und Unternehmern. Einige von ihnen gehörten zur Bekennenden Kirche, standen dem aktiven Widerstand gegen das NS-Regime nahe und hielten Kontakt mit Carl Friedrich Goerdeler.

Sie alle einte, dass sie sich als Protestanten verstanden und mit Theologen wie Helmut Thielicke, Otto Dibelius oder Ernst Wolf theologischen Sachverstand hinzuzogen. Regelmäßig traf man sich zu Referaten und Aussprachen. Aufgrund einer Anfrage von Dietrich Bonhoeffer im Auftrag der »Vorläufigen Leitung« der Bekennenden Kirche bildete sich 1942 der so genannte Freiburger Bonhoeffer-Kreis. Er verfasste eine Denkschrift, deren Titel schon Programm war: »Politische Gemeinschaftsordnung: ein Versuch zur Selbstbesinnung des christlichen Gewissens in den politischen Nöten unserer Zeit.«

Hier findet sich ein Satz, der sich eindeutig gegen die Herausforderungen des kapitalistischen Wirtschaftssystems mit seinem Totalanspruch auf das Leben der Menschen stellt. Er wurde, in etwas abgewandelter Form, 2009 auch in der EKD-Denkschrift »Wie ein Riss in einer hohen Mauer«[27] zitiert und zeigt sich gegenwärtig in seiner Schlichtheit als besonders aktuell: »Die Menschen sind nicht um der Wirtschaft und auch nicht um der staatlichen Wirtschaftsmacht da, sondern die Wirtschaft ist um der Menschen willen da«.[28]

Was in dieser Denkschrift entfaltet wurde, war nicht mehr und nicht weniger als der Grundimpuls für die Entwicklung der späteren so

---

[27] Vgl. Wie ein Riss in einer hohen Mauer. Wort des Rates der Evangelischen Kirche in Deutschland zur globalen Finanzmarkt- und Wirtschaftskrise (EKD-Texte 100), 2009, 15: »Die Wirtschaft ist um des Menschen willen da, sie ist kein Selbstzweck.«

[28] Vgl. HELMUT THIELICKE (Hg.), In der Stunde Null. Die Denkschrift des Freiburger Bonhoeffer-Kreises, Tübingen 1979, 90f.

genannten »sozialen Marktwirtschaft«. Traugott Jähnichen, der über den Freiburger Kreis einige Arbeiten veröffentlicht hat, formuliert als Ertrag seiner Forschung pointiert: »Die Konzeption der sozialen Markwirtschaft ist von ökonomischen und ethischen Grundentscheidungen geprägt, die sich wesentlich auf protestantische Traditionen zurückführen lassen.«[29]

Abgesehen vom Inhaltlichen, über das man, vor allem aus dem Rückblick, womöglich streiten kann, ist das Besondere die Arbeitsweise des »Freiburger Kreises«: Das eigene Expertenwissen wurde theologisch gewertet und gewichtet; möglichst viele Vertreter unterschiedlicher gesellschaftlicher Gruppierungen sollten an der Ausarbeitung durch gemeinsame Beratung beteiligt werden. Der protestantische Impetus dabei war die Entwicklung und Begleitung einer freiheitlichen, demokratischen und auf sozialen Frieden gestützten Gesellschaft. Damit ebnete der »Freiburger Kreis« einen Weg, der bis heute geeignet ist, den Gestaltungswillen des Protestantismus öffentlich zu bekunden.

Dahinter stand die Anschauung, der Staat sei nicht nur Garant von Bildung und politischer Machtstabilität, sondern der allgemeinen Wohlfahrt – und damit Garant des sozialen Friedens, der – aus heutiger Sicht – eine plurale, interkulturelle Gesellschaft zuallererst ermöglicht.

Dessen ungeachtet zeigt der »Freiburger Kreis« beispielhaft, wie sich der protestantische Gestaltungsimpetus, der unmittelbar an das biblische Zeugnis von der Zuordnung von Gott, Mensch und Macht anknüpft und von hier aus gesellschaftliche und kulturelle Vorfindlichkeiten kritisch befragt, gerade in Krisenzeiten bewährt und in welche Richtung er weist: Er ist unter Vermeidung ideologischer Extreme auf der Suche nach einem Weg der Verständigung, der vor allem den ständigen Diskurs initiiert.

Das Protestantische gründet hier letztlich in dem Verständnis vom Menschen, wie es sich aus der Rechtfertigungslehre ableitet. Der Mensch ist »simul iustus et peccator« – und zwar »peccator in re, iustus in spe«! Durch diese Doppelbeschreibung, die uns Menschen als Scheiternde wie zum Gelingen Berufene zugleich beschreibt, werden wir

---

[29] Vgl. Traugott Jähnichen, Die protestantischen Wurzeln der Sozialen Marktwirtschaft (Ethik und Gesellschaft, Bd. 1), 2010, www.ethik-und-gesellschaft. de/mm/EuG-1-2010_Jaehnichen.pdf, 1. (Stand 16.04.2012). Unter demselben Titel erschien eine Quellensammlung, die eine ältere Version des Aufsatzes von Traugott Jähnichen und Günter Brakelmann als Einleitung enthält. Vgl. Günter Brakelmann / Traugott Jähnichen (Hg.), Die protestantischen Wurzeln der Sozialen Marktwirtschaft. Ein Quellenband, Gütersloh 1994, hier: 13-37.

befreit von überhöhten Erwartungen des Gelingens ebenso wie von depressiven Konzepten des Scheiterns. Wir sind den Extremen nicht ausgeliefert – den politischen nicht und den persönlichen nicht. Nüchtern und sachlich orientiert sich der evangelische Glaube an einem Gerechtigkeitsmodell, das an den Bedürfnissen der Menschen zur verantwortlichen Gestaltung ihres Lebens ausgerichtet ist.

5. Schlussbemerkung

Was besagt dies alles für die Entwicklung der interkulturellen Gesellschaft? In knappen Thesen soll eine Summe aus den vier Exempeln gezogen werden:

a. Das Ziel ist innerer und äußerer Frieden. Er begründet den Zusammenhalt einer in sich prinzipiell differenten interkulturellen Gesellschaft. Das Christentum kann dazu seine Friedenspotenziale anbieten.

b. Der Weg heißt Bildung und Toleranz im Prozess der Wahrheitssuche, Diskursfähigkeit und soziale Gerechtigkeit. Damit wird der Protestantismus seinem Anspruch, gesellschaftliches Ferment zu sein, in adäquater Weise gerecht. Denn gerade in einer pluralen, interkulturellen Gesellschaft gilt der protestantische Leitsatz: *Sine vi, sed verbo.*

c. Die Haltung, die die Handelnden bestimmt, heißt Wertschätzung des Individuums und Weltgestaltung als »vernünftiger Gottesdienst«. Eine plurale, interkulturelle Gesellschaft würde verarmen, wollte sie darauf verzichten. Der protestantische Impetus wird zum gesellschaftlichen Impuls.

Aus diesem Grund sind vom Geist des Protestantismus motivierte Stimmen weiterhin vernehmbar zu Gehör zu bringen. Er hat bewährte Modelle des Umgangs mit Konflikten aus religiöser Perspektive anzubieten. Moderner Säkularismus und Laizismus neigen dazu, das zu übersehen oder konfrontativ zu bekämpfen. Die auf Frieden und Verständigung angelegte Weltoffenheit des Protestantismus erscheint demgegenüber gerade geeignet, den anstehenden interkulturellen und interreligiösen Dialog in unserer pluralen Gesellschaft mit zu moderieren und mit zu gestalten.

Erlösung durch Bildung?

Theologische Würdigung und Kritik

Der Titel der folgenden Ausführungen enthält eine Provokation: Öffentlich würde wohl niemand von »Erlösung durch Bildung« sprechen – es sei denn in polemischer Absicht.[1] Die Formulierung kommt auch in keinem modernen Bildungskonzept vor. Und doch ist der Titel in einer bemerkenswerte Weise plausibel, so dass man sich gegen eine Fülle von Assoziationen wehren muss: Er beschreibt, was mit dem Bildungsbegriff in den letzten zweihundert Jahren in Deutschland geschehen ist, und erfasst zugleich die Dynamik, die wir mit dem – in letzter Zeit durchaus umstrittenen – Begriff der Säkularisierung zu erfassen suchen: die Entkoppelung der Bildung von ihrer theologischen Herkunft und die Enttheologisierung der Erlösung. Durch die Verdrängung der religiösen Herkunft des Bildungsgedankens und seiner soteriologischen Komponenten hat man sich in die deutsche Bildungsdebatte die Verbissenheit religiöser Überzeugungskämpfe hinein geholt.[2]

1. Bildung und Erlösung unter dem Vorzeichen der Säkularisierung

Es ist ein Merkmal unserer spezifisch deutschen Debatte um Bildung, dass sie tatsächlich die Erwartung in sich trägt, aller Welten Rätsel zu lösen und durch Optimierung des Menschen zu seiner und der Welt Besserung beizutragen. Des Menschen Heil scheint auf dem Spiel zu stehen. Dementsprechend wird das vermeintliche Versagen von Politik, Wirtschaft, Schule und Gesellschaft in allererster Linie als Versagen der Bildung verstanden! Der skrupellose Banker, der gewissenlose Poli-

---

[1] Michael Naumann, Bildung – eine deutsche Utopie, in: Die Zeit, Ausgabe vom 4. Dezember 2003.

[2] Reinhart Koselleck, Bildung ist weder Ausbildung noch Einbildung, in: Heiner Hastedt (Hg.), Was ist Bildung? Eine Textanthologie, Stuttgart 2012, 137-154, konstatiert drei Etappen der Entwicklung des Bildungsbegriffs in Deutschland: eine theologisch dominierte, eine aufgeklärt-pädagogische und eine moderne, primär selbstreflexiv gestimmte. Deutlich hält er aber fest, dass die beiden vorhergehenden Etappen in den modernen Bildungsbegriff eingegangen sind. Vor allem die Sprache sei »theologisch imprägniert«. »Erlösungshoffnung und Erziehungsanspruch konvergieren seitdem in ›Bildung‹.«. (a.a.O. 145).

tiker, der habgierige Sportler, aber auch die trashige Selbstdarstellerin im Nachmittagsfernsehen – sie alle vergehen sich unter dieser Perspektive an der Kultur, sind »ungebildete Barbaren«, und die Maßnahmen heißen am Ende nicht »Buße und Versöhnung«, sondern »Umerziehung und Re-Integration«. Darum wird, wann immer eine Krise die Menschheit schüttelt, zumindest in Deutschland nach mehr und anderer Bildung gerufen, anstatt ernsthaft in sich zu gehen – wenn es denn wirklich im theologischen Sinn um Erlösung ginge.

Aber von Erlösung wird nur noch metaphorisch geredet. Erlösung meint dann so viel wie: Emanzipation, Befreiung, Entlastung und Rettung. Dabei wird aber nicht nach dem Subjekt der Erlösung gefragt, und wenn, dann ist es der Mensch selbst, der für seine »Erlösung« einstehen muss.[3]

Aus der Sicht des christlichen Glaubens ist genau das jedoch nicht einlösbar: Bildung kann fördern, aber nicht retten. Die rein säkulare Rede von Bildung mag schon fatal sein, eine säkulare Rede von Erlösung ist geradezu gefährlich. Am Schluss bleibt nämlich nur die Vorstellung einer Erlösung durch den Tod, die nicht nur bei Richard Wagner, sondern auch in vielen Todesanzeigen der Tageszeitungen als letzte Antwort steht.

Um es pointiert zu sagen: Ein Bildungsbegriff, der sich seiner religiösen Herkunft und seiner religiösen Dynamik nicht bewusst ist, tangiert letztlich die Würde des Menschen. Denn seine Würde drückt sich darin aus, als der von Gott angesprochene Mensch eben nicht die letzte Verantwortung für sein Heil tragen zu müssen, sondern sich gerade hier fröhlich entlasten zu lassen.

Es hat mit unserer reformatorischen Tradition zu tun, dass Bildung und Religion in Deutschland so eng miteinander verbunden sind – mit der Folge, dass »Bildung« fast als eine religiöse Kategorie verstanden wird und gleichzeitig vollständig säkularisiert ist.

2. Die reformatorische Traditionslinie

Beide Begriffe, Bildung und Erlösung, sind in der Reformation gut beheimatet. Deren Anliegen war es, das Geschäft der Erlösung wieder

---

[3] »Der neuzeitliche Verlust der Geschichte als der Stätte eines von Gott kommenden Heils musste folgerichtig zur Säkularisierung der Soteriologie führen. Säkularisierte Soteriologie aber bedeutet Moral. Weil wir, ohne die Vorgabe des Evangeliums, ja alles, was wir erwarten dürfen, erst selber hervorbringen müssen.« In: Thomas Pröpper, Erlösungsglaube und Freiheitsgeschichte. Eine Skizze zur Soteriologie, München 1985, 56.

vollständig aus den Händen des Menschen zu nehmen, in die es geraten war. Der Mensch sollte von der untragbaren und unerträglichen Last der Verantwortung für sein ewiges Heil befreit werden. Dafür stehen die Schlagworte des vierfachen »Allein«, die das exklusive Handeln Gottes am Menschen beschreiben und die dieses Handeln Gottes gerade als Quelle der Menschenwürde erfassen. Uns bleibt die Weltverantwortung, in die wir vollständig entlassen sind, die uns Gott zumutet und für die Bildung zwangsläufig eine immer größere Rolle spielen wird. Kappt man allerdings bei der Zwei-Reiche-Lehre die Seite des Reiches Gottes, kommt man schnell bei einer vollständigen Säkularisierung der Welt an.

Das entspricht durchaus der gegenwärtigen Diskussionslage in manchen gebildeten Zirkeln und Öffentlichkeiten, in denen radikalaufklärerische Träume geträumt und mit neuer Heftigkeit vertreten werden. Aber auch ein falsch verstandener Laizismus, der sich als »Europas Angst vor der Religion«[4] zeigt, tritt hier mit Emphase auf und legt alle Erwartung auf die Bildung, die vor allem in der Privatisierung der Religion eines ihrer wichtigsten Ziele sieht und daraus Befriedung der Gesellschaft erhofft.

Andererseits zeigen die »Empfehlungen« des Wissenschaftsrats »zur Weiterentwicklung von Theologien und religionsbezogenen Wissenschaften an deutschen Hochschulen« aus dem Jahr 2010[5], dass besonnenere Kreise keineswegs bereit sind, den Konnex von Religion und Bildung aufzulösen – und zwar zu beiderseitigem Gewinn. Das Votum des Wissenschaftsrats ist geeignet, die Temperatur der Debatten um die Säkularisierung und ihre Konsequenzen für die Bildungsdebatte deutlich abzusenken. Freilich sei bemerkt, dass im Gefolge der Stellungnahme des Wissenschaftsrats die Gefahr besteht, Religion zuvorderst als Wertelieferant zu instrumentalisieren und auf verborgene Weise ebenfalls zu hoffen, dass ausreichende religiöse Bildung die durch Religion erzeugten Probleme lösen hilft. Das allerdings wäre ein reduk-

---

[4] José de Casanova überschreibt so eine Sammlung von Essays, in denen er der These nachgeht, »dass das Problem des Verhältnisses von Religion und Demokratie kein intrinsisches Problem der Religion ist, sondern eher ein Problem der verbreiteten, säkularistischen Annahmen über Religion, Demokratie und ihre Beziehungen zueinander«. In: José de Casanova, Europas Angst vor der Religion, Berlin 2009, 7. Es ist deutlich, dass sich das als eine Bildungsaufgabe stellt.

[5] Die Empfehlungen des Wissenschaftsrates stehen als unter www. wissenschaftsrat.de/download/archiv/9678-10.pdf zur Verfügung; in gedruckter Form werden sie von der Geschäftsstelle des Wissenschaftsrates vertrieben.

tionistisches und rein funktionales Religionsverständnis, gegen das Einspruch zu erheben oder doch zumindest zu warnen evangelische Theologie guten Grund hat.[6]

Die Reformation entdeckte Bildung als wesentliches Element des Glaubens, insofern sie Glauben als »gebildeten Glauben« deutete – als ein Element der Emanzipation und Befreiung von religiöser Bevormundung. Bildung sollte den unmittelbaren Zugriff auf das Wort Gottes ermöglichen und damit die wahre bildende Energie freisetzen: nämlich den Glauben, der allein den Menschen rechtfertigt und vom Zwang erlöst, die eigene Existenz über Leistung zu plausibilisieren. Darum ist Glaube keine einübbare, lehrbare und lernbare Tugend, sondern eine Haltung des Empfangens, die allererst »Tugend« freisetzen kann. Am entscheidenden Punkt unserer Befreiung sind wir Menschen gerade keine Handelnden, sondern an die Grenze unseres Handelns verwiesen: auf die Gnade Gottes. Sie ist nicht das Ziel der Bildung, sondern ihr Anfang. Denn sie setzt die Würde des Menschen als von Gott Angesprochenem ins Werk. Und wir laufen nicht auf eine aus uns selbst bewirkte Erlösung zu, sondern kommen von der Erlösung her, die Gott uns schenkt.

Genau hier muss alle evangelische Kritik an einem sich verselbständigenden Bildungsbegriff ansetzen.

3. Säkularisierte Erlösung: Vertikalspannung

Die Säkularisierungsthese geht davon aus, dass die Reformation durch ihren Bildungsimpuls selbst die Saat gesät hat, die in der Aufklärung aufging, als die Erziehung des Menschengeschlechts und des Individuums Gott aus der Hand genommen und in die Hand des Menschen gelegt wurde. Dabei ist die spezifisch deutsche Utopie von der erlösenden Wirkung der Bildung fast schon ein Alleinstellungsmerkmal und eine problematische evangelische Traditionslinie.

---

[6] Unter der Perspektive der Frage nach der Gültigkeit der Säkularisierungsthese bedenkt Elisabeth Gräb-Schmidt die Wichtigkeit der öffentlichen Diskussion von religiösen Überzeugungen. Sie betont aber deutlich: »Säkularisierung darf nicht länger als Wegrationalisierung der Religion verstanden werden, ebenso wenig aber darf Religion sich als Affirmation irrationaler, spiritualistisch-esoterischer Äußerungsformen gerieren, die sich abkoppelt von einer verantwortlichen Gestaltung des Lebens.« In: Elisabeth Gräb-Schmidt, Abschied von der Säkularisierungsthese. Herausforderung für die protestantische Theologie der Gegenwart im Anschluss an Friedrich Schleiermacher und Karl Barth, in: ZThK 110 (2013), 74-108, hier: 106.

Das Bildungsprogramm der Reformation, so die Säkularisierungsthese, richtet sich am Ende gegen sie selber: Der Mensch wird zum Optimierer seiner selbst, so dass wir heute genötigt sind, im Sinne theologischer Kritik davon zu sprechen, die Bildung ihrerseits zu erlösen: nämlich von dem Anspruch, erlösen zu können. Man möchte mit dem großen Erlösungsphantasten der Neuzeit, Richard Wagner, sagen: Erlösung dem Erlöser![7]

Nicht zufällig ist es ein Künstler, von dem dieser Satz stammt. Denn Theologen rufen schon lange nicht mehr nach Erlösung. Nicht nur das eschatologische Büro ist geschlossen[8], auch die soteriologische Abteilung macht zumindest Betriebsferien. Hier liegt das eigentliche Problem des mir gestellten Themas.

Das Problem eines säkularen Erlösungsbegriffs besteht darin, dass er immer wieder beim Menschen ankommt und ihn stresst. Die »anthropologische Wende«[9] frisst ihre Kinder. Die Erlösungsbedürftigkeit[10] des Menschen aber bleibt, weil der Tod bleibt.

Der Philosoph und Essayist Peter Sloterdijk, der – wie immer man ihn einschätzen mag – sein Ohr am Puls der Zeit hat, veröffentlichte

---

[7] »Höchsten Heiles Wunder: Erlösung dem Erlöser«, Parsifal, 3. Akt, Schluss. Claus-Dieter Osthövener, Erlösung. Transformationen einer Idee im 19. Jahrhundert, Tübingen 2004, widmet Richard Wagner aus gutem Grund in seinem Buch ein ganzes Kapitel: »Erlösung in der Kunst – Richard Wagner«, 139-177.

[8] Das oft kolportierte Zitat geht auf Troeltschs Glaubenslehre zurück, der seinerseits sagt: »Ein moderner Theologe sagt, das eschatologische Bureau sei heutzutage zumeist geschlossen.« Osthövener beschreibt den Prozess des Verschwindens des Erlösungsbegriffs in der Einleitung seiner Untersuchung: Bereits Harnack konstatiere, dass der Glaube an die Erlösung an Gewissheit verloren habe. Osthövener verweist auch auf Troeltsch, der den Wagner-Kult seiner Zeit als eine Erscheinungsform von Religion verstehe, die nicht mehr an die Kirche angebunden sei und Erlösungszüge habe. Nach Troeltsch sei der Erlösungsbegriff durch die Arbeiterbewegung auch in die politische Sphäre abgewandert (a.a.O., 3).

[9] Albrecht Beutel, Aufklärung in Deutschland, in: Die Kirche in ihrer Geschichte. Ein Handbuch, Bd. 4, Lieferung O2; Göttingen 2006, 383, benennt so den Ertrag der Aufklärung.

[10] »Erlösungsbedürftigkeit« erweist sich dabei als vielschichtiger Begriff, in dem sich die Problematik von Innen- und Außenperspektive bei Fragen des Glaubens sehr deutlich zeigt. »Der Topos der Erlösungsbedürftigkeit liegt gleichsam auf der Grenze zwischen einer Außenperspektive auf die Welt der Religion und einer Innenperspektive, in der diese Außenperspektive selbst noch einmal religiös zur Sprache gebracht wird« (Christopher Zarnow, Erlösung und Erlösungsbedürftigkeit in der Einleitung von Schleiermachers Glaubenslehre, KuD 59 (2013), 2-20, hier: 4). Es ist daher nicht verwunderlich, dass ein solcher doppelt perspektivischer Erlösungsbegriff zum Leitbegriff der Dogmatik Schleiermachers wird.

2009 ein bemerkenswertes und zumindest in den Feuilletons stark diskutiertes Buch mit dem Titel »Du musst dein Leben ändern«[11]. Er konstatiert eine dem Menschen eigene »Vertikalspannung«, die dafür sorge, dass er immer über sich hinaus dränge, ja dass der Mensch etwas sei, das überwunden werden müsse. Und es ist sicher kein Zufall, dass Sloterdijk diesen Gedanken an einem Gedicht Rilkes festmacht, der seinerseits angesichts eines Kunstwerkes den klassischen religiösen Ruf hört: »Du musst dein Leben ändern!« Aber wie, wenn kein Gott mit der Gnade vorangeht und keine himmlische Macht uns von der Erdenschwere der Sünde erlöst? Durch Training, Askese und Übung, durch »anthropotechnische« Maßnahmen[12], sagt Sloterdijk, und bringt damit die Sphäre des Sportes und der Medizintechnik mit ins Spiel, allen voran aber die Kunst, die den Menschen über sich selbst hinaus entwirft: Sie alle – die Bildung als Training und Askese, der Sport als Körperdisziplin und die Medizin mit ihrem Reparaturmöglichkeiten – dienen dazu, den Menschen im Sinne der Vertikalspannung zu optimieren. Sloterdijk bringt mit seiner technoiden Sprache auf den Begriff, wohin die anthropologische Wende der Neuzeit geführt hat: zu existentiellem Mega-Stress, dem kein Gott abhelfen an.

Da sich diese Spannung nicht mehr auf Transzendenz ausrichtet, bleiben einzig die Kunst und die sie auslegende Philosophie als Agenten der Optimierung. Der zur Selbstähnlichkeit strebende Mensch läuft damit, theologisch gesehen, auf eine leere Eschatologie zu, durchläuft

---

[11] Die Grundgedanken dieses Buches finden sich zugespitzt auch bei PETER SLOTERDIJK, Menschenverbesserung: Philosophische Stichworte zum Problem der anthropologischen Differenz, in: URS BAUMANN (Hg.), Was bedeutet Leben? Beiträge aus den Geisteswissenschaften, Frankfurt/Main 2008, 149-168. Die moderne Verlegenheit, ein Mensch zu sein, äußere sich darin, »daß wir uns in einer von egalitaristischen Kriterien dominierten Situation damit schwer tun, den Menschen als ein Wesen zu charakterisieren, das konstitutiv in einer Vertikalspannung lebt: das heißt, als ein Wesen, das von einem Differenzstreß in Bezug auf sein eigenes Sein- und Werdenkönnen beansprucht ist« (a.a.O., 149).

[12] »Wenn aber der Mensch tatsächlich den Menschen hervorbringt, so gerade nicht durch die Arbeit und deren gegenständliche Resultate, auch nicht durch die neuerdings vielgelobte ›Arbeit an sich selbst‹, erst recht nicht durch die alternativ beschworene ›Interaktion‹ oder ›Kommunikation‹: Er tut es durch sein Leben in Übungen«. (PETER SLOTERDIJK, Du musst Dein Leben ändern. Über Anthropotechnik, Frankfurt 2009, 13). Diese Übungen orientieren sich an »Attraktoren«: die »Richtgrößen von Vertikalspannungen, die in psychischen Systemen für Orientierung sorgen« (a.a.O., 29). Sie formieren sich in der »Disziplinik«, in der dreizehn Übungsfelder beschrieben werden (a.a.O., 249). Bezeichnenderweise ist Religion nicht dabei, weil sie selber nur ein Amalgam aus verschiedenen Disziplinen sei.

ein lebenslanges Trainings- und Ausbildungsprogramm, an dessen Ende dann doch das Scheitern steht, nämlich der Tod. Der säkulare Erlösungsbegriff zeigt hier seine ganze abgründige Hohlheit. Darum öffnet er gerade den Weg für allerhand windige Heilsversprechen, die nach dem Scheitern der großen politischen Erlösungsvisionen in die Privatheit selbstgefertigter Religiosität abwandern.

Wenn Bildung zum Motor der Erlösung wird – der Befreiung des Menschen von der irdischen Last –, dann werden die Pädagogen die Mittler dieser Erlösung und wir gehen, wie Friedrich Vischer es schon angesichts der Paulskirchenversammlung 1848 sagte, auf das »allgemeine Priestertum der Lehrer« zu. Das ist eine bittere Parodie auf das »Priestertum aller Getauften«, das durch die Reformation einst freigelegt und als Motor der Emanzipation entdeckt wurde.

Der Kreis der Gedanken schließt sich, und ich fasse zusammen: Der Prozess der Säkularisierung hat sowohl den Begriff der Bildung als auch den der Erlösung seiner transzendenten Bedeutungskomponente beraubt und sie zugleich so einander zugeordnet, dass diese Zuordnung selber nun eine quasi-religiöse Bedeutung zumindest in der bürgerlichen deutschen Tradition bekommen hat. Brachte der Begriff der Erlösung einst das notwendige Korrektiv zum Begriff der Bildung als Selbstoptimierung des Menschen, so ist er heute selber Teil der Erwartungen an den Prozess der Bildung und damit unbrauchbar geworden und eigentlich nur noch in Anführungszeichen verwendbar.

Theologisch ist das eine Problemanzeige von hoher Relevanz. Denn theologisch geht es beim Begriff der Erlösung um die Freiheit und die Würde des Menschen, dessen Erlösungssehnsucht durch die bloße Konstatierung einer durch Sport, Medizin, Bildung und Kunst zu lösenden »Vertikalspannung« nicht nur nicht gedient ist, sondern durch Defiziterfahrungen immer noch mehr genährt wird. Das führt in eine fatale Beschleunigungsspirale hilfloser Bildungsreformen und in die Verhärtung ideologischer Grabenkämpfe.[13]

Wie aber können wir den Begriff der Bildung erlösen? Wie kann ein theologischer Bildungsbegriff aussehen, der nicht einfach hinter die Aufklärung zurück will, sondern die Säkularisierung als seine eigene Frucht aufnimmt?

---

[13] Überhaupt ist die apokalyptische und militärische Diktion der Debatte verräterisch: von der »Bildungskatastrophe« bis zur »Bildungsoffensive«.

4. Zwischenschritt: Erlösung als theologischer Kernbegriff — und sein allmähliches Verschwinden aus der Theologie

Wir halten inne: Der Gedanke der Erlösung ist für das Christentum zentral. Er beschreibt die entscheidende Tat Gottes in Jesus Christus, ja überhaupt das entscheidende Handeln für uns und an uns Menschen, wenn nicht sogar an der gesamten Schöpfung.

Aus dem biblischen Zusammenhang seien drei wesentliche Elemente genannt:

(a) Das Vaterunser formuliert im Grunde in der einen Bitte: »Erlöse uns von dem Bösen« eine Konkretisierung der Bitte, dass das Reich Gottes kommen möge. Wie bedrängend die Last des Üblen ist, zeigt sich daran, dass diese Bitte als letzte formuliert wird. In ihr sind das gesamte Heil des Menschen (Vergebung der Sünden und Befreiung zur vergebenden Praxis) – und sein Wohl (das tägliche Brot) gesammelt.

(b) Der katholische Neutestamentler Hans Joachim Klauck[14] hat in einem wegweisenden Aufsatz darauf aufmerksam gemacht, dass der Begriff der Erlösung selber eine Metapher ist, die vor allem in den Evangelien die Rede von Sünde und Vergebung konkretisiere. Unter Heranziehung antiker Quellen zeigt er, dass das erlösende Handeln Jesu in sieben paradigmatischen Bereichen entfaltet wird, aus denen die zentralen Erlösungsmetaphern entnommen werden: Medizinisch als Heilung, im sozialen Bereich als Sklavenbefreiung unter Aufnahme der Exodustradition, finanziell als Schuldenerlass, forensisch als Begnadigung, rituell als Reinigung, kultisch als Sühnopfer und kommunikativ als Bekenntnis: »Dein Glaube hat dir geholfen«. Diese Auflistung zeigt, in welchem umfassenden Sinn »Erlösung« verstanden wird und wie konkret sie gemeint ist. Keine Metapher sollte exklusiv verwendet werden, auch nicht die Metapher der Sühne. Das erzeugt eine Engführung des Erlösungsbegriffs, die theologiegeschichtlich immer wieder zu einer Engführung kirchlicher Lehre und Praxis geführt habe. Alle Bereiche, in denen Menschen in Verstrickungen geraten, sind Bereiche der Erlösung.

---

[14] Der Aufsatz von Hans-Josef Klauck, Heil ohne Heilung? Zu Metaphorik und Hermeneutik der Rede von Sünde und Vergebung im Neuen Testament, in: Hubert Frankemölle (Hg.), Sünde und Erlösung im Neuen Testament, QD 161, Freiburg / Basel / Wien 1996, ist die Grundlage der Ausführungen von Dorothea Sattler, Erlösung? Lehrbuch der Soteriologie, Freiburg / Basel / Wien 2011, des im Moment der Abfassung dieses Textes aktuellsten Buches zum Thema »Erlösung« – bezeichnenderweise ebenfalls mit einem Fragezeichen im Titel.

(c) Abstrakter, zugleich aber umfassender erscheint der Gedanke der Erlösung bei Paulus, wenn er aufgrund seiner persönlichen Erlösungserfahrung – nämlich die aus religiöser Verblendung – in der ganzen Schöpfung den Schrei nach Erlösung hört und ihn in der begründeten Hoffnung auf Jesus Christus beantwortet weiß (Römer 8). Hat dies bei Paulus noch einen eher futurischen Aspekt, so sieht das Johannesevangelium die Erlösung als Gericht und Freispruch schon in der gegenwärtigen Begegnung mit Christus durch das Hören auf sein Wort am Werk: »Wer mein Wort hört und glaubt dem, der mich gesandt hat, der hat das ewige Leben und kommt nicht in das Gericht, sondern er ist vom Tode zum Leben hindurchgedrungen.« (Johannes 5,24).

Diese Streiflichter mögen genügen, um an die zentrale Funktion des Begriffs der Erlösung für den Glauben zu erinnern. Für die Reformatoren war das noch völlig unstrittig, und ich habe nicht ohne Grund die Reformation als eine Erlösungsbewegung[15] charakterisiert, bei der Bildung das Mittel war, das Hören, vor allem aber das Lesen des Wortes Gottes zu ermöglichen. Bildung ist der Erlösung noch ganz und gar nachgeordnet, und wenn die Reformation oft als Bildungsbewegung charakterisiert wird, so ist sie im Sinne des modernen Bildungsbegriffes eher als eine umfassende Alphabetisierungskampagne zu verstehen. Bildung – das Wort wurde noch gar nicht verwendet! – hat hier einen konkreten Auftrag. Das war bis zur so genannten »anthropologischen Wende« völlig unstrittig. Dann aber begann der Erosionsprozess, und der Begriff der Bildung machte Karriere. Er trat an die Stelle des göttlichen Bildungs- und Formungshandelns.

Es war Friedrich Schleiermacher, der den Gedanken der Erlösung gegen den aufklärerischen Verdrängungsprozess wieder in das Zentrum der Theologie rückte[16] – und ihn damit, als unbeabsichtigte Folge,

---

[15] »Die Idee der Erlösung nimmt im Werk Luthers eine bedeutende Stellung ein, und von herausragender Bedeutung ist auch Luthers Theologie innerhalb der Geschichte dieser Idee.« (Osthövener, a.a.O., 56).

[16] Zarnow beschreibt als Effekt der Aufklärung und dem mit ihr einhergehenden Verschwinden des Erlösungsbegriffes eine »Oszillation«: Einerseits werde der massiv metaphysische Erlösungsbegriff abgelehnt, andererseits zeige sich eine starke Suche nach »Sinn«. Diese Suche nun sei als solche noch nicht religiös, aber »religioid« (a.a.O., 6) oder auch »religionsaffin« (Osthövener nach Zarnow, a.a.O., 6). »Denn die empfundene Leere ist ja ihrerseits Resultat eines Emanzipationsprozesses, hinter den man weder zurück will noch kann. So bewegt sich die Haltung der Wartenden gleichsam in einem metaphysischen Niemandsland: Die Wartenden sind weder im traditionellen Sinne religiös, noch agnostisch. Sie beharren am Ort des Sinnvakuums, halten darin aber zugleich die Sinnfrage offen« (Zarnow, a.a.O., 7). Dahinein agiere Schleiermacher,

erst recht der Säkularisierung auslieferte. Bei ihm laufen die Fäden des Bildungsoptimismus der Aufklärung und der Neuverortung der Religion innerhalb der Grenzen der bloßen Vernunft nach der »anthropologischen« Wende zusammen.

Schleiermacher verwendet den Begriff der Erlösung zur Neubestimmung der Inhalte der Glaubenslehre, wenn auch schon mit einem charakteristischen neuzeitlichen Dreh: Glaube ist das Bewusstsein der in Jesus Christus geschehenen Erlösung. Folglich spielt Bildung bei Schleiermacher eine ganz und gar zentrale Rolle: Bildung ist der Prozess der Bewusstwerdung, denn ohne Bewusstwerdung der eigenen Religiosität und damit der Erlösungsbedürftigkeit käme Glaube niemals zustande. Deswegen richten sich die »Reden« bezeichnender Weise an die Gebildeten unter den Verächtern der Religion: Ihnen fehlt nämlich etwas. Schleiermacher versucht den Spieß umzudrehen und Glauben bzw. Religiosität als Bewusstsein der Erlösung zu einem konstitutiven Element von Bildung zu machen. Bildung ohne Erlösungsbewusstsein ist defizitär, und so ist sein Begriff der Sünde auch die Beschreibung eines humanen Defizites, einer Hemmung, die durch religiöse Bildung beseitigt werden kann.

Das klingt zunächst gut, aber genau da liegt der Keim des Missverständnisses: Erlösung als Bewusstsein der Erlösung hebt das Dilemma nicht wirklich auf. Der Bildung kommt nolens volens eine miterlösende Funktion zu. Schleiermacher wird auf diese Weise – gegen seine eigene Intention – zu einem der Kronzeugen eines sich immer weiter säkularisierenden Bildungsverständnisses: Wenn aus dem Bewusstsein der Erlösung nur noch die Kunde über Religion geworden ist, bleibt von Erlösung im soteriologisch-theologischen Sinne nichts mehr übrig.

Denn wenn wir von »Erlösung« sprechen, stellt sich ganz radikal die Gottesfrage. Vielleicht ist es dieser radikale Charakter des Begriffs,

---

der aber die Erlösungsbedürftigkeit des Menschen nicht als einen Mangel ansieht, sondern als konstitutiv: »Während die Erlösungsvorstellung für Schleiermacher also einerseits eine noch in spezifischer Hinsicht näher zu bestimmende christliche Zentralanschauung darstellt, expliziert er am Ort des Erlösungsgedankens andererseits eine allgemeine Grundstruktur des religiösen Bewußtseins bzw. seines innermentalen Aufbaus.« (a.a.O., 9) Bemerkenswerterweise aber ist der Erlösungsbegriff bei Schleiermacher als Metapher verstanden, ließe sich also auch begrifflich auflösen (a.a.O., 11). Das geschieht z.B. im Begriff der Aufhebung der Hemmung, mit dem Schleiermacher die Wirkung Christi beschreibt.

der dazu geführt hat, dass er inzwischen aus der Theologie – trotz Schleiermacher – fast völlig verschwunden ist.

An seine Stelle trat die Rede von der »Versöhnung«: Sie ist zum Leitbegriff geworden. Bei Karl Barth, aber auch in lutherisch geprägten Dogmatiken[17] spielt »Erlösung« nur eine untergeordnete Rolle und ist aus der christologischen in die eschatologische Abteilung gerückt: Erlösung beschreibt das künftige Handeln Gottes, während Versöhnung das vergangene und gegenwärtige Handeln in einer Metapher zu erfassen sucht, die Raum lässt für menschliches Tun. Lautete mein Thema »Versöhnung durch Bildung«, läge das völlig im Trend, und niemand würde hier eine kritische Anfrage an den Bildungsbegriff vermuten.

Umso mehr ist in der Alltagssprache von Erlösung die Rede, wo sie freilich vollkommen säkularisiert ist und keinerlei religiös-metaphysische Komponente mehr besitzt. Am Ende erlöst uns die Diätmargarine vom schlechten Gewissen, indem sie sagt: Du darfst!

Man kann folglich mit Fug und Recht sagen, dass der Begriff der Erlösung die gesamte Last der Säkularisierung in besonderer Weise zu tragen hatte. Zugleich besitzt er aber einen metaphysischen Rest: Er bleibt virulent, weil er eine Sehnsucht ausdrückt, ein Grunddefizitgefühl, das umso mehr steigt, je höher die Erwartungen an den Menschen sind. Während die christliche Tradition dieses Defizit mit dem Begriff der »Sünde« zu erfassen sucht, also als eine prinzipielle, nur von Gott zu behebende Störung unseres Verhältnisses zu ihm, beschreibt die Moderne das Defizit als eine Störung des Selbst- und Weltverhältnisses des Menschen, für die dieser allein Sorge zu tragen hat. Und folglich kann Erlösung nur noch als Aufhebung dieser Störung beschrieben werden – diese Tendenz ist bei Schleiermacher deutlich. Sein Erlösungsbegriff als Bewusstseinskategorie ist schon säkular; ihm korrespondiert ein schwacher Begriff der Sünde als bloße Hemmung. So verstanden ist der Glaube als Beseitigung der Hemmung religiös optimierbar.

5. Luthers Umkehrung des Bildungsansatzes

Der Titel meines Vortrags stellt eine Provokation dar – so habe ich begonnen. Alle verstehen sie, auch wenn sie nicht wirklich sachlich ist. Bildung neigt dazu, sich zu verselbstständigen, und aus einer gesun-

---

[17] Erinnert sei nur an den Titel des Hauptwerkes von Albrecht Ritschl, Die christliche Lehre von der Rechtfertigung und Versöhnung, 3 Bde., Bonn 1870-1874.

den Vertikalspannung wird allzu oft eine Optimierungsspannung, die unerträglichen Druck erzeugt und die Bildungsdebatte ideologisiert.

Ich will auf die Provokation: »Erlösung durch Bildung?« mit einer Gegenprovokation antworten: Erlösung der Bildung und Bildung durch Erlösung. Und diesen Gedanken finde ich – bei Luther.

»Facienti quod in se est, Deus non denegat gratiam«[18] – Der Leitsatz der spätmittelalterlichen Theologie klingt, ein wenig frei übersetzt, sehr modern: »Wer seine Anlagen konsequent nutzt, dem wird Gott die Gnade nicht verweigern«. Dieser »semipelagianische« Zug der spätmittelalterlichen Theologie setzte auch eine Bildungsbewegung frei. Die »Imitatio Christi« des Thomas von Kempen ist eine Anleitung zum glückseligen, erlösten Leben. Und es ist inzwischen anerkannt, dass das deutsche Wort »Bildung« aus mystischem Milieu stammt: Es war Meister Eckhart, der ihn geprägt hat, um das Ziel des mystischen Prozesses zu beschreiben. Diese Eierschalen ist der Bildungsbegriff in der deutschen Debatte niemals losgeworden.

»Facienti quod in se est, Deus non denegat gratiam« – Um der Provokation willen sage ich: Dieses Bildungsprogramm, das so konsequent und scheinbar ganz und gar fromm bei der Ebenbildlichkeit Gottes einsetzt und ein radikales Bildungsprogramm der Selbstentfaltung ist, hat ungemein moderne Züge, weil es die Sünde nur als Inkompetenz versteht, die durch frommes Training überwunden werden kann.

So manches gut gemeinte und theologisch scheinbar abgesicherte Bildungstheorem setzt ebenfalls geradezu naiv bei der Gottesebenbildlichkeit ein. Die Ausrichtung der Bildung an der Gottesebenbildlichkeit als Ziel gibt der säkularen Vertikalspannung noch einmal ein besonderes religiöses Feuer: Denn man verfehlt dann ja in der Unbildung nicht nur sich selbst, sondern auch Gott. Für eine ganze Anzahl theologischer Bildungsansätze der Moderne ist dieser »semipelagianische« Zug charakteristisch, weil sie ohne das Wollen und Tun des Menschen nicht auskommen. Hier liegt auch mein Misstrauen gegenüber Schleiermacher.

---

[18] Diese Grundfigur der spätmittelalterlichen Theologie vom meritum de congruo hat Luther über die nominalistische Augustinrezeption seiner Ordenstradition in Erfurt sowie über die Frömmigkeitsbewegung der Devotio moderna direkt erreicht; vgl. dazu Gerhard Ebeling, Disputatio De Homine, Dritter Teil, Die theologische Definition des Menschen. Kommentar zu These 20–40, Lutherstudien II, Tübingen 1989, und den grundlegenden Aufsatz von Heiko Augustinus Oberman, Facientibus quod in se est Deus non denegat gratiam: Robert Holcot, O.P. and the Beginnings of Luther's Theology, HTR 55 (1962), 317–342.

Luther aber machte genau die entgegengesetzte Erfahrung: Je mehr er sich bemühte, umso mehr riss er sich hinein. Seine Glaubenserfahrung war ein Weg, der ihn erst einmal »zur Hölle sinken« ließ – und dies auf den Spuren des scheinbar so humanen Bildungsideals des späten Mittelalters und des frühen Humanismus, das dem Menschen viel zutraute, ihn faktisch aber in eine unerträgliche Vertikalspannung führte: Du musst dein Leben ändern – und zwar ständig.[19]

Je mehr Luther in sich ging und aus sich herausholen wollte, desto tiefer schaute er in den Abgrund und erlebte nichts als Versagen. Der Mechanismus der Gnade versagte auf ganzer Linie. Luther war fromm, aber unerlöst.

Der Satz, dass Gott dem, der sich bemüht, die inneren Anlagen zu beleben, unterstützend zu Seite steht, wurde für Luther zu einem «Höllensatz«. Er erlebte diesen Bildungsanspruch, der auf Gnade zielte, als das, was er später als »Gesetz« identifizierte und dem er das Evangelium als die befreiende Botschaft entgegensetzte. Durch das Evangelium von der freien, unverdienten Gnade Gottes wurde er vom Bildungsanspruch erlöst, Schöpfer und Macher seiner selbst zu sein, und sei es auch über den Umweg der Mitwirkung Gottes: Indem er sich die Erlösung zusagen ließ, gab er sie aus der Hand – und wurde frei. Das war der Anfang seiner Bildungsgeschichte, und dieser Impuls ist der wahrhaft protestantische!

Bildung war darum für Luther nicht mehr das Ziel des menschlichen Tuns und Handelns, Bildung war nun ein Vehikel, ein Instrument, ein weltlich Ding, das die Möglichkeiten erweiterte, das Evangelium zu hören und ihm im Leben Gestalt zu verleihen.

Und Erlösung konnte also nicht mehr das Ziel der Bildung sein, Erlösung war ihr impulsgebender Anfang. Wer erlöst ist, kann sich fortan strebend bemühen: Denn sein Heil steht nicht mehr auf dem Spiel. Wer erlöst ist, kann frei aus sich schöpfen. Es sind die vier «Soli«, mit denen eine sich evangelisch verstehende Theologie den herrschenden Bildungsbegriff aus der Klammer der Vertikaloptimierung befreien kann.

---

[19] Ex puris naturalibus – also schon ohne die Mithilfe der Gnade – konnte nach radikaler Auffassung, der Luther in Erfurt begegnete, nicht bloß der »obex«, der Riegel der Sünde, weggeschoben werden, sondern sogar anrechnungsfähig Gutes vollbracht werden. Ebeling konstatiert: »Mit dem facere quod in se est den Gedanken eines Verdienstes zu verbinden, ist für Luther absurd« (a.a.O., 308). Für Ebeling ist die Ablehnung dieses Satzes die direkte Folge der Rechtfertigungslehre, nicht ihre Begründung (a.a.O., 312).

Der bildende Gott ist nicht Vorbild oder Ziel menschlichen Strebens oder Tuns, sondern dessen Quelle.

Ein solcher Glaube, verstanden als Vertrauen in die vorausgehende schöpferische und erlösende Kraft Gottes, die uns, ungeachtet unserer Sünde, das Heil und die Gnade in Jesus Christus zuspricht – ein solcher Glaube sollte dem Gesetz der Selbstverwirklichung das Evangelium der Selbstbeschenkung entgegensetzen können. Darum nochmals provokant: Ohne Vergebung keine Bildung. Ohne Vergebung keine Humanität. Und ohne Erlösung keine Freiheit.

Bildung braucht nicht erlösen können. Sie hat keinen Trost, denn sie gehört ganz und gar in diese Welt. Da allerdings vermag sie viel: vor allem, den Menschen zum Evangelium zu führen. Dürfen wir, sollen wir als Kirche, als Theologinnen und Theologen auf diesen Anspruch verzichten? Sollte das Christentum tatsächlich mit der Barbarei gehen, wie es Schleiermacher einst ausdrückte? Das säkulare 20. Jahrhundert zeigt uns, wo die Barbarei in Wahrheit steckt: in einer Bildung, die von Erlösung, Glauben und Verheißung abzusehen versucht.[20]

Demgegenüber sei gesagt: Allein der Zuspruch des Evangeliums bildet uns – zu befreiten, zu aufrechten, zu gerechtfertigten Sündern. Wir sind ja nicht das Ebenbild Gottes in dem Sinne, wie Adam es war. Wir sind das Ebenbild Gottes, wie es Christus ist. Er ist das Bild des erlösten Menschen, und von ihm kommen wir her.

So gebe ich die Provokation des Titel zurück: Es ist das Evangelium von der »Herrlichkeit und Gnade Gottes«, das die Bildung davon erlösen kann, uns erlösen zu müssen. Es ist der Ruf der Freiheit, mit der alle Bildung beginnt. Bildung ist nur durch Erlösung möglich.

6. Erlöste Bildung: ein post-säkularer Bildungsbegriff

Ein einziger Blick in ein deutsches Klassenzimmer, einen deutschen Hörsaal oder in das Assessmentcenter eines internationalen Konzerns kann uns lehren, wie wichtig diese theologische Grundlegung ist, die die Bildung von ihrem Anspruch, den Menschen erlösen zu wollen, befreit und die bei der Liebe einsetzt, die uns Menschen nicht als defizitär, sondern als gewürdigt kennt und anerkennt – eine Bildung also, die in unseren Nächsten das Bild Gottes sieht und zu sehen lehrt.

---

[20] Auch aus Sloterdijks Perspektive zeigt sich das 20. Jahrhundert als das barbarische Jahrhundert mit einer interessanten Verschiebung: Barbar bezeichnet »den Leistungsverächter, den Vandalen, den Statusleugner, den Ikonoklasten, den Verweigerer der Anerkennung für jede Art von Ranking-Regel und Hierarchie« (a.a.O., 27).

Ein rein säkularer Bildungsbegriff kann nicht funktionieren: Er geht vom Menschen aus und kommt immer wieder bei ihm an. Die Kirche der Reformation aber kann einen post-säkularen Bildungsbegriff anbieten, der in sich den Keim der Toleranz und der Versöhnung der Kulturen trägt, weil er weiß, wovon er redet, und alle Erlösung getrost Gott überlässt.

Es geht mir nicht um ein Zurück hinter die Säkularisierung. Es geht um ihre Transzendierung und um die Überwindung ihres letztlich überfrachteten Bildungsbegriffs. Ein theologisch fundierter Bildungsbegriff, der von der in Gott geschehenen Erlösung ausgeht, ist durchaus in der Lage, die Differenz von Kultur und Barbarei, von Bildung und Unbildung aufzuheben.

Denn der Umgang mit den unterschiedlichen religiösen und säkularen Kulturen darf nicht so ausgehen, dass die Religion mit der Unbildung und der Säkularismus mit der Bildung verknüpft werden. Ein wirklich »erlöster« Bildungsbegriff wird nicht mehr in Dualen und Defiziten, sondern in Potentialen und Kompetenzen denken.

José Casanova, einer der führenden Theoretiker in der Frage nach der Säkularisierung und ihren Folgen, schreibt in seinem Büchlein »Europas Angst vor der Religion«: »Die Unfähigkeit, das Christentum offen als eine der konstitutiven Komponenten der kulturellen und politischen Identität Europas anzuerkennen, könnte auch bedeuten, dass die Europäer die historische Gelegenheit verpassen, eine dritte wichtige Aussöhnung den bereits erreichten beiden, nämlich die zwischen Protestanten und Katholiken und die zwischen kriegerischen europäischen Nationalstaaten, hinzuzufügen, indem den alten Kämpfen um Aufklärung, Religion und Säkularismus ein Ende gemacht wird. [...] Um den gleichen Zugang zur öffentlichen Sphäre und eine unverzerrte Kommunikation zwischen allen Bürgerinnen und Bürgern – Christen, Muslime und Juden, Atheisten, Agnostiker und Gläubige – zu garantieren, müsste die Europäische Union nicht nur post-christlich, sondern auch post-säkular werden.«[21]

Dazu können wir einen wichtigen Beitrag leisten: In Christus sind alle erlöst. So schlicht dieser Satz ist: Er verwandelt die »Vertikalspan-

---

[21] Das Zitat beginnt mit der Feststellung: »Doch sollte man ehrlich sein und anerkennen, dass jede genealogische Rekonstruktion der Idee oder der sozialen Imagination von Europa, die auf die griechisch-römische Antike und die Aufklärung Bezug nimmt, während sie jede Erinnerung an die Rolle des mittelalterlichen Christentums beim Aufbau eines zivilisierten Europas tilgt, damit entweder historische Ignoranz oder repressive Amnesie erkennen lässt.« (Casanova, a.a.O., 29).

nung« in eine »Horizontalspannung«, bringt uns auf Augenhöhe und gibt uns die Aufgabe, Versöhnung als Frucht der Erlösung zu gestalten. Bildung ist ein Weg dahin. Mehr nicht. Aber auch nicht weniger.

Kirche in der Stadt

1. Lebensraum Stadt

Für Aristoteles im 4. Jahrhundert v. Chr. war die Stadt eine Bedingung höherer kultureller und religiöser Entfaltung und zugleich deren Ergebnis. Die Stadt ist um des Lebens willen entstanden, und um des guten Lebens willen besteht sie weiterhin. Im westlichen Denken gehört also zur Stadt der Gedanke, dass sich in ihr ein Lebensstil entfaltet oder ein Zusammenleben entwickelt, das sich am Guten ausrichtet. Der Ort, an dem die Gestaltung dieses Lebensstils und des Zusammenlebens öffentlich erörtert wird, ist der Markt.

Eine ganz andere Perspektive findet sich im vergangenen Jahrhundert bei Bert Brecht, der eines seiner frühen Stücke »Im Dickicht der Städte« genannt hat. Allein schon der Titel ist aufschlussreich, denn hier hat vorstellungsmäßig eine Verschiebung stattgefunden: Ursprünglich mag man beim »Dickicht« an undurchdringliche Natur, an Urwald oder Unterholz, gedacht haben. Nun gerät das Symbol menschlicher Kultur schlechthin, die Stadt, zum schwer entwirrbaren, unüberschaubaren, verflochtenen Lebensraum. Faszination löst es aus – und gleichermaßen Angst –, sich schutzlos in das Dickicht hineinzugeben. Der Weg in die Stadt, auf ihre hellen Avenuen und in ihre verschwiegenen Seitenstraßen, auf ihre Aussichtspunkte auf den Wolkenkratzern und in ihre Keller, wird zur Expedition.

So ambivalent können Stadterfahrungen und Vorstellungen der Stadt sein. Und diese Ambivalenz ist gewiss nicht nur dem Abstand von 2.300 Jahren geschuldet, die zwischen diesen beiden markanten Beschreibungen des Phänomens »Stadt« liegen.

Die neueren Beschreibungen der Stadt orientieren sich durchaus an der schon von Aristoteles fokussierten guten Lebensart, die in der Stadt verwirklicht werden kann, aber die Orientierung am Guten als dem ethischen Ziel wird in seiner Bedeutung eher vernachlässigt.

Eine bedeutsame Definition der Stadt stammt von dem amerikanischen Soziologen Louis Wirth aus dem Jahr 1938. Sie klingt überraschend simpel. Nach Wirth ist eine Stadt vor allem eine dauerhafte Ansiedlung. Damit sind drei Bedingungen verbunden, die sich auf das Zusammenleben der Menschen beziehen: zum einen (1) die Anzahl der Einwohner. Ein weiterer wichtiger Aspekt ist die (2) Einwohnerdichte pro Fläche und schließlich kommt (3) das Faktum der Verschiedenartigkeit der Bewohner hinzu.

Diese Aspekte lassen sich mit unseren Erfahrungen von »Stadt« durchaus in Einklang bringen, selbst wenn uns vielleicht Städte einfallen, die eher geringe Einwohnerzahlen aufweisen, aber aus bestimmten historischen Gründen im Mittelalter Stadtrechte verliehen bekommen haben. Selbstverständlich ist die Verschiedenartigkeit der Bewohner, verglichen zwischen einzelnen Städten, unterschiedlich aufgefächert. Auch der Aspekt der Einwohnerdichte ist nicht in jedem einzelnen Quartier erfüllt, wenn sich riesige Gebiete von Eigenheimen an den Rändern großer Städte anlagern, deren Einwohnerdichte sich von der Besiedlungsform eines Neubaugebietes in einem Dorf nicht unterscheidet. Teilweise bildet sich im Umland von Städten eine ganz neue Form von Ansiedlungen, die sowohl Rückwirkungen auf die Dörfer wie auf die Städte hat.

Über Wirths noch recht formale Definition hinaus führen spätere Beschreibungen: Danach gehören zur Stadt Geschlossenheit, ausgeprägte Arbeitsteilung und soziale Differenzierung, aber auch die Zentralfunktion für ein Umland in ökonomischer, verwaltungsmäßiger, kultureller und sozialer Hinsicht hinzu. Und schließlich – was nicht zu unterschätzen ist – gehört zur Stadt ein bestimmter Lebensstil.

Für all dieses hat sich der Begriff »Urbanität« herausgebildet. Was man darunter verstehen kann, ist keineswegs von vornherein festgelegt, sondern unterliegt – wie der Frankfurter Pastoraltheologe Michael Sievernich betont – den jeweils bestimmenden gesellschaftlichen Rahmenbedingungen. Sievernich führt dazu folgende Beobachtungen an:

Während man in den sechziger Jahren noch glaubte, Urbanität sei Bürgerbeteiligung am Gemeinwesen »Stadt« und entfalte sich im umfassenden Sinn als Bildung an Geist, Leib und Seele der städtischen Bewohner, gelangte man in den siebziger Jahren zu der Auffassung, »Urbanität« drücke die Qualität einer Stadt aus, und diese sei hoch, wenn die Stadt »in ihrer baulichen und funktionellen Struktur eine bestimmte Dichte stadtspezifischer Angebote« etwa auf dem Dienstleistungs- und Bildungssektor enthalte.

In dieser Neuorientierung des Begriffs »Urbanität« spiegelte sich zugleich die Kritik wider, die Stadt ausschließlich unter ökonomischen Gesichtspunkten zu betrachten. Sie nur als Ort der Gewinnmaximierung anzusehen, mache sie unwirtlich und unbewohnbar. Urbanität, so sah man in den siebziger Jahren, war nicht einfach in Städten da. Sie wurde vielmehr zum Leitbild einer künftigen Stadtentwicklung. Durch

Förderung der öffentlichen Kultur hoffte man ein Gegengewicht gegen die Vorherrschaft der wirtschaftlichen Interessen der Stadt setzen zu können. Damit sollte – dem optimistischen Menschenbild der Zeit nach 1968 zufolge – die soziale, geistige und kulturelle Entfaltung aller Stadtbewohner ermöglicht und unterstützt werden.

In den achtziger Jahren schließlich verflachte der Begriff »Urbanität« zur Beliebigkeit eines Lebensstils. Urbanität wird nun als ein Gefühl beschrieben, das zwischen Weltläufigkeit und Verwurzelung pendelt, das von Schnelligkeit gekennzeichnet ist und sich alle möglichen Optionen erträumt, das mit Selbstbewusstsein und Grenzüberschreitungen zu tun hat, mit Drang zur öffentlichen Darstellung und Intimität zugleich. Dieses Hin und Her ist jetzt kennzeichnend: bloß nicht festgelegt sein!

Kritiker dieser Entwicklung verweisen auf die verloren gegangene soziale Dimension, was konkrete Folgen habe. Sie diagnostizieren eine doppelte Spaltung im Blick auf Städte: Die erste Spaltung sei die in wirtschaftlich prosperierende Städte und solche des Niedergangs, der alten Ökonomie, besonders also Städte, die von Bergbau und Schwerindustrie gekennzeichnet sind und die von der wirtschaftlichen Entwicklung überrollt wurden. Die zweite Spaltung sei die innere Spaltung der einzelnen Städte selbst in wohlhabende und integrierte Menschen auf der einen Seite und arme und sozial benachteiligte Menschen auf der anderen Seite – und zwar so, dass beide Bevölkerungsgruppen nicht mehr zueinander in Kontakt kommen. Soziale Grenzlinien verlaufen in Städten sehr deutlich, auch wenn sie nicht auf immer festgelegt sein müssen. Und oft genug verbinden sich mit diesen sozialen Grenzlinien auch ethnisch-religiöse.

2. Christentum und Stadt

Biblisch-christlicher Glaube und Stadt stehen von jeher in einer ausgesprochen vielfältigen Beziehung zueinander. Jedenfalls in unserem Kulturkreis sind die Wechselbeziehungen sowohl für das Christentum als auch für unsere Idee der Stadt so prägend, dass vor der Öffnung der Perspektive auf »Religion in der Stadt« ein auf das Verhältnis von Christentum und Stadt gerichteter Blick notwendig ist.

Vorauszuschicken ist, dass sich das Alte Testament ausgesprochen stadtkritisch äußert. Hier spiegelt sich eine Ahnung davon wider, dass die Stadt der Ort besonderer Gefährdung sei:

- Das Ende der »Urgeschichte« (1. Mose 1-11) erzählt vom Bau der Weltstadt Babylon und vom vergeblichen Versuch, einen Turm in den Dimensionen eines Wolkenkratzers (1. Mose 11,4) zu errichten. Dieses Vorhaben missfällt Gott; er unterbindet es, indem er die einheitliche Sprache der Menschheit »verwirrt«, so dass Verständigung unmöglich ist. Nicht die Kulturleistung des Städtebaus wird kritisiert, wohl aber die Gefahr menschlicher Anmaßung, ja Maßlosigkeit, die sich in der Stadt potenziert. Deshalb wird »Babel«, die Stadt, weit über das Alte Testament hinaus Inbegriff widergöttlicher Überheblichkeit und damit der Sünde.

- Abrahams Neffe Lot wählt sich, als das Weideland für beider Herden zu klein wird, bezeichnenderweise eine Stadt als Wohnsitz: Es ist Sodom – mit ihrer Schwesterstadt Gomorra geradezu zum Sinnbild städtischer (vornehmlich sexueller) »Verdorbenheit« geworden. Beide Städte werden durch Gottes Gericht ausgelöscht (1. Mose 13; 18-19). In dieser Geschichte lebt wohl die aus latenter Furcht geborene Aversion der Nicht-Städter gegenüber der Stadt, gegenüber ihrer Komplexität und Uneindeutigkeit weiter.

Auch diese alten Erzählungen sind »Stadterfahrungen«, die in unserer Kultur ihre Spuren hinterlassen haben. Im Neuen Testament begegnet uns das Thema wieder: Jesu Lebenswelt war das Land, waren die Dörfer Palästinas. Die Geschichten, die die Evangelien berichten, zeigen ihn in der Welt der kleinen Leute verwurzelt. Seine Gleichnisse erzählen von Feigenbäumen und Weinbergen, von Aussaat und Ernte. Hier ereignen sich die Zeichen und Wunder, die das Reich Gottes gegenwärtig machen.

Die ersten drei Evangelisten achten genau darauf, dass sich Jesus solange von dem »multireligiösen» Jerusalem fernhält, bis er dort in der Großstadt die Entscheidungssituation sucht. Am Markusevangelium kann man sich das verdeutlichen: Die Kapitel 1-9 spielen im Norden, in Galiläa, von Kapitel 10 an ist Jesus konsequent auf dem Weg in die Hauptstadt, Kapitel 11-16 sind nur noch in Jerusalem und Umgebung angesiedelt. Hier in der Stadt soll (und muss) sich der Anspruch Jesu bewahrheiten, der verheißene Messias zu sein.

Trotz der Aufforderung des Auferstandenen an die Jüngerinnen und Jünger Jesu, sich wieder nach Galiläa zu begeben, um dort auf seine Erscheinung zu warten, bildete sich die erste christliche Gemeinde ausgerechnet in der Hauptstadt Jerusalem und nicht – wie man vielleicht vermuten könnte – dort, wo Jesus beheimatet war. Bereits diese schlichte Beobachtung belegt einen Transformationsprozess, der im Lauf der weiteren Jahrzehnte fortschreiten wird: weg von den ländlichen Strukturen, hin zur Stadt als dem gegebenen Ort des Christentums.

Wahrscheinlich haben religiöse Vielfalt und Unübersichtlichkeit, die – wie andere Hauptstädte – das damalige Jerusalem auszeichneten, die Entstehung der christlichen Gemeinde gefördert. Aus der Not einer Minderheitensituation, die im Gewirr der Stadt eher auszuhalten ist, sollte freilich eine Tugend werden. Seit Jesu Kreuzigung und Auferstehung dauerte es keine zehn Jahre, bis das Christentum die dörfliche Kultur hinter sich gelassen hatte: Es beheimatete sich in den Städten! Zu verdanken ist dies in erster Linie dem Apostel Paulus. Kurz und präzise hat es der amerikanische Theologe Wayne A. Meeks auf den Punkt gebracht: »Paulus war Städter. Seine ganze Sprache atmet die Stadt.«

Dementsprechend war seine Mission »Stadt-Mission«, genauer: »Zentrums-Mission«. Seine Vorgehensweise orientierte sich weitgehend am Verlauf der Handelsstraßen. In den großen Zentren von Kommerz und Verwaltung konnte er einerseits seinem (städtischen) Handwerksberuf als Zeltmacher nachgehen, andererseits sich die städtische Infrastruktur bei der Verkündigung des Evangeliums von Jesus Christus zunutze machen.

Man wird wohl davon ausgehen dürfen, dass Paulus als erste Anknüpfungsorte jeweils die Synagogen aufsuchte, ehe es dann zur Gründung eigener Hausgemeinden und zur Bildung eines örtlichen Mitarbeiterstabes kam, der nun die Ausbreitung der christlichen Botschaft vom städtischen Zentrum in die umliegende Region hinein vornahm. Philippi, Thessalonich, Korinth und Ephesus wurden auf diese Weise zu besonders hervorgehobenen Wirkungsstätten des Paulus.

Zielpunkt aber all seiner Bemühungen, bei denen er allein auf den Straßen rund 16.000 km zurücklegte, musste Rom sein, die Hauptstadt des Römischen Reiches, der Nabel der Welt. Eine christliche Gemeinde gab es hier bereits. Aber von Rom aus öffnete sich der Weg nach Westen.

Einen interessanten Beleg dafür, wie der Städter Paulus in der Stadt missioniert, bietet das 17. Kapitel der Apostelgeschichte – in sicher idealtypischer Weise – am Beispiel Athens:

- Paulus flaniert ziellos, aber absichtsvoll durch die Straßen der Stadt und nimmt die ganze Vielfalt des religiösen Angebotes bewusst wahr (V. 16+23).
- Er sucht das Gespräch auf dem Marktplatz, dem Forum der Meinungen und Informationen (V. 17).
- Er gibt Rechenschaft über den Glauben, und zwar in Anknüpfung wie in Widerspruch zu dem, was die aktuelle Bewusstseinslage bestimmt (V. 24-31).

- Er lässt Freiheit zum Nachdenken und Offenheit zur Entscheidung (V. 32-33).

Wahrnehmungsfähigkeit, Offenheit zum Dialog, profilierte Identität und Bereitschaft zur Toleranz werden zu Kennzeichen eines urbanen Christentums. Davon erzählt Apostelgeschichte 17 idealisierend und zugleich prägend.

Es hat einige Jahrhunderte gedauert, bis aus den unscheinbaren Anfängen der christlichen Gemeinde in Rom das Christentum zur verordneten Staatsreligion wurde. Dies ist im 4. Jahrhundert geschehen. Unabhängig davon, ob man diesen Wandel nun als den entscheidenden »Sündenfall« der Kirche bezeichnen will oder nicht, hatte das Christentum fortan einen erkennbaren Mittelpunkt – selbst als Kaiser Konstantin eine neue Stadt im Osten gründete und seine Residenz in das nach ihm benannte Konstantinopel verlegte. Rom blieb weiterhin nicht nur Inbegriff der Stadt (»urbs«) und Zentrum des Erdkreises (»orbis«), sondern war weltliche und geistliche Metropole zugleich. Für die römisch-katholische Kirche – deren vollständige Konfessionsbezeichnung den Stadtnamen integriert hat! – hat sich daran bis heute nichts geändert. Der Papst spendet seinen Segen »urbi et orbi«!

Den städtischen Charakter des Christentums im Mittelmeerraum unterstreicht übrigens der lateinische Sprachgebrauch: Den Städtern (»urbani«) stehen die Dörfler (»pagani») gegenüber. »Pagani« ist aber auch die Bezeichnung für »Heiden«. Mit anderen Worten: Im Unterschied zu den Städten erwies sich das Land gegenüber den Einflüssen des Christentums als resistenter.

Für die Entwicklung der Städte im hohen Mittelalter ist die Bedeutung der Bettelorden nicht zu unterschätzen. Bettelorden (Franziskaner, Dominikaner, Karmeliter und Augustiner) sind Stadtorden. Außerhalb der Städte konnte man nicht vom Betteln leben. Doch Stadt und Bettelorden profitierten wechselseitig voneinander: Während das Zentrum der mittelalterlichen Städte bestimmt war durch das spannungsvolle Dreieck von Rathaus, Hauptkirche und Markt, also von Politik, Frömmigkeit und Ökonomie, ließen sich die Bettelorden meist dort nieder, wo die unteren Bevölkerungsschichten lebten: im Vorstadtbereich, in der Randlage zu gewerblichen Gebieten, an den frequentierten Stadttoren und an der – bei Angriffen zuerst gefährdeten – Stadtmauer. Hier waren die Grundstückpreise niedriger. Hier aber fanden die Bettelorden auch ein ausgedehntes Bewährungsfeld für ihre karitative Tätigkeit. Ausgerechnet der Lebensraum »Stadt« in seiner sozialen Ausdifferenzierung wurde durch sie zum Ort der Nächstenliebe!

Die Reformation war zumindest in ihrer Frühzeit ein »urban event« (Arthur G. Dickens). Die geistig-kulturelle Mobilität der Städte bildete hierfür eine wesentliche Voraussetzung, ebenso auch die städtische Sozial- und Verfassungsstruktur (Identität von Stadt und Kirche als »Stadtgemeinde«). Städtischen Magistraten fiel es leichter, für den umgrenzten Bereich ihrer Stadt das Kirchenwesen neu zu ordnen. Beispiele dafür sind etwa Zürich, Nürnberg, Straßburg und Basel, später Genf. Zudem fällt auf, dass der Großteil der Reformatoren und reformatorischen Prediger – nicht zuletzt Martin Luther – ehemalige Bettelmönche, also »Städter« waren. Was demgegenüber die Territorialstaaten angeht, nahm bis 1525 die Reformation nur in Kursachsen und Hessen Einfluss.

In ganz Europa war vor 1850 keine einzige Staatsgesellschaft urbanisiert. Erst im 19. Jahrhundert vollzog sich der Prozess von der ständisch gegliederten Stadt zur modernen, expandierenden Einwohnergemeinde. Äußeres Zeichen für diese Wandlung war das Schleifen der bisherigen Festungsmauern. Aufgrund der eintretenden Industrialisierung nahm seit Mitte des Jahrhunderts die Verstädterung der Gesellschaft in rasantem Umfang zu. Städte in den Ballungszentren des Ruhrgebiets, Sachsens oder Oberschlesiens waren ihrerseits Produkt der Industrialisierung – meist ohne städteplanerisches Konzept wild wuchernd. Gab es in Deutschland 1871 gerade acht Städte mit über 100.000 Einwohnern (nur Berlin, Hamburg und Breslau hatten mehr als 200.000 Einwohner), so waren es 1910 bereits 48!

Natürlich hatte das alles seine dunkle Kehrseite: Große Binnenwanderungsbewegungen setzten vornehmlich in Ost-West-Richtung in die Industriezentren ein und schufen dort ein typisches Industrieproletariat: entwurzelt zwar, dafür aber hochmobil in der Suche nach Arbeit und nach kaum vorhandenem erschwinglichem Wohnraum. Was Heinrich Zille aus dem Berliner »Milljöh« darstellte, zeigte alles andere als eine Idylle! Die Herausforderungen an die Kommunalpolitik (Stadtplanung, Straßenbau und Straßenbeleuchtung, öffentliche Personenbeförderung, Trinkwasser und Kanalisation, Schlachthöfe, Schul- und Gesundheitswesen, Armenfürsorge und öffentliche Sicherheit) waren entsprechend groß.

Jedoch muss man konstatieren: Vor allem aufgrund der Verbesserung der Trinkwasserversorgung und der Abwasserbeseitigung war ab etwa 1890 das Leben in der Stadt gesünder und bequemer als auf dem Land! Mit zunehmendem Wohlstand der Großstädte nahm auch die Anzahl der Einrichtungen kultureller Art wie Theaterbau, Orchester und Volksbibliotheken zu. Man leistete sich Parkanlagen und die reizvolle Exotik eines Zoos.

Die Kirchen wussten ihrerseits durchaus um die immensen Aufgaben, die sich ihnen stellten, waren aber angesichts der Rasanz der Entwicklung und der eigenen schwerfälligen Strukturen kaum in der Lage, angemessen darauf zu reagieren: Institutionell suchte man das herkömmliche Parochialprinzip beizubehalten, indem man fortwährend neue Kirchengemeinden gründete. In Berlin etwa umfassten manche evangelischen Gemeinden gleichwohl über 100.000 Gemeindeglieder – und dies bei oft nur wenigen Pfarrern. Allein während der Jahre 1890 bis 1915 wurden in der Reichshauptstadt 75 evangelische Kirchen erbaut. Trotzdem schritt die Entkirchlichung vor allem in den Arbeiterquartieren unaufhörlich fort.

Der bedrängenden sozialen Not, der auf der Ebene der Parochie nicht angemessen zu begegnen war, nahmen sich freie kirchliche Werke, Vereine und Verbände an. Sie zeichneten sich durch ein größeres Maß an Flexibilität und Engagement aus. Aber alle gut gemeinten Anstrengungen vermochten weder die sozialen Probleme nachhaltig zu lösen noch die kirchliche Entfremdung in den großen Städten aufzuhalten. Das letzte Drittel des 19. Jahrhunderts markiert daher auch das Auseinandertreten von «Stadt» und »Christentum«. In seiner institutionellen Form wird es jetzt im Wesentlichen »Land-Religion«!

Inzwischen ist noch einmal ein Jahrhundert vergangen. Städte haben seit jener »Gründerzeit» ihr Gesicht erheblich verändert, bisweilen ungewollt durch die Zerstörungen während des letzten Krieges, bisweilen geplant durch Modernisierungstrends unterschiedlichster Art. Die städtische Bevölkerung differenziert sich weiter aus zu einer Gemengelage unterschiedlicher Kulturen und Religionen, aber auch unterschiedlicher individueller Lebensstile und Milieus. Das Schlagwort »multikulturell« vermag das nur ungenügend zu erfassen: Zweifelsohne gibt es Berührungen, zugleich aber ist zu beobachten, dass die einzelnen Gruppen, denen man sich zuordnet, die Milieus, in denen man lebt, untereinander wenig durchlässig sind und sich eher gegeneinander abgrenzen.

All dies stellt die Kirchen erneut vor nicht unerhebliche Herausforderungen. Sie haben sich zu vergegenwärtigen, dass ihr Monopol auf Sinnstiftung vorbei ist. Sie stehen in religiöser Konkurrenz! Diese gesellschaftlich-kulturelle Entwicklung in den Großstädten zu bedauern, besteht kein Anlass. Die Kirchen können sich mit dem, was ihnen aufgetragen ist, sehr bewusst dem Pluralismus stellen und ihn gutheißen. Denn er zwingt dazu, sich des eigenen Ursprungs und der eigenen

Aufgabe zu vergewissern und sich unterscheidbar, d.h. aber zugleich: erkennbar zu machen.

Ein Blick in die Bibel kann da noch einmal eine ganz besondere Perspektive eröffnen: Am Anfang, sagt die Bibel, als Gott die Welt geschaffen hatte, pflanzte er einen Garten. Hier sollte der Mensch als Mann und Frau in vertrauter Nähe zu Gott beheimatet sein. Die Geschichte ist anders verlaufen: als eine Emanzipationsgeschichte des Menschen von Gott weg. Aber es gibt Visionen, dass diese Trennung einmal aufgehoben sein wird – nicht in der Rückkehr in den paradiesischen Gottesgarten, so als sei nichts geschehen, sondern lokalisiert in einer Stadt: Am Ende von Zeit und Welt, lautet die Hoffnung des christlichen Glaubens (Offenbarung 21-22), kommt sie, die Stadt Gottes, das himmlische Jerusalem, von Gott selbst erbaut: vom Allerfeinsten, unvorstellbar schön, quadratisch angelegt und klar gegliedert, offen zugänglich, bewohnbar für alle – freilich ohne Tempel oder Kirchen. Die erübrigen sich. Denn mitten in dieser Stadt wohnt – Gott selbst. Die einst vertraute Nähe ist wieder da. Wir werden ihm begegnen, heißt es: auf der Straße, im Zentrum – unverstellt und unverhüllt. Am Ende: Gott und Stadt!

3. Religionen in der Stadt

Diese Vision des himmlischen Jerusalem kann man als Motivation verstehen, dass sich die Kirche in der Stadt engagiert. Eine solche Perspektive ist nicht selbstverständlich. Lange Zeit herrschte die These vor, gerade in den Städten schreite der Prozess der Säkularisierung voran; Säkularisierung sei Ausdruck der »Moderne« und insofern Ausdruck der Tatsache, dass sich Religion erübrigt habe. Schnell wird darauf verwiesen, dass sich beispielsweise die kirchliche Bindung in den Städten – im Unterschied zum Land – erheblich gelockert hat und die Zahl der Kirchenaustritte größer sei als in überschaubaren Lebenszusammenhängen. Trifft also zu, was der amerikanische Theologe Harvey Cox schon 1966 mit einem reißerisch formulierten deutschen Buchtitel glaubte ausdrücken zu können: »Stadt ohne Gott?« (Original: »The Secular City«, 1965)?

Das Gegenteil scheint bei genauerem Hinsehen der Fall zu sein! Gerade angesichts des Erfordernisses, das tägliche Leben rational und zweckorientiert führen zu müssen, kehrt als Kompensation das Religiöse wieder in die Städte zurück – wenn es sie denn jemals verlassen haben sollte. Zweckrationalität ist nicht alles! Man flaniere nur einmal – wie Paulus in Athen – mit offenen Augen durch die Hauptstraßen oder durch die Buchläden der Großstädte und nehme die Fülle der Angebote wahr, die Glück, Erfüllung, Selbstfindung oder Sinn verheißen. Religion, Begegnung mit dem Transzendenten in unzähligen Facetten und an jeder Ecke!

Freilich gibt es Religion nur noch im Plural, und dies nicht allein auf die großen traditionellen Weltreligionen bezogen. Eher entspricht der Lebenseinstellung vieler Stadtmenschen, die eigene Religion aus unterschiedlichen Versatzstücken zu konstruieren, ohne sich zeitlebens darauf festlegen zu müssen. Auch im Religiösen wird »gesurft«! Man hat dies »Patchwork»-Religiosität genannt. Vielleicht sollte besser von »Cocktail«-Religiosität gesprochen werden: Die Ingredienzen verbinden sich und bilden etwas Neues und Einzigartiges; das Ganze behält einen leichten Charakter: Religiosität hat es eben nicht nur mit Schwere zu tun!

Der Theologe Hans-Joachim Höhn nennt fünf charakteristische Merkmale einer »City Religion«: Individualismus, Pluralismus, religiöser Sofortservice ohne langwierige Vorleistung, Sinnlichkeit und Wettbewerbsorientierung.

Harvey Cox hat seine These von der säkularen Stadt längst revidiert. Die großen Städte sind am Ausgang dieses Jahrtausends geradezu voll von Göttern! Menschen aus anderen Kulturkreisen, die hier sesshaft wurden, haben ihre eigene Religion mitgebracht und praktizieren sie selbstverständlich – manchmal im Stadtbild gar nicht mehr zu übersehen, für manche gar bedrohlich wirkend, zuweilen aber auch exotisch und interessant.

Formen ungebundener, »undogmatischer« Religiosität finden unter den Menschen der Stadt großen Anklang. Aus der Tatsache, dass die christlichen Kirchen ihre geschichtlich gewachsene Monopolstellung verloren haben, ist also nicht zu schließen, Städte seien »gott-los«. Die christlichen Kirchen befinden sich in einer Konkurrenzsituation mit anderen sinnstiftenden und religiösen Angeboten. Aber ich bin davon überzeugt, dass es der christliche Glaube mit der Stadt aufnehmen kann. Freilich bringt das Veränderungen in der inneren Einstellung mit sich. Wer traditionellen Verhältnissen nachtrauert, wird den gesellschaftlichen Wandel, der in den Städten seine Vorreiter findet, unweigerlich verpassen und in eine Nischen-Existenz geraten. Dies kann man wollen und sich dort entsprechend einrichten. Ob das allerdings eine Perspektive ist, die sich aus dem umfassenden, weltzugewandten Auftrag Christi ableiten lässt, wage ich zu bezweifeln.

Stattdessen plädiere ich für einen vierfachen Ansatz kirchlicher Arbeit in der Stadt:

a. Weil das städtische Beziehungsgefüge weitgehend von Anonymität bestimmt ist, sollten wir als Kirche umso stärker auf öffentliche Kommunikation Wert legen. Ist die Kirche mit ihren vielfältigen Einrichtungen nicht mehr wie selbstverständlich präsent, sondern ebenfalls anonymisiert, wird sie sich wahrnehmbar und erkennbar machen müssen und sich mit dem, was ihr aufgetragen ist, in die Öffentlichkeit hineinbegeben. Dies kann mit Medien geschehen, die bisher im kirchlichen Kontext eher ungewöhnlich waren. Die Kirche wird für sich werben müssen. Und warum dabei nicht auffallen? Unauffälligkeit bestimmte oft genug das Gesetz des Handelns.

Diese Kommunikation wird indes nur gelingen, wenn wir uns in der Kirche bewusst sind, welches unser besonderer Auftrag ist, von dem wir herkommen. Um ein Beispiel zu nehmen: Jede noch so gut inszenierte Werbekampagne wird Enttäuschungen hervorrufen, wenn wir nicht einzulösen imstande sind, was wir vermitteln wollten. Deshalb werden sich die kirchlichen Bemühungen um Kommunikation im urbanen Kontext stets verbinden müssen mit dem Erfordernis eigener Vergewisserung.

b. Mobilität bestimmt das städtische Leben. Aber nicht immer und rund um die Uhr kann man mobil sein. Es braucht Zeiten und Gelegenheiten, zur Ruhe und zur Besinnung auf sich selbst zu kommen. Hier liegen aus meiner Sicht die Herausforderung und die Chance kirchlicher Arbeit, Beheimatung zu ermöglichen. Erst wenn ich weiß, wo ich einhalten und – in der Sprache der Mobilität gesagt – »auftanken« kann, werden Mobilität und Flexibilität nicht zur Überforderung. Allerdings füge ich selbstkritisch an: Kirchengemeinden verwechseln manchmal Beheimatung mit Vereinnahmung. Dadurch verfehlen sie oft das Lebensgefühl, das gerade Menschen in der Stadt bestimmt. Vielmehr sollten Begegnungsmöglichkeiten ganz unterschiedlicher Art zur Verfügung stehen, in denen Menschen auf eine unaufdringliche und doch ansprechende Weise mit dem Evangelium und – wenn gewünscht – miteinander in Kontakt treten können und sie zugleich die Freiheit behalten, den Grad der Intensität ihrer Beteiligung selbst zu bestimmen. Solche Beheimatung kann durchaus bei sorgfältig und liebevoll gestalteten Gottesdiensten beginnen, sie muss aber auch Formen »am Weg« bereithalten, die für Menschen offen sind, die nicht in der Stadt leben, sondern in der Stadt arbeiten oder einkaufen.

c. Die Dichte und Komplexität der verschiedenen Lebensvollzüge in der Stadt zwingt aus meiner Sicht dazu, verstärkt den Gesichtspunkt der Diversifizierung in den Blick zu nehmen. Nicht alle kirchlichen Gemeinden und Einrichtungen werden das Gleiche tun können, sondern sich auf bestimmte Aufgaben konzentrieren müssen. Dies bedeutet zunächst eine Profil- und Schwerpunktbildung in den Gemeinden, die auf Dauer entlastend wirkt. Zugleich wird damit das spannungsvolle Verhältnis von Parochialgemeinden und übergemeindlich-funktionalen Diensten entkrampft. Um es an einem Beispiel zu erläutern: Diakonie ist unstrittig eine wesentliche Lebensäußerung der Kirche. Innerhalb des urbanen Kontextes, der nie nur die Stadtbewohner selbst, sondern auch die Bevölkerung der Region umfasst, wären Kirchengemeinden allerdings völlig überfordert, wollten sie angemessen auf die unterschiedlichen sozialen Herausforderungen reagieren. Hier ist Spezialisierung und sicher auch Professionalisierung notwendig. Mit anderen Worten: In der Stadt bestimmt nicht mehr das traditionelle Verständnis von Parochialgemeinde das kirchliche Erscheinungsbild. Es ist an der Zeit, dass wir das auch in unseren Strukturen abbilden.

d. Die Kirchengebäude behalten ihren festen Platz. Wir können sie nicht verrücken. Sie stehen da, wo sie einst errichtet wurden, auch wenn sich das Umfeld inzwischen völlig verändert haben sollte. Natürlich kann man sie schließen, wenn die Gemeinden kleiner werden, und kann sie, wenn das Geld nicht mehr ausreicht, verkaufen, abreißen oder verfallen lassen. Beispiele dafür gibt es beispielsweise in den Niederlanden in größerer Zahl – nur wenige davon überzeugen mich. Daher plädiere ich dafür, alle Anstrengungen darauf verwenden, Kirchen nicht nur zu erhalten, sondern sie dem Leben in der Stadt zugänglich zu machen. Ich trete deshalb für eine Öffnung im umfassenden Sinn ein! Sie allein am Sonntagmorgen zum Gottesdienst zu nutzen und ansonsten verschlossen zu halten, ist Verschwendung eines ungeheuren Schatzes. Wir können sie für kulturelle Veranstaltungen bereitstellen, für Tradition, Experiment und Avantgarde, für diakonische Aktivitäten und gesellschaftspolitische Debatten – ohne Furcht, sie dadurch zu »entweihen«. Ich wünschte mir, unsere Stadtkirchen würden so etwas wie Foren, auf denen sich die Vielfalt des städtischen Lebens Ausdruck gibt – ganz bewusst im kirchlichen Raum und unter dem Blick dessen, der mitten in diese Welt gekommen ist.

Dieser vierfache Ansatz ist bewusst als Anregung für die Positionierung christlicher Kirche in der Stadt formuliert. Das blendet keinesfalls aus, dass wir als christlichen Kirchen ein religiöser Anbieter unter vielen sind. Der Dialog der Religionen ist in modernen Städten eine Aufgabe, der sich niemand entziehen kann, der seinen eigenen Glauben ernst nimmt. Für diesen Dialog ermutigen und befähigen wir die Menschen und leisten damit einen Beitrag, dass die Religionen – im Plural – ihren Beitrag zum guten Leben in der Stadt leisten können.

Literatur:

Bertolt Brecht, Im Dickicht der Städte. Der Kampf zweier Männer in der Riesenstadt Chicago. Schauspiel, Berlin 1927.
Harvey Cox, Stadt ohne Gott?, 6. Aufl. Stuttgart / Berlin 1971.
Martin Ebner, Die Stadt als Lebensraum der ersten Christen: Das Urchristentum in seiner Umwelt I, Göttingen 2012.
Jürgen Friedrichs, Stadtsoziologie, Opladen 1995.
Berndt Hamm, Bürgertum und Glaube. Konturen der städtischen Reformation, Göttingen 1996.
Martin Hein, Perspektiven für die Kirche in der Stadt, in: Christian Fischer (Hg.), Die Zeiten ändern sich. Neue Kommunikationswege der Evangelischen Kirche, Kassel 2000, 17-23.
Hans-Joachim Höhn, Passagen und Passanten – oder: Religion in der City, in: Hans Werner Dannowski u.a. (Hg.), Religion als Wahrheit und Ware, Hamburg 1991, 25-36.
Wayne A. Meeks, Urchristentum und Stadtkultur. Die soziale Welt der paulinischen Gemeinden, Gütersloh 1993.
Michael Sievernich, Urbanität und Christentum. Konturen einer Theologie der Stadt, in: Pastoraltheologie 79 (1990), 95-115.
Eveline Valtink (Hg.), Urbanes Christentum. Kirchliche Antworten auf die Herausforderungen der Städte, Hofgeismar 1994.
Hans-Ulrich Wehler, Deutsche Gesellschaftsgeschichte, Band 3: 1849-1914, München 1995.
Louis Wirth, Urbanism as a Way of Life (1938), www.choros.epfl.ch/files/content/sites/choros/files/shared/Enseignement/Sciences%20de%20la%20ville/11-12/Wirth%20-%20Urbanism.pdf (Stand: 17.06.2013).

V. Epilog

Rudolf Bultmann, Jesus.

Re-Lecture des Buches, das mich zum Theologen machte

1. Das Anliegen

Um Rudolf Bultmann ist es seltsam still geworden. Nicht, dass ihn die Theologiegeschichte vergessen hätte. Im Gegenteil: Pünktlich zur 125. Wiederkehr seines Geburtstags hat Konrad Hammann eine umfangreiche Bultmann-Biographie vorgelegt[1], die durch eine ungemeine Detailfülle und dennoch gute Lesbarkeit besticht. Und ich bin mir darüber hinaus sicher, dass es in diesem Gedenkjahr eine ganze Reihe von Aufsätzen geben wird, die sich mit »Rudolf Bultmanns Werk und Wirkung«[2] oder seinem »Denkweg«[3] befassen. Das alles steht außer Frage. Aber es wird nur wenige Gemüter beherrschen oder gar beunruhigen.

Das war einmal anders! Und wie! Die Auseinandersetzungen in der so genannten Entmythologisierungsdebatte bestimmten nicht nur die theologische Zunft über viele Jahre hin, sondern reichten weit in gebildete und wohl auch ungebildete kirchliche Kreise hinein. Bultmann war damals mehr als eine Person: Er war ein Programm! Inzwischen scheint es mir aus meiner Halbdistanz, als sei über seine Fragen und über die Art, wie er Theologie in der Begegnung mit dem Neuen Testament dachte, die Zeit hinweg gegangen.

Damit könnte es sein Bewenden haben, gäbe es nicht die eigenen Erinnerungen an eine kaum zu beschreibende Faszination, die mich einst bei der Lektüre von Bultmanns Jesus-Buch erfasst hatte. Als ich es als junger Theologiestudent im ersten Semester 1975 in die Hand nahm, war es fast schon ein halbes Jahrhundert auf dem Markt.[4] Ich war wie gebannt von der Klarheit und stringenten Argumentation, von

---

[1] Konrad Hammann, Rudolf Bultmann. Eine Biographie, Tübingen 2009.

[2] So der Titel des von Bernd Jaspert herausgegebenen Sammelbandes, Darmstadt 1984.

[3] Vgl. Wolfgang Stegemann, Der Denkweg Rudolf Bultmanns. Darstellung der Entwicklung und der Grundlagen seiner Theologie, Stuttgart u.a. 1978.

[4] Zu der Frage nach seiner Entstehungszeit vgl. Walter Schmithals, Jesus verkündigt das Evangelium. Bultmanns Jesus-Buch, in: Ulrich H.J. Körtner (Hg.), Jesus im 21. Jahrhundert. Bultmanns Jesusbuch und die heutige Jesusforschung, Neukirchen-Vluyn 2002, 23-60, hier: 27-37, sowie die Rekonstruktion bei Otto Merk, Die Evangelische Kriegsgeneration, in: Cilliers Breytenbach / Rudolf Hoppe (Hg.), Neutestamentliche Wissenschaft nach 1945. Hauptvertreter der deutschsprachigen Exegese in der Darstellung ihrer Schüler, Neukirchen-Vluyn 2008, 12, Anm. 42.

der Kühnheit, mit der sich Bultmann von allen Versuchen, ein Leben Jesu zu schreiben, abzugrenzen vermochte. Hier begegnete mir ein Jesus, wie ich ihn nicht kannte – frei von aller Süßlichkeit auf der einen und aller dogmatischen Apotheose andererseits. Wie kaum ein anderes theologisches Buch habe ich dieses Bändchen durchgearbeitet, fast jede Seite mit einer kurzen Zusammenfassung versehen und am Rand notiert, was mich überzeugte oder mir fraglich erschien.

Und dann? Dann habe ich von dieser prägenden Erinnerung gezehrt, habe seither oft davon erzählt, was es mir bedeutete – und das Buch nie mehr zur Hand genommen. Entscheidend waren mir später nicht mehr die einzelnen Inhalte, über die sich Fachwissenschaftler die Köpfe zerbrachen, sondern die Geschichte, die Bultmanns »Jesus« in mir ausgelöst hatte. In Anlehnung an Hammanns Veröffentlichung könnte ich titeln: »Rudolf Bultmann – *Meine* Biographie«. Es war eine Befreiungsgeschichte. An einem entscheidenden Punkt meines Lebens öffnete mir dieses Buch einen ungeahnten Blick ins Weite und das Gefühl, dort anzukommen, wohin ich kommen wollte. Doch damit bin ich schon vorausgeeilt.

Worum es mir in meinen lebensgeschichtlich gefärbten Überlegungen geht, ist die Frage, wie ich heute, bald 35 Jahre später, mit jener Entdeckung umgehe: Was hat sich erhalten, was sehe ich anders, was lässt mich unbefriedigt – um damit sehr subjektiv zu deuten, woran es liegen könnte, dass es so still um Rudolf Bultmann geworden ist.

2. Das eigene Herkommen

Ich stamme aus einem ausgesprochen frommen freikirchlichen Elternhaus, allerdings ohne jene Borniertheit, die sich etwa in der Verachtung von Bildung geäußert hätte. Das altsprachliche Gymnasium sollte es schon sein. Zuhause war Jesus allgegenwärtig – und zwar in einer höchst unmittelbaren Weise: in den täglichen Gebeten, in den Lesungen aus der Bibel, auf den Kalenderblättern mit erbaulichen Auslegungen. Es war eine Mentalität, die mich innerlich einengte.

Deshalb begann ich, nach dem Abitur Jura zu studieren: heraus aus den Bindungen pietistischer Frömmigkeit, ohne eigentlich recht etwas anderes zu finden, aber ausgerüstet mit dem Willen, sich nicht mehr das eigenständige Denken und Querdenken verbieten zu lassen. Rechtswissenschaft war Anfang der 1970er Jahre in Frankfurt Gesellschaftswissenschaft und eröffnete ein kritisches Verhältnis zu allem positiven »herrschenden« Recht. Aber trotz aller Politisierung ließ mich die Fachmaterie eigentümlich kalt. Sie kam mir steril vor. Als Ausgleich besuchte ich im Philosophischen Seminar die Lehrveranstaltungen von Rüdiger Bubner, der soeben mit gerade 32 Jahren die Nachfolge Theodor W. Adornos angetreten hatte und der doch so ganz anders dachte als der große Philosoph der Kritischen Theorie.

Warum ich das überhaupt für erwähnenswert halte? Weil mir immer deutlicher die Beschränktheit meiner Studienwahl vor Augen trat. Ich wollte mehr wissen – ganz auf der Spur Bubners. Und spürte beim Jurastudium, dass das meiste vorausgesetzt war – ohne eigens befragt zu werden. Inzwischen in Erlangen, entschied ich mich ganz gegen meine ursprüngliche Intention, mit Rechtswissenschaften aufzuhören und mich in der Theologie einzuschreiben. Pfarrer wollte ich eigentlich nicht werden: Es war mehr die sprichwörtlich gewordene Frage nach dem, was die Welt im Innersten zusammenhält, die mich zu den Theologen und – noch eine Zeit lang parallel dazu – zu den Philosophen des Erlanger Konstruktivismus führte.

Just in diesem inneren Umbruch geschah es: Mir fiel – ich weiß es nicht mehr, durch welchen Umstand – ein Siebenstern-Bändchen in die Hände, das den lakonischen Titel trug: »Jesus«. Sein Autor war Rudolf Bultmann.

3. Die Begegnung

Bultmann? Der Name war mir geläufig! Aber er hatte in den Kreisen, aus denen ich stammte, alles andere als einen guten Klang. Gerade das aber reizte mich, das kleine Buch anzuschauen, und nach wenigen Sätzen war ich gebannt. Denn hier begegnete mir mehr als nur ein bestimmtes Jesusbild: Das Ganze war eingebettet in ein sehr dezidiertes Geschichtsverständnis, über das Bultmann sich und seinen Lesern in der Einleitung unter dem Titel »Die Art der Betrachtung«[5] Rechenschaft gab: Nach Bultmanns Willen sollte es nicht um eine bloße Geschichtsdarstellung über eine Gestalt der Vergangenheit gehen, sondern er wollte »zu einer höchst persönlichen Begegnung mit der Geschichte«[6] führen. Das ließ mich aufhorchen, denn damit ging es geradewegs um zweierlei: um eine reflektierte Klärung meines eigenen Verhältnisses zu Jesus – und zugleich um das darin eingeschlossene, aber doch darüber hinaus gehende Erfordernis, über »Geschichte« insgesamt nachzudenken. Und ganz nebenbei fand ich eine nachträgliche Legitimation meiner Entscheidung, das Jurastudium an den Nagel zu hängen, wenn ich las, Jesus habe sich nicht bemüht, »ein besseres Recht zu schaffen«,

---

[5] Zit. nach: Rudolf Bultmann, Jesus, 2. Aufl. München / Hamburg 1965.

[6] A.a.O., 9.

sondern er zeige, »daß Gottes Wille – der freilich auch im Recht laut werden kann – den Menschen über das Recht hinaus beansprucht«[7]. Damals jedenfalls taten mir solche unbedingt klingenden Sätze gut. Ob ich sie richtig, d.h. in Bultmanns Sinn, verstanden hatte, sei dahingestellt. Aber sie wirkten!

Doch war dies ja nur ein kleiner Nebeneffekt. Entscheidend und prägend war für mich, wie Bultmann seinen Zugang zur Geschichte explizierte. Die Kernsätze seien noch einmal ins Gedächtnis gerufen: »Es kann also nicht in dem Sinne objektive Geschichtsbetrachtung geben, wie es objektive Naturbetrachtung gibt [...]. Soll deshalb die folgende Darstellung mehr sein als eine Orientierung über interessante Dinge der Vergangenheit, mehr als ein Gang durch eine Antiquitätensammlung, soll sie wirklich dazu führen, Jesus als ein Stück der Geschichte zu sehen, in der auch wir unsere Existenz haben oder in kritischer Auseinandersetzung gewinnen, so kann die Darstellung nur ein beständiger Dialog mit der Geschichte sein.« Da schon tauchten sie auf – die Schlüsselwörter, die Bultmanns Denken bestimmten: Existenz und Dialog. Wir kommen unweigerlich heraus aus der Rolle unbeteiligter oder neutraler Beobachter. Das hatte für mich etwas ungemein Bestechendes, dessen Sog ich mich nicht entziehen konnte. »Geschichte« war eben nicht Vergangenheit, sondern von diesem Ansatz her stets auch Gegenwart, insofern ich aus meiner Gegenwart in ein eigenes Verhältnis zur Vergangenheit trat. Und es war klar: Bultmann wollte keine Allgemeingültigkeiten verbreiten, sondern letztlich über *seine* »Begegnung mit der Geschichte«[8] orientieren.

Was es mit Jesus auf sich hatte, begegnete mir vermittelt: Mit beidem musste ich mich also auseinandersetzen – mit Bultmann und durch ihn mit Jesus. Bultmann selbst schien sich der ganzen Tragweite seines Unterfangens deutlich bewusst zu sein, wenn er seine Einleitung mit den solennen Worten abschloss: »Die eigentliche Schwierigkeit aber liegt nicht im theoretischen Begreifen, in der Aufnahme des Folgenden als einer ›Betrachtung‹, sondern in der wirklichen Begegnung mit dem Gegenstand. Nun, für eine große Sache darf man es sich schon etwas kosten lassen, und so ist es mir schon lieber, einen Leser abzuschrecken, als ihn anzulocken, wenn er es sich nichts kosten lassen will.«[9]

---

[7] A.a.O., 75.
[8] A.a.O., 9.
[9] A.a.O., 15.

Das eröffnete die Freiheit zu eigenständigem Denken, und ich ging den Weg, den Bultmann in seinem Buch beschritt, begeistert mit – manchmal freilich auch zögernd, weil ich mir nicht vorzustellen vermochte, wohin mich diese Freiheit am Ende führen würde. Dass »wir vom Leben und von der Persönlichkeit Jesu so gut wie nichts mehr wissen können«[10] und auch beim ausschließlichen Bezug auf Jesu Verkündigung »äußerste Vorsicht geboten« sei, dass das »Johannesevangelium [...] als Quelle für die Verkündigung Jesu wohl überhaupt nicht in Betracht« komme, ja dass es einem unbenommen sein könne, ›Jesus‹ für sich immer in Anführungsstriche [zu] setzen und nur als abkürzende Bezeichnung für das geschichtliche Phänomen gelten [zu] lassen«[11] – dies alles war auf dem Hintergrund meines Herkommens – und sicher nicht nur meines! – höchst radikal und umwälzend! Da konnten nur wenige Steine, aus denen das Jesusbild meines Elternhauses errichtet war, aufeinander bleiben.

Spätestens nach der Lektüre der Einleitung war mir klar: Entweder du gehst den Weg Bultmanns mit und wagst es, die angebotene Freiheit zu gebrauchen, oder du klappst das Buch zu. Ich tat ersteres, und merkte: Die Faszination des Neuen und Unerhörten hielt an.

Zugleich aber schien es unvermutete Anknüpfungspunkte an die eigene religiöse Tradition zu geben, über die ich mir Rechenschaft ablegen musste, wollte ich Bultmann wirklich verstehen lernen.

Anhand von zwei Denkfiguren seines Jesus-Buches will ich verdeutlichen, was ich meine: Ein ganz wesentlicher Begriff, den Bultmann für die Verkündigung Jesu herausarbeitet, ist der der »Entscheidung«. Andere werden längst nachgezählt haben, wie oft dieses Wortfeld in seiner Darstellung vorkommt. Im Zusammenhang der Ausführungen zu »Jesu Verkündigung: Das Kommen der Gottesherrschaft« taucht es bereits auf der dritten Seite auf, um sich von dort an als eine Grundkategorie durch das gesamte Buch zu ziehen: »[...] Es gilt, sich zu entscheiden [...]. Es ist Entscheidungszeit.« Angesichts der eschatologischen Predigt Jesu sind nicht nur die Menschen damals, sondern auch wir im Blick auf das Heil »vor das große Entweder – Oder«[12] gestellt: für Jesus oder gegen ihn. Bultmann hat diese Kategorie weiter entfaltet, allein in der Wahl der Begrifflichkeit rückte sie für mich in eine eigenwillige

---

[10] A.a.O., 10.

[11] A.a.O., 13f.

[12] A.a.O., 25. Das »Entweder – Oder« bzw. das »große Entweder – Oder« oder das »absolute Entweder – Oder« erneut 27f.32.61.70 u. ö.

Nähe zu allen pietistischen Versuchen, die persönliche Lebensentscheidung herbeizuführen. Isoliert zitiert hätte man sie jedem Erbauungsbüchlein beifügen können. Wer aus dem Lager derer, die Bultmann so heftig bekämpften, hätte daran Anstoß nehmen können, etwa folgende Zeilen zu lesen: »Dieser Ruf zur Entscheidung ist der Ruf zur Buße. Denn die meisten Menschen hängen an dieser jetzigen Welt und bringen die Energie nicht auf, sich ganz für Gott zu entscheiden. Sie wollen wohl die Gottesherrschaft, aber sie wollen sie neben anderen Dingen, neben Reichtum und Ansehen bei den Menschen; sie sind unbußfertig.«[13] Diese mir so vertraute Sprache tauchte in gleichen Worten bei Bultmann auf. Inmitten der Freiheit, die er eröffnete, gab es also doch – wenigstens vermeintlich – Haftpunkte, die es erlaubten, nicht alles vom dem lebensgeschichtlich mitgebrachten Gepäck über Bord werfen zu müssen. Aber ich gestehe: Diese seltsame Koinzidenz der Begriffe behagte mir nicht.

Die Fokussierung auf die Notwendigkeit einer Entscheidung des Menschen wird bei Bultmann ja noch dadurch potenziert, dass sie sich unabweisbar und unaufschiebbar im »Hier und Jetzt« ereignen muss, also keine Entwicklung zuzulassen scheint: »Steht der Mensch in der Entscheidung und charakterisiert ihn eben dies wesentlich als Menschen, so ist ja immer letzte Stunde.«[14] Deutlicher kann die Radikalität der Botschaft Jesu kaum beschrieben werden, deutlicher auch kaum die existentielle Dimension, die daraus für den Einzelnen erwächst. Der Jesus, wie ihn Bultmann entfaltete, konnte einen nicht kalt lassen!

Ich brauche diese Linien nicht im Weiteren auszuziehen. Sie finden sich in allen folgenden Kapiteln, sondern fasse zusammen: Den Anspruch Jesu – nach Bultmanns Bekunden von allen späteren Überwölbungen gereinigt – in dieser unmittelbaren, zupackenden, ja geradezu nötigenden Weise neu zu vernehmen und für sich gelten zu lassen und sich – was sicher ein Missverständnis war – gleichwohl in der Terminologie der eigenen Lebensgeschichte aufgehoben zu fühlen, machte die Lektüre dieses Buch für mich zu einem – ich wage den Ausdruck – *kathartischen* Erlebnis: Ich begann zu begreifen, dass die Freiheit unbedingten Denken-Dürfens eben nicht prinzipiell zur völligen Auflösung der biblischen Tradition oder gar des christlichen Glaubens führen musste, sondern deren Grundaussagen schärfer profilieren und

---

[13] A.a.O., 26. Man lese unter dieser Perspektive einmal Bultmanns »Marburger Predigten« (2. Aufl. Tübingen 1968)!

[14] A.a.O., 39.

gegenwartsrelevant auszusagen half und dass alle vorschnellen Denkverbote eher aus Angst denn aus Einsicht resultierten.

Im Rückblick und als Interpretation meiner damaligen Erfahrung lässt es sich auch so sagen: Ich hatte durch Bultmanns Jesus-Buch gelernt, was ich in der Theologie zu lernen hoffte: dass Kritik und Konstruktion zusammengehören und dass es keinen Gegensatz geben muss zwischen »Glauben und Verstehen«. Das waren die entscheidende Erkenntnis und die angemessene Voraussetzung, Theologe sein zu können.

4. Die kirchliche Erinnerung

Seither sind fast dreieinhalb Jahrzehnte vergangen. Meine wissenschaftlichen Interessen siedelten sich in der Kirchengeschichte an. Die Lektüre von Bultmanns »Jesus« verklärte sich für mich immer stärker zu einem Mythos der eigenen kleinen Lebensgeschichte. Was sich seither auf dem Feld der neutestamentlichen Wissenschaft tat, wie man mit Bultmanns Impulsen umging, ja ob diese Anstöße überhaupt noch als anstößig empfunden wurden, habe ich nur höchst rudimentär wahrnehmen können. Und ich ahne, wenn ich einen Blick auf Forschungsübersichten werfe, wie viel sich seither getan hat – aber auch, wie viel nicht.

Inzwischen bin ich Bischof jener Landeskirche, innerhalb derer Bultmann von 1921 bis zu seinem Tod im Jahr 1976 – also über ein halbes Jahrhundert lang – ununterbrochen lebte. Erich Vellmer, kurhessischer Bischof und Schüler Bultmanns, charakterisierte anlässlich der Marburger Akademischen Gedenkfeier dessen Bedeutung mit den Worten: »Er hat uns unerbittlich vor die Aufgabe gestellt, die Begriffe zu klären, und uns den Blick dafür geöffnet, daß unterschieden werden muß zwischen dem Aussageinhalt und der zeitgebundenen Aussageweise. Bultmann hat damit die Kirche unüberhörbar gewarnt vor dem unkontrollierten Nachsprechen von Begriffen und Vorstellungsweisen, die der Vergangenheit angehören.«[15] Ich hatte das seltene Glück – inzwischen in Marburg studierend –, an dieser beeindruckenden Gedenkveranstaltung im November 1976 teilnehmen zu können. Aber ich konnte mich bei Vellmers Ausführungen des Gedankens nicht erwehren, dass hier der radikale Denkansatz Bultmanns domestiziert wurde.

---

[15] ERICH VELLMER, Gedenkwort für die Evangelische Kirche von Kurhessen und [!] Waldeck und die Evangelische Kirche in Hessen und Nassau, in: OTTO KAISER (Hg.), Gedenken an Rudolf Bultmann. Mit Beiträgen von RUDOLF ZINGEL u. a., Tübingen 1977, 9.

Oder war Bultmann doch viel harmloser, als ich es nach der Lektüre des Jesus-Buches glaubte?

Jedenfalls fand 2001 meine Anregung, einen der Sitzungsräume im neu errichteten Anbau des Kasseler »Hauses der Kirche« mit dem Namen »Rudolf Bultmann« zu versehen – und damit die Reihe bedeutender Gestalten der hessischen Kirchengeschichte, angefangen bei Bonifatius, abzuschließen! –, bei den beteiligten Gremien ungeteilte Zustimmung. Ich wollte auf diese Weise zum Ausdruck bringen, was vielen Pfarrerinnen und Pfarrern – so auch mir – die wissenschaftliche Begegnung mit Bultmann bedeutet hatte. Die heftigen Kontroversen innerhalb der Theologie der 1950er Jahre und mit dem evangelikalen Lager in den 1960er Jahren[16] waren freilich – auch das galt es festzustellen – vollkommen verblasst. Seither tagt das Kollegium des Landeskirchenamts jeden Dienstag unter einem der bekannten Konterfeis Bultmanns, das ihn Pfeife rauchend mit geradezu mildem Blick die Verhandlungen eines Leitungsorgans unserer Kirche verfolgen lässt. Ein umlaufendes Spruchband im Sitzungsraum gibt einen Textauszug Bultmanns wieder: »Das eigentliche Werk Christi besteht aber, wie schon Luther gesagt hat, darin, daß er das Gesetz und den Tod überwunden hat. Und deshalb heißt christlicher Glaube: An ihn als den Befreier von Gesetz und Tod glauben; es heißt aber nicht, die Wundergeschichten des Neuen Testaments für wahr halten.«[17]

5. Die Wiederbegegnung

Anfang 2009 holte ich Bultmanns Jesus-Buch aus dem Bücherschrank. Ich tat es mit innerer Spannung. Natürlich war mir klar: Niemand steigt zweimal in denselben Fluss! Aber würde sich diese Faszination erneut einstellen, die mich damals erfasst hatte? Um das Resultat meiner Erwartungen vorwegzunehmen: Ich habe das Buch diesmal mit sehr viel größerem inneren Abstand, um nicht zu sagen: bisweilen fast gelangweilt gelesen. Das liegt überhaupt nicht allein und ausschließlich an Bultmanns Ausführungen, sondern mindestens in gleicher Weise auch an mir: Die Fragestellungen scheinen sich gewandelt zu haben.

Geradezu ermüdend lesen sich für mich die permanenten Abgrenzungen gegenüber allen Versuchen liberaler Theologie, ein Bild von der Persönlichkeit Jesu entwerfen zu wollen.[18] Der adversative Argumenta-

---

[16] Vgl. dazu Konrad Hammann, a.a.O., 421-432.

[17] Rudolf Bultmann, Marburger Predigten, 139 (13. Juli 1941).

[18] Vgl. auch Walter Schmithals, Nachwort, in: Rudolf Bultmann, Jesus, 152.

tionsstil (»nicht« – »sondern«) bestimmt weite Teile des Buches und beginnt schon im ersten Satz überhaupt: »Eigentlich sollte ich nicht von der Art der ›Betrachtung‹ reden.«[19] Und er setzt sich fort – ob es nun (um nur wenige Beispiele zu nennen) um das »Wesentliche der Geschichte« geht (»dies ist in der Tat nichts *Über*geschichtliches, sondern zeitliches Geschehen«[20]), um die methodische Rechenschaft über den Gegenstand (»nicht das Leben oder die Persönlichkeit Jesu, sondern nur seine ›Lehre‹, seine Verkündigung«[21]) oder um die Verneinung der Frage, ob sich Jesus für den Messias gehalten habe (»Ich habe [...] in der folgenden Darstellung diese Frage überhaupt nicht berücksichtigt, und zwar im letzten Grunde nicht deshalb, weil sich darüber nichts Sicheres sagen läßt, sondern weil ich die Frage für nebensächlich halte«[22]). Immer wieder »nicht«, »sondern«!

Wenn einem aber das Gegenüber der Darstellungen eines Lebens Jesu abhanden gekommen ist, das Bultmann glaubte bekämpfen und destruieren zu müssen, dann bewegen wir uns an einer Frontlinie, an der in der theologischen Wissenschaft seit vielen Jahrzehnten längst Frieden herrscht – es sei denn, man schaut auf den blühenden Markt populärer Jesusbücher oder -romane, die aber meist seriöser Fundierung entbehren und sich oft genug im Reich des völlig Spekulativen verlieren.[23] Bei der Wiederbegegnung drängt sich mir der Eindruck auf: Dieser Gegensatz hat sich überlebt. Was 1926 geradezu unerhört klang, ist inzwischen allgemein anerkannt.

Natürlich trägt zu meiner Ernüchterung oder Abgeklärtheit auch bei, dass die vergangenen Jahrzehnte als Theologe im kirchlichen Amt nicht spurlos an mir vorübergegangen sind. Das meine ich nicht in dem oft unterstellten Sinn, als lasse kirchliche Praxis theologische Theorie allmählich »nachdunkeln«. Nein, die kirchliche Praxis zwingt zunächst und vor allem in der Predigtarbeit zu einer beständigen Beschäftigung und Auseinandersetzung mit der biblischen Überlieferung. Und Vieles, was Bultmann etwa zum »Kommen der Gottesherrschaft«, zum »Willen Gottes« oder zu »dem nahen und dem fernen Gott« an Einzelheiten ausführt, hat sich als Allgemeinwissen im Lauf des eigenständigen theologischen Nach- und Weiterdenkens habitualisiert. Ich ertappe mich da-

---

[19] A.a.O., 7.
[20] A.a.O., 10.
[21] A.a.O., 13.
[22] A.a.O., 11.
[23] Jüngst etwa beispielsweise Anne Rice, Jesus Christus. Die Straße nach Kanaa, Hamburg 2008 – als zweiter Band einer Jesus-Trilogie konzipiert.

bei, dass ich während der Lektüre weite Passagen einfach überspringe. Damit aber droht Bultmanns Buch unversehens zu einem rein theologiegeschichtlichen Dokument jener Epoche »zwischen den Zeiten« zu werden.

Dabei bin ich mir bewusst, dass die neutestamentliche Forschung auch hinsichtlich vieler Positionen Bultmanns oder seiner Detailauskünfte zu einzelnen Bibelstellen inzwischen anders argumentiert – etwa, was die Darstellung des zeitgeschichtlichen Kontextes des Auftretens Jesu, also des zeitgenössischen Judentums, anbelangt, von dem Bultmann seinen Jesus bei aller Einbettung deutlich abzugrenzen versuchte, oder auch das völlige Absehen von den realen sozioökonomischen Bedingungen, in denen Jesus lebte: Angeblich erfahre man in den Evangelien nichts weiter, »als daß es Bauern und Fischer, Handwerker und Kaufleute, Reiche und Arme gab (und alles dies nur ganz gelegentlich, meist aus den Gleichnissen)«[24]. Bultmann hat das Heilige Land nie besucht. Die unmittelbare Anschauung der Topographie oder gar das Erleben einer besonderen Atmosphäre war für ihn für das Verstehen-Können unerheblich. Aber mir wird dabei kritisch deutlich: Ein auf die bloße Verkündigung, vornehmlich auf seine Worte reduzierter Jesus ist letztlich nicht nur ein »geschichtliche(s) Phänomen«[25], das nach Belieben auch in Anführungszeichen gesetzt werden könnte, sondern droht zu einem reinen Phantom zu werden! Und damit gerät Bultmann meiner Überzeugung nach überraschend in die Nähe derer, von denen er sich mit seinem Jesus-Buch abzugrenzen versuchte. Auch sein historischer Jesus ist eben ein Konstrukt! Vielleicht würde Bultmann dieser Einschätzung sogar in Teilen zustimmen. Die Einleitung wenigstens gibt für diese Annahme einigen Anlass.

Schwerwiegender erscheint mir aus heutiger Sicht das von Bultmann auch in seinem Jesus-Buch aufgerissene Problem der *Diskontinuität* zwischen historischem Jesus und in der Botschaft der urchristlichen Gemeinden verkündigtem Christus. Hierzu bietet er im Jesus-Buch keine expliziten Lösungsvorschläge. Wenn er etwa erklärt: Dass Jesus »als Urheber hinter der geschichtlichen Bewegung steht, deren erstes greifbares Stadium die älteste palästinensische Gemeinde darstellt, ist völlig deutlich«[26], dann lässt mich diese Auskunft unbefriedigt, denn sie ist nun wirklich eine Minimaleinsicht. Spannender wäre

---

[24] Rudolf Bultmann, a.a.O., 73.
[25] A.a.O., 14.
[26] A.a.O., 14.

es schon 1926 gewesen zu erfahren, ob und inwieweit es – theologisch gesehen – tatsächlich bei dem radikalen Bruch zwischen »Verkündiger« und »Verkündigtem« bleiben muss. Als junger Student beschäftigte mich diese Frage zunächst wenig. Aber inzwischen bin ja nicht nur ich zutiefst davon überzeugt, dass die Rückfrage nach dem historischen Jesus von hoher *theologischer* Relevanz für den christlichen Glauben ist und immer wieder vergewissert werden muss. Im vergangenen halben Jahrhundert ist darüber in der neutestamentlichen wie in der systematisch-theologischen Wissenschaft intensiv diskutiert und über Bultmann hinausgehend geantwortet worden. Jens Schröter hat meines Erachtens Recht, wenn er aus dieser Einsicht die Forderung ableitet: »Die deutenden Erzählungen [der Evangelien] sind [...] durch historische Erinnerungen veranlasst und stehen deshalb in Verbindung zu Jesu Wirken. Eine heutige Jesusdarstellung muss diese Beziehung von Ereignis und Deutung plausibel machen und darf nicht einen dieser Pole auflösen.«[27]

Und schließlich ist mir inzwischen die inhaltliche Füllung einer Kategorie durch Bultmann fraglich geworden, die für seine Weise der Interpretation der jesuanischen Botschaft fundamental war: die der *»Entscheidung«* und der darin implizierten Entscheidungsfreiheit, sich gegenüber Gottes Heil zu verhalten. Neu gelesen atmen gerade diese vielen Passagen, in denen Bultmann Jesu Verkündigung radikal auf den Punkt zu bringen versucht, den Geist eines denn doch vergangenen Pathos. Dabei ist mir beim Lesen überraschend bewusst geworden, wie sehr sich Bultmann eigentlich in Denkfiguren lutherischer Theologie bewegte. Manchmal habe ich – um diesen Eindruck zu verifizieren –, wo Bultmann von »Jesus« spricht, »Luther« eingesetzt. Und siehe da, es gibt häufiger einen Sinn, als man es dem ersten Anschein nach glauben möchte.[28] Gerade diese von mir vermutete lutherische Grundorientierung aber hätte Bultmann vorsichtiger mit der Übernahme des Begriffs »Entscheidung« aus Heideggers Denkwelt umgehen lassen müssen. Nicht umsonst hat Luther »De servo arbitrio« verfasst und

---

[27] Jens Schröter, Von Jesus zum Neuen Testament. Studien zur urchristlichen Theologiegeschichte und zur Entstehung des neutestamentlichen Kanons, WUNT 204, Tübingen 2007, 119.

[28] Besonders trifft dies auf Kapitel III zu. Ein Beispiel nur (Rudolf Bultmann, a.a.O., 102): »Der Gedanke der Sünde ist nicht radikal gedacht, solange neben ihm der Gedanke an die Möglichkeit guter Werke besteht, solange auch nur das Sündenbekenntnis als etwas gelten kann, das die Sünde verzeihlich macht, solange nicht der Mensch als ganzer und in allem als Sünder gilt, sofern er vor Gott steht.«

damit die menschliche Entscheidungsmöglichkeit gerade hinsichtlich des Heils keineswegs nur begrenzt, sondern in Frage gestellt! Hinzu kommt: Schlichte Lebenserfahrung wie Einsichten der Psychologie – ganz abgesehen von Hypothesen der Neurowissenschaften – zeigen uns längst, wie problematisch die Vorstellung einer völligen »Entscheidungsfreiheit« geworden ist. Gewiss: Jesus hat in seiner Verkündigung vor die Wahl gestellt, aber ohne jenen komplexen Überbau, den Bultmann mit dem Begriff der »Entscheidung« kennzeichnet. Hier wird man heute differenzierter und zurückhaltender reden müssen – im Blick auf Jesus wie hinsichtlich einer Transformation in die Gegenwart.

6. Das Bleibende

Ist damit alles gesagt, so dass ich Bultmanns Buch viel weniger aufgewühlt als damals ins Regal zurückstellen kann? Ich maße mir kein abschließendes Urteil an, weil sich die Rezeption eines Werkes nicht steuern lässt und eigenen Gesetzmäßigkeiten unterliegt.

Immer noch höchst anregend finde ich seine einleitenden Bemerkungen zum Verständnis von Geschichte, obwohl auch diese viel Kritik erfahren haben. Dass Geschichte nicht bloße Vergangenheit ist, sondern unmittelbar mit mir selbst zu tun hat, ist eine Einsicht, die ich zu beherzigen suche. Aber jungen Menschen, die am Beginn ihres Theologiestudiums stehen, dieses Jesus-Buch als Einstiegslektüre empfehlen? Ich zögere, um dann umso kräftiger zu betonen: Im Lauf des Studiums allerdings sollte es gelesen werden, sofern Bultmann überhaupt gelesen wird!

Am Ende meiner Wiederbegegnung steht nicht nichts, auch nicht überwiegende kritische Distanzierung. Nein, am Ende kommt trotz aller eigenen Wandlungen eine tiefe Dankbarkeit auf: Ich bin Theologe geworden und Theologe geblieben – und das verdanke ich, menschlich gesehen, jenem schmalen Büchlein: Rudolf Bultmann, Jesus.

VI. Bibliografie

1982

1.
Das Schicksal des Franz Magera. Ein Beitrag zum Verhältnis von Reformation und Türkenkriegen, in: Archiv für Reformationsgeschichte 73 (1982), 308-313.

2.
Art. Erlangen, Universität, in: Theologische Realenzyklopädie 10 (1982), 159-164.

1983

3.
Rezension: Heinrich Beulshausen, Die Geschichte der osthessischen Täufergemeinden, in: Jahrbuch der Hessischen Kirchengeschichtlichen Vereinigung 34 (1983), 132-134.

4.
Rezension: Günther Rehme / Konstantin Haase, ... mit Rumpf und Stumpf ausrotten ... Zur Geschichte der Juden in Marburg und Umgebung nach 1933, in: a.a.O., 146f.

1984

5.
Lutherisches Bekenntnis und Erlanger Theologie im 19. Jahrhundert, Gütersloh 1984 (Die Lutherische Kirche, Geschichte und Gestalten 7).

1985

6.
Art. Harleß, Gottlieb Christoph Adolf von (1806-1879), in: Theologische Realenzyklopädie 14 (1985), 444-446.

7.
Rezension: Dieter Waßmann, Waldeck. Geschichte einer Landeskirche, in: Jahrbuch der Hessischen Kirchengeschichtlichen Vereinigung 36 (1985), 125f.

8.
Rezension: Klaus Engelbrecht, Um Kirchentum und Kirche. Metropolitan Wilhelm Vilmar (1804-1884) als Verfechter einer eigentümlichen

Kirchengeschichtsschreibung und betont hessischen Theologie, in: a.a.O., 138-140.

9.
Bearbeitung: Andreas Osiander, Predigtauszüge (1535), in: Andreas Osiander d.Ä. Gesamtausgabe Bd. 6, hg. v. Gerhard Müller, Gütersloh 1985, 52-121.

10.
Bearbeitung: Andreas Osiander, Unterricht an einen sterbenden Menschen (1538), in: a.a.O., 487-497.

1986

11.
Art. Bischof, Bischofsamt, in: Evangelisches Kirchenlexikon, 3. Aufl., Bd. 1 (1986), 518-522 [mit Hans-Gernot Jung].

1988

12.
Bearbeitung: Melanchthon an Osiander (1539), in: Andreas Osiander d.Ä. Gesamtausgabe, Bd. 7, hg. v. Gerhard Müller / Gottfried Seebaß, Gütersloh 1988, 176-179.

13.
Bearbeitung: Osiander an Melanchthon (1539), in: a.a.O., 212-215.

14.
Bearbeitung: Osiander an Spalatin (1540), in: a.a.O., 249-251.

15.
Bearbeitung: Osiander an Pistorius (1540), in: a.a.O., 301f.

16.
Bearbeitung: Empfehlungsschreiben für Franz Magera (1541), in: a.a.O., 339f.

17.
Bearbeitung: Andreas Osiander, Unterricht wider den Türken (1542), in: a.a.O., 469-485.

18.
Bearbeitung: Osiander an Pistorius (1542), in: a.a.O., 492f.

19.
Bearbeitung: Andreas Osiander, Predigten über Daniel 1-2 (1542/43), in: a.a.O., 521-555.

20.
Jahresschlussandacht über Johannes 8,31-36, in: Haus- und Lesegottesdienst. Kasseler Lektoren-Predigt 42 (1988/89), 25-30.

1989

21.
Vorbild sein. Von der Seelsorgepflicht der Gemeinden, in: Blick in die Kirche. Informationen aus der Evangelischen Kirche von Kurhessen-Waldeck 2/1989, 6f.

22.
Fünfzig Jahre danach, in: Anstöße. Zeitschrift der Evangelischen Akademie Hofgeismar 2/1989, 11.

1990

23.
Die Nacht ist vorgerücket ..., in: Geschichte von unten. Modelle alternativer Geschichtsschreibung, hg. v. Bernd Jaspert, Hofgeismar 1990, 193-196 (Hofgeismarer Protokolle 274).

24.
Was heißt: »... in der Vielfalt der überlieferten Bekenntnisse der Reformation zu einer Kirche zusammengewachsen«?, in: Vernünftiger Gottesdienst. Kirche nach der Barmer Theologischen Erklärung. Festschrift Hans-Gernot Jung, hg. v. Frithard Scholz / Horst Dickel, Göttingen 1990, 131-150 (erneut abgedruckt in: Weichenstellungen, 2009, 209-228).

25.
Bearbeitung: Andreas Osiander, Coniecturae de ultimis temporibus ac de fine mundi (1544) / Vermutung von den letzten Zeiten und dem Ende der Welt (1545), in: Andreas Osiander d.Ä. Gesamtausgabe Bd. 8, hg. v. Gerhard Müller / Gottfried Seebaß, Gütersloh 1990, 150-271.

26.
Bearbeitung: Osiander an Herzog Albrecht (1544), in: a.a.O., 319-321.

27.
Bearbeitung: Andreas Osiander, Predigtauszüge (1544), in: a.a.O., 322-326.

28.
Bearbeitung: Osiander an Herzog Albrecht (1545), in: a.a.O., 328-330.

29.
Bearbeitung: Herzog Albrecht an Osiander (1545), in: a.a.O., 331.

30.
Auf der Suche nach neuer Ordnung. Der Weg der evangelischen Landeskirche von Kurhessen-Waldeck in den Jahren 1945-1947, in: Jahrbuch der Hessischen Kirchengeschichtlichen Vereinigung 41 (1990), 111-134 (erneut abgedruckt in: Weichenstellungen, 2009, 179-207).

1991

31.
Worte finden. Zum Umgang mit Beichtspiegeln, in: Versöhnung feiern. Praktisch-liturgische Hilfen, hg. v. Hanns Kerner / Jürgen Lorz, Nürnberg 1991, 36-40 [mit Beichtspiegel 87-90] (Praktisch-liturgische Hilfen der Materialstelle für Gottesdienst 1).

32.
Die Anfänge des Predigerseminars in Hofgeismar, in: Ein Jahrhundert Predigerseminar in Hofgeismar. Festschrift anlässlich des hundertjährigen Bestehens, hg. v. Martin Hein, Kassel 1991, 27-38.

33.
Geistliche Leitung und Einheit der Kirche. Zur Vorgeschichte und Einführung des Bischofsamtes in der Evangelischen Landeskirche von Kurhessen-Waldeck, in: Zeitschrift für Rechtsgeschichte 108 / Kan. Abt. 78 (1991), 406-427 (Erstveröffentlichung in: Lebendige Vergangenheit – Geprägte Gegenwart. Dona Historica Ecclesiae. Festgabe für Gerhard Müller, hg. v. Hanns Kerner, Nürnberg 1989, 17-45; erneut abgedruckt in: Weichenstellungen, 2009, 53-79).

34.
100 Jahre Predigerseminar: Lern- und Lebensgemeinschaft, in: Kasseler Sonntagsblatt 113. Jg., Nr. 42 (20.10.1991), 11.

1992

35.
Predigt über 1. Korinther 9,24-27, in: Haus- und Lesegottesdienst. Kasseler Lektoren-Predigt 45 (1991/92), 89-96.

36.
Hans von Soden und die »Judenfrage«, in: Erinnern – Verstehen – Versöhnen. Kirche und Juden in Hessen 1933-1945. Dokumentation einer Tagung der Evangelischen Akademie Hofgeismar, hg. v. Bernd Jaspert, Kassel 1992, 33-58 (Didaskalia 40) (erneut abgedruckt in: Weichenstellungen, 2009, 111-134).

37.
Recht wider Macht – die Evangelische Landeskirche von Kurhessen-Waldeck nach 1933. Ein Gesprächsbeitrag, in: Hessisches Pfarrblatt 1/1992, 6-11.

38.
Die Edition der Rundschreiben der Bekennenden Kirche in Kurhessen-Waldeck 1934/35, in: Hessisches Pfarrblatt 6/1992, 187f (Erstveröffentlichung in: Mitteilungen der Evangelischen Arbeitsgemeinschaft für Kirchliche Zeitgeschichte Folge 12, März 1992, 47-50).

39.
Art. Menius, Justus, in: Theologische Realenzyklopädie 22 (1992), 439-442.

1993

40.
Wie soll es mit unserer Kirche weitergehen? Ein Plädoyer für Besonnenheit, in: Blick in die Kirche. Informationen aus der Evangelischen Kirche von Kurhessen-Waldeck 12/1993, 5f.

41.
Das Jahr 1933 in der Evangelischen Landeskirche in Hessen-Kassel, in: Jahrbuch der Hessischen Kirchengeschichtlichen Vereinigung 44 (1993), 155-166 (erneut abgedruckt in: Weichenstellungen, 2009, 95-109).

1994

42.
»Miteinander und Gegenüber«: Eine historische Analyse des Konstruktionsprinzips der »Grundordnung der Evangelischen Kirche von Kurhessen-Waldeck« von 1967, in: Zeitschrift für evangelisches Kirchenrecht 39 (1994), 1-19.

43.
Bearbeitung: Bericht aus einem Brief Osianders an Hieronymus Cardanus (1550), in: Andreas Osiander d.Ä. Gesamtausgabe Bd. 9, hg. v. Gerhard Müller / Gottfried Seebaß, Gütersloh 1994, 514f.

1995

44.
Von der Vergangenheit in der Gegenwart, in: Hessisches Pfarrblatt 1/1995, 14-16.

45.
Lebendige Visionen von der bewohnbaren Stadt – Zum 5. Sonntag nach Trinitatis, in: Kasseler Sonntagsblatt 117. Jg., Nr. 29 (16.07.1995), 2.

46.
Wer leitet die Kirche?, in: Blick in die Kirche. Informationen aus der Evangelischen Kirche von Kurhessen-Waldeck 11/1995, 4f.

1996

47.
Predigt über Apostelgeschichte 10,21-35, in: Haus- und Lesegottesdienst. Kasseler Lektoren-Predigt 49 (1995/96), 57-64.

48.
Das Erbe Martin Luthers: die frohmachende Botschaft – Zum Sonntag Estomihi, in: Kasseler Sonntagsblatt 118. Jg., Nr. 7 (18.02.1996), 2.

49.
Einleitung, in: Kirche im Widerspruch. Die Rundbriefe des Bruderbundes Kurhessischer Pfarrer und der Bekennenden Kirche Kurhessen-Waldeck 1933-1935, hg. v. Martin Hein, Darmstadt 1996, 13-23.

50.
Bearbeitung: Rundbriefe Nr. 1-8, 92-94 und 103, in: a.a.O., 24-53. 415-444 und 548f.

51.
Die Entwicklung synodaler Strukturen in der Evangelischen Kirche von Kurhessen-Waldeck, in: Hessisches Pfarrblatt 2/1996, 35-39 (erneut abgedruckt in: Lektorenbuch »Lektorendienst – Ehrenamt für lebendige Gemeinden«, hg. v. Ernst Schmidt, 2. Nachlieferung, Kassel 1997, C 3a, 1-9).

52.
Der vereinnahmte Reformator, in: Hessische/Niedersächsische Allgemeine Sonntagszeit Nr. 35 (01.09.1996), 6.

53.
Predigt zu EG 362 »Ein feste Burg ist unser Gott« in Luthers 450. Todesjahr, in: Werkstatt für Liturgie und Predigt H. 8/96 (Oktober 1996), 349f.

54.
Der Mann im Schatten. Predigt zum 500. Geburtstag von Philipp Melanchthon am 16. Februar 1997, in: Werkstatt für Liturgie und Predigt H. 12/96 (Februar 1997), 553f.

55.
Profile der Evangelischen Kirche von Kurhessen-Waldeck 1945-1995, in: Jahrbuch der Hessischen Kirchengeschichtlichen Vereinigung 47 (1996), 173-186 (erneut abgedruckt unter dem Titel: Tendenzen und Entwicklungen der Evangelischen Kirche von Kurhessen-Waldeck während der letzten fünfzig Jahre, in: Begegnung und Versöhnung. Dokumentation der Begegnung der Diözese 's-Hertogenbosch und der Provinzialsynode Noord-Brabant-Limburg mit der Evangelischen Kirche von Kurhessen-Waldeck vom 10. bis 12. April in der Evangelischen Akademie Hofgeismar, hg. v. Horst Dickel, [Kassel 1997], 27-33; erneut [gekürzt] abgedruckt unter dem Titel: Kirche der Mitte, in: Einblicke – Bilder und Berichte. Die Evangelische Kirche von Kurhessen-Waldeck, Kassel 2001, 4-6).

1997

56.
Hermann Schafft in den Jahren 1918 bis 1938, in: Deutsches Pfarrerblatt 97 (1997), 18-22.31 (erneut abgedruckt in: Weichenstellungen, 2009, 81-94).

57.
Andacht an einem Elternabend vor der Konfirmation, in: Werkstatt für Liturgie und Predigt, Sonderheft »Taufen und Konfirmieren« [1997], 89f.

58.
Art. Predigerseminar, in: Theologische Realenzyklopädie 27 (1997), 221-225.

59.
Bernhard Heppe (1897-1945). Eine Säkularerinnerung, in: Hessisches Pfarrblatt 6/1997, 179-184 (erneut abgedruckt in: Weichenstellungen, 2009, 135-144).

1998

60.
Predigt über 2. Korinther 5,19-21, in: Haus- und Lesegottesdienst. Kasseler Lektoren-Predigt 51 (1997/98), 121-128.

61.
Was erwarten Kirche und Gesellschaft vom Religionsunterricht?, in: forum religion. Zur Praxis des Religionsunterrichtes 1/1998, 35-42.

62.
Thesen zu einer ›Theologie des Gemeindeabbaus‹ in der Großstadt, in: Pastoraltheologie 87 (1998), 192-196. [In diesem Band 191-196]

63.
Christentum und Stadt: Einblicke und Ausblicke, in: Graffiti 1998 »Stadt-Gesichter«. Themenheft des Bereichs Kinder- und Jugendarbeit im Amt für kirchliche Dienste der Evangelischen Kirche von Kurhessen-Waldeck, 4-10.

1999

64.
Was dem Leben dient: Familie – Ehe – andere Lebensformen. Vortrag bei der 3. Tagung der 10. Landessynode der Evangelischen Kirche von Kurhessen-Waldeck am 28.04.1999, in: Verhandlungen der 3. Tagung der 10. Landessynode der Evangelischen Kirche von Kurhessen-Waldeck vom 26.-28. April 1999 in Hofgeismar. Amtliche Ausgabe, 166-176 (erneut abgedruckt in: Zukunftsperspektive Familie und Wirtschaft. Vom Wert von Familie für Wirtschaft, Staat und Gesellschaft, hg. v. Hans-Günter Krüsselberg / Heinz Reichmann, Grafschaft 2002, 359-376).

65.
Pfarrer Hermann Schafft: Ein bedeutender Zeitgenosse in Baunatal, in: Chronik der Stadt Baunatal, Bd. 4: Sieben Dörfer werden eine Stadt, hg. v. Magistrat der Stadt Baunatal, Baunatal 1999, 175-180.

66.
»Und ich sah eine neue Erde«. Predigt über Offenbarung 21, in: Visionen gegen die Zeit: Interdisziplinäre Tage für Neue Musik und Theologie 11.-14. Juni 1998 – Dokumentation und Auswertung, hg. v. Corinna Dahlgrün / Hans Darmstadt, Frankfurt/Main usw. 1999, 105-108 (neue musik in der kirche I).

67.
Stein gewordene Zusage Gottes. Welche Bedeutung hat der Kirchenraum für den Glauben? Theologische Überlegungen, in: Blick in die Kirche. Informationen aus der Evangelischen Kirche von Kurhessen-Waldeck 5/1999, 8.

68.
Demokratische Kirchenverfassung für Hessen-Cassel, in: Blick in die Kirche. Informationen aus der Evangelischen Kirche von Kurhessen-Waldeck 6/1999, 18.

69.
»Großdeutschland ruft zum Dienst!« Die evangelische Kirche und der 2. Weltkrieg, in: Erinnern und Erben in Deutschland. Versuch einer Öffnung, hg. v. Eva Schulz-Jander u.a., Kassel 1999, 67-87 (erneut abgedruckt in: Weichenstellungen, 2009, 161-178).

70.
Identität entwickeln – Toleranz üben. Zehn Thesen für einen unbefangenen Umgang mit religiöser Vielfalt heute, in: forum religion. Zur Praxis des Religionsunterrichtes 4/1999, 32-37. [In diesem Band 103-113]

2000

71.
Perspektiven für die Kirche in der Stadt, in: Die Zeiten ändern sich. Neue Kommunikationswege der Evangelischen Kirche, hg. v. Christian Fischer, Kassel 2000, 17-23.

72.
Art. Sonntagsschule, in: Lexikon für Theologie und Kirche, 3. Aufl., Bd. 9 (2000), 733 (erneut abgedruckt in: Lexikon der Ökumene und Konfessionskunde, hg. v. Wolfgang Thönissen, Freiburg 2007, 1260).

73.
»Big Brother oder Die geheimnisvolle Frage nach Gott und dem Menschen«. Predigt am 12. März 2000 (Invokavit) in St. Martin Kassel über Psalm 139,1-6+23-24, in: EKK-Forum Jg. 1, Heft 2 (2000), 7.

74.
»Der du die Zeit in Händen hast«. Liedpredigt über EG 64, in: Singen und Sagen. Eine Sammlung von Predigten aus der Evangelischen Kirche von Kurhessen-Waldeck über Lieder des Evangelischen Gesangbuches, i.A. des Landeskirchenamtes der Evangelischen Kirche von Kurhessen-Waldeck hg. v. Bengt Seeberg, Kassel 2000, 97-101.

75.
Zum Lesen empfohlen: Uwe Timm, Johannisnacht, in: Anstöße. Zeitschrift der Evangelischen Akademie Hofgeismar 3-4/2000, 22.

76.
Vom Pfarrhaus zur Kulturscheune, in: Dass wir uns fröhlich akzeptieren, so verschieden wir auch sind. Nachlese zum Landeskirchentag Melsungen 2000, hg. i.A. des Landesausschusses des Deutschen Evangelischen Kirchentages in Kurhessen-Waldeck v. Martina S. Gnadt, Kassel 2000, 13f.

77.
Die Jesberger Konferenz im Jahr 1849. Ein Beitrag zum Verhältnis von Staat und Kirche im 19. Jahrhundert, in: Zeitschrift für Rechtsgeschich-

te 117 / Kan. Abt. 86 (2000), 499-516 (erneut abgedruckt in: Weichenstellungen, 2009, 17-34).

78.
Was bedeutet für mich Nachfolge?, in: Quatember. Vierteljahreshefte für Erneuerung und Einheit der Kirche 64 (2000), 204.

79.
Sichtbare Kirche. Bericht des Bischofs zur Herbsttagung der Landessynode 2000, Kassel 2000.

80.
Damals hat es gut angefangen – Zum Christfest, in: Kasseler Sonntagsblatt 122. Jg., Nr. 52/53 (24./31.12.2000), 2.

81.
Predigt über die Jahreslosung für 2001: Kolosser 2,3, in: Kasseler Lektoren-Predigt. Haus- und Lesegottesdienst 54 (2000/01), 57-63.

82.
Wilhelminischer Protestantismus. Der Zusammenhang von Politik, Kirche und Theologie an der Wende zum 20. Jahrhundert, in: Jahrbuch der Hessischen Kirchengeschichtlichen Vereinigung 51 (2000), 99-114 (erneut abgedruckt in: Einhundert Jahre Christuskirche Kassel-Bad Wilhelmshöhe. Geschichte und Geschichten von Menschen und Gemeinde, hg. v. d. Evangelischen Kirchengemeinde Kassel-Bad Wilhelmshöhe, Kassel 2003, 56-76, und in: Weichenstellungen, 2009, 35-52).

2001

83.
Ehrenamtliches Engagement und ein hohes Maß an Mitverantwortung: Auf Ortsebene im Kirchenvorstand mitarbeiten, in: Blick in die Kirche. Informationen aus der Evangelischen Kirche von Kurhessen-Waldeck 2/2001, 8f.

84.
Gibt es christliche Politik? in: Evangelische Verantwortung 4/2001, 4-8 (gekürzt abgedruckt unter dem Titel: Vom Salz der Politik. Warum christlich orientierte Parteien und Christen in allen Parteien nötig sind, in: Rheinischer Merkur Nr. 12, 56. Jg. [23.03.2001], 28).

85.
Tod und Leid haben nicht das letzte Wort – Zum Osterfest, in: Kasseler Sonntagsblatt 123. Jg., Nr. 15 (15.04.2001), 2.

86.
Art. Volkskirche. II. Protestantisches Verständnis, in: Lexikon für Theologie und Kirche, 3. Aufl., Bd. 10 (2001), 863f (erneut abgedruckt in: Lexikon der Ökumene und Konfessionskunde, hg. v. Wolfgang Thönissen, Freiburg 2007, 1418).

87.
Kirchengeschichte im Religionsunterricht, in: forum religion. Zur Praxis des Religionsunterrichtes 3/2001, 35-41 (erneut abgedruckt in: Weichenstellungen, 2009, 231-243).

88.
Jesus Christus und die Kirche, in: Leben und Kirche. Festschrift Wilfried Härle, hg. v. Uta Andrée / Frank Miege / Christoph Schwöbel, Marburg 2001, 35-42 (Marburger Theologische Studien 70) (erneut abgedruckt in: Weichenstellungen, 2009, 3-13).

89.
Profilbildung durch Gemeindeabbau. Chancen für die Kirche in der Großstadt, in: Lernort Gemeinde. Zeitschrift für theologische Praxis 19 (2001), 40-42.

90.
Reformation der Kirche – Kirche der Reformation: 475 Jahre Homberger Synode. Predigt in der Evangelischen Stadtkirche St. Marien zu Homberg/Efze am 21. Oktober 2001, in: Die Homberger Synode von 1526 – Die Reformation in Hessen, hg. v. Zweigverein Homberg/Efze im Verein für hessische Geschichte und Landeskunde Kassel, Homberg 2001, 7-9.

91.
Gefährdetes Leben. Bericht des Bischofs zur Herbsttagung der Landessynode 2001, Kassel 2001.

92.
Anfang und Ende menschlichen Lebens im christlichen Menschenbild, in: Kriterium Dezember 2001, 46-49.

2002

93.
Evangelische Kindertagesstätten als Orte religiöser Bildung, in: ... zur Freiheit seid ihr berufen. Sozialpädagogische (ErzieherInnen-)Ausbildung gestern – heute – morgen. Zur Verabschiedung von Eduard Heller hg. v. Michael Möller / Eckehard Zühlke, Kassel 2002, 90-98.

94.
Lebensfragen wach halten. Die Bedeutung der Rede von Gott wird angesichts der großen moralischen Dilemmata unserer Welt eher noch wachsen, in: Rheinischer Merkur Nr. 13, 57. Jg. [28.03.2002], 9.

95.
»Leben bis zuletzt«, in: Gesundbrunnen. Zeitschrift der Evangelischen Altenhilfe Gesundbrunnen 22. Jg., 2/2002, 10f.

96.
Rezension: Kurt Nowak, Schleiermacher. Leben, Werk und Wirkung, in: Evangelische Verantwortung 6/2002, 14.

97.
Eine Kirche mit großer Zukunft – Ein Traum?, in: Die Kirche der Zukunft. Wie soll sie sein? Junge und erfahrene TheologInnen träumen von ihrer Kirche. Anthologie für Religion 1, hg. v. Oliver Roland, Mannheim 2002, 16-20.

98.
Aufklärung tut not: Christian Fürchtegott Gellert (1715-1769), in: Quintett. Kirchenmusikalische Mitteilungen aus der Evangelischen Kirche von Kurhessen-Waldeck Nr. 3/2002, 3-7 (erneut abgedruckt unter dem Titel: »Aufklärung und Kirchenlied: Christian Fürchtegott Gellert«, in: Gott ist mein Lied. 11. Landeskirchen-Gesangstag 20./21. März 2004 in Marburg, hg. v. Landesverband Evangelischer Kirchenchöre Kurhessen-Waldeck, 18-22).

99.
Hoffnung über den Tod hinaus, in: Rheinischer Merkur Nr. 42, 57. Jg. [17.10.2002], 26.

100.
Biotechnologie – ein kritischer Blick aus Kirchensicht, in: Biotechnologie im Dialog. Perspektiven und Zukunftsgestaltung. Öffentlicher Kongress & Markt der Möglichkeiten. 11./12. April 2002, Wiesbaden. Do-

kumentation, hg. v. der Hessischen Staatskanzlei, Wiesbaden [2002], 74f.

101.
Weltweite Christenheit. Bericht des Bischofs zur Herbsttagung der Landessynode 2002, Kassel 2002.

102.
Gottesdienst am 26.05.2002 (Trinitatis) in der Evangelischen Kirche von Altenburschla anlässlich des »Tags der offenen Kirchen« im Kirchenkreis Eschwege, in: Kirchen im Altkreis Eschwege. Eine Serie der Werra-Rundschau, hg. v. Werra-Rundschau, Eschwege 2002, 4f.

103.
Darum Weihnachten – Zum Weihnachtsfest, in: Kasseler Sonntagsblatt 124. Jg., Nr. 51/52 (22./29.12.2002), 2.

104.
Predigt über die Jahreslosung für 2003: 1. Samuel 16,7, in: Kasseler Lektorenpredigt. Haus- und Lesegottesdienst 56 (2002/03), 73-79.

2003

105.
Die Europafähigkeit der evangelischen Kirchen in Europa, in: Ökumenische Perspektiven. Magazin des Evangelischen Bundes, Landesverband Bayern: »Europa und die Kirchen«, 2003, 22-28.

106.
»Europa eine Seele geben«. Predigt über Apostelgeschichte 16,9-10 beim Gottesdienst am 31.08.2002 in der Kapelle des Frankfurter Flughafens, in: a.a.O., 57-59.

107.
Jugend und Religion, in: Mitten im Leben. Bischöfinnen und Bischöfe zur Zukunft des Protestantismus, hg. v. Reiner Marquard, Stuttgart 2003, 90-100. [In diesem Band 10-18]

108.
»Mit Gott lässt sich dieser Krieg nicht begründen. « Predigt im Ökumenischen Bittgottesdienst, Kassel, 20.03.2003, in: epd-Dokumentation 15/2003, 15f.

109.
Herrlichkeit, in: Gemeinsam entdecken. Ökumenische Gebete und Meditationen, hg. v. Marcus Leitschuh / Cornelia Pfeiffer, Paderborn / Frankfurt 2003, 178f.

110.
Predigt zu Deuteronomium 6,5, in: Ein Gott, der tötet? Interdisziplinäre Tage für Neue Musik und Theologie 20.-23. Juni 2002 – Dokumentation und Auswertung, hg. v. Corinna Dahlgrün / Hans Darmstadt, Frankfurt/Main usw. 2003, 209-211 (neue musik in der kirche III).

111.
»... dass die Welt durch Ihn gerettet werde«. Andacht zur Eröffnung über Johannes 3,16, in: Missio Dei heute. Zur Aktualität eines missionstheologischen Schlüsselbegriffs, in: Weltmission heute 52 (2003), 29-33 (erneut abgedruckt unter dem Titel »That the World Might be Saved through Him« in: International Review of Missions 92 [2003], 478-480).

112.
Konkrete Perspektive. Die Folgen des Zypries-Vorstoßes für die Lebenswissenschaften, in Rheinischer Merkur Nr. 45, 58. Jg. [06.11.2003], 10.

113.
Silberne Kirche. Bericht des Bischofs zur Herbsttagung der Landessynode 2003, Kassel 2003.

114.
Zeigt humane Phantasie! Plädoyer für eine Ethik der Fürsorge, in: Rheinischer Merkur Nr. 50, 58. Jg. [11.12.2003], 24.

115.
Ist »Erfolg« eine sachgemäße Kategorie für kirchenleitendes Handeln?, in: Theologie und Kirchenleitung. Festschrift für Peter Steinacker, hg. v. Hermann Deuser / Gesche Linde / Sigurd Rink, Marburg 2003, 141-150. [In diesem Band 197-209]

116.
Perspektiven der klinischen Sterbehilfe aus der Sicht eines evangelischen Theologen, in: Klinische Sterbehilfe und Menschenwürde. Ein deutsch-niederländischer Dialog. Akten des Symposiums vom 5.-8. Oktober 2002 in Cadenabbia, hg. v. Volker Schumpelick, Freiburg / Basel / Wien 2003, 354-362. [In diesem Band 47-52]

117.
Evangelische Identität heute – oder: Warum es Sinn macht, evangelisch zu sein, in: Una Sancta. Zeitschrift für ökumenische Begegnung 58 (2003), 350-358. [In diesem Band 114-124]

2004

118.
Bibelarbeit zu Genesis/1. Mose 1,26-2,3, in: Ihr sollt ein Segen sein. Ökumenischer Kirchentag 28. Mai - 1. Juni 2003 in Berlin. Dokumentation, im Auftrag des Ökumenischen Kirchentages hg. v. Theodor Bolzenius u.a., Gütersloh / Kevelaer 2004, 211-219 (erneut abgedruckt unter dem Titel »Schöpfung« in: Gott entdecken, 2011, 14-30).

119.
500. Geburtstag Landgraf Philipp von Hessen (1504-1567), in: Werkstatt für Liturgie und Predigt H. 1/04 (März 2004), 35f.

120.
Die Roseninsel im Bergpark Wilhelmshöhe – Ein Gefühl von Freiheit, in: Kassel, wo es am schönsten ist – 66 Lieblingsplätze, hg. v. Susanne Seidenfaden, Berlin 2004, 124-126 (erneut abgedruckt in: Kassel, wo es am schönsten ist – 77 Lieblingsplätze, hg. v. Susanne Seidenfaden, 2., erweiterte und aktualisierte Aufl. Berlin 2011, 151-153).

121.
Die Bedeutung des Gewissens für die evangelische Ethik. Zugleich ein Plädoyer für evangelische Bildungsverantwortung, in: Aufgeschlossen. Festschrift zum Jubiläum 475 Jahre Hessische Stipendiatenanstalt Marburg, hg. v. Lars Hillebold, Ebsdorfergrund 2004, 222-239. [In diesem Band 19-28]

122.
Zwischen Tradition und Neuorientierung: Martin Luther und die Zukunft der Kirche, in: Radost' z teológie (Freude an Theologie). Festschrift für Igor Kišš, hg. v. Ján Grešo / Miloš Klátik, Bratislava 2004, 121-131. [In diesem Band 210-219]

123.
Diskussionsbericht zum Arbeitsbereich Christliche Leichenpredigt, in: Leichenpredigten als Quelle historischer Wissenschaft, Bd. 4, hg. v. Rudolf Lenz, Stuttgart 2004, 65-67.

124.
God, in Your Grace, transform the World. A Biblical Meditation, in: The Ecumenical Review 56 (2004), 308-311 (überarbeitet abgedruckt unter dem Titel »Gnade« in: Gott entdecken, 2011, 160-165).

125.
Der Protestantismus und die Weltreligionen, in: In Gottes Namen? Zur kulturellen und politischen Debatte um Religion und Gewalt, hg. v. Birgit Lermen / Günther Rüther, St. Augustin 2004, 63-83. [In diesem Band 125-139]

126.
Gelobtes Land. Bericht des Bischofs zur Herbsttagung der Landessynode 2004, Kassel 2004.

2005

127.
Vom »Goldenen Stierbild« und seinen zeitgenössischen Nachfahren. Der Glaube an den biblischen Gott in Auseinandersetzung mit den neuen Göttern, in: Gott und Götter. Die Gottesfrage in Theologie und Religionswissenschaft, hg. v. Ulrich H. J. Körtner, Neukirchen 2005, 119-129 (erneut abgedruckt unter dem Titel »Das Goldene Kalb« in: Gott entdecken, 2011, 68-86).

128.
Landgrave Philip of Hesse (1504-1567) and Europe, in: Kristuse täisea mõõtu mööda (Zum vollen Maß der Fülle Christi). Festschrift für Jaan Kiivit, hg. v. Arne Hiob / Urmas Nõmmik / Arho Tuhkru, Tallinn 2005, 180-187 (Publikationen des Theologischen Instituts der Estnischen Evangelisch-Lutherischen Kirche13).

129.
Familien stark machen, in: Mitteilungen der Hessischen Akademie der Forschung und Planung im ländlichen Raum, H. 29 (März 2005), 1.10-13.

130.
Mit ihm lässt sich reden, in: DIE WELT Nr. 92/16 [21.04.2005], 6.

131.
Das »Magnifikat« des Alten Testaments. Biblischer Impuls im Ökumenischen Begegnungszentrum, in: Leben aus Gottes Kraft. 95. Deutscher Katholikentag 16.-20. Juni 2004 in Ulm. Dokumentation, Kevelaer

2005, 195-207 (erneut abgedruckt unter dem Titel »Hanna« in: Gott entdecken, 2011, 87-105).

132.
Art. Visitation, in: Religion in Geschichte und Gegenwart, 4. Aufl., Bd. 8 (2005), 1134-1136.

133.
Art. Volkskirche I./II., in: a.a.O., 1184-1186.

134.
Gesundheitsökonomie aus ethischer Sicht. Vortrag beim Deutschen Patienten Recht Tag am 28. September 2005, Frankfurt (Main), in: Patientenanwaltschaft Kärnten, Tätigkeitsbericht 2005, Klagenfurt [o.J.].

135.
El final de la vida: ¿proyección o descarte? (Das Lebensende zwischen Gestaltung und Entsorgungsmentalität), in: Aborto y eutanasia. Diálogo politico 22/2, Juni 2005, 80-95 (Publicación trimestral de la Konrad-Adenauer-Stiftung A.C., Ciudad de Buenos Aires).

136.
Gelebte Taufe. Bericht des Bischofs zur Herbsttagung der Landessynode 2005, Kassel 2005.

137.
Elisabeth von Thüringen als Glaubensvorbild? Chancen und Grenzen des Gedenkens im Jubiläumsjahr 2007. Ein hessischer Werkstattbericht, in: Jahrbuch der Hessischen Kirchengeschichtlichen Vereinigung 56 (2005), 101-109.

2006

138.
Ganztagsschulen – Herausforderungen und Chancen für Kirche und Gemeinde, in: forum religion. Zur Praxis des Religionsunterrichts 2/2006, 37-41.

139.
Kirche und Krankenhaus, in: Qualitätsmanagement in Klinik und Praxis. Zeitschrift für angewandtes Qualitätsmanagement im Gesundheitswesen 14 (2006), 45-48. [In diesem Band 59-64]

140.
Kurhessen-Waldeck: Kirche der Mitte. Zum 69. Deutschen Pfarrerinnen- und Pfarrertag in Fulda, in: Deutsches Pfarrerblatt 106 (2006), 395-397.

141.
Ertappt! Die Provokation einer biblischen Geschichte angesichts der Wirklichkeit der Kirche. Vom Ernst der Nachfolge: Lukas 9,57-62, in: Biblische Geschichten erlebt, erzählt, gedeutet für Schule, Kirche, Erwachsenenbildung, hg. v. Jürgen Heumann, Oldenburg 2006, 63f.

142.
Ein Plädoyer für die Liebe zur Realität, in: Zukunft wagen! Träume und Visionen deutscher Bischöfinnen und Bischöfe, hg. v. Udo Hahn / Marlies Mügge, Gütersloh 2006, 56-59 (auszugsweise erneut abgedruckt unter dem Titel »Um leere Dörfer trauern« in: Rheinischer Merkur Nr. 4, 62. Jg. [25.01.2007], 24).

143.
Christliche Werte in der Medizin: »Zutrauen« als Grundorientierung für Arzt und Patient, in: Arzt und Patient. Eine Beziehung im Wandel. Beiträge des Symposiums vom 15. bis 18. September 2005 in Cadenabbia, hg. v. Volker Schumpelick / Bernhard Vogel, Freiburg / Basel / Wien 2006, 585-593 (erneut abgedruckt unter dem Titel »Zutrauen« in: Gott entdecken, 2011, 129-138). [In diesem Band 53-58]

144.
Bekannter Glaube. Bericht des Bischofs zur Herbsttagung der Landessynode 2006, Kassel 2006.

145.
Gastkommentar: Ab 1. Advent: Mut zum Kirchenjahr. Was Christen entgeht, wenn sie das Kirchenjahr nicht einhalten, in: idea-Spektrum Nr. 48 (29.11.2006), 3.

146.
Elisabeth von Thüringen – evangelisch betrachtet, in: Lupe. Forum für den Religionsunterricht im Bistum Fulda, Heft 3-4, Dezember 2006, 8f.

2007

147.
Predigt über BWV 182 »Himmelskönigin, sei willkommen«, in: Bach-Kantaten predigen. Ein Marburger Experiment, hg. v. Sigrid Glockzin-Bever / Johann Rüppel / Martin Weyer, München 2007, 62-64.

148.
Statement zum Stichwort »Mentalitätswandel«, in: epd-Dokumentation 6/2007, 21f (erneut abgedruckt in: Kirche der Freiheit im 21. Jahrhundert. Zukunftskongress der Evangelischen Kirche in Deutschland. Lutherstadt Wittenberg 25.-27. Januar 2007. Dokumentation, Hannover [2007], 51f).

149.
»Was Identität ausmacht«, in: Hessenkurier 44. Jg., März 2007, 29.

150.
FamilienZeit, in: Familien:Zeit – Wo bleibt Zeit für die Familie?, hg. v. Brigitte Bertelmann / Thomas Posern, Berlin 2007, 39-41.

151.
»Die Stunde der Entscheidung ist da« – Bekennende Kirche und Schule im Nationalsozialismus, in: Zeitschrift für Theologie und Kirche 104 (2007), 44-58 (erneut abgedruckt in: Weichenstellungen, 2009, 145-160).

152.
Predigt im Gottesdienst zur Verabschiedung von Landeskirchenmusikdirektor Kirchenrat Martin Bartsch am 25.03.2007 (Judika) in der Evangelischen Stadtkirche St. Michael zu Schlüchtern, in: Quintett. Kirchenmusikalische Mitteilungen aus der Evangelischen Kirche von Kurhessen-Waldeck Nr. 12/2007, 3-8 (erneut abgedruckt in: Kirchenmusikalische Informationen. Musik im Bistum Fulda, II. Halbjahr 2007, 6-8).

153.
Der Dialog zwischen der Gemeinschaft Evangelischer Kirchen in Europa (GEKE) und der Europäischen Baptistischen Föderation (EBF) zur Lehre und Praxis der Taufe, in: Gemeinsam gestalten – Evangelisches Profil in Europa. Texte der 6. Vollversammlung der Gemeinschaft Evangelischer Kirchen in Europa – Leuenberger Kirchengemeinschaft – in Budapest, 12.-18. September 2006, hg. v. Wilhelm Hüffmeier / Martin Friedrich, Frankfurt 2007, 246-249.

154.
Mehr als Brot und Rosen, in: Heinz Josef Algermissen / Martin Hein / Christoph Kähler / Joachim Wanke: Mehr als Brot und Rosen. Elisabeth von Thüringen heute. Mit einem Lebensbild von Christian Feldmann und Abbildungen aus der Kunst, Freiburg / Basel / Wien 2007, 89-119. [In diesem Band 140-159]

155.
Pfingsten – das Fest des Heiligen Geistes – Zum Pfingstfest, in: Kasseler Sonntagsblatt 129. Jg., Nr. 21 (27.05.2007), 2.

156.
Statement zu »Das Wort Gottes in aller Mund und Sprache. Zum liturgischen und alltäglichen Gebrauch der Bibel« auf dem Symposium »sola scriptura« am 20. April 2007 in Kassel, in: epd-Dokumentation 23/2007, 24-26.

157.
Kirche in ländlichen Räumen, in: Kirchenreform strategisch!, hg. v. Wolfgang Nethöfel / Klaus-Dieter Grunwald, Glashütten 2007, 271-281 (erneut abgedruckt in: Kirche für die Region. Ergebnisse theologischen Nachdenkens über die Situation in Kirche und Gesellschaft in Nordostbayern, hg. v. Thomas Guba, Bad Alexandersbad 2011, 44-50). [In diesem Band 245-254]

158.
»Das Gespräch mit den Naturwissenschaften aufnehmen«, in: epd-Dokumentation 32/2007, 4f.

159.
Menschenwürde zwischen Selbstbestimmung und Lebensschutz. Christlich handeln am Lebensende – Eine evangelische Position, in: epd-Dokumentation 39/2007, 20-23.

160.
Gelobtes Land – Verheißung und Verwirklichung, in: Kirche im ländlichen Raum 58. Jg., 03/2007, 6-10.

161.
Die besonderen Herausforderungen an die Kirche in ländlichen Räumen, in: Ländlicher Raum 58. Jg., 05-06/2007 (Jubiläumsausgabe), 92-95.

162.
Kirche der Freiheit – Perspektiven der Evangelischen Kirche in ländlichen Räumen, in: AEU-Nachrichtendienst 4/2007, 9-18.

163.
Lebendige Jugend. Bericht des Bischofs zur Herbsttagung der Landessynode 2007, Kassel 2007.

164.
Predigt über die Jahreslosung für 2008: Johannes 14,19, in: Kasseler Lektorenpredigt. Haus- und Lesegottesdienst 61 (2007/08), 73-80.

165.
Warum ist die Weihnachtszeit wichtig?, in: Hessenkurier 44. Jg., November 2007, 24.

2008

166.
Gegen das kalte Herz. Christliche Moral in Zeiten der Globalisierung, in: Zeitzeichen 9. Jg., 1/2008, 12-14. [In diesem Band 29-34]

167.
Kirchenmusik und Ökumene, in: Musik und Kirche 1 (2008), 12-15.

168.
Konzentration und Pluralität, in: Gemeinde leiten. Impulse für Kirchenvorstände 1/2008, 1.

169.
Der Schutz des Lebens und die Selbstbestimmung am Lebensende. Eine biblisch-theologische Auseinandersetzung, in: EiNS – Das Magazin der Evangelischen Allianz Deutschland 1/2008, 14f. (gekürzt abgedruckt unter dem Titel »Das Geschenk verpflichtet« in: Rheinischer Merkur Nr. 10, 63. Jg. [06.03.2008], 23).

170.
Ekklesiologische Implikationen der Taufe. Die »Wechselseitige Taufanerkennung« von Magdeburg und ihre Konsequenzen für das Verständnis von Kirche, in: Catholica 62 (2008), 39-46. [In diesem Band 160-169]

171.
Ethik in der Pharmaindustrie, in: Pharma Recht. Zeitschrift für das gesamte Arzneimittelrecht 30 (2008), 281-283. [In diesem Band 65-70]

172.
Evangelische Kirchenleitung – Verfassungsanspruch und Wirklichkeit, in: Das kirchliche Amt in apostolischer Nachfolge, III. Verständigungen und Differenzen, hg. v. Dorothea Sattler / Gunther Wenz, Freiburg/Göttingen 2008, 53-69 (Dialog der Kirchen 14). [In diesem Band 227-244]

173.
Zweite Chance, in: Im Namen Gottes. Kanzelreden. 1. Predigtreihe, hg. v. Christoph Dinkel, Stuttgart 2008, 455-459.

174.
Sehnsucht nach der himmlischen Heimat. Gedanken zum Predigttext des Volkstrauertages 2008 – 2. Korinther 5,1-10, in: Volkstrauertag 2008 am 16. November. Anregungen und Gedanken zur Gestaltung von Gedenkstunden und Gottesdiensten, hg. v. Volksbund Deutsche Kriegsgräberfürsorge, Kassel 2008, 19-21.

175.
Gewissen und Verantwortung, in: Frankfurter Allgemeine Zeitung, 05.11.2008, Nr. 259, 10.

176.
Neue Impulse durch aktive Ältere, in: Evangelisches Seniorenwerk. Bundesverband für Frauen und Männer im Ruhestand e.V., Informationsbrief Nr. 58/4-2008 für Oktober-November-Dezember, 47-55.

177.
75 Jahre Evangelische Kirche von Kurhessen-Waldeck, in: Waldeckischer Landeskalender 2009, 282 Jg., Korbach [2008], 93f.

178.
Kulturelle Größe. Bericht des Bischofs zur Herbsttagung der Landessynode 2008, Kassel 2008.

179.
Kirchenbund oder Bundeskirche?, in: Impulse und Erträge. Festschrift zum 65. Geburtstag von Kirchenpräsident Eberhard Cherdron, hg. v. Gottfried Müller, Speyer 2008. 112-118 [erneut abgedruckt in: epd-Dokumentation 6/2009, 18-21]. [In diesem Band 220-226]

180.
Bitte nicht mehr anrufen! Protestanten sehen Heilige als Vorbilder für den Glauben. Ihre Verehrung kennt deutliche Grenzen. Es gibt kein Verfahren zur Kanonisierung, in: Rheinischer Merkur Nr. 49, 63. Jg. [06.12.2008], 24.

181.
Die Kirche im Dorf lassen. Perspektiven kirchlicher Entwicklung auf dem Land, in: Hessische Akademie Ländlicher Raum 1988-2008. Festschrift anlässlich des zwanzigjährigen Jubiläums der HAL (Arbeitsbericht XVIII), Kassel 2008, 39-45.

182.
»Lebendige Steine«. Predigt im Festgottesdienst aus Anlass der Jubiläen »50 Jahre Neue Johanneskirche« und »350 Jahre Alte Johanneskirche« am 11.05.2008 (Pfingstsonntag) in der Neuen Johanneskirche zu Hanau, in: Evangelische Kirche in Hanau. 350 Jahre Alte Johanneskirche – 50 Jahre Neue Johanneskirche, hg. v. Kirchenvorstand der Johanneskirchengemeinde, Hanau 2008, 18-21.

2009

183.
Weichenstellungen der evangelischen Kirche im 19. und 20. Jahrhundert. Beiträge zur Kirchengeschichte und Kirchenordnung, Berlin / New York 2009 (Arbeiten zur Kirchengeschichte 109).

184.
Evangelische Konfessionalität. Ein Gesprächsimpuls, in: Diversität und Universität. Historische und theologische Aspekte einer theologischen Kontroverse und ihrer Folgen, hg. v. Athina Lexutt, Leipzig 2009, 161f.

185.
Dialog-Bibelarbeit zu Lukas 10,25-37: »... wie dich selbst«, in: epd-Dokumentation 33-34/2009, 86-89 (erneut abgedruckt in: Deutscher Evangelischer Kirchentag Bremen 2009. Dokumente, hg. im Auftrag des Deutschen Evangelischen Kirchentages v. Silke Lechner, Gütersloh 2010, 82-84. 87-89, und unter dem Titel »Der barmherzige Samariter« in: Gott entdecken, 2011, 139-148).

186.
Woher wir kommen: Erinnern und Danken, in: 55 Jahre Weiterbildung Burg Fürsteneck 1953-2008, hg. v. Vorstand des Vereins Hessische Heimvolkshochschule Burg Fürsteneck, Eiterfeld 2009, 16f.

187.
Im Kopf muss ein neues Bild entstehen, in: Rheinischer Merkur Nr. 39, 64. Jg. [24.09.2009], 29.

188.
Jesu Geist in unserer Mitte, in: Im Namen Gottes. Kanzelreden. 2. Predigtreihe, hg. v. Christoph Dinkel, Stuttgart 2009, 252-256.

189.
Kennzeichen, in: a.a.O., 305-309.

190.
Bei Gott sein, in: a.a.O., 452-456.

191.
Predigt im Eröffnungsgottesdienst [der EKD-Zukunftswerkstatt] über 1. Petrus 5,7, in: epd-Dokumentation 46/2009, 6f.

192.
Ökumene heißt: entdecken, in: Das Herz sehnt sich nach Einheit. Hoffnungstexte zur Ökumene, hg. v. Marcus C. Leitschuh, Kevelaer 2009, 46f.

193.
Jahreslosung 2010: Johannes 14,1, in: Göttinger Predigtmeditationen 64 (2009), 66-71.

194.
Predigt zum Festgottesdienst am 27.6.2009 in der Stadtkirche von Bad Arolsen, in: Vom Zwang zur Selbstverständlichkeit. 75 Jahre Evangelische Kirche von Kurhessen-Waldeck 1934 bis 2009. Beiträge des Theologisch-Historischen Symposions am 26. und 27. Juni 2009 in Bad Arolsen, hg. v. Jürgen Römer, Bad Arolsen, 7-10 (Waldeckische Forschungen 16) [ebenfalls abgedruckt in: 75 Jahre Evangelische Kirche von Kurhessen-Waldeck 1934 – 2009, hg. v. Bettina Wischhöfer, Kassel 2009, 18-22].

195.
Statement zu »Zwischen Autonomie und unbedingtem Lebensschutz. Ethische und religiöse Grundlagen zu Fragen der Sterbehilfe und ihre verfassungsrechtlichen Grundlagen«, in: Schutz des Lebens und Selbstbestimmung am Lebensende. Symposium des Hessischen Landtags am 12. März 2007, Wiesbaden 2009, 32-35 (Schriften des Hessischen Landtags Heft 6).

196.
Bewährte Freiheit. Bericht des Bischofs zur Herbsttagung der Landessynode 2009. Kassel 2009.

197.
Das wärmende Licht der Heiligen Nacht – Zum Weihnachtsfest, in: Kasseler Sonntagsblatt 131 Jg., Nr. 51/52 (20./27.12.2009), 2.

2010

198.
Predigt zu Römer 3,21-24: 31. Oktober – Reformationsfest, in: 1534-2009. 475 Jahre Reformation – 475 Jahre evangelischer Glaube in Tann (Rhön). Predigten und Vorträge im Festjahr, hg. v. Evang.-Luth. Kirchengemeinde Tann [2010], 50-54.

199.
Rudolf Bultmann, Jesus. Re-Lecture des Buches, das mich zum Theologen machte, in: Rudolf Bultmann (1884-1976) – Theologe der Gegenwart. Hermeneutik – Exegese – Theologie – Philosophie, hg. v. Christof Landmesser / Andreas Klein, Neukirchen 2010, 37-48. [In diesem Band 345-356]

200.
Hoffnung ist konkret, in: Damit ihr Hoffnung habt. Politik im Zeichen des »C«, hg. v. Hans-Gert Pöttering, Sankt Augustin/Berlin 2010, 239-245.

201.
Ökumene im ländlichen Raum – ein Beitrag aus evangelischer Perspektive, in: Land aktiv. Zeitschrift des katholischen Landvolks 03/2010, 8f.

202.
Der Troubadour, in: Inspiriert! Theater im Gottesdienst. 12 ausgewählte Predigten, hg. v. Evangelische Kirche von Kurhessen-Waldeck, Kassel 2010, 18-23.

203.
Vor Sonnenaufgang, in: a.a.O., 70-75.

204.
Der Welt nicht einfach ihren Lauf lassen, in: Lass dich nicht vom Bösen überwinden, sondern überwinde das Böse mit Gutem. Das Lesebuch zur Jahreslosung 2011, hg. v. Christoph Morgner, Gießen 2010, 4f.

205.
Männerdurst, in: Im Namen Gottes. Kanzelreden. 3. Predigtreihe, hg. v. Christoph Dinkel, Stuttgart 2010, 245-248.

206.
Heil und Heilung, in: a.a.O., 341-345.

207.
Für eine Kultur des Lebens und des Sterbens, in: Die Kultur des Lebens und des Sterbens. ars vivendi – ars moriendi. Fachforum Palliativversorgung 2010, Congress Park Hanau 12. Juni 2010, hg. v. Förderverein Palliative Patientenhilfe Hanau, [Hanau 2010], 39-45. [In diesem Band 71-76]

208.
Der ländliche Raum hat Zukunft – Kirche und Gesellschaft vor der demographischen Herausforderung, in: epd-Dokumentation 45/2010, 11-14.

209.
PID nicht vereinbar mit dem biblisch-christlichen Menschenbild, in: Kasseler Sonntagsblatt 132 Jg., Nr. 46 (14.11.2010), 25f.

210.
Das Grundrecht der Religionsfreiheit, in: 60 Jahre Grundgesetz. Vortragsreihe, hg. v. Institut für Wirtschaftsrecht der Universität Kassel und Juristische Gesellschaft zu Kassel, Kassel 2010, 141-153 (Forum Wirtschaftsrecht 7). [In diesem Band 35-43]

211.
Menschen nach Maß verhindern, in: Der Kirchentag. Das Magazin, Ausgabe 04/2010, 21.

212.
Predigt zur Eröffnung der 12. Landessynode am 19.04.2010 in der Brunnenkirche Hofgeismar, in: Verhandlungen der 1. Tagung der 12. Landessynode der Evangelischen Kirche von Kurhessen-Waldeck. Ordentliche Tagung vom 19. bis 21. April 2010 in Hofgeismar. Amtliche Ausgabe, hg. v. Landeskirchenamt, Kassel 2010, 281-284.

213.
Offene Begegnung. Bericht des Bischofs zur Herbsttagung der Landessynode 2010, Kassel 2010.

214.
Weihnachtstraum und Alltag. Wenn Weihnachten schon mit dem Heiligen Abend endet, wird das Beste vergessen, in: Evangelische Sonntags-Zeitung 52 (26.12.2010), 3.

215.
Nähe und Freiheit: Rudolf Bultmann in der Evangelischen Kirche von Kurhessen-Waldeck, in: Jahrbuch der Hessischen Kirchengeschichtlichen Vereinigung 61 (2010), 179-193.

216.
Statement zur Bedeutung des Kirchbaus im 21. Jahrhundert, in: KBI 02. Protestantischer Kirchenbau mit Zukunft? Eine Tagung der Evangelischen Akademie Hofgeismar in Zusammenarbeit mit dem EKD-Institut für Kirchenbau und kirchliche Kunst der Gegenwart an der Philipps-Universität Marburg und dem Evangelischen Kirchbautag, hg. v. Thomas Erne, Darmstadt 2010, 7-10.

2011

217.
Es gibt nichts Gutes, außer man tut es. Zur Jahreslosung, in: Kasseler Sonntagsblatt 133 Jg., Nr. 2 (09.01.2011), 2.

218.
»Menschliches Leben von Anfang an anerkennenswert« – Offener Brief (gemeinsam mit Bischof Heinz Josef Algermissen), in: epd-Dokumentation 11/2011, 36f.

219.
Wiedererwachen der Natur ist Gleichnis für Ostern, in: LW Landwirtschaftliches Wochenblatt 16/2011 (21.04.2011), 5.

220.
Glocken, in: Werkstatt für Liturgie und Predigt, Heft 5/2011 (Juli/August 2011), 240.

221.
Bildung braucht einen guten Grund – Was wir von Philipp Melanchthon lernen können, in: Das Melanchthon-Jahr 2010 im Steinatal: ein Beitrag zur Lutherdekade der EKD, Steinataler Hefte, Sonderheft 9/2011, 8-14 (erweiterter Abdruck in: Jahrbuch der Hessischen Kirchengeschichtlichen Vereinigung 62 [2011], 15-23).

222.
Predigt über 1. Korinther 12,4-6, in: a.a.O., 48-50.

223.
Gott entdecken. Biblische Begegnungen, Leipzig 2011 [2. Aufl. 2012]. (Englischsprachige Ausgabe: Discovering God. Biblical Encounters, Kassel 2012).

224.
Befreiendes Gotteslob, in: Im Namen Gottes. Kanzelreden. 4. Predigtreihe, hg. v. Christoph Dinkel, Stuttgart 2011, 209-213.

225.
Die Kraft des Evangeliums, in: a.a.O., 313-318.

226.
Intensivmedizin bei begrenzten Ressourcen – eine ethische Herausforderung, in: Patienten- & PflegeRecht mit Qualitätsmanagement 19. Jg. Heft 4/5 (2011), 61-64. [In diesem Band 77-84]

227.
Predigt anlässlich der Eröffnung der 3. Tagung der 12. Landessynode am 12.05.2011 in der Brunnenkirche Hofgeismar, in: Verhandlungen der 3. Tagung der 12. Landessynode der Evangelischen Kirche von Kurhessen-Waldeck. Ordentliche Tagung vom 12. bis 14. Mai 2011 in Hofgeismar. Amtliche Ausgabe, hg. v. Landeskirchenamt, Kassel 2011, 317-320.

228.
Geistliches Leben. Bericht des Bischofs zur Herbsttagung der Landessynode 2011, Kassel 2011.

229.
Vom Himmel hoch, da komm ich her – Zum Weihnachtsfest, in: Kasseler Sonntagsblatt 133. Jg., Nr. 52/1 (25.12.2011), 2.

230.
Die Musik des Himmels auf der Erde. Kommt die Weihnachtsgeschichte als Melodie, kann sie Menschen in Engel verwandeln, in: Evangelische Sonntags-Zeitung Nr. 52 (25.12.2011), 3.

231.
Bibelarbeit zu 1 Mose / Genesis 9,8-17, in: Damit ihr Hoffnung habt. 2. Ökumenischer Kirchentag, 12.-16. Mai 2010, München. Dokumentati-

on, hg. v. Alois Glück / Eckhard Nagel / Silke Lechner / Thomas Großmann, Gütersloh / Kevelaer 2011, 158-163 (erneut abgedruckt unter dem Titel »Noah« in: Gott entdecken, 2011, 38-49).

2012

232.
Ökumene mit Herz und Mund, in: Gewagte Aufbrüche. Beiträge zum Dialogprozess, hg. v. Marcus C. Leitschuh, Kevelaer 2012, 154f (topos-Taschenbücher 810).

233.
Ethical Challenges at Life's Inception. Answers from a Protestant Point of View, in: Bioethics. Need for a Paradigm Shift?, ed. by Deacon Prophyrios (Fadi) Georgi, Amchit/Lebanon 2012, 39-48 (Balamand Theological Conferences 2).

234.
Christlicher Glaube und Politik: Was das eine mit dem anderen zu tun hat, in: Evangelische Verantwortung 1+2/2012, 14f.

235.
Wonach sollen wir uns richten?, in: Evangelische Zeitung für Hamburg & Schleswig-Holstein 13/2012 (01.04.2012), 1.

236.
Predigt anlässlich der Eröffnung der 5. Tagung der 12. Landessynode am 26.04.2012 in der Brunnenkirche Hofgeismar, in: Verhandlungen der 5. Tagung der 12. Landessynode der Evangelischen Kirche von Kurhessen-Waldeck. Ordentliche Tagung vom 26. bis 28. April 2012 in Hofgeismar. Amtliche Ausgabe, hg. v. Landeskirchenamt, Kassel 2012, 313-315.

237.
Neugierig sein und Entdeckungen machen!, in: RELI – aus gutem Grund. Warum religiöse Bildung heute wichtig ist, hg. v. Joachim Theis, München 2012, 99-103.

238.
Christlicher Glaube und die Musik der Gegenwart, in: neue musik in der kirche 2012: weg mit abschied 17. Juni – 5. September 2012 St. Martin Kassel, Kassel [2012], 8f.

239.
Ökumene heute – Predigt zu Johannes 17,20-21 anlässlich der 103. Generalversammlung des Evangelischen Bundes, in: Werkstatt für Liturgie und Predigt, Heft 7/2012 (September 2012, IV. Predigtreihe), 307f.

240.
Der bleibende Auftrag von Marburg 1529. Was heißt heute »evangelisch«?, in: Die Marburger Artikel als Zeugnis der Einheit, hg. v. Wolf-Friedrich Schäufele, Leipzig 2012, 197-207. [In diesem Band 170-180]

241.
Es kommt die Zeit, in: Im Namen Gottes. Kanzelreden. 5. Predigtreihe, hg. v. Christoph Dinkel, Stuttgart 2012, 315-320.

242.
Vom kleinen Glauben, in: a.a.O., 339-342.

243.
»Dienstgemeinschaft«: Theologische Annäherungen an einen arbeitsrechtlichen begriff, in: Auf dem ›Dritten Weg‹ in die Zukunft? Vortragsveranstaltung mit Diskussion am 11. Juni 2012 im Elisabeth-Selbert-Saal des Bundessozialgerichts in Kassel, hg. v. Bundessozialgericht (Presse- und Öffentlichkeitsarbeit), Kassel 2012, 3-7.

244.
Tägliches Brot. Bericht des Bischofs zur Herbsttagung der Landessynode 2012, Kassel 2012.

245.
Präimplantationsdiagnostik. Überlegungen zur Begründung ihrer Ablehnung aus evangelischer Perspektive, in: Zeitschrift für Theologie und Kirche 109 (2012), 501-515. [In diesem Band 85-99]

246.
Das Geschenk der Weisen. Zum Weihnachtsfest, in: Kasseler Sonntagsblatt 134 Jg., Nr. 52/53 (23./30.12.2012), 2.

247.
Thomas Bayrle, Betende Motoren, in: kunst und kirche 04/2012, 47f.

2013

248.
Bearbeitung: Rundbriefe Nr. 213-225, in: Kirche im Widerspruch II, Teilband 2: Texte aus der Bekennenden Kirche Kurhessen-Waldeck 1937-1940, hg. v. Michael Dorhs, Darmstadt 2013, 413-454.

249.
Der protestantische Gestaltungsimpetus in der Entwicklung interkultureller Gesellschaften, in: Protestantismus und Gesellschaft. Beiträge zur Geschichte von Kirche und Diakonie im 19. und 20. Jahrhundert. Jochen-Christoph Kaiser zum 65. Geburtstag, hg. v. Tobias Sarx / Rajah Scheepers / Michael Stahl, Stuttgart 2013, 323-338 (Konfession und Gesellschaft 47). [In diesem Band 295-312]

250.
Martin Luthers Impulse für die Kirchenmusik der Gegenwart: Luther als Avantgardist, in: Quintett. Kirchenmusikalische Mitteilungen aus der Evangelischen Kirche von Kurhessen-Waldeck Nr. 20/2013, 3-7.

251.
Glaube im Alltag: »Lichterloh brennen«, in: Werkstatt für Liturgie und Predigt H. 2/2013 (April 2013), 85f.

252.
Predigt anlässlich der Eröffnung der 7. Tagung der 12. Landessynode am 24.04.2013 in der Brunnenkirche Hofgeismar, in: Verhandlungen der 7. Tagung der 12. Landessynode der Evangelischen Kirche von Kurhessen-Waldeck. Ordentliche Tagung vom 24. bis 27. April 2013 in Hofgeismar. Amtliche Ausgabe, hg. v. Landeskirchenamt, Kassel 2013, 267-270.

253.
Typisch lutherisch, typisch reformiert – oder einfach evangelisch? Eine historische Erläuterung, in: epd-Dokumentation 11/2013, 34-42. [In diesem Band 279-294]

254.
Erneuerung der Kirche ist möglich! Predigtgedanken zum Reformationstag 2013, in: Anlage zu: Gustav-Adolf-Blatt, 59. Jg., 3 (2013), IIf.

255.
Religion in der Stadt, in: Die Geschichte der Religion in Kassel, hg. v. Hermann Köhler, Kassel 2013, 201-211. [In diesem Band unter dem Titel »Kirche in der Stadt«, 329-341]

256.
Theologische Kompetenz der Gemeinde!, in: Menschen gewinnen. Evangelisch sein im ländlichen Raum, hg. v. Volker Mantey / Sigurd Sadowski / Heinz-Ulrich Schmidt-Ropertz, Leipzig 2013, 175-188.

257.
Go west, in: Im Namen Gottes. Kanzelreden. 6. Predigtreihe, hg. v. Christoph Dinkel, Stuttgart 2013, 136-140.

258.
Bleibende Erwählung, in: a.a.O., 322-327.

259.
Pfarramt in Zukunft – unter welchen Rahmenbedingungen? Impulsreferat beim Pfarrtag in Fulda – 12. Juni 2013, in: Hessisches Pfarrblatt 5/2013, 115-117.

260.
Geistlich leiten. Bericht des Bischofs zur Herbsttagung der Landessynode 2013, Kassel 2013 (erneut abgedruckt in: Ökumenische Information 1-2, 07.01.2014, I-XII).

261.
Kleine Theologie des Radios: Der Glaube kommt aus dem Hören, in: Evolution der Medien – Das Ringen um Kontinuität. Festschrift zu Ehren von Professor Wolfgang Thaenert, hg. v. Norbert Holzer / Stephan Ory / Winfried Engel, Baden-Baden 2013, 191-198 (Schriftenreihe des Instituts für Europäisches Medienrecht 43).

2014

262.
Rezension: Norbert Roth, Das Bischofsamt der evangelischen Kirche, in: Theologische Literaturzeitung 139 (2014), 132-134.

263.
Welches Menschenbild haben wir als christliche Krankenhausträger von Patienten?, in: Übergänge. Festschrift zum 65. Geburtstag von Prof.

Dr. Alexa Köhler-Offierski, hg. v. Gisela Kubon-Gilke / Willehad Lanwer, Freiburg 2014, 35-42.

264.
Kennt die Bibel Toleranz? Predigt über Röm 10,9-17 im Kantatengottesdienst in der Neustädter Kirche zu Hofgeismar am 22. September 2013 (17. Sonntag nach Trinitatis) anlässlich der Akademietagung »Reformation und Toleranz«, in: Luther. Zeitschrift der Luther-Gesellschaft 85 (2014), 111-115.

265.
Rezension: Dorothea Greiner / Berndt Hamm / Klaus Raschzok / Manuel Ritter / Anna-Maria aus der Wiesche (Hg.), Geistliche Begleitung in evangelischer Perspektive. Modelle und Personen der Kirchengeschichte, in: Theologische Literaturzeitung 139 (2014), 940f.

266.
Versöhnte Gemeinschaft: Das Leuenberger Modell, in: 40 Jahre Leuenberger Konkordie. Dokumentationsband zum Jubiläumsjahr 2013 der Gemeinschaft Evangelischer Kirchen in Europa, hg. v. Michael Bünker / Bernd Jaeger, Wien 2014, 161-168.

267.
Erlösung durch Bildung? Theologische Würdigung und Kritik, in: Reformation heute. Bd. 1: Protestantische Bildungsakzente, hg. v. Christopher Spehr, Leipzig 2014, 163-178. [In diesem Band 313-328]

Herausgegebene Werke

1.
Ein Jahrhundert Predigerseminar in Hofgeismar 1891-1991. Festschrift anlässlich des hundertjährigen Bestehens, hg. v. Martin Hein, Kassel 1991.

2.
Hans-Gernot Jung, Rechenschaft der Hoffnung. Gesammelte Beiträge zur öffentlichen Verantwortung der Kirche, in Verbindung mit Frithard Scholz und Gerhard Zinn hg. v. Martin Hein, Marburg 1993 (Marburger Theologische Studien 35).

3.
Kirche im Widerspruch. Die Rundbriefe des Bruderbundes Kurhessischer Pfarrer und der Bekennenden Kirche Kurhessen-Waldeck 1933-1935. Im Auftrag der Arbeitsgemeinschaft »Kirche 1933-1945 in der Evangelischen Kirche von Kurhessen-Waldeck« und in Verbindung mit Volker Dally, Michael Dorhs, Christiane Hilmes, Herbert Kemler, Martin Lückhoff, Willi Temme, Dieter Waßmann und Stefan Weiß hg. v. Martin Hein, Darmstadt 1996 (Quellen und Studien zur hessischen Kirchengeschichte 2)

Fabian Vogt
KIRCHEN-
GESCHICHTEN
für Neugierige
Das kleine Handbuch
großer Ereignisse